STORY TELLING

STORY
TELLING

O GUIA COMPLETO DO

STORY TELLING

FERNANDO PALACIOS & MARTHA TERENZZO

ALTA BOOKS
EDITORA
Rio de Janeiro, 2016

O Guia Completo do Storytelling

Copyright © 2016 da Starlin Alta Editora e Consultoria Eireli. ISBN: 978-85-7608-987-2

Todos os direitos estão reservados e protegidos por Lei. Nenhuma parte deste livro, sem autorização prévia por escrito da editora, poderá ser reproduzida ou transmitida. A violação dos Direitos Autorais é crime estabelecido na Lei nº 9.610/98 e com punição de acordo com o artigo 184 do Código Penal.

A editora não se responsabiliza pelo conteúdo da obra, formulada exclusivamente pelo(s) autor(es).

Marcas Registradas: Todos os termos mencionados e reconhecidos como Marca Registrada e/ou Comercial são de responsabilidade de seus proprietários. A editora informa não estar associada a nenhum produto e/ou fornecedor apresentado no livro.

Impresso no Brasil — 1ª Edição, 2016 - Edição revisada conforme o Acordo Ortográfico da Língua Portuguesa de 2009.

Obra disponível para venda corporativa e/ou personalizada. Para mais informações, fale com projetos@altabooks.com.br

Produção Editorial Editora Alta Books	**Gerência Editorial** Anderson Vieira	**Marketing Editorial** Silas Amaro marketing@altabooks.com.br	**Gerência de Captação e Contratação de Obras** J. A. Rugeri autoria@altabooks.com.br	**Vendas Atacado e Varejo** Daniele Fonseca Viviane Paiva comercial@altabooks.com.br
Produtor Editorial Claudia Braga Thiê Alves	**Supervisão de Qualidade Editorial** Sergio de Souza			**Ouvidoria** ouvidoria@altabooks.com.br
Produtor Editorial (Design) Aurélio Corrêa	**Assistente Editorial** Juliana de Oliveira			
Equipe Editorial	Bianca Teodoro Carolina Giannini	Christian Danniel Izabelli Carvalho	Jessica Carvalho Renan Castro	
Revisão Gramatical Samantha Batista Vivian Sbravatti	**Diagramação e Layout** Lucia Quaresma	**Ilustração** Rodrigo Franco	**Capa** Gabriel Damásio	

Erratas e arquivos de apoio: No site da editora relatamos, com a devida correção, qualquer erro encontrado em nossos livros, bem como disponibilizamos arquivos de apoio se aplicáveis à obra em questão.

Acesse o site www.altabooks.com.br e procure pelo título do livro desejado para ter acesso às erratas, aos arquivos de apoio e/ou a outros conteúdos aplicáveis à obra.

Suporte Técnico: A obra é comercializada na forma em que está, sem direito a suporte técnico ou orientação pessoal/exclusiva ao leitor.

Dados Internacionais de Catalogação na Publicação (CIP)
Vagner Rodolfo CRB-8/9410

P153g   Palacios, Fernando
           O guia completo do Storytelling / Fernando Palacios e Martha Terenzzo. - Rio de Janeiro : Alta Books, 2016.
           448 p. : il. ; 17cm x 24cm.

           Inclui bibliografia e índice.
           ISBN: 978-85-7608-987-2

           1. Storytelling. 2. Storytelling - Técnicas. 3. Comunicação nas organizações. I. Terenzzo, Martha. II. Título.

                                                          CDD 658.45
                                                          CDU 658.012.45

Rua Viúva Cláudio, 291 — Bairro Industrial do Jacaré
CEP: 20970-031 — Rio de Janeiro - RJ
Tels.: (21) 3278-8069 / 3278-8419
www.altabooks.com.br — altabooks@altabooks.com.br
www.facebook.com/altabooks

SUMÁRIO

INTRODUÇÃO	XI
I. Era uma vez...	xiii
II. Da história ao storytelling	xvii
III. Advertências	xxi
IV. Por que ler este livro?	xxvi
CAPÍTULO 1: POR QUE CONTAR UMA HISTÓRIA?	1
1.1. Storytelling, a grande inovação?	4
1.2. Já ouviu falar em Economia da Atenção?	6
1.3. Existe uma ciência por trás do storytelling?	10
1.4. Que tal o conceito de "atento"?	14
1.5. Qual é a ética do Storytelling? Um capítulo especial.	16
1.6. Storydoing é o novo storytelling?	33
CAPÍTULO 2: CONCEITOS DO STORYTELLING	41
2.1. Storytelling com 'S' maiúsculo	51
2.2. A diferença entre story e telling	64
2.3. Storytelling²	80
2.4. Moral das 'Mil e Uma Noites'	95

CAPÍTULO 3: BENEFÍCIOS DO STORYTELLING — 99

3.1. Benefícios inerentes	99
3.2. Benefícios específicos	106
3.3. Benefícios na prática corporativa	119

CAPÍTULO 4: AS DIVERSAS APLICAÇÕES DE STORYTELLING — 131

4.1. O que o storytelling pode fazer por uma pessoa	132
4.2. Storytelling no jornalismo	136
4.3. Storytelling na política	145
4.4. Storytelling no turismo	152
4.5. Storytelling no design	164
4.6. Storytelling nas ciências	169
4.7. Storytelling na educação	179
4.8. Storytelling na religião	185
4.9. Storytelling no entretenimento	190

CAPÍTULO 5: STORYTELLING NO MUNDO DOS NEGÓCIOS — 211

5.1. Storytelling nas multinacionais B2C	217
5.2. Storytelling nas empresas B2B	227
5.3. Storytelling nas startups	233
5.4. Storytelling no terceiro setor: Socialtelling	241

CAPÍTULO 6:   SENHORAS E SENHORES,
              APRESENTAMOS O EXOTELLING   253

6.1.   Storytelling nas atividades de marketing   255

6.2.   Storytelling em trade marketing   260

6.3.   Storytelling em branding   266

6.4.   Storytelling em publicidade e propaganda   271

6.5.   Storytelling em relações públicas   277

CAPÍTULO 7:   EIS QUE SURGE O ENDOTELLING   287

7.1.   Storytelling em liderança   292

7.2.   Técnicas para aplicar   299

7.3.   Storytelling em apresentações: três técnicas
       para aplicar   309

CAPÍTULO 8:   OS SETE NÍVEIS DE EVOLUÇÃO
              DE STORYTELLING   325

8.1.   Evolução Nível 1: fragmentos   326

8.2.   Evolução Nível 2: anedotas e causos   327

8.3.   Evolução Nível 3: ação de storytelling   331

8.4.   Evolução Nível 4: storytelling não linear   334

8.5.   Evolução nível 5: transmídia storytelling   337

8.6.   Evolução Nível 6: gestão de storytelling   353

8.7.   Evolução nível 7: inovação em storytelling   355

viii GUIA COMPLETO DO STORYTELLING

CAPÍTULO 9:   ESTOJO DE TÉCNICAS · 369

9.1.   Como se tornar um storyteller · 369

9.2.   Como não se tornar... Os 7 pecados capitais
do Storytelling · 373

9.3.   Por onde começar uma história: *plot toolkit* · 382

9.4.   Consultando a bola de cristal: o futuro
do Storytelling · 392

CAPÍTULO 10:   THE END? · 397

10.1.   Repertório · 400

AGRADECIMENTOS · 411

REFERÊNCIAS BIBLIOGRÁFICAS · 413

ÍNDICE · 417

SOBRE OS AUTORES

FERNANDO PALACIOS

Um dos pioneiros de Storytelling e *Branded Content* no Brasil. Inovou com muitos "primeiros": realizou o primeiro estudo acadêmico sobre Storytelling, Comunicação Corporativa e Publicidade na América Latina, servindo como base para direcionar o setor, é cofundador do primeiro escritório dedicado exclusivamente a Storytelling do país, implementou o primeiro portal sobre Storytelling no universo das marcas e, finalmente, ministrou na ESPM-SP o primeiro curso universitário de Transmídia Storytelling.

Desde então, já ministrou mais de 80 palestras e cursos no Brasil e internacionalmente. Graduado pela Universidade de São Paulo, atualmente é professor de Storytelling na ESPM. Como Diretor da Storytellers Brand'n'Ficction, já desenvolveu diversos projetos de Storytelling que auxiliaram na inovação do mercado de Comunicação e Narrativas no Brasil.

Entre eles vale destacar o jogo interativo online *Mistério das Cidades Perdidas* para a Mini Schin, que contou com 2 milhões de usuários e foi finalista do Festival de Cannes; a peça teatral *As Filhas de Dodô*, para J.Macêdo, um projeto inédito de Transmídia para *Endomarketing* que contou com 2 peças teatrais, 1 filme, 2 *talkshows* e contos de apoio de duração total de um ano; a experiência sensorial *Virada Cinegastronômica* que contou com 3 edições anuais e diversos patrocinadores; o livro *Os Donos da Noite* para Absolut; a *Coletânea de Contos Corporativos*, para M. Dias Branco; o universo ficcional *Minha Aventura no Escuro*, para a Animados Zôo; o conto da saga familiar *Uma Família Que Brilha*, para resgatar a história da família de joalheiros Okubo.

Em 2015, foi o único profissional de Storytelling convidado para falar do assunto à *500 C-levels* no maior evento de Tecnologia da América do Sul, o IT Fórum.

Para experimentar inovações de conteúdos, desenvolve um projeto autoral em que narra a busca de um personagem pela próxima maravilha da humanidade, que tem mais de 90 mil seguidores no Facebook.

Martha Terenzzo

Profissional multifacetada com experiência de mais de 30 anos na área de Marketing e Inovação. Desenvolve projetos de Gestão de Inovação e Criatividade para serviços e produtos, ministra aulas em MBA e Pós-Graduação e palestras.

É mentora, colabora com diversos blogs e revistas e é diretora da Inova 360°, empresa de Gestão de Inovação e Negócios.

Coordenou projetos de grande porte em empresas como: Cargill, Sadia, Parmalat, Bombril, União, Reckitt & Benckiser, Melhoramentos de Papéis, Seara e Ajinomoto.

Entre alguns desses projetos: toda a linha de inovação de congelados da Sadia, como pizza, salgadinhos, Miss Daisy, massas, pratos prontos entre outros, e Vono, na Ajinomoto.

Estabeleceu processos e metodologias específicas de Marketing com visão na Gestão de Negócios. Implementou áreas de inovação, marketing de alta performance e gerenciamento de portfólio de marcas, lançando mais de 400 produtos de consumo e novos serviços com sucesso.

Há três anos se associou a Fernando Palácios, na Storytellers Brand´n Ficction, expandindo a metodologia de Storytelling para aplicação em empresas e ESPM. Juntos dão aulas de Storytelling, que já teve 15 edições, recentemente lançaram com sucesso o curso de *Branded Content*, com abordagem em desenvolvimento de conteúdos para marcas.

Como clientes, conquistaram projetos na Natura, CCEE, Cielo, Libbs, Júlio Okubo, Roche, Procter & Gamble e Café Pelé.

Fez mestrado em Consumo e Comunicação na ESPM, com foco no entendimento da Comunicação e Consumo. Editou um livro sobre Comunicação, Consumo e Juventude, colaborou com um e-book do PPGCOM ESPM e um livro sobre Inovação para *Startups* de Tecnologia.

INTRODUÇÃO

"Os cientistas dizem que somos feitos de átomos, mas um passarinho me contou que somos feitos de histórias."

— *Eduardo Galeano, escritor uruguaio.*

A citação acima contém parte de uma frase muito difundida nas redes sociais. Por ter sido repetida e repassada sem muito critério, foi escolhida para abrir o livro. Ela representa bem o que acontece com o tema de Storytelling. Da mesma forma que muita gente compartilha a frase acima sem saber se ela foi de fato dita ou escrita pelo autor uruguaio, o mesmo acontece com Storytelling. Basta uma busca rápida para perceber que existem muitas informações desencontradas. Alguns dizem que Storytelling é uma ferramenta, outros afirmam que se trata de um processo de sete passos e alguns comentam que contar histórias é uma atividade voltada para crianças. Essas informações são incompletas e acabam gerando dúvidas no leitor e descrédito para o tema.

Este livro nasceu a partir de uma necessidade específica. Antes de trazer o tema Storytelling para o Brasil, os autores trabalharam décadas na esfera corporativa e hoje conciliam a prática de mercado com a vida acadêmica. Como professores, os dois recebem todos os dias perguntas como "sou uma curiosa quanto ao Storytelling e gostaria de conhecer um pouco mais para poder utilizá-lo [no meu cotidiano/nos meus livros/quando for escrever filmes/em apresentações corporativas/para motivar minha equipe/para deixar meus alunos adolescentes mais interessados nas aulas...]" Fica claro que existem muitos tipos de profissionais que querem saber mais sobre o assunto, mas o problema é que todas as perguntas terminam assim "...o que você me recomendaria como referência bibliográfica, vídeo, artigo, enfim, alguma fonte para aprender a contar melhor minhas histórias?"

Apesar de todos nós contarmos histórias, apesar de ser uma atividade que fazemos todos os dias, apesar de ser possível recorrer às técnicas narrativas em qualquer profissão, apesar de se tratar de uma das atividades mais antigas da Humanidade, apesar de tudo isso, não temos fontes sólidas sobre o assunto. Tudo o que se tem na vastidão da internet são fragmentos superficiais e desencontrados. Parte do nosso trabalho com este livro foi de 'arqueólogos do conhecimento'. Fomos estudar mais a fundo o que se fala sobre o assunto, com o intuito de complementar ou então desmistificar o Storytelling. Aliás, a frase completa do escritor uruguaio Eduardo Galeano é: "se somos filhos do tempo, então não há nada de errado que, de cada dia, brote uma história. Porque os cientistas dizem que somos feitos de átomos, mas um passarinho me contou que somos feitos de histórias" e foi proferida durante o lançamento do livro *Os Filhos dos Dias*.

Isso não quer dizer que o livro seja teórico. Pelo contrário. Nosso intuito é ir além de enumerar lições, elencar exemplos ou discursar sobre "o que é Storytelling". O objetivo é demonstrar "como fazer para contar melhores histórias" por meio de técnicas, apoiadas por conceitos e exemplos.

Mesmo do ponto de vista técnico, esta é uma obra que tem uma característica que não se encontra em nenhuma outra. Livros que abordam técnicas de Storytelling são sempre restritos a um formato. Por exemplo, "Dicas de Como Escrever um Roteiro de Cinema" ou "As Técnicas para Se Fazer Uma Apresentação Estilo TED", ou "Como Escrever Romances". Enfim, são instrumentos que ficam presos a grupos de pessoas e geram ferramentas que muitas vezes se tornam muletas. Este livro inova na medida em que compreende Storytelling como uma atividade primordial, que se inicia muito antes da escolha do formato em que será contada.

O que os escritores podem aprender com os dramaturgos? E o teatro, de que forma pode ganhar com os roteiristas? O que os cineastas podem aprender com quadrinistas? Como os quadrinhos podem se beneficiar das técnicas dos games? O que os *gamers* podem aprender com os escritores? E o que todos eles podem aprender com os publicitários? E o que o pessoal das empresas pode aprender com o pessoal artístico? Foram essas perguntas que nos guiaram e que vão elucidar o seu conhecimento.

I. ERA UMA VEZ...

Introduções não costumam ser lidas. Então, como forma de premiar os leitores mais dedicados, vamos revelar um segredo.

Para se contar uma boa história existe um pressuposto fundamental. Basta seguir esse fundamento que as narrativas ganham vida, as descrições ficam mais coloridas, é quase como um passe de mágica. Isso é tão simples que qualquer pessoa que esteja lendo este livro pode aplicar de uma hora para outra. Ainda assim, a maior parte das pessoas sequer se dá conta de algo tão básico e acaba sofrendo e fazendo com que a sua audiência sofra junto.

Se você já fez algum curso de extensão, já passou pela situação típica da sala de aula que deixa tensa a maior parte dos alunos. Quem nunca tentou contar a história mais fácil de todas — a própria — e diante do entrevistador acabou engasgando sem saber por onde começar? Se você já apresentou uma ideia para um auditório com mais de mil pessoas, sabe que a dificuldade da narrativa aumenta na mesma proporção do tamanho da plateia. Até o fim do tópico vamos ensinar um segredo que resolve essa questão.

Vamos supor que você acabou de pegar este livro. Talvez ainda esteja na livraria. Se for como a Martha Terenzzo, você é uma pessoa que estará sentada na área de café com um expresso *duplo* repousando na mesa à sua frente. Ao lado do café, você terá uma pilha de livros, como tesouros garimpados das estantes. Você não deve levar todos. Ainda é preciso peneirar suas descobertas. Aliás, sabemos que você talvez não compre este. Mas já que está aqui com a gente, gostaríamos de aproveitar a ocasião e brindar-lhe uma história.

O ano é 2011. Ao redor do mundo, os maiores jornais e revistas noticiam a descoberta de inovar na comunicação das grandes corporações: o poder das narrativas. Enquanto isso, no Brasil, pela primeira vez dois professores vão dar um curso juntos. As visões entre eles eram bastante distintas e a pluralidade não parava por aí. Assim que os alunos começaram a se apresentar vieram as surpresas. Não logo de cara.

Primeiro tudo parecia seguir dentro do esperado. O ambiente era de criatividade e as paredes estavam tatuadas com centenas de anúncios, a sala estava com mais de quarenta alunos e por isso cada um teria que se apresentar rapidamente, em menos de 30 segundos, como se acabasse de conhecer um potencial cliente dentro do elevador e não pudesse deixar a oportunidade escapar.

O gestor de uma grande marca internacional foi o primeiro a se apresentar, seguido por uma gerente de produtos, em terceiro veio o diretor de marketing, a seguir a dupla de publicitários criativo e planejador, depois vieram produtores e assessores. Tudo corria como o esperado, até que um senhor se pronunciou! E se apresentou: "Eu sou um anjo". Isso mesmo, um anjo.

O senhor que disse ser um *anjo* estava bem-vestido, elegante, mas não de branco e sequer tinha asas. Todos os olhos fixados nele se mostravam desconfiados. Ele tratou de resolver o mistério. Ele era um *anjo investidor* e queria saber como as histórias poderiam ajudar novos negócios a prosperarem.

Depois da surpresa, pensamos que a história havia voltado para o mundo dos negócios. Ledo engano. A próxima pessoa a se apresentar foi uma arqueóloga. Não só de formação, já que trabalhava em escavações. Ela garantiu que o trabalho dela é o de montar histórias a partir de fragmentos. Enquanto todos processavam a informação, veio a vez da ortodontista, que explicou que boas histórias poderiam servir como um serviço a mais ao cliente durante o tratamento e que talvez até tirasse o foco da dor. Foi assim que começou o primeiro de uma série de centenas de cursos e palestras.

Se você for como a Martha Terenzzo, é melhor repousar um pouco o livro e tomar um gole de café, antes que esfrie. As visões distintas entre os professores em alguns momentos chegavam a ser conflitantes. Seria possível que a Professora, com mais de 25 anos da mais pura vivência do mundo corporativo estivesse interessada realmente em "ouvir historinhas"? E o professor, que largou o alto salário e o glamour do mundo das agências para se dedicar à escrita autoral, seria capaz de voltar a pensar e falar em "formato corporativo"?

Contrariando algumas expectativas, uma visão completou a outra e a parceria deu tão certo que eles estão aqui, sentados lado a lado para escrever o livro que agora está nas suas mãos.

O primeiro motivo pelo qual este livro foi escrito é puramente mercadológico. Ele tinha que ser escrito. Sabemos que em todo o mundo existem poucas fontes confiáveis sobre este tema. Existe ainda um segundo e intrigante motivo: não é por falta de interesse comercial. Cada vez mais empresas estão criando departamentos de Storytelling, a cada dia estão surgindo novos cargos como Diretor de Transmídia e internacionalmente as estratégias de *branded content* estão sendo alinhadas dentro das grandes multinacionais de forma transversal com seus fornecedores. É um mundo sem volta, e os consumidores agradecem. Quem sofre é quem está obrigado a se tornar um *Storyteller* e não sabe nem por onde começar.

Os representantes mais experientes desse "lado *Storyteller*" das empresas, das assessorias e das agências sabem que é preciso abordar o tema de forma humilde. Mesmo com todo o avanço nos últimos anos acerca da compreensão sobre tudo aquilo que cativa a atenção da audiência, os artistas já estudam e experimentam como captar a atenção há mais de três mil anos.

Ao final, os mais modernos estudos de neuromarketing e ciência do comportamento indicam o que os autores sempre souberam: nada é mais poderoso para envolver, engajar e "viralizar" do que uma boa história, bem contada. Basta perceber que até paixões mundiais como o futebol precisam da figura do narrador.

Se você já está acostumado a contar histórias, ótimo! Este livro vai ajudar a amplificar seu potencial com uma série de técnicas para polir a sua veia de *storyteller*. Se você nunca tinha pensado nessa possibilidade, melhor ainda, vai poder desfrutar de novos conteúdos e conceitos com a melhor postura possível em termos de aprendizado: a mente vazia, como uma paciente página em branco que aguarda para ser preenchida com uma grande história!

E se você tem dificuldades em contar a sua própria história para pessoas que acaba de conhecer, chegou a hora de aprender um segredo: o narrador experiente sabe que tanto para falar com muitas pessoas quanto para colocar a história no papel, o truque é sempre o mesmo: "para quem eu vou contar essa história desta vez?". Ainda que esteja diante de uma multidão, o bom contador de histórias tem sempre uma pessoa específica em mente.

Quando amadores escrevem *posts* de blog ou redes sociais, ele redige "para a rede" e isso imprime um teor genérico ao texto. Já o escritor experiente faz diferente e pensa no leitor que está implícito. Alguém que escreve para que outro leia. E um bom escritor pensa em uma pessoa específica, especial, que muitos chamam de "musa inspiradora".

O livro que está diante dos seus olhos foi escrito por dois autores e até por isso possui mais de um leitor implícito. Ainda assim, os autores acreditam que, para ensinar, é preciso demonstrar. Afinal, de que adiantaria um livro que ensina a escrever melhores histórias se os autores não aplicassem os próprios ensinamentos?

E aquele expresso duplo? Já está chegando ao fim?

Perfeito, significa que é hora de mergulhar na leitura e descobrir o mundo encantado em que boas histórias passam a protagonizar a cena do cotidiano, espetáculos teatrais entram no lugar de apresentações de slides corporativos e jogos interativos fazem as vezes de intervalos comerciais.

Agora você deve estar se perguntando "por onde começar a utilizar isso no meu dia a dia?" ou "como convencer o cliente a realizar um projeto desses?", ou ainda "será que uma empresa pequena como a minha teria como aplicar tantas coisas com nomes diferentes?". Pouco a pouco essas questões serão resolvidas. Pois é, temos uma longa jornada pela frente.

Então dirija-se ao caixa da cafeteria e pague a conta do seu expresso, que esperamos que você tenha terminado ou a essa hora já esfriou, siga até o caixa da livraria e adquira a obra que está em suas mãos e, quando chegar em casa, vamos nos reencontrar no próximo capítulo. No final, você vai perceber que tudo isso é muito simples. O que não quer dizer que será fácil: haverá novos conceitos a serem decorados, outras formas de pensar a serem decodificadas e muitos territórios a serem percorridos. Será uma jornada árdua, mas garantimos que será valiosa e até mesmo transformadora para sua vida.

Em tempo, antes de começar o próximo capítulo, gostaríamos que você refletisse sobre a seguinte questão: qual é a sua história? Qual foi a sua jornada de vida até o momento?

II. DA HISTÓRIA AO STORYTELLING

> "Não é porque é sério que tem que ser chato."
> — mote dos autores Fernando Palacios e Martha Terenzzo.

A palavra "história" possui sua **própria história** e transcende os limites de simples narrativa ou ciência. Primeiramente, vamos contextualizar o que aconteceu no Brasil desde os anos 1970 até a chegada do novo milênio.

Em 1968 vivíamos ainda a censura total nos jornais, periódicos, TVs, rádios. As notícias eram pró-governo e todos os meios de comunicação estavam amordaçados, desde a imprensa, até o cinema, o teatro, a música.

Após dois anos, um poderoso general militar é escolhido como presidente. Seu nome: Garrastazu Médici. Ele intensifica a tortura e a censura, como forma de calar a oposição. Com a morte de um famoso jornalista, Vladimir Herzog, o país inicia um movimento que dará mais tarde origem à campanha Diretas Já.

xviii Guia Completo do Storytelling

É nessa década de 1970 que se inicia uma revolução nas telecomunicações, um dos marcos no processo de organização do território brasileiro. Do telefone ao telex, o Brasil muda a forma de se comunicar.

E assim, desde meados dos anos 1970 até meados da década de 1990, o crescente fenômeno da globalização fez com que as empresas focassem em prioridades como diferenciação estratégica e a necessidade de competências com pensamento sistêmico.

A Era da Qualidade Total e da Reengenharia traria a responsabilidade de comunicar tudo com fatos e dados. Foi assim no jornalismo, como também na comunicação interna e externa das empresas. Atributos funcionais eram diferenciadores, estávamos aprendendo a produzir e consumir.

Chega a virada do milênio e o mundo não acaba. Apesar do medo, do pessimismo de alguns e da mística ao redor da data, nada anormal aconteceu. No entanto, é a partir do ano 2000 que a Internet começa a ser distribuída em escala e descobrimos o que é a "cauda longa", termo usado por Chris Andersen. E é só a partir de 2005 que a banda larga é distribuída para mais de 50% da população. Isso significa que boa parte de nossos cidadãos ainda não possuem acesso às informações e à comunicação em tempo real. Mesmo assim tudo muda no Brasil.

É nesse começo de milênio que a produção de conteúdos explode. E a abundância de informações traz o hiperconsumismo. De produtos industrializados, eletrodomésticos, roupas até mídias. A crescente produção de tecnologia traz novas formas de pensar, agir, produzir, habitar e ser. São tantas informações que vivemos a subinformação e a superinformação, ao mesmo tempo. Da escassez ao excesso. O tempo já não é o maior problema de quem vive em grandes cidades. Nossa atenção é cada vez mais fragmentada e dispersa. Como atrair a atenção de pessoas tão conectadas e dispersas ao mesmo tempo? A tal da convergência não aconteceu.

E assim chegamos no tema que apresentaremos neste livro: o Storytelling. Por que ele se tornou um tema tão relevante nos últimos anos? O que aconteceu com a comunicação tradicional?

O tema Storytelling está em voga há alguns anos, virando tendência no mundo dos negócios desde o início de 2006, justamente quando a banda larga cresceu no

Brasil. O tema passou a ser abordado em livros por diversos autores renomados, da neurociência à psicologia, da inovação à liderança. Empresas consultoras de tendências ditavam algumas das mudanças que estariam por vir. Dito e feito, cinco anos depois, em 2011, virou o assunto principal em Cannes Lions, o maior festival publicitário mundial.

Essa evolução do tema dentro das organizações auxilia executivos a otimizarem seus principais atributos: liderança, engajamento e disseminação de cultura e valores.

E, para as marcas, não se trata mais de desenvolver uma boa campanha de comunicação, mas sim de transformar a história da marca num verdadeiro universo criativo desenvolvendo conteúdo autoral e transformando investimento em ganhos financeiros.

Os autores deste livro são pioneiros no assunto e acompanharam o seu desenvolvimento desde os primeiros momentos. Desenvolvemos projetos de Storytelling para empresas e ministramos cursos e palestras, criando nosso próprio conteúdo e método de trabalho.

Já foram mais de 10 edições e 5 mil pessoas treinadas, incluindo cursos *in company* para grandes instituições como O Boticário, Procter & Gamble, Avon, Natura, Nivea, agências de propaganda como a premiada Wieden-Kennedy, assessorias de imprensa como Ketchum, instituições de grande reputação como a AACD — Associação de Assistência à Criança Deficiente, WWF — World Wildlife Fund, a prestigiada Fundação Dom Cabral e diversos congressos como KM Brasil e IT Forum. Além disso, preparamos diversos executivos com a habilidade de Storytelling, entre eles executivos de grandes companhias como Natura e Cielo. Aprendemos na prática, na vida real, a melhor aplicabilidade do método para cada problema.

A partir de 2014 o assunto Storytelling ficou mais presente nas empresas e o tema ocupou os espaços da mídia. A palavra não causou mais tanto estranhamento. Muitas empresas passaram a fazer alinhamentos globais e até mesmo criaram departamentos especializados em Storytelling. Ainda assim, existem muitos desencontros de informação e poucas fontes confiáveis. Com isso, a busca pelo conhecimento do assunto continua crescente.

Empresas como o Facebook agora demandam de seus novos colaboradores a habilidade de saber contar uma boa história. O mesmo ocorre com a Google e outras marcas de redes sociais.

Por causa desses fatos achamos que este livro pode interessar a:

- Diretores de marketing, gestores de marca, gerentes de produto e executivos que queiram entender melhor o que é essa tendência e como funciona o Storytelling para obter melhores resultados desde formulação de briefing, até a avaliação de projetos que envolvam o conceito.

- Empreendedores e empresários que necessitem diferenciar suas marcas a partir de um novo ponto de vista para seus negócios.

- Publicitários, assessores de imprensa e comunicadores em busca de ferramentas práticas e teóricas para a construção de campanhas mais engajadoras.

- Profissionais interessados em criar apresentações de negócios mais envolventes.

- Acadêmicos interessados em uma formação mais aprofundada sobre o assunto.

- Escritores, roteiristas e produtores de conteúdo (audiovisual, quadrinhos, jornalismo) que queiram inovar em seu mercado e explorar outras possibilidades e modelos de negócios.

- Voluntários que buscam aprender como as histórias bem construídas podem auxiliar o Terceiro Setor na captação de recursos humanos e financeiros.

- Profissionais da indústria audiovisual, em especial de emissoras de TV, que podem encontrar muitas respostas sobre as novas demandas que estão surgindo. Mas também produtores de conteúdo, inclusive os pequenos empreendedores de vídeos de internet, podem se beneficiar das técnicas contidas nas páginas adiante.

E também quem:

- Está dando uma nova direção para sua vida profissional.

- Procura um caminho bacana para seu desenvolvimento pessoal.

- Busca novas formas de ampliar a criatividade.

- Quer ampliar a segurança e a inspiração na forma de se apresentar, mesmo que seja para uma entrevista de emprego, ou então em palestras e até mesmo para apresentar ideias e projetos em rodadas de negócios.

- Quer entender a diferença entre contar histórias e contar a melhor história.

Portanto, mãos à obra! Esperamos que aproveite a leitura e possa, ao final, inspirar--se para contar boas histórias.

Você é nosso convidado para esta jornada.

III. ADVERTÊNCIAS

"Como você pode encher uma taça se ela já estiver completa?
Como você pode aprender algo se acha que já sabe tanto? (...)
Esvazie sua taça!"

— *Lu Yan, personagem mentor do filme O Reino Proibido.*

- Você provavelmente (ainda) não faz Storytelling. Essa afirmação tem 90% de chance de ser verdadeira, especialmente se você trabalhar direta ou indiretamente com publicidade ou marketing. Pelo menos não da forma otimizada. Todas as pessoas contam histórias todos os dias, mas são poucas as que sabem contar direitinho do começo ao fim e potencializam o método para seus negócios. Acreditamos que o método é melhor quando usado continuamente como um processo, em vez de pontual como uma ferramenta.

- O lendário publicitário Francesc Petit insistia na frase e nós reverberamos aqui: "As faculdades, cursos e livros afogam-se em teorias, mas se esquecem de um fator fundamental e decisivo para evoluir na vida: o fator humano". Com este livro queremos tecer nossas ideias com outros autores, mesclar cores e padronagens que tenham sempre como pano de fundo o fator humano e a vida real como ela é.

- É capaz de você reflitir sobre a sua empresa, a do seu cliente ou a do seu empregador de um outro jeito. Por trás de grandes marcas existem grandes histórias. Marcas que existem há décadas como Gerdau, Granado, Alpargatas, Hering, Klabin e Matte Leão certamente têm boas histórias, mesmo que nem sempre agradem a todos. Qualquer empresa tem uma comunidade que consome e produz seus serviços e produtos. No propósito dessa marca existe uma responsabilidade com pessoas em seu entorno, uma história que pode ser muito maior que os lucros e transcender seus ganhos financeiros.

- Você nunca mais vai ver um filme, seriado ou ler um livro da mesma maneira. Para muitas pessoas, isso pode ser considerado um efeito colateral de se aprender Storytelling. Na medida em que se aprende como algo é feito, parte da magia é perdida. Por outro lado, ganha-se uma nova admiração quando entendemos o que um autor foi capaz de fazer utilizando técnicas conhecidas.

- Não adianta criar uma boa história sem ter um bom produto. E isso é conseguido por meio de confiança mútua entre a empresa de comunicação e o cliente. A agência competente poderá desenvolver uma comunicação criativa e envolvente que despertará emoções por muitos e muitos anos. Mas é o cliente–empresário que tem a obrigação de entregar um serviço honesto a um preço compatível onde esse consumidor estiver.

- Diferentes lentes. Este livro foi feito para colidir dois universos distintos: o das pessoas que produzem cultura e entretenimento com o das pessoas que trabalham com e para marcas. Por isso, este livro é capaz de beneficiar executivos, publicitários, profissionais de marketing e jornalistas na mesma medida em que vai auxiliar escritores, diretores, produtores e roteiristas.

Certas passagens podem parecer óbvias e familiares para você, mas certamente serão fundamentais para outra pessoa. E as partes que essa outra pessoa considerar desnecessárias, serão as mais úteis para você.

- O livro possui exemplos da cultura pop ao lado de *cases* de mercado. Nada melhor para garantir a assimilação da teoria do que ilustrar por meio de demonstrações concretas. Quando falamos sobre como contar histórias, os exemplos da cultura pop são os mais evocados.

  Afinal, enquanto todas as indústrias precisam pagar para conseguir um espaço na mídia para transmitir suas mensagens, a indústria do entretenimento faz o oposto e vive de vender o acesso às histórias que contam. Além disso, os exemplos baseados em cultura pop aumentam a chance de um número maior de leitores saber do que estamos falando.

  Finalmente, existe ainda o fato de que quase toda empresa busca uma comunicação de massa e popular, e analisar a cultura pop auxilia na construção de repertório para uma grande audiência.

- Quando falarmos sobre a presença de produtos e serviços em histórias, nem sempre vamos recorrer a *cases* que envolvam marcas famosas. Optamos por utilizar alguns projetos em que trabalhamos diretamente, garantindo o conhecimento profundo do processo, dos bastidores e dos resultados. Nesses casos, a gente conta a história por trás para que você entenda o contexto, mesmo que não tenha familiaridade com a ação ou marca citada.

- Diante da amplitude do tema de comunicação e a escassez de referências no Brasil, nosso ponto de partida é focado em nossas experiências práticas, pesquisas acadêmicas e muita investigação de diversas referências: filmes, sites de negócios, livros de literatura, liderança e até fábulas. E assumimos a experiência de criar conceitos e paradigmas, pois os consideramos pertinentes e úteis no cenário de negócios atual. Portanto temos pesquisa, observação, teorias diversas e muita reflexão. Em alguns momentos convidamos você a refletir e participar dessa conversa.

- O mundo de negócios valoriza o profissional que coloca a mão na massa e que sabe fazer acontecer. Ninguém nasce sabendo, mas todos podemos aprender. Este livro é uma jornada em si, ele encerra um ciclo, mas ao final ele abre caminho para o início de uma jornada maior. Não pare por aqui. Pesquise, pergunte, continue estudando, faça os cursos, busque conhecimento. O aprendizado deve ser contínuo durante toda a vida.

- Muitas dúvidas. É natural. O objetivo do livro é provocar esse tipo de reflexão ao tirar o tema do lugar-comum. As dúvidas durante a leitura poderão ser enviadas diretamente aos autores por e-mail: palacios@storytellers.com.br e marthaterenzzo@storytellers.com.br.

- *Wabi-sabi*! Boas vindas à imperfeição. Adotamos o conceito japonês do *wabi- -sabi*, que defende a beleza de tudo que não é perfeito. Este livro é Incompleto, Imperfeito e Impermanente. As palavras *wabi* e *sabi* não se traduzem facilmente. É muito difícil explicar o conceito que é como uma filosofia, mas *Wabi* significa quietude. É uma elegância discreta, uma modéstia no formato e a integridade no processo de construção. Percalços, incidentes, erros e anomalias ocorreram no desenvolvimento deste livro. Talvez você encontre algumas. No conceito *wabi-sabi* isso confere singularidade aos autores e a toda a narrativa do livro.

A palavra *Sabi* significa a simplicidade, a serenidade que vem com o tempo. O desgaste das páginas de um livro por exemplo, são evidenciados por manchas de café, marcas de páginas mais amassadas, letras lidas por muitos olhos, anotações a lápis, e até páginas que teimaram em se soltar. Nunca conhecemos um profissional de sucesso que se considerasse pronto. O sucesso sorri para os que estão sempre aprendendo, investigando, se adaptando, surfando nas ondas da mudança. E também para aqueles que têm conflitos, dilemas, uma vida real. A vida é passageira e transitória, como este livro. Nosso conhecimento é mutante, por isso impermanente.

Somos *wabi-sabi*, cultivamos tudo que é autêntico. Três são as realidades que permeiam esse conceito: nada dura, nada é completo, nada é perfeito. Admitimos que podemos errar, porque isso é humano e nos faz humanos. Daqui algum tempo, talvez, alguns conceitos sejam mais imperfeitos e incompletos, por isso somos otimistas como o *wabi-sabi*.

Onde alguns enxergam defeitos outros enxergarão a beleza do autêntico e da possibilidade de melhoria. Somos maleáveis, e a preparação do livro trará outros temas para aprofundarmos.

Num mundo onde tudo deixou de ser líquido para ser gasoso e rapidamente se desintegrar, nos preparamos para a mutação e a transformação contínua em algo melhor sempre.

- O direito aos direitos autorais. Este livro não é do tipo "enlatado" em que autores entram em contato com um conceito em algum lugar e simplesmente transportam para outro. Não, não foi assim a concepção deste livro. Cada página tem um pensamento que surgiu do estudo e da prática de, pelo menos, um dos dois autores. Vários dos termos apresentados, como **Endotelling**, **Plot Toolkit** e Topografia de Interesse foram cunhados por eles.

- Isso porque, apesar de Storytelling ser uma das atividades mais ancestrais do ser humano, a aplicação no ambiente corporativo se estabeleceu recentemente. Isso faz com que esse campo seja muito vasto e cheio de oportunidades para aqueles que gostam de desbravar conhecimentos. Aliás, você é uma dessas pessoas.

O que é Storytelling para você? Qual foi a primeira vez que você escutou falar sobre o tema? Reflita, por que o tema lhe atraiu?

PENSE

IV. POR QUE LER ESTE LIVRO?

O objetivo deste livro é permitir que você consiga aquilo que os contadores de histórias já fazem há tempos: capturar a atenção do público, seja ele o seu consumidor, empregador, comprador ou colaborador.

Em um mundo pautado pelo excesso de canais, tecnologia e informações, é prioridade repensar o modo de gerenciar uma marca e como ela influencia uma categoria e setor.

Não é por acaso que muitos profissionais estão "batendo a cabeça" e não sabem mais o que fazer com as marcas. A difusão de novas ferramentas tecnológicas e novas formas de consumir gerou uma grande complexidade.

O marketing tradicional abordava a gestão da marca de acordo com etapas básicas nas quais era possível gerenciar o processo com relativo sucesso. No entanto, o modelo tradicional não serve mais, e na prática não há mais um modelo único a seguir. Agora toda marca é comunitária e não pertence somente à empresa, mas sim a todos os seus públicos de interesse.

Por outro lado, editoras, estúdios de cinema, canais de TV, casas de show, as obras que veiculam e seus autores, são todos considerados marcas. Todo livro de ficção compete por espaço nas livrarias e todo filme concorre por número de salas de exibição.

O Storytelling no atual contexto entra como um elemento que pode ajudar a disseminar uma ideia, construir uma marca ou alavancar vendas com mais eficiência, conquistando o público pela emoção.

Este livro aprofundará o Storytelling sob seus diversos pontos de vista e assim instrumentalizará o leitor em diversas habilidades:

- **Objetivos empresariais e táticas de Storytelling:** o que o Storytelling pode fazer por você e sua empresa usando a metodologia *Plot Toolkit*, inteiramente desenvolvida no Brasil.

- **Apresentações:** como transformar suas experiências de vida na sua mais poderosa ferramenta de persuasão, capaz de vender suas ideias e produtos com a mesma desenvoltura dos apresentadores dos seminários TED.

- **Plataforma de estratégia mercadológica:** como construir um Universo Corporativo rico e instigante com modelos utilizados por grandes estúdios de Hollywood, como a empresa de animação cinematográfica Pixar, bem como técnicas brasileiras utilizadas na teledramaturgia. O objetivo é fazer com que a empresa desenvolva uma plataforma capaz de harmonizar diversas frentes de ação de forma dinâmica, por anos, otimizando investimentos, engajando audiências e reduzindo o desperdício criativo.

- **Memória corporativa:** como evitar o erro do histórico corporativo e fazer o arquivo morto virar memória viva. Toda boa história tem potencial de se tornar um *best-seller* usando a técnica da Topografia de Interesse. Essa técnica também vale para empreendedores que, mesmo sem uma história corporativa, podem contar suas histórias pessoais para inspirar investidores e usuários.

- ***Corporate* Storytelling: Exotelling e Endotelling**, como o uso do modelo, podem auxiliar os profissionais a liderar pessoas e disseminar culturas e valores dentro e fora de uma corporação.

- **Patrimônio ativo da empresa:** como fazer com que cada iniciativa de comunicação seja capaz de deixar de ser um custo e passar a somar valor.

Este é um livro sobre como o Storytelling pode atingir seu pleno potencial e, assim, facilitar o entendimento e a troca de conhecimento entre pessoas, estejam elas circunscritas ou circulares às empresas.

O livro utiliza-se de uma ampla base teórica distribuída por capítulos temáticos. A maioria dos capítulos tem a teoria ilustrada ou exemplos reais de aplicação às marcas.

Capítulo 1

POR QUE CONTAR UMA HISTÓRIA?

> "E você não precisa acreditar nas histórias para gostar delas. Eu gosto de todas as histórias. Gosto da progressão do começo, meio e fim. Gosto da lenta acumulação de significados, das paisagens imprecisas da imaginação, dos avanços labirínticos, das encostas cheias de árvores, dos reflexos nas águas, das viradas trágicas e dos tropeços cômicos."
>
> *— trecho extraído de Firmin, romance que conta o ponto de vista de um rato nascido em um porão de uma livraria na cidade de Boston em 1960. Ele aprende a ler devorando as páginas de um livro.*

A resposta para a questão primordial deste capítulo é simples: porque histórias são legais. Histórias se caracterizam pela transfusão de emoções. A escolha da palavra 'transfusão' é cirúrgica, para carregar a ideia de alguém que retira o sangue do seu corpo e doa para outra pessoa. Na hora de contar uma história, o sentimento que estiver presente no autor será doado para quem estiver atento à narrativa. Se o autor quiser que as pessoas riam com a sua piada, ele precisar gargalhar enquanto estiver escrevendo. Mas nem sempre a resposta mais simples é a mais satisfatória. Vamos elaborar um pouco mais.

O rato da citação introdutória busca satisfazer a fome insaciável que sente por livros a ponto de seus medos e emoções se tornarem humanas. A alegoria pela sede de histórias demonstra como as histórias encantam.

Gostamos tanto de histórias que pagamos para ter acesso a ela nos livros e no cinema. Muita gente corre o risco de ser processada e até de presa por não aguentar esperar até o próximo episódio do seriado favorito e piratear na internet.

As histórias estão presentes em todas as formas de arte. Certas vezes essas histórias vão além da expressão sentimental e buscam atingir um propósito maior, cumprir uma espécie de missão. É o caso do projeto sueco *The Story Vases* — que debutou em uma feira internacional de design em Milão, e conta as histórias de cinco mulheres da África do Sul.

Tudo começou com conversas entre o coletivo sueco e mulheres africanas. Elas contavam sobre suas vidas, seus maridos, filhos, seus sonhos e esperanças. Sobre o HIV tão presente nessa região, sobre a pobreza e a fome. Cada vaso conta uma parte dessas histórias capturando a essências dessas mulheres.

O artesanato *bead craft*, como é chamado, é uma importante parte da tradição Zulu e tem a função de ir além dos ornamentos ao contar histórias. No passado, usavam madeira e padrões, formas e cores que simbolizavam os sentimentos e ideias para seus amigos e familiares, em um sistema similar à escrita.

Para o estudioso Steven Pinker, a linguagem está tão intimamente entrelaçada com nossa experiência humana que é quase impossível imaginar a vida sem ela. Mesmo quando as pessoas não têm ninguém para conversar, falam sozinhas, com seus gatos, cães e plantas. Nas nossas relações sociais atuais, ganha a força da palavra, a força do verbo, a eloquência e as boas histórias. A linguagem é realmente uma habilidade magnífica e exclusiva do *Homo sapiens* entre as espécies vivas.

As histórias registravam as aventuras e expedições, e também entretinham as crianças e adultos que aguardavam os caçadores voltarem às suas cavernas e tribos. Mais do que formas de divertir e entreter, as histórias também permitem algo muito importante para nossa perpetuação.

Desde os tempos mais remotos, muito antes de inventarmos uma forma de registrar pensamentos e descobertas, os seres humanos contam histórias uns aos outros como forma de transmitir conhecimento. Uma vez inventada a linguagem, a língua se consolidaria dentro de uma cultura à medida que os pais ensinassem seus filhos e esses filhos imitassem seus pais.

Além da transmissão de conhecimento, o Storytelling possui um fator de extrema importância para nossa formação psicológica: as histórias geravam a identidade de tribo. As histórias davam significado a algo que estava sendo compreendido no contexto, em uma relação de causa e efeito. Assim, entendíamos o que podíamos ou não fazer, os perigos da época relacionados às nossas atitudes.

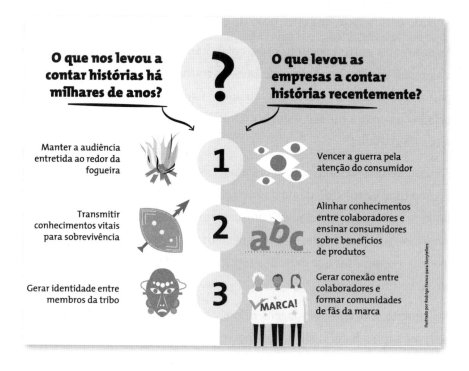

Começamos a responder a questão de por que contar histórias e nos próximos tópicos vamos aprofundar o entendimento.

Agora, antes de explicarmos por que contar uma história é importante para sua vida, convidamos você a refletir sobre o que deseja aprender sobre o tema. **Onde você quer aplicar o conhecimento que irá adquirir?**

PENSE

1.1. STORYTELLING, A GRANDE INOVAÇÃO?

A comunicação mudou. A sua empresa mudou. Nós mudamos nossas formas de nos relacionarmos com as marcas e empresas. As tradicionais formas de comunicação, seja com o colaborador da empresa ou com o cliente que compra um produto ou serviço, estão em transição. Os novos meios proporcionam novas formas de transmitir o conteúdo e impactam na construção do conteúdo dessas mensagens.

As conversas entre consumidores, colaboradores e suas empresas aumentam com as redes sociais. Verdadeiras e boas narrativas podem encantar multidões e despertar muito mais interesse que qualquer fato, dado ou tabela que possam ser despejados nas redes ou nas reuniões. Uma história bem contada interage com as emoções das pessoas.

Por isso, muitas pessoas referenciam o termo Storytelling como a grande inovação, como uma espécie de tábua da salvação em tempos modernos. Não demorou muito para que as multinacionais começassem a fazer alinhamentos mundiais solicitando aos seus fornecedores a se especializarem em Storytelling. Também não são poucas as empresas que exigem a capacidade de Storytelling para a contratação de um novo funcionário.

No entanto, existem abordagens diferentes e pouco consenso sobre o que, na prática, constitui a habilidade de um *Storyteller*. Hoje, existem diversas pessoas que se autodenominam especialistas no assunto, mas que ainda se perdem ao falar de conceitos básicos como, por exemplo, a distinção entre história e histórico. Então, apesar de achar que "fizeram Storytelling", algumas marcas não conseguem engajar seus clientes e seus colaboradores.

Ao rastrearmos o uso do termo, constatamos que ele só começa a aparecer no mundo corporativo a partir de 2005, quando foi noticiado em todos os relatórios de tendência. Essas empresas caçadoras de tendências constataram que essa seria uma habilidade fundamental no futuro da comunicação. Mas foi só em 2010 que "*Business Storytelling*" passou a ser pesquisado nos buscadores.

Não é por acaso que autoridades em gestão de empresas e pessoas como David Ulrich e Norm Smallwood tratam o conceito de Storytelling como um dos pilares da liderança sustentável que as empresas precisam atualmente. Em *Sustentabilidade da Liderança*, dedicam uma parte do livro para explicar a importância de contar histórias nas empresas.

Outros modelos de negócios e livros adotaram a necessidade de ter Storytelling para gestão de projetos. É o caso do livro *Business Model Generation — Inovação em Modelos de Negócios* (Editora Alta Books), um manual de gestão escrito por Alex Osterwalder que ajuda a desenvolver ou aprimorar um modelo de negócios. Ele ensina técnicas de inovação na prática e recomenda o uso de Storytelling para uma implementação de sucesso.

Outro tema, um pouco mais antigo, é o *Design Thinking*, que usa o Storytelling como parte de um processo problema–solução e a personificação de profissionais, sendo uma delas o Contador de Histórias. Apesar de ser um pequeno fragmento de Storytelling, isso, aliado a um bom planejamento de inovação, ajuda a potencializar um projeto.

Storytelling pode ter entrado no radar corporativo como uma palavra modal, mas o ato de contar histórias não é uma tendência de comunicação; é a essência! Gera ignição entre emissor e receptor, e transforma os mais áridos ambientes, gerando corpo e alma com a humanização.

Qual é a história que você quer contar? Que problemas você gostaria de resolver usando Storytelling?

PENSE

1.2. JÁ OUVIU FALAR EM ECONOMIA DA ATENÇÃO?

"... em um mundo rico de informações, a riqueza de informações significa a escassez de algo mais: a escassez do que quer que seja que a informação consome. O que ela consome é bem óbvio: a atenção de seus recipientes. Assim, uma riqueza de informação cria uma pobreza de atenção e a necessidade de alocar a atenção eficientemente entre uma superabundância de fontes de informação que pode consumi-la."

— *Herbert Simon, ganhador do Prêmio Nobel da Economia.*

Bem-vindo à Economia da Atenção. Aqui, o tempo, as ideias e os talentos são *commodities* e o recurso mais escasso é a atenção.

Nas últimas duas décadas do século 20, a automação de alta tecnologia foi eliminando quase todo tipo de trabalho manual das grandes cidades urbanas, exceto uma parcela de empregos de manufaturação da era industrial que economicamente ainda perdura em alguns países. Um novo formato tecnológico estava decolando para criar a era da nova economia e absorver o tempo livre de milhares de pessoas.

Em 1971, o economista estadunidense Herbert Simon observou que a quantidade de informação pode continuar crescendo, mas a quantidade de atenção humana é limitada. O rápido crescimento do volume de informação com que lidamos no dia a dia gera a escassez da nossa atenção. Essa ideia foi explorada primeiramente por Herbert Simon, e posteriormente por Thomas Davenport e John Beck no livro *A Economia da Atenção*. Muitos outros autores continuam abordando o tema, que é global.

E, na medida que a maioria dos países mais ricos migram da economia da informação para serviços, o tempo e a atenção tornam-se tão valiosos quanto o dinheiro. Mas alertamos que atenção é uma *commodity* e é tão perecível quanto o pãozinho fresco da padaria.

É nesse contexto que nos encontramos e buscamos novas opções, como descreve Hazel Henderson em *Além da Globalização*:

- As pessoas procuram novos desafios, crescimento pessoal, experiências e melhoria na qualidade de vida;

- Carros, computadores, celulares e produtos viram *commodities*, o acesso á informação se dissemina mesmo em países mais pobres;

- Pessoas optam em fazer uma faxina contra o estresse urbano e excesso de informação. Migração de executivos para *startups* e maior envolvimento com *hobbies*, comunidades locais, família e amigos. **Desconectam-se tecnologicamente, mas conectam-se com pessoas e suas histórias.**

- Os serviços que crescem como % do PNB (produto nacional bruto): cinema, lazer, eventos, esportes, artes em geral, turismo e música.

Vivemos em um tipo de *midiocracia* onde poucos controlam a atenção de bilhões de pessoas. Mas será que eles obtêm a verdadeira atenção das pessoas?

O processo se acelerou, primeiro com a Web 2.0 e agora com a Web em tempo real. Passamos cada vez mais rápido pelas nossas fontes de informação, muitas vezes superficialmente.

Toda vez que aparece um novo meio de comunicação — e essas ferramentas cada vez mais estão vinculadas à tecnologia — os olhos do mercado se voltam para ele, em busca de novas formas de diálogo com a audiência. Imediatamente aparecem os inovadores, que normalmente querem constar na lista dos primeiros adeptos, e chamam a atenção do público e de suas redes, e se fazem presentes. Como não conhecemos exatamente os efeitos daquele novo meio ou rede, não podemos prever a eficácia da comunicação por um tempo até aprendermos como é a curva de adoção, a experiência e a disseminação.

Quer saber como era o contexto anterior para comparar?

O seriado *Mad Men* mostra o auge da cultura e sociedade de consumo dos Estados Unidos na década de 1960, destacando a publicidade como principal motor de transformação de hábitos e venda de uma marca. Em uma era onde a indústria ofertava poucas marcas, era mais fácil comunicar seus produtos: bastava uma boa ideia e uma grande verba. Pronto. Um anúncio no horário nobre e no dia seguinte toda a população sabia de sua marca, da sua empresa, do seu produto. Hoje não é mais assim. Hiperoferta, hiperconsumismo, proliferação de marcas e empresas oferecendo o mesmo congestionamento de informações todos os dias.

O famoso educador e teórico da comunicação, Marshall McLuhan, afirmou que a simples sucessão das mídias "não conduz a nada a não ser à mudança", ou seja, quando aparecem novas formas de comunicar, as mídias antigas são naturalmente conduzidas a uma adaptação de seus diálogos, o que acaba por reinventar novas linguagens.

Aconteceu assim com a televisão: ela se apropriou inicialmente da linguagem do rádio, adotou a radionovela como uma forma de conteúdo até criar seu próprio modelo e agora, com a internet, vem se reconfigurando cada vez mais para interagir e explorar o potencial dos novos meios digitais.

Essa abundância de informação e enorme diversidade de formas de diálogo na rede gera múltiplas oportunidades de utilização em centenas de canais da televisão, milhares de estações de rádios, dezenas de revistas nas bancas, milhões de blogs na internet e o consumo simultâneo das mídias. Não mais a convergência como previa o professor de comunicação e jornalismo Henry Jenkins, mas sim a fragmentação das mídias.

O problema é que a informação só atinge a consciência quando é objeto de atenção. O professor Mihály Csikszentmihalyi, grande estudioso de gestão, felicidade e criatividade, explica que a atenção age como uma espécie de filtro entre os eventos exteriores e nossas experiências. E a "intensidade do estresse a que estamos sujeitos depende mais da maneira como controlamos a atenção do que daquilo que acontece conosco".

Esse caos de excesso de informação sendo produzida, publicada e não processada conduz a um cenário de incertezas em que permanece a questão: como chamar a atenção para uma mensagem se os modelos estão saturados e sobrepostos?

Todos nós somos produtores de informação, tentando atrair atenção para nossas mensagens por e-mail, posts no Facebook e Twitter, perfis no LinkedIn, apresentações em reuniões. Seja para nossa vida pessoal, projetos, carreira ou outra atividade social, estamos sempre tentando fazer nossa audiência "prestar" atenção, que em inglês se traduz literalmente como pagar com atenção (*pay attention*).

A missão de cativar a atenção está cada vez mais difícil. "O nível de concentração caiu de 12 para 8 segundos desde 2008", afirma o *Statistic Brain*. E controlar a atenção significa ter a experiência da sua audiência na mão.

Para que uma pessoa tenha atenção em algum tipo de comunicação, é preciso que ela tenha satisfação nos níveis de necessidades cognitivas, avaliativas e afetivas. Isso varia de acordo com o conteúdo da mensagem, do receptor, das variáveis de condições do ambiente, de formatos e mais dezenas de outras variáveis.

Retornamos à questão: como chamar a atenção para uma mensagem se os modelos estão saturados e sobrepostos?

A resposta da neurociência é que não prestamos atenção em coisas chatas e filtramos as informações para nos orientar.

Qualquer pessoa precisa das histórias para capturar desde a atenção dos participantes de uma reunião em que todos estão no celular até das pessoas que estão diante da sua marca estampada na embalagem exposta no supermercado. Compreensão e gerenciamento de atenção é um fator prioritário para o sucesso nos negócios. É por isso que as histórias são relevantes no mundo de hoje para as empresas. Histórias capturam atenção pois envolvem o fator biológico e não o lógico racional.

Há ciência por trás do Storytelling. Como isso ocorre? O professor de biologia molecular Dr. John Medina, em seu livro *Brain Rules* (em inglês), explica de uma forma simples e prática ao quê prestamos atenção e suas principais razões. Já Thomas Davenport, um dos autores do livro *A Economia da Atenção*, ajuda a entender o que é atenção e suas possíveis dimensões.

Veremos a seguir o que mais mobiliza nossas atenções e também o que nos repele. Mas antes, reflita: **No que você mais presta atenção? O que te interessa a ponto de abrir mão de horas de sono?**

1.3. EXISTE UMA CIÊNCIA POR TRÁS DO STORYTELLING?

"Atenção é envolvimento mental concentrado com determinado item de informação. Os itens entram em nosso campo de percepção, atentamos para um deles, e então, decidimos quanto à ação pertinente."

— *Thomas H. Davenport e John C. Beck, autores do livro Economia da Atenção.*

O primeiro objetivo do nosso processo de atenção é tentar distinguir o que querem dizer os milhares de estímulos que desejam ser despertados. Mas como esse envolvimento mental acontece?

Por meio de seis tipos de atenção com pares de oposição, como vemos abaixo:

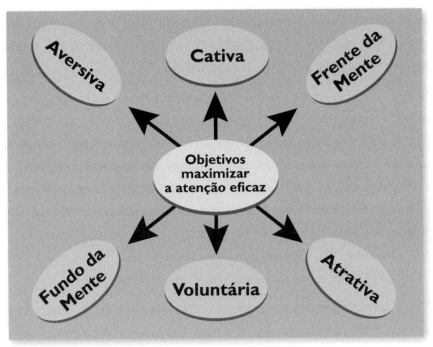

Atenção Eficaz • Fonte: Pares de Oposições: Tipos de Atenção — A Economia da Atenção — Thomas H. Davenport e John C. Beck.

As atenções Cativa e Voluntária tratam da opção, se existe relevância, permissão para participar, do que e quando.

Assim, a atenção Cativa é, por exemplo, aquele anúncio antes do filme começar, o slide em Power Point antes da reunião começar, e tende a ser impositiva. Já a atenção Voluntária está conectada ao lazer favorito, a algo que interessa, como uma paisagem nas montanhas, e o que de fato se *quer ver*. Para obter a atenção voluntária é preciso ser relevante e ter afinidade com a audiência para entender o que ela *quer ver*.

O segundo grupo de dimensões é Aversiva versus Atrativa. A Aversiva nos conecta a algo que queremos evitar, como experiências negativas, morte, derrota, um tipo de estética que nos desagrada; a Atrativa nos conduz a nascimento, a estética que nos agrada, vitória.

Curiosamente, elas têm a ver com a motivação, prêmio e castigo. Portanto, se um conteúdo narrativo desperta um sentimento de medo, podemos prestar atenção justamente pela aversão, assim como somos atraídos a aprender como evitar que aconteça algo similar. A premiação da atenção Atrativa pode vir na redenção de um personagem que após a longa jornada de vida, entre altos e baixos, recebe seus méritos por ter passado por diversas experiências.

Por fim, o terceiro grupo de dimensões pode ser Fundo da Mente versus Frente da Mente. A atenção de Frente da Mente é focalizada, explícita e consciente, como planejar as etapas de uma grande viagem, fechar um grande negócio, o nascimento de um filho. Sempre que automatizamos informações, como, por exemplo, dirigir para voltar do escritório para casa ou comprar pão, estamos liberando nossa mente para a atenção Frente da Mente. Imagine quanta comunicação entra nesse estado de automatização e não é registrada no nosso dia a dia. Já o Fundo da Mente é focalizado quando o trabalho é tão rotineiro que por vezes se torna tedioso. Neste momento é mais difícil lidar com novos dados e situações inesperadas

Para os autores que desenvolveram as dimensões acima, as atenções não são excludentes e são combinadas o tempo todo. Em todas as dimensões, a estrutura de contar histórias está presente e justamente por isso ficamos no cinema até o fim, fechados em uma sala de projeção. Pelo mesmo motivo terminamos livros de romance, acompanhamos minisséries ou aguardamos ansiosamente o capítulo de uma novela. Queremos saber o desfecho da história e o destino dos personagens.

Agora vamos ver a teoria de Medina sobre atenção. Para ele, depois do primeiro filtro, há uma orientação que tem três tipos de estímulos que geram atenção:

- **Ameaça de morte:** "Posso comer isto? Será que isto vai me comer?"

- **Sexo:** "Posso me relacionar sexualmente com isto? Será que isto vai se relacionar sexualmente comigo?"

- **Emoções:** "Será que já vi isto em algum lugar?"

Ou seja, temos as causas básicas para cada um deles:

- Ameaça de morte significa nossa necessidade de sobrevivência;
- Tudo que se relaciona com sexo significa nossa necessidade de reprodução para preservação da espécie;
- Emoções e necessidades é tudo aquilo que nos faz humanos e nos interessa.

O Dr. John Medina conclui que, se nossos ancestrais lembrassem de experiências ameaçadoras ou não conseguissem comida de forma segura, não sobreviveriam e transmitiriam seus genes.

É por isso que acontecimentos emocionalmente estimulantes costumam ser lembrados com mais exatidão do que eventos comuns. Por exemplo, você certamente não precisa se esforçar para se lembrar o que fazia no dia 11 de setembro de 2001, mas deve ter dificuldade para se lembrar do cardápio que compôs seu almoço duas semanas atrás.

Narrativas sobre a tríade acima formam elos que capturaram a nossa atenção e nos perpetuaram até agora.

Um recente artigo da *Harvard Business* mostrou que muitas empresas e executivos já descobriram a importância de uma boa história e que elas podem alterar nossas mentes.

Estruturas narrativas bem construídas podem alterar decisões e persuadir pessoas a adotar marcas. E ainda mais, nós dependemos de outras pessoas para nossa sobrevivência e felicidade.

A oxitocina é um hormônio produzido pelo hipotálamo e armazenado na neuroipófise posterior que tem a função de promover apego e empatia entre pessoas e produzir parte do prazer do orgasmo. Ela também é produzida quando acreditamos em algo, quando estamos confiantes, quando demonstramos algum tipo de generosidade e ainda quando motivamos a cooperação entre pares.

E isso ocorre porque aceleramos esse senso da empatia, nossa habilidade de se colocar no lugar do outro e sentir algum tipo de afinidade com emoções de outras pessoas.

Por isso a empatia é uma das principais razões de nos conectarmos às histórias, como veremos ao longo dessa jornada.

O gerenciamento da atenção será fator determinante para muitas empresas. Quem não aprender a dinâmica da atenção e como atrair sua audiência por meio de histórias poderá ficar fora do mercado.

1.4. QUE TAL O CONCEITO DE "ATENTO"?

> "Você deixa o Jack te beijar quando estão passeando de carro?"
> "Jamais! Se um homem consegue dirigir em segurança enquanto beija, então ele não está dando ao beijo a devida atenção."
> — *The Pittsburgh Courier, em 15 de janeiro de 1927.*

Um livro de literatura pode falar sobre "leitores", um auditório de cinema pode chamar seus espectadores de "audiência".

Se você está consumindo alguma coisa você está atento. Você está atento quando está no cinema ou lendo um livro; você larga tudo o que está fazendo e pega o livro com as duas mãos e você até desliga o celular quando está no cinema.

Aliás talvez seja a única hora do dia ou da semana que você desligue o celular: quando você entra em uma sala de cinema ou de teatro.

E se você gosta de jogar games ou assistir àquela partida de futebol do seu time com plena concentração, talvez deixe o celular ligado, mas nem perceberá a hora passando ou por vezes dialogará com as redes como Facebook e Twitter para gritar um "gol" virtualmente

Esse é o **poder de imersão desses conteúdos** que podem te manter atento.

Se a literatura tem leitores e o cinema tem audiência, o que tem o Storytelling? Os consumidores de história podem ser os próprios leitores, ou a plateia do teatro, podem ser os *gamers*, pode ser uma audiência de um canal de televisão ou do cinema, os ouvintes de um programa de esportes de rádio ou de uma história oral sendo contada em uma noite estrelada, você pode juntar tudo isso e falar como uma coisa só: atentos.

Atento é aquele que presta atenção, que está sintonizado, que *não dorme*, que está absorvido, mergulhado, extasiado. Está imerso.

Ao longo da leitura do livro, você encontrará o termo muitas vezes para contextualizar algum tipo de audiência.

Todos são possíveis atentos a um tipo de narrativa.

A publicidade já existe há muitos séculos, mas como promoção de marcas, utilizando-se de vários meios de comunicação, tem pouco mais de 100 anos. Mas se tantas mudanças estão ocorrendo no cenário globalizado atual, qual será o futuro da audiência? Como ela se comportará? E como poderemos conhecer os potenciais **Atentos** para contar nossas histórias?

PENSE

1.5. QUAL É A ÉTICA DO STORYTELLING? UM CAPÍTULO ESPECIAL.

"É preciso ter talento para contar a minha história como se fosse a de outros, e a de outros como a minha."

— *Orhan Pamuk, romancista ganhador do prêmio Nobel da Literatura.*

Já que começamos o tópico com uma frase de um romancista ganhador do prêmio Nobel da Literatura, vamos aproveitar para citar outro. O autor peruano Mario Vargas Llosa, que tem um livro magnífico chamado *La Verdad de las Mentiras*, no qual, ao analisar grandes romances da literatura mundial, procura mostrar que, muitas vezes, há mais verdade na ficção (que em princípio é uma mentira) do que no jornalismo e na história propriamente dita, que deveriam buscar a verdade, só a verdade, nada mais do que a verdade...

O processo de produção de comunicação é sempre um tema sensível com a recepção da mensagem como informação. E por isso abrimos um espaço para refletir sobre a ética no Storytelling.

Em todas as situações que temos que decidir sim ou não, nos colocam em um conflito. E como nos ensina o filósofo, professor e escritor Dr. Mario Sergio Cortella, uma palavra que designa conflito ético é dilema. Storytelling é sobre isso também, princípios, valores e conduta com uma moral da história. Cortella define que a ética é um conjunto de princípios e valores e a moral é a prática, o exercício da conduta no dia a dia.

O dilema ocorre quando queremos duas coisas, podemos escolher qualquer uma delas, mas apenas uma opção é eticamente correta. Quanto mais claro estiverem nossos valores e princípios, mais fácil será resolver os dilemas éticos que enfrentamos diariamente.

Nenhuma corporação pode mais se esconder atrás de sua marca pois ela representa o intangível e o imaterial, e a empresa, o corpo. Ambos estão sempre expostos e passíveis de interações e intervenções das pessoas, consumidores ou não.

Não existe falta de ética, podemos dizer que existe uma conduta antiética, o contrário a uma ética que um determinado grupo compartilha. Todos que compartilham princípios e valores para decidir, avaliar e julgar estão submetidos ao campo da ética.

Quem não se lembra da Nike em 1996, quando a revista Life publicou uma foto em que um menino paquistanês costurava bolas de futebol da marca revelando que seus fornecedores contratavam crianças e uma mão de obra que vivia em condições desumanas?

O mesmo ocorreu em 2011, com a Zara. Marcas relativamente mais jovens entraram uma linha muito tênue de verdade ou ficção como Hollister, Sucos Do bem e Diletto como veremos adiante.

Embora essa seja uma questão polêmica, sabemos que qualquer processo comunicacional pode ter efeitos benéficos mas também negativos na sociedade em que está inserido, pois é feita por pessoas com um conjunto de valores e princípios e também uma determinada conduta moral. Por isso, acreditamos que o processo de comunicação deve ser verdadeiro e a construção da marca deve ser autêntica. Assim, este livro ganhou um espaço especial sobre ética.

Em uma era de demanda por transparência, o primeiro grande feito da internet é separar os símbolos de seus atos. É como adotar a cultura *walking the talk* e não dar o exemplo. Dizer algo e fazer outro. Esse movimento cresce e cada vez mais amplia o entendimento e relevância de que as marcas devem conversar com as pessoas, iniciar diálogos, relacionar-se de fato. As pessoas não querem mais ser enganadas.

Portanto, nossa proposição é um acordo tácito de que essas informações fazem parte de um longo estudo que continua em construção e serão usadas como consumo midiático, seja para uso pessoal ou profissional. Um livro com abordagem sistemática de um processo de comunicação que continua em transição.

Esse estudo sobre Storytelling é informativo e a recepção dele em todos os possíveis meios tem efeitos. Para nós, é fundamental que esse estudo e suas técnicas sejam usados com responsabilidade, autenticidade e honestidade.

Nós autores acreditamos que a história pune. Vamos mostrar alguns exemplos em que técnicas de Storytelling foram utilizadas de forma equivocada e os resultados acabaram repercutindo negativamente.

Algumas dessas marcas negam os efeitos nefastos, mas, novamente, os fatos não mentem. Queda de espaço de mercado, milhares de reclamações nas redes, arranhões na reputação da marca. Sempre afetando algum público estratégico da cadeia de consumo.

E sempre há um momento polêmico sobre o tema Storytelling. Deve a história ser real mesmo ou podemos ter algo híbrido, parte verdade e parte ficção? E se não existe história alguma, como nos casos das *startups* prestes a se lançarem no mercado? É possível fazer Storytelling somente com ficção?

Era uma vez um casal de executivos que produzia sorvetes e, sem apresentar nenhum tipo de diferencial, começou a perder a guerra de preços. Decidido a lutar pelo seu negócio, lançou um sorvete com qualidade superior. Depois de desenvolver as receitas com melhores ingredientes, fez um teste junto aos amigos, com amostras do produto servido em potes de nova marca para que eles provassem e opinassem.

O resultado foi traumático. As pessoas diziam que seu produto não tinha "a menor chance de concorrer com produtos importados, esses sim, realmente superiores". Foi então que o casal de executivos teve um insight e passou uma tarde inteira pronunciando palavras sem sentido algum, até o momento em que um balbuciar soou interessante.

Tempos depois, o casal retornou aos mesmos amigos para oferecer o antigo produto, só que dessa vez rotulado com o novo nome. Perguntou se esse sorvete importado seria melhor do que o que ele havia oferecido pouco tempo antes e dessa vez a reação foi diferente "viu só? Isso é que é sorvete! Não tem como uma marca nacional como a sua concorrer contra essa Häagen-Dazs."

Foi assim que um produto nascido nos Estados Unidos ganhou um nome que soa como escandinavo, apesar de não significar nada em língua alguma. Os executivos nunca chegaram a afirmar que a procedência do produto ou seus ingredientes fossem provenientes de outro lugar, eles apenas inventaram uma palavra.

Quantos empresários brasileiros não batizam suas marcas em inglês para configurar uma percepção mais moderna? Sem falar nos restaurantes com nome italiano, francês ou japonês em que o dono muitas vezes sequer saiu do território nacional. Pessoas mais críticas podem argumentar que isso é uma espécie de síndrome de inferioridade, mas essa prática não é exclusividade brasileira.

Além da sorveteria Häagen-Dazs, os estadunidenses possuem centenas de outros exemplos do mesmo estilo. Que tal a rede Outback, que apesar do nome e da decoração, não tem nem origem e nem cardápio australiano? Essa estratégia tem até nome: *foreign branding*, ou seja, marca com percepção estrangeira.

Nos últimos anos surgiu uma onda de marcas aprofundando essa percepção e criando o contexto e o ambiente estrangeiro de forma mais explícita. Os consumidores adoraram, idolatraram, pagaram mais caro e recomendaram, até o dia em que descobriram que a história não era bem essa. Os acadêmicos chamaram essa prática de "pseudo-história". Simplificando, pseudo-história é quando alguém inventa uma ficção e conta para o consumidor como se fosse verdade. Parece impensável no mundo corporativo? Pois é bem mais comum do que se imagina.

O primeiro grande exemplo é a marca de roupas de moda surf Hollister, que diz ter sido fundada em 1922 pelo aventureiro John Hollister, na Califórnia. Acontece que John Hollister é fictício e a marca foi fundada em 2000. A marca sequer é praiana. Nasceu no estado de Ohio, que não possui saída para o mar. O caso deu repercussão no Reino Unido em 2009, quando a BBC fez uma reportagem investigativa.

No Brasil tivemos três casos de grande repercussão em 2014. No começo do ano, o jornalista Juca Kfouri acusou a Brahma de mentir em sua edição especial de cerveja produzida com cevada plantada na Granja Comary. A Brahma informou que foi plantada lá, mas em uma época anterior a 2014, para a colheita. De acordo com o jornalista, não havia nenhuma plantação no local durante a Copa (quando a Brahma fez a campanha sobre o tema).

No fim do ano, foi a vez do sorvete Diletto e a marca de sucos Do bem. A primeira marca inventou um avô italiano, Vittorio Scabin, sorveteiro da região do Vêneto, que teria fundado a empresa na Itália. A Do bem criou a história de um fazendeiro que morava tão distante, tão bem escondido que nem o Capitão Nascimento encontraria a procedência e origem de produtores de frutas especiais para a marca.

Assim que os consumidores ficaram sabendo que o avô não existia e que o fornecedor da Do bem é a mesma de muitas outras empresas de sucos de caixinha, a revolta foi grande e eles reclamaram junto ao Conar e ao Procon, que investigaram.

Para quem fez os cursos de Inovação em Storytelling ou Desvendando o Storytelling com os autores, essa notícia não trouxe novidade alguma. Os dois casos sempre foram citados como exemplo de que não se pode criar uma ficção e dizer que ela aconteceu no mundo real. Nem o maior mentiroso do mundo consegue dar conta de cobrir todas as evidências. Sempre tem algum indício que vai entregar a mentira. Esse é o mecanismo em que o próprio Storytelling pune.

Deflagrada a notícia, milhares de consumidores se sentiram traídos pelas marcas que confiavam aos próprios filhos. Pela pesquisa que realizamos junto a centenas de alunos, essa revelação vai manchar as marcas para pessoas que formam opinião, algo em torno de 40%. Dessa parcela, uma parte promete deixar de consumir. Mesmo que o abandono da marca seja relativamente pequeno, a partir de agora esse consumidor tende a ficar mais cético e até mais calejado com esse tipo de ação. Das próximas vezes que surgirem marcas contando "historinhas bonitinhas", é possível que o consumidor desconfie e resolva checar no Google os dados sobre o produto e sua origem.

Por outro lado, muita gente nem ligou e até defendeu as marcas dizendo para tomarmos o cuidado de não levarmos a comunicação para um caminho cada vez mais enfadonho. Afinal, entre alguém berrando "agora está ainda mais barato!" (referência às campanhas de varejo) e uma história simpática, o segundo caminho é mais agradável.

O caso da marca Hollister comprova essa percepção. O jornalista da BBC diz que conversou com diversos jovens, público-alvo da marca, e que, ao revelar a verdade, eles pareciam não se importar. Desde a notícia, pouca coisa mudou na marca. Basta entrar no site e ver que a coleção atual continua usando "*Established in 1922*" e "*California*".

É certo que as categorias são muito distintas. A moda é estilo de vida, confere status e empresta valores visíveis, já os alimentos estão ligados ao prazer, indulgência, saúde do nosso corpo. A percepção de procedência e origem é mais sensível para alimentos do que para roupas. No entanto, não está isenta de boicotes como foi o caso da Zara, Nike e outras que usavam mão de obra escrava e infantil da China e outros países em condições desumanas.

No caso das marcas investigadas pelo Procon, a Brahma se defendeu dizendo que o cereal já havia sido colhido e utilizado na fabricação. Na mesma linha, Diletto afirma que o personagem foi inspirado no avô de um dos fundadores que de fato veio da Itália, de uma região famosa por produzir sorvete a partir de neve.

Já a empresa Sucos Do bem diz que o senhor Francisco é inspirado em dezenas de pequenos produtores que fazem parte da sua equipe de fornecedores. Das três empresas, o Conselho de Ética julgou como procedente apenas a Diletto, que deverá deixar mais explícito o teor fictício de sua narrativa.

Conheça o *case* da marca Dilleto neste resumo de um estudo acadêmico da Escola Superior de Propaganda e Marketing:

O problema: é comum vermos o Storytelling aplicado em diferentes meios de comunicação. São muitos os *cases* dentro e fora do Brasil que exploram a TV, o cinema, o rádio, a internet e as mídias impressas. Mas e quando o Storytelling atinge o nível da constituição de uma marca? Marcas podem contar histórias?

Quando falamos de Storytelling aplicado às marcas, algumas centenárias surgem em nossa memória. São marcas que não só fizeram história, mas também fizeram parte da História, essa que se escreve com H maiúsculo. A importância de marcas históricas cresce ainda mais quando tratamos apenas de categorias onde a assinatura do autor, o "feito à mão", é diferencial. É o caso de setores ligados à moda e à gastronomia.

Mas e quando uma marca não tem história para contar? E quando a marca ainda engatinha? Nesse caso não podemos pensar em Storytelling?

A solução: é para responder a essa demanda que, sorrateiramente, a ficção se apresenta na construção de marcas utilizando-se de histórias. Em "Era uma vez uma marca: Storytelling e ficção na construção identitária da Diletto", estudamos os pormenores na construção ficcional de histórias na comunicação até alcançar o estudo da marca de sorvetes Diletto.

A Diletto é uma marca de sorvetes premium paulistana que protagonizou o aquecimento do setor nos últimos anos. O Brasil é um país tropical e sorvete é um refresco e tanto para o calor. Entretanto, o nicho de sorvetes premium ainda era uma área pouco explorada no país. Foi então que, na virada do ano de 2008 para 2009, dois primos lançaram os gelatos Diletto no Espaço Veja, em Bertioga.

Em poucos dias, filas e filas se formaram e o previsto para ser vendido em um mês todo estava esgotado. A razão para tamanho sucesso estava intimamente ligada à história que a marca conta. E essa história começa muito antes de 2008.

A história que a Diletto conta em todos os seus pontos de contato com o consumidor, já que a marca não usa da comunicação tradicional, começa em 1922 em Sappada, na região de Vêneto, na Itália. Tudo teria começado com o senhor Vittorio Scabin, que tinha na produção de gelatos sua maior paixão. Segundo ele, *"lá felicitá é un gelato"*, e na receita de seu gelato, apreciada por todos da região, usava frutas frescas e neve.

Só que aí veio a Segunda Grande Guerra e o senhor Vittorio, como muitos de nossos parentes de origem europeia, teve que fugir para o Brasil e construir uma nova vida aqui. Na nova vida de Vittorio, os gelatos Diletto nunca mais foram feitos.

Dez anos após o falecimento do avô Vittorio, seus netos — que cresceram ouvindo as histórias e receitas do avô — resolveram homenageá-lo inaugurando, ou reinaugurando, a Diletto no Brasil. Com as mesmas receitas (exceto pela neve), o mesmo nome e até o jargão do avô como slogan, renasceu a Diletto, de fato em 2008, como conta a história real.

Quando o Storytelling atinge as marcas, e ainda mais quando se trata de uma história ficcional, o cuidado com a comunicação dessa história é um ponto delicado. E nesse ponto, se ainda não temos muitos exemplos de marcas construídas como a Diletto, os netos do senhor Vittorio têm todo o mérito. Isso porque, sempre de forma singela, todo ponto de contato conta, à sua forma, um trecho da história. Da construção da identidade visual, o logotipo, suas cores, passando pela identidade verbal e pelo *naming*, até chegar aos clássicos 4 P's do marketing — Produto, Praça, Preço e Promoção — tudo remete ao que propõe a história: o produto é importado da Itália; a praça é posicionada em pontos de vendas voltados a consumidores com alto poder aquisitivo e apetite por produtos alimentícios superiores; o preço é muito superior à média praticada pelo mercado; a promoção resgata elementos visuais antigos.

Sem julgar o conflito ético, como nos propusemos nesse estudo, a construção de marca da Diletto mesclando Storytelling e *branding* é admirável e referência.

Resultados: os resultados só fazem confirmar o *case* Diletto como referência para o Storytelling na construção de marca. Em pouco mais de 5 anos de existência, a empresa acumula números invejáveis.

- Faturamento de 50 milhões de reais em 2013, segundo o Estadão Online;

- Venda de 20% para o fundo Innova por 100 milhões de reais, segundo a revista Exame;

- Mais de 20 parcerias de *co-branding* para lançamento de sabores exclusivos como Kopenhagen;

- Mais de 2 mil pontos de venda;

- 1 milhão de picolés fabricados por mês.

FONTE: MONOGRAFIA DE KASTELIC, PEDRO HENRIQUE FERREIRA. *ERA UMA VEZ UMA MARCA: STORYTELLING E FICÇÃO NA CONSTRUÇÃO IDENTITÁRIA DA DILETTO*. SÃO PAULO: ESCOLA SUPERIOR DE PROPAGANDA E MARKETING (ESPM-SP), 2013.

Recentes fatos demonstraram que, como em toda boa história, existem dilemas, problemas e conflitos não revelados. Assim, a Diletto tinha um profundo dilema entre vida real e ficção.

Se antes havia desconfiança sobre a história e não conseguíamos comprovar se o Storytelling era verdadeiro ou ficcional, em 2014, tivemos as respostas.

Em matéria publicada pela Exame, a jornalista Ana Luiza Leal estranhou o sucesso recente de uma marca tão "antiga" e desconhecida como a Diletto. Em uma profunda investigação que contou até com o contato com moradores da região de Vêneto, a jornalista constatou a inveracidade da história contada pela marca. O senhor Vittorio, na verdade, nunca teria existido e a região de Sappada tampouco produziu sorvetes.

O avô de Leandro realmente veio do Vêneto, mas se chamava Antonio e chegou ao Brasil duas décadas depois da Segunda Guerra Mundial. Pior, jamais fabricou sorvetes. Era um paisagista que cuidava dos jardins das casas das famílias ricas na cidade de São Paulo.

A revelação tomou proporções com a publicação da matéria "Toda empresa tem que ter uma boa história. Algumas são mentira", sendo replicada por praticamente todos os sites e portais da área de comunicação e negócios.

Recentemente, denunciada ao Conar, o conselho recomendou que a marca altere a comunicação de sua história, sinalizando ser uma história ficcional. A empresa acatou a decisão do Conar.

Na virada do ano de 2014 para 2015, o personagem *nonno* Vittorio, que protagonizava o site da empresa, foi retirado e sepultado sem maiores explicações. Ele deve sumir das embalagens e, no seu lugar, o mascote "Urso Diletto" assumiu a autoria da receita.

O caso serve como lição para o mercado. Durante quatro anos os donos da marca contavam uma história que não era verdadeira. Mentira é mentira, publicidade é publicidade. Eles poderiam contar sua boa e autêntica história, usando o avô como uma mascote, como um inspirador de histórias da Itália e até como legado, mas deixando claro que se tratava de ficção.

Não recomendamos a estratégia de confundir realidade com ficção para nenhum cliente e dissuadimos clientes entusiasmados com os exemplos. Existem outras formas mais satisfatórias de se executar um projeto de Storytelling com a verdade.

Certamente esse assunto vai repercutir nas empresas ao longo dos próximos anos. Os profissionais que já estão ressabiados com o termo tendem a apontar o dedo e dizer "viu só?". Só que vale lembrar que Storytelling não é apenas uma ferramenta de comunicação, ela é um processo, um sistema, um conceito que abrange grande parte das atividades humanas.

Vamos ao cinema para assistir a histórias, quando estamos no bar com os amigos contamos histórias, assim como nas conversas do café. Do processo de venda de um par de sapatos até as apresentações nas salas de reunião, o tempo todo estamos cercados por narrativas e é impossível fugir disso.

É inegável que algo de muito certo a Diletto e a Do bem fizeram, ou não teriam tanto sucesso em tão pouco tempo. Nem teria havido tanto debate sobre elas. Existe um bom trabalho de produto, logística, embalagem, entre todos os P's dessas marcas e as histórias ajudaram a pautar essa construção.

Tudo é uma questão de como conduzir o processo, de não induzir o consumidor ao erro. No caso das empresas investigadas pelo Conar, a lição é simples: se não aconteceu de fato, assuma que é uma ficção. Não seria muito mais simples ter dito que o avô real contava histórias de um suposto sorveteiro italiano em vez de inventar um avô fictício para uma pessoa real?

Por outro lado, o simples fato de ter acontecido no mundo real não garante que seja "a verdade", nem mesmo "uma história verdadeira".

É só ver a questão do mito das *startups* que supostamente nasceram em garagens do Vale do Silício e por total genialidade se tornaram multinacionais. Não precisa ir muito a fundo para comprovar que essas narrativas só contam uma pequena parte da verdade. Tão pequena que pode até ser chamada de mentira. Toda história tem muitos lados. Até por isso, na melhor das hipóteses, a marca pode afirmar que a sua história é baseada em fatos reais.

Não há dúvidas de que os profissionais às vezes exageram em suas histórias, só que da mesma forma como algumas marcas foram longe demais com a invenção de histórias, alguns críticos também foram longe demais ao embaralhar os conceitos de pseudo-história (quando uma marca inventa uma ficção e diz que é real) com

26 Guia Completo do Storytelling

Storytelling (quando uma marca conta uma história) e até mesmo com DOC (denominação de origem controlada). O grande problema dos críticos acaba sendo a falta de um contraponto. Existem inúmeros bons exemplos de marcas que contam uma boa história e as matérias falharam ao não citar nenhum.

Vejamos o caso do **Enterro Bentley** que gerou muita polêmica pela metáfora utilizada. Existe, no Brasil, cada vez mais uma preocupação em conscientizar o público sobre a importância da doação de órgãos. Embora as estatísticas apontem que o número de doadores dobrou nos últimos 10 anos, isso ainda não é suficiente para sustentar a fila de espera de vários órgãos e tecidos. Cerca de 28 mil brasileiros se encontram na fila de espera, enquanto 4 a cada 10 pessoas no Brasil se negam a doar órgãos de seus familiares.

O Brasil, em 2013, se encontrava em terceiro lugar no mundo em número de transplantes, e embora isso seja bom, nosso número de doadores efetivos ainda é baixo em relação a outros países. O número de doadores efetivos para cada milhão é de 10,7, enquanto países à nossa frente chegam a 35,3 na Espanha e 26 nos Estados Unidos. A meta da Associação Brasileira de Transplante de Órgãos (ABTO) é de chegar a pelo menos 20 doadores efetivos até 2017.

Mas como sensibilizar as pessoas à doação efetiva? Sabemos que campanhas de doação nem sempre são bem-sucedidas. A maioria das narrativas são similares e tratam de estatísticas e não histórias de vida.

Para a divulgação dessa causa realiza-se a Semana Nacional de Doação de Órgãos, organizada pela ABTO. O Grupo Máquina foi responsável pelo trabalho de comunicação à imprensa no lançamento da Semana Nacional em 2013, com a agência Leo Burnett em parceria com Chiquinho Scarpa.

Os dois principais objetivos eram ampliar a visibilidade positiva da entidade e engajar pessoas na doação. Outra questão foi convencer a imprensa de que a notícia era relevante (embora inusitada e polêmica) e manter a atenção dela até o fim, pois a história iria se desenrolar do começo ao fim gradualmente.

A estratégia foi completamente confidencial, sem vazamento de informações. Diversas unidades do Grupo Máquina se envolveram nessa ação, responsabilizando-

-se por tudo, desde o plano de comunicação até o *release* oficial, o que incluiu um treinamento pontual com Chiquinho Scarpa e o trabalhar da notícia junto aos formadores de opinião nas redes sociais.

A coletiva de imprensa, realizada na mansão de Scarpa para o enterro, contou com emissores como *Band, Record, RedeTV!, Estadão, Folha de S. Paulo, G1, Terra, UOL, CBN, Caras, Yahoo, IstoÉ, The Daily Mail, The Sunday Times* e *Latin Times*. No fim, foram 166 matérias publicadas, 203 atendimentos à imprensa, 63 jornalistas credenciados.

O enterro do carro Bentley de Chiquinho Scarpa era um bem avaliado em 1,5 milhão de reais. Na época, ele associava esse evento ao antigo costume egípcio dos faraós de enterrarem seus bens para que fossem consigo ao mundo dos mortos. Foram alguns dias de *posts* do **socialite**, jornalistas furiosos e indignação por parte do público.

Chegada a data do evento, Chiquinho anunciou que desistiu de enterrar o carro, mesmo depois de tudo pronto. Depois de dizer que não faria mais isso, explicou "Eu não enterrei meu carro, mas todo mundo achou um absurdo quando eu disse que ia fazer isso. Absurdo é enterrar seus órgãos, que podem salvar muitas vidas. Nada é mais valioso. Seja um doador, avise sua família".

Crucificada e criticada inicialmente, a campanha que usou a metáfora ficcional foi perdoada por ser uma forte causa social.

A campanha teve como resultado um aumento de 31,5% no número de doadores de órgãos em apenas um mês. O *post* sobre doação de órgãos teve 743% mais compartilhamentos do que os anteriores, e o assunto foi *Trending Topic* #1 no Brasil e #2 no mundo, e o tema doação de órgãos se manteve na mídia por meses.

Portanto, houve sensibilização da causa por meio de uma história polêmica que terminou em final feliz. Ainda assim, insistimos que é arriscado brincar de equilibrista sobre a linha que separa a ficção da mentira.

Histórias fictícias são amplamente utilizadas na propaganda e nós defendemos que narrativas bem construídas ajudam a vender. Só não devem induzir as pessoas ao erro, à mentira ou vender além da entrega, o que chamamos de *overpromise*.

Um outro exemplo do uso da ficção na comunicação foi o da Intel, que se uniu à Toshiba para criar uma história impossível: um homem que acorda todos os dias em um corpo diferente. Às vezes ele é jovem e bonito, em outras acorda com o aspecto de uma senhora cansada, em um dia ensolarado é um garoto de 22 anos que se apaixona por uma moça.

A metáfora é genial por ajudar a *entender um dos dilemas de um processador de dados, que cada vez está em um computador diferente,* e vai mais além quando dialoga com o espírito do tempo desse jovem conectado. Uma geração de jovens no mundo inteiro sente dificuldades de ter uma única identidade em um mundo tão globalizado e complexo. A *websérie* da Intel com a Toshiba ajudou alguns desses jovens a se sentirem mais compreendidos e se envolverem nessa história ficcional participando ativamente nas redes sociais. Voltaremos a esse *case* com mais detalhes no Capítulo 5.

O mesmo ocorreu com a marca Chipotle, que criou a história de um espantalho que se sentia mal ao ver o processo cruel com que os animais eram tratados pelas marcas de fast-food e resolveu se rebelar fazendo algo mais natural. A mesma marca também usou a ficção ao criar uma *websérie* em que vacas eram alimentadas com petróleo e podiam chegar a explodir. Duas ficções que ajudaram a propor uma reflexão importante sobre a qualidade e origem do que consumimos.

Ao analisarmos marcas sob a ótica purista, nenhuma das 5 mil maiores empresas do mundo escapará ilesa. A maioria das marcas criou algum tipo de história, como a Coca-Cola que *reinventou* o Papai Noel no mercado ocidental, mas que também afirmou que as frutas do suco infantil Del Valle Kapo são provenientes de um "vale mágico". Marketing, mentira ou recurso de linguagem?

Existem outros problemas como esconder parte da história que de fato aconteceu. Diversas marcas que apoiaram o nazismo durante a Segunda Guerra não colocam nada sobre o assunto na sua linha do tempo corporativa, assim como empresas que nasceram de roubo de patente contam uma versão "higienizada" no seu vídeo institucional.

Se Do bem e Diletto tivessem buscado uma empresa especializada em Storytelling, elas não teriam passado por essa situação, pois entenderiam melhor o uso da metodologia em um formato mais autêntico. Ficará cada vez mais difícil contar histórias corporativas baseadas apenas em intuição.

Não se guiar pela intuição é ainda mais vital no caso de histórias corporativas, sejam elas contadas para colaboradores, investidores ou consumidores, já que não se trata de uma história qualquer. O narrador corporativo busca resultados com suas histórias: vender uma ideia, um conceito, um produto. Para isso a autenticidade é fundamental. O narrador pode ser o comunicador ou o próprio executivo, mas ele precisa acreditar nas histórias que está contando. Para ter essa segurança ele precisa entender o que está fazendo. Para isso tem que se profissionalizar.

Com a profissionalização dos setores de comunicação, a tendência é que "historinhas bonitinhas" e "historinhas engraçadinhas" comecem a perder espaço para histórias mais realistas e verdadeiras. Basta ver o cenário dos seriados, um formato narrativo que vive uma era de ouro, para entender que o segredo está na busca pela maior verossimilhança possível.

Quem assiste aos seriados modernos como *House of Cards*, *Vikings*, *Homeland*, *Game of Thrones*, *Demolidor*, *Breaking Bad*, *Hand of God* e tantos outros, sabe que é difícil decidir se o protagonista é "bonzinho ou malvado", se ele está certo ou errado, mas essas decisões os roteiristas e diretores deixam para a audiência responder. A indústria do entretenimento está muito à frente das tradicionais empresas quando o assunto é contar boas histórias.

O escritor peruano Mario Vargas Llosa relata que todo livro, por mais fantasioso que seja, contará por meio da ficção alguma grande verdade. É como um *striptease* às avessas. Ele afirma que todo autor vai partir de um acontecimento muito precioso para ele, e ali explicitar tudo o que deve dizer, e depois, começar a florear fatos, romancear, até que no final ele não sabe reconhecer o que é o original e o que é ficção.

O filme *Peixe Grande e Suas Histórias Maravilhosas*, de Tim Burton, e que, segundo alguns cinéfilos, retrata a própria vida de Tim com seu pai, explica de forma simples o que queremos dizer. O filme narra a história de Ed em dois momentos — quando jovem e quando idoso, contando as histórias maravilhosas para seu único filho, Will, com quem tem uma relação desconfortável e conflitante.

Ed Bloom é um grande contador de histórias. Quando jovem saiu de sua pequena cidade natal, no Alabama, para realizar uma volta ao mundo. A diversão predileta de Ed, já velho, é contar sobre as aventuras que viveu neste período, mesclando realidade com fantasia. As histórias fascinam todos que as ouvem, com exceção de Will, seu filho. Sandra, mãe de Will, tenta aproximar pai e filho, o que faz com que Ed, enfim, tenha que separar a ficção da realidade de suas histórias. A citação de Albert Einstein sintetiza a natureza desse filme: "O pensamento lógico pode levar você de A à B, mas a imaginação te leva a qualquer parte do Universo".

Todos somos aptos a contar histórias, mas quantas vezes a aumentamos após um tempo, em uma sucessão de fatos, apenas para entreter mais nossa plateia? Em *Peixe Grande*, Edward passa sua velhice contando incontrolavelmente histórias "absurdas" aos olhos do filho. Versando muito mais do que fatos verdadeiros, aumentando muito mais dores ou alegrias, intensificando muito mais os fatos, imaginando e criando coisas, ressignificando muitas outras que jamais aconteceram. Algumas são verdades e algumas são mentiras, e nem sempre mente de propósito, mas porque lembra da história dessa forma. Assim acontece com muitas pessoas ao contar suas histórias, com imperfeições de memória e falhas de documentação registradas em suas mentes.

Por outro lado, existem histórias ficcionais que acabam virando um fato, uma verdade e até um produto.

Temos assim essas duas grandes fontes para o Storytelling. Uma é a memória e a outra é a imaginação.

E para conciliar memória e imaginação recomendamos primeiro que você imagine. Depois imagine que o que você imaginou vem para o mundo real e deixa de ser imaginativo. Quer um exemplo? A cerveja Duff, dos *Simpsons*.

A cerveja se origina no desenho animado *Os Simpsons*, aparecendo pela primeira vez no terceiro episódio da primeira temporada, em um comercial televisivo. A cerveja, a princípio, é um retrato da cerveja estereotípica barata, de má qualidade, e muito divulgada. O termo *duff*, em inglês, significa "inútil", reforçando esse retrato.

Conheça os fatos sobre a cerveja Duff

- O slogan da marca é "Can't Get Enough of That Wonderful Duff!";

- Diferente do que se acredita, o nome da cerveja não é uma homenagem ao Duff McKagan do Guns N' Roses, como ele disse em sua biografia (afirmação que teve a resposta "isso é absurdo" do próprio criador do desenho, Matt Groening). O nome foi escolhido principalmente por rimar com *enough* do slogan, e pelo significado da palavra;

- Duffman é o personagem porta-voz da empresa Duff;

- A cerveja tem diversas variações de sabores no desenho, algumas delas: Duff Dry, Duff Lite, Duff Dark, Duff Extra Cold, Duff Christmas Ale, Duff Peanut Butter Lager, Duff Double-Dunkin' Breakfast Lager, entre outros;

- A empresa vende outros produtos, como "Gummy Beers" (Gummy Bears de cerveja), calendários, e óculos de proteção ("*goggles*") que te fazem enxergar e ouvir tudo como se estivesse bêbado.

A marca é a mais conhecida no desenho, havendo outdoors, comerciais e vários tipos de anúncio em várias mídias diferentes no desenho. Embora seja difícil dizer precisamente há quanto tempo a cerveja existe no Universo dos *Simpsons*, é seguro dizer que ela já tinha uma certa popularidade na década de 1960 — no episódio *Duffless*, durante um tour pela cervejaria Duff, é exibido um clipe de Kennedy bebendo a cerveja na pausa do debate contra Nixon.

Nesse mesmo tour, é revelado que Duff, Duff Light e Duff Dry são a mesma cerveja, mas Homer e Barney não "percebem" isso, demonstrando que a cerveja realmente não é de boa qualidade e que seus fãs são fiéis à marca.

A fidelidade dos seus consumidores pode ser percebida como forte uma vez que o consumo de Duff é contínuo e de longa data. Um exemplo disso seria nesse mesmo episódio, em que Homer conta sobre como ele usava um RG falso aos dezessete anos para consumir a bebida — sendo ele um personagem de mais de 40 anos.

Como é a Duff na "vida real"? O criador do desenho e, consequentemente, da cerveja, Matt Groening, nunca autorizou nenhum tipo de produção da marca Duff na vida real. Groening temia que essa produção de uma cerveja de seu desenho (assistido por pessoas de todas as idades) pudesse atrair ou despertar o desejo do consumo em crianças. No entanto, existem casos de vendas em diversos países, inclusive no Brasil. Todos sem autorização e em alguns casos apreendidos por mandato da 20th Century Fox.

Rodrigo Conteras, de Guadalajara, registrou a marca "Duff" no México e o domínio de "DuffDeMexico.com", e produz a cerveja desde 2006. Sua cerveja já é vendida em bares no país, e Conteras pretende vendê-las em lojas de conveniência e até mesmo exportá-las para os EUA. As questões legais em outros países estão sendo revisadas e questionadas legalmente.

Enfim, Duff é um *case* que saiu do universo ficcional, migrou para o real e hoje é uma complexa disputa de direitos autorais em vários países.

Outro ganhador do Prêmio Nobel da Literatura, Ernest Hemingway, cita que "Nenhum assunto é terrível se a história é verdadeira, se a prosa é limpa e honesta, e se afirma a coragem e graça sob pressão". Esse é o ponto crucial do tema realidade e ficção. Lembramos que as histórias são sempre sobre pessoas. De pessoas para pessoas.

Assim, em um processo de Storytelling criamos um personagem que pode ser uma pessoa, e esse personagem tem que ter uma personalidade forte e marcante para ser interessante. Essa personagem conduzirá quem estiver atento até a questão central da verdade humana, diretamente ligada à sinceridade emocional.

Portanto, se você não estiver sentindo aquilo que o seu personagem está sentindo, você está mentindo, você só vai conseguir prender a atenção se estiver sendo emocionalmente sincero. Para resolver a questão de ser verdade ou mentira, você deve acreditar na sua história.

Também partimos do pressuposto que a maioria das marcas legendárias tem uma narrativa interessante. Pode ser a dura história de um fundador imigrante ou uma origem complexa e cheia de conflitos, mas é essa autenticidade que mantém a marca viva, memorável, capaz de despertar paixão, convertendo consumidores em evangelistas defensores e disseminadores desses valores.

A ética do Storytelling está intimamente ligada à ética do autor e narrador. Mas uma coisa é certa: o **próprio Storytelling pune**. Empresas que queiram forjar e esconder informações ou mentir, devem saber que correm grande risco de reputação. Quanto mais generalizar ou esconder, menos autêntico vai ser e mais vulnerável vai ficar.

1.6. STORYDOING É O NOVO STORYTELLING?

"Na Grécia antiga, os arautos anunciavam as mercadorias à venda, assim como os editos públicos. Essa propaganda oral reapareceu nas feiras e mercados medievais e floresceu nas novas cidades europeias. As tabuletas e letreiros dos varejistas eram comuns na Europa no final da Idade Média. Os panfletos impressos não tardaram a fazer sua estreia depois de Gutenberg, no século XV. No século XVII, os jornais imprimiam anúncios dos mercadores. Nas colônias norte-americanas, o primeiro anúncio de jornal foi publicado em maio de 1704, no Boston News-Letter (...) De ambos os lados do Atlântico, a

34 Guia Completo do Storytelling

> publicidade floresceu durante o século XVIII. A Pennsylvania Gazette, de Benjamin Franklin, veiculava anúncios ilustrados antes de 1750 (...) Em 1759, Samuel Johnson observou que 'o ramo da publicidade agora está tão perto da perfeição que não é fácil propor nenhuma melhoria'."
>
> — Daniel Pope, em *The Making of Modern Advertising*. Nova York: Basic Books, 1983, p. 17.

Se existe uma área que adora criar conceitos, é a área da comunicação. Na frase acima vimos que, em 1759, Samuel Johnson não acreditava em melhorias na publicidade. Se estivesse vivo nos dias de hoje, estaria completamente confuso com os rumos da comunicação na era do ciberespaço.

A publicidade melhorou, mas também ficou mais complexa. Como criar valor para uma marca usando as diversas formas de comunicar nos dias de hoje? Não faltam novos termos e fórmulas *miraculosas* que são lançados todos os dias, consumidos em uma grande velocidade e posteriormente esquecidos com a mesma rapidez. A verdade é que não existe uma única fórmula e método para criar valor a uma marca, e sim um conjunto de estratégias e ações que podem resultar nisso.

Não adianta uma marca recorrer a técnicas de Storytelling se o produto não for condizente com a narrativa e o setor em que atua. Da mesma forma, não adianta criar uma historinha para uma marca infantil que sequer é distribuída de forma correta. Não adianta fazer Storytelling ou usar qualquer plataforma de comunicação se os seus 4 P´s de marketing têm muitas deficiências.

Por outro lado, cabe aos autores, estudiosos e profissionais da área de comunicação, analisar e dialogar sobre as novas formas de comunicar. Enquanto escrevíamos esse livro nos deparamos com o termo *storydoing* sendo adotado por diversos publicitários e profissionais de marketing.

Desde 2012, o conceito de Storytelling tem recebido novas denominações e até já ganhou uma "versão" 2.0. É a desmaterialização dos conceitos com novas tentativas de apropriação de território midiático. Pairam ainda *storyliving*, *storysharing* e *storymaking*. Todas as denominações se referem à mesma ideia central.

O termo *storydoing* foi cunhado em 2012 por Ty Montague, estrategista e fundador de uma empresa de consultoria, com a publicação de livro homônimo.

Para Montague, Storytelling é a publicidade tradicional nos formatos para TV, revistas, jornais, rádios e outdoors. Somente outras atividades que não usam as publicidades tradicionais para propagar sua marca podem ser denominadas como *storydoing*. Ele dá os exemplos de grandes marcas como Red Bull e TOMS Shoes.

Primeiramente vamos analisar a marca TOMS Shoes. O fundador, Blake Mycoskie, é um jovem nascido nos Estados Unidos que decidiu acompanhar a irmã na Argentina e ficou impressionado ao perceber que muitas crianças carentes brincavam descalças nas ruas da periferia porque a família delas não tinha dinheiro sequer para comprar-lhes um par de alpargatas (popular no local). Achou o calçado interessante, estudou o processo produtivo e observou que havia sobras na produção que permitiriam a produção de novos calçados, porém em menor quantidade.

Em 2006, criou uma empresa cujo modelo de negócios era relativamente simples — a cada calçado vendido, outro seria doado a alguma criança carente ao redor do mundo. Essa marca é a TOMS Shoes. Desde então, Mycoskie é o principal garoto-propaganda da empresa. Como em muitos casos de empreendedorismo, o fundador e sua própria história se tornam a personificação de seus negócios.

A marca não investe em propaganda. Seus disseminadores são seus fãs, usuários da marca. O protagonista, o próprio Mycoskie, jovem, bem articulado e bom contador de histórias. Portanto, essa marca já nasceu com um propósito claro e um modelo de negócios que hoje já é copiado por outras empresas.

A pergunta que mais interessa a um investidor é: "as novas empresas que estão copiando o modelo terão o mesmo sucesso que Mycoskie?" Um planejador publicitário ponderaria mais uma questão: "por ser inovadora no modelo, gerou *buzz* naturalmente?" Um *Storyteller* vai fazer uma terceira pergunta: "qual é a história que permeia a TOMS Shoes?" A partir dessa, poderemos responder às demais.

A principal história que permeia a marca TOMS Shoes está relacionada ao próprio modelo de negócios. A cada sapato vendido, uma criança receberá um par de sapatos. Por não ter investido em publicidade e ter gerado *buzz* de marca pela sua causa, pessoas comuns podem fazer parte dessa causa ao comprar um par de calçados da TOMS Shoes.

Sem entrar em detalhes do *case* TOMS Shoes, mas provocando uma reflexão, perguntamos se a causa é suficientemente autêntica e suporta uma empresa social com fins lucrativos. Ou seja, além de ter um papel social, tem que ser um negócio viável, portanto doar sapatos para crianças carentes é melhor do que nada, mas será sustentável mesmo? O que ocorre com os artesãos de sapatos nessas localidades que recebem doação? Afinal, o produto hoje é produzido na China e não nas regiões carentes onde há doações. Qual será o impacto nas comunidades e nas economias locais se todas as empresas de sapatos resolverem copiar o mesmo modelo?

TOMS Shoes recebeu o cunho de ser uma empresa *storydoing*, mas se o cunho social tem muita relevância e é vital para os negócios de uma empresa *storydoer*, falta saber se o propósito é capaz de sustentar esse conceito.

Nossa premissa é que Storytelling está na essência **da marca e storydoing** acontece quando aplicado a ações contínuas e atitudes por meio de seus colaboradores, usuários, comunidades, ou seja, todos os públicos de interesse. Todos, de fato, devem viver a marca pois ela, com sua essência, permeia também a vida de seus *stakeholders*.

E no caso da Red Bull não há uma causa social, mas sim um DNA bem definido com foco nos esportes e entretenimento. Além disso, não é uma empresa que vende apenas taurina em latinhas, desde 2007 criou uma empresa separada chamada de Red Bull Media House, que produz, distribui e propaga conteúdos de alta qualidade. E ela não é apenas uma *storydoer*, é uma organização de mídia multiplataforma com foco em esportes, estilo de vida e cultura.

Esse é obviamente um modelo de negócios diferente, pois as plataformas atendem diversos canais de comunicação, desde TV, redes sociais, *mobile*, digital até revistas especializadas para atrair a audiência.

Quais os elementos por detrás dessa marca? Não se trata apenas de contar as histórias ou expressar o conteúdo da marca em sua essência. Significa que seu conceito central é claro e disseminado por meio de seu modelo de negócios, vivido por todos os públicos da marca, incluindo fãs que não precisam ser consumidores do energético.

A Nike sabe como quer ser percebida e seu conceito central dirige todas as ações de seu negócio. A marca tem alma, pois, ao longo de sua existência, construiu uma narrativa bem construída e continua usando esse conceito de forma consistente. Assim, gera mais do que empatia e afinidade, ela se torna legendária. Milhares de pessoas participam de suas corridas pelas grandes cidades, atuam em prol de suas causas, seus colaboradores praticam esportes e são evangelizadores da marca.

Defendemos que *storydoing* está ligado à mitologia da marca, ao inconsciente coletivo que atinge sua audiência de forma espontânea. Se *storydoing* proclama que deve haver espontaneidade e autenticidade em novos formatos de publicidade, acrescentamos que sem essa mitologia não há *storydoing*, pois o enredo que permeia a marca é o que importa para os consumidores. Chamamos esse enredo de *Plot*. Os produtos e serviços, cada vez mais iguais, não têm mais o mesmo efeito no coração das pessoas.

Contudo, a autenticidade deve estar não somente na oferta da experiência, mas em toda a economia e no processo completo do usuário pois novas sensibilidades do consumidor vão surgindo, afetando a dinâmica entre compradores e vendedores.

E quanto mais se dá valor à experiência (algo "não real"), maior é a importância da autenticidade, do original, do genuíno. Em um mercado no qual a experiência de compra e uso é cada vez mais importante, a autenticidade segue logo atrás. A entrega operacional excelente e superior é obrigatória e a superioridade de uma marca estará em quem focar na percepção dos seus consumidores em ter a experiência mais autêntica possível.

Vejamos o caso da Natura, ela nunca escondeu sua verdadeira essência, tendo como um dos pilares a comunicação sobre consumo sustentável. A autenticidade está na essência de seu fundador e presidente que é disseminada para todos os colaboradores, consumidores e rede de revendedoras.

O posicionamento sustentável, valorizando o ser humano, a verdade e a natureza é percebido pelas pessoas de forma clara como uma das empresas mais conscientes. Ela construiu uma base sólida e por isso tem uma forte reputação ao longo de sua história. Não se trata apenas de pauta jornalística ou uma ação mercadológica e sim de sua essência. Isso é posicionamento.

Storydoing faz sentido quando todos os públicos envolvidos vivem a história da marca. Não apenas seus clientes. E se a marca vive a história de seus consumidores, entendendo verdadeiramente seus anseios e desejos, é possível ganhar confiança por meio de suas ações.

A narrativa que permeia a marca é foco de seus produtos e serviços para conectar seus consumidores. E assim as pessoas comentarão sobre a marca, se engajarão com a história e estarão dispostas a propagar a história para outras pessoas.

O autor do conceito *storydoing* afirma que "devemos esquecer o storytelling". **Contudo, não existe storydoing sem Storytelling**. O que **storydoing** se propõe a fazer é amplificar a essência da empresa, mas ele deve ser feito continuamente e com base na história que a marca quer contar para sua audiência.

Uma marca sem posicionamento claro pode fazer *live marketing*, proporcionando interlocução entre marcas e pessoas, provocando uma percepção diferenciada de produtos e serviços, mas táticas promocionais e *live marketing* não garantem que uma empresa esteja fazendo *storydoing*, *storymaking* ou *storyliving*. *Live marketing* é uma forma de comunicar uma mensagem, que pode ou não ser uma história.

Quais as marcas que estão fazendo *storydoing*? Empresas como Nike, Natura e Coca-Cola, que têm posicionamento e propósito claros e usam muito bem o Storytelling. Por isso podem potencializar suas histórias, criar experiências, incluindo as de cunho social ou com pessoas comuns. Essas empresas conseguem exercer o poder constante de fazer com que as histórias de suas marcas sejam vividas por todos.

Acrescentamos que antes que qualquer tipo de comunicação seja voltada a consumidores (B2C) ou a outras empresas (B2B), é preciso que a marca adote verdadeiramente o mantra do **walk the talk**, de modo que suas ações correspondam à sua visão, missão e valores.

Sua história permeará todas as ações, independente de ela adotar um modelo sistematizado de Storytelling. As pessoas falarão dessas marcas espontaneamente e não só viverão suas histórias, como também criarão outras gerando um moto-contínuo de fortalecimento. Cabe ressaltar que sempre existe a necessidade de uma mitologia por detrás da marca, que pode ou não permear a empresa por meio de suas atitudes. Quanto mais coerente e autêntica, melhor para ela.

Portanto, tanto faz se existem várias novas denominações. Uma marca tem gestão de pessoas para pessoas e é disso que suas histórias e mitologia de marca falam.

MORAL DA HISTÓRIA

Não estamos convencidos do uso do termo defendido por Montague que *boas empresas são storytellers e grandes empresas são storydoers*. Acreditamos que as empresas com posicionamento bem definido, propósito claro, e com uma história autêntica e **walk the talk** são as melhores empresas. Estamos estudando o termo, provocando conversas a respeito, entrevistando interlocutores do processo. Temos interesse em continuar esse debate nas redes para ver o que virá por aí, mas afirmamos que não há como dissociar o *storydoing* do Storytelling.

Capítulo 2

CONCEITOS DO STORYTELLING

"São os filmes, desde que eles foram inventados, que têm realmente conduzido as coisas na América. Eles mostram o que devemos fazer, como fazê-lo, quando, como se sentir sobre o que fizemos, e como aparentar aquilo que sentimos. É o máximo quando eles nos mostram como beijar como James Dean, como seduzir como Jane Fonda e como ganhar como Rocky."

— *Andy Warhol, em texto exibido na Pinacoteca de São Paulo durante a exposição de 2010.*

Para entender a função das histórias, nada mais justo do que recorrer à História. Os antropólogos dizem que 700 mil anos atrás duas linhagens se separaram: uma gerou os humanos modernos e outra os neandertais. Os dois grupos tinham a capacidade da linguagem. Além disso, os neandertais eram mais fortes. Mesmo assim teriam sido exterminados pelos humanos. Não deveria ter sido o contrário?

O pensamento mais aceito é que alguma mudança cerebral nos humanos garantiu uma vantagem competitiva da nossa linhagem sobre os neandertais. Se a linguagem é o grande trunfo dos humanos, que tipo de vantagem cerebral seria essa? Talvez alguma forma de utilização específica da linguagem? Mais sofisticada? Se for esse o caso, o Storytelling poderia ser a grande chave para a questão, como veremos a seguir.

ALGUMAS HISTÓRIAS SOBRE STORYTELLING

> "As pessoas desejaram narrar desde o tempo em que chocávamos rochas umas contra as outras e nos maravilhávamos com o fogo. Continuarão existindo narrativas enquanto continuarmos por aqui, até que as estrelas desapareçam uma a uma como luzes que foram desligadas."
>
> — *China Miéville, autor britânico, expoente de ficção científica contemporânea.*

O ponteiro do relógio ainda não tinha avançado sequer dez minutos naquele sábado de muito calor quando o rosto do filho apareceu na frente da tela do tablet do pai e logo perguntou: "papai, qual foi a maior de todas as invenções?" O pai imediatamente pensou em responder "a internet", mas sabia que aquele seria o início de uma longa sessão de "por quês?" e então refletiu um pouco mais para ser o mais preciso possível. Assim poderia retornar o quanto antes à leitura do artigo que, apesar de ter encontrado por acaso, estava muito interessante. Era um texto de 2002 sobre evolução, mas agora o rosto do filho cobria boa parte do texto.

Ele sabia que a resposta dependia do critério. Sua esposa certamente diria que a maior de todas as invenções foi o condicionador de cabelos. Em um dia quente como aquele ele mesmo estava inclinado a dizer que foi o ar-condicionado. O filho estava ansioso e ele precisava fornecer logo uma resposta. Então tentou despistar com uma proposta mais conceitual: "meu filho, a maior invenção de todos os tempos só pode ser aquela que permitiu todas as outras."

O filho não foi despistado tão facilmente e, como era de se esperar, lançou uma nova inquisição "e qual foi a invenção que permitiu todas as outras?". Pronto, agora ele tinha se enroscado. Pensou em pesquisar na internet, mas preferiu não passar o que considerou que seria um vexame. Ele julgava que um bom pai deveria saber uma resposta simples como essa. Mais do que isso, um legítimo membro da raça humana teria que ter essa informação postada na ponta da língua. Mas infelizmente não era o caso. Os olhos do filho continuavam pressionando o pai, como um severo professor assiste aos alunos que sofrem durante a prova. Enquanto isso, o pai estava se sentindo um péssimo membro da raça humana e só restava torcer por um milagre, uma resposta soprada pelos anjos em seu ouvido. Não é que veio? O pai disse ao filho "estamos falando de uma invenção pré-histórica."

O filho pareceu impressionado com a resposta, mas antes que o pai pudesse desfrutar de qualquer glória, o filho lançou mais uma dúvida "papai, o que é pré-histórica?" O pai ameaçou uma resposta, mas travou. Todo o mundo sabe o que é pré-histórico. Todo o mundo, exceto seu filho. Como explicar algo tão banal? Foi então que decidiu repousar o tablet sobre o sofá e pegar o garoto no colo. Agora poderia explicar com mais afinco: "pré-histórica é uma época que aconteceu muito tempo atrás, quando ninguém sabia ler ou escrever e ninguém podia registrar as invenções para fazer parte da História. Então não existia História. Meu filho, tudo o que aconteceu antes da História existir é pré-histórico."

O filho ficou um pouco confuso. "Mas, papai, se eles não podiam registrar as invenções, como a gente sabe que elas aconteceram?" Foi a vez de o pai ficar instigado. "Não sei, vamos descobrir juntos?" O filho aprovou a ideia com um largo sorriso e o pai ficou entusiasmado "temos que voltar até lá. Vamos embarcar na nossa máquina do tempo?" Com um rápido movimento o pai fechou a cápsula imaginária e os dois estavam prestes a embarcar em uma aventura épica.

"Aperte os cintos, que estamos voltando no tempo… Mil anos. Dois mil. Dez mil. Cem mil. Vamos voltar mais de cinco milhões de anos atrás!" Depois de uma pausa dramática o pai continuou "nossa máquina do tempo veio parar no meio da savana africana. Um lugar muito quente, com a grama mais alta que qualquer adulto. Olhando bem parece que estamos em um bambuzal." Como acontece com toda criança, a imaginação do filho já havia redecorado a sala e chegou a sentir a temperatura subir e o pai continuou: "está ouvindo os leões? Ruaaaar!" e o garoto deu um salto. "Melhor ficarmos escondidinhos aqui dentro da máquina do tempo para observar nossos antepassados."

Os dois ficaram quietos por algum tempo, olhando ao redor, até que o pai apontou para um canto da sala e disse "olha ali, filho! Alguns homens antigos, peludos, andando de forma engraçada. São todos corcundas e coçam debaixo do braço." O filho riu e o pai prosseguiu: "imagine o medo e a frustração dos nossos antepassados. Imagine a situação de não poder beber água sem correr o risco de virar o jantar de um tigre. O mínimo que você iria querer seria um lugar para fugir do sol escaldante e dormir tranquilo, não é?", e o filho concordou com a cabeça. O pai estava justamente resgatando da memória a leitura do artigo que foi interrompida.

O filho estava hipnotizado e o pai continuou "você não gosta de brincar nas árvores do sítio? Pois então, todos nós gostamos, mas as mudanças climáticas tiraram as grandes árvores dos seus tataravôs. Essa 'queda' pré-histórica ocorreu há cerca de 5 milhões de anos, com o encolhimento das florestas tropicais africanas. Nossos tátara tataravôs tiveram que descer do Éden no alto das árvores. E agora, para onde será que eles vão?"

O garoto ficou introspectivo, como se pensando em algo muito sério e importante. O pai estalou o dedo para trazer o filho de volta à narrativa, "Já sei! Vamos voltar para a máquina do tempo. Vamos acelerar de volta para o futuro... Em vez de cinco milhões de anos no passado, vamos ficar em dois milhões agora. O que será que vamos encontrar?"

Viemos do futuro e até por isso sabemos que a escolha dos antepassados foi se refugiar nas cavernas. O pai começou a pensar um pouco mais seriamente sobre isso. Por mais que essa ideia seja boa, ela não teria sido exclusiva dos humanos. Certamente outros animais teriam tido o mesmo pensamento. Aliás, como deveriam ser essas cavernas? Foi então que lembrou de uma reportagem que havia lido sobre as pinturas rupestres e como as cavernas eram imensas e repletas de galerias.

Depois da pausa o pai continuou: "nossa máquina do tempo veio parar dentro de uma caverna gigantesca, como se fosse uma mansão cheia de salas. Vamos ficar aqui escondidinhos na nossa máquina do tempo para observar nossos antepassados. Tudo bem?" O garoto apenas balançou a cabeça para cima e para baixo rapidamente, querendo saber a continuação da história. O pai sorriu e continuou "Mas acontece que milhões de anos atrás as cavernas já tinham dono. Os ursos e outros animais mais fortes do que nós também queriam esse mesmo espaço. Como reverter esse jogo?" O menino respondeu à pergunta com outra pergunta "por que eles não dividiam? Igual à gente com o Dante." O pai logo explicou: "é que os ursos não são tão bonzinhos como o Dante. Os cachorros são amigos dos humanos, os ursos são grandes e muitas vezes perigosos." O menino refletiu e comentou "hmmm... então eles usaram armas." O pai refutou a tentativa "não, nada de armas. Nessa época ainda não tinha nem lança, nem faca, nem martelo de pedra. Só mesmo a coragem." O menino ficou intrigado: "O que fez com a coragem, papai?"

Nesse momento o pai se sentiu inspirado "foi com a coragem que surgiu o primeiro grande herói. E ele não lutou contra monstros. Ele não foi brigar pela caverna. O nosso primeiro grande herói venceu um medo muito maior: o medo do fogo. Até hoje, nenhum outro animal conseguiu reunir coragem suficiente para adentrar um incêndio em uma floresta. Pelo contrário, os outros animais fogem às pressas. Pois dois milhões de anos atrás um humano não só enfrentou o inferno na terra, como ainda conseguiu recolher um tronco em chamas." O menino quis saber mais "quem fez isso, papai? Quem pegou o fogo?"

Para não ter que explicar o significado de "anônimo", o pai recorreu aos conhecimentos culturais "a mitologia grega atribui esse feito não a um humano, mas ao titã Prometeu, que por isso foi eternamente castigado. Mas o que importa é que assim surgiu o fogo, aquilo que não se pode manipular e queima a mão de quem tentar tocar. O fogo tem vontade própria. Mas foi o fogo que nos salvou das feras e nos manteve aquecidos e unidos." O menino pensou um pouco e perguntou "então o fogo foi a maior das invenções?"

O pai sabia que afirmar que sim resolveria a conversa, mas sentiu que estaria enganando o filho, "o fogo não foi a gente que inventou, ele já estava lá, na natureza. Alguém muito corajoso foi lá e venceu o medo. Foi uma grande glória, mas como toda glória teve um problema. Os romanos sempre voltavam de uma vitória preparados. O líder sorria e acenava para a multidão em festa ao mesmo tempo em que ouvia um escravo sussurrar em seu ouvido 'a glória é passageira'. Assim foi com o fogo. Ele era a glória... enquanto durava. E foi ao enfrentar o fogo que nossa espécie viveu as primeiras grandes histórias. Heroicas. Mas nem todos eram tão corajosos e, mais cedo ou mais tarde, alguém teria uma ideia para mudar esse cenário. Vamos avançar no tempo para ver se agora a gente descobre a maior invenção de todos os tempos?"

O pai nem precisou esperar o filho assentir para continuar "vamos programar a máquina do tempo para 400 mil anos atrás, que tal? Zum! Nossa máquina do tempo continua dentro da caverna. Olha ali, a fogueira! Nossos antepassados estão preparando um churrasco." O filho não é muito fã de carne, então o pai continuou "ninguém sabe dizer quando e onde um pedaço de carne foi grelhado pela primeira vez. Sabemos apenas que a brincadeira com o fogo se iniciou há mais de dois milhões de anos, sobre brasas mais antigas do que os tigres-dentes-de-sabre. Mas o ato de domesticar o fogo e cozinhar com frequência só acontece centenas de milhares de anos depois, quando um outro tipo de herói aparece. Menos corajoso, mas muito mais astuto. Já que não podemos manipular o fogo em si, podemos ao menos controlar a sua fonte. Trocamos a tocha pela fogueira. Assim, o fogo passou a nos acompanhar sempre."

O filho perguntou "então a fogueira foi a maior invenção de todos os tempos?" Nessa hora o pai percebeu que poderia encerrar a conversa. Se a ideia era chegar na invenção que permitiu todas as outras, a fogueira seria a resposta perfeita. Mas ele ainda não estava convencido e compartilhou o sentimento com o filho "podemos dizer que sim, que a fogueira foi o início de tudo, mas acho que isso é só metade da resposta. Estamos aqui, eu e você, agora, sentados na sala de um apartamento porque milhares de anos atrás alguém inventou a fogueira. Mas tão importante quanto a fogueira em si foi o que fizeram com ela. Vamos tentar uma última viagem no tempo?"

O pai ainda não sabia para qual época deveriam viajar. A linguagem falada chegou muito antes da escrita e assim é, literalmente, pré-histórica. O professor de linguística estadunidense Noam Chomsky acredita que a linguagem surgiu há cem mil anos. Muito antes de o ser humano inventar a escrita e mesmo antes de começar a pintar as paredes das cavernas, ele já contava histórias. Instintivamente o pai foi levado até esse momento.

"Filhão, vamos voltar até a época em que inventamos uma forma de registrar os dados. Só que não de forma escrita... Nosso primeiro registro foi de forma falada e para isso contávamos histórias! É isso! Meu querido filho, a maior invenção de todos os tempos foram as narrativas."

De forma poética o pai concluiu a conversa "cem mil anos atrás surgiu o terceiro tipo de herói. Não era tão corajoso ou astuto, mas certamente foi sábio. Soube como navegar pela vida de forma muito mais eficaz do que seus pares. Era a hora da boca contar tudo aquilo que aqueles olhos viram. Foi no calor do fogo, ao redor de uma fogueira, que compartilhamos as primeiras narrativas. Agora vá brincar com seus amigos e inventem muitas aventuras!"

O FIM DE UMA HISTÓRIA ANTIGA É O COMEÇO DE UMA MODERNA

Se Storytelling é algo tão ancestral, então por que ultimamente voltou-se a falar tanto sobre o tema? Por que esse interesse repentino nas salas de aula das mais renomadas universidades, em todas as grandes empresas e também nos mais consagrados veículos da imprensa mundial?

No tópico anterior, ao contar a história ao filho, antes de qualquer coisa, o que o pai conseguiu fazer foi entreter o garoto. Ele fez com que o filho concentrasse toda a sua atenção na narrativa, fazendo com que ele imaginasse um outro entorno, uma outra realidade. O próprio narrador suspendeu todas as outras atividades e afastou as preocupações passadas e futuras. Ficaram os dois ali, juntos, compartilhando uma só história.

Um dos autores mais consagrados do século passado refletiu sobre esse tema. Nas palavras do romancista inglês E. M. Forster: "as histórias são imensamente antigas, elas remetem aos tempos neolíticos, talvez paleolíticos. (...) A audiência primitiva era inquieta, amontoada ao redor da fogueira, cansada com a luta contra o mamute ou o rinoceronte lanoso, e só continuava acordada com o suspense: o que aconteceria em seguida?"

Em tempos de excesso de informação, as formas mais intrigantes se sobrepõem sobre as entediantes. Isso quer dizer que Storytelling não é sobre contar "historinhas".

Isso é o que os pais fazem quando querem botar os filhos para dormir. Storytelling tem a ver com o oposto disso: manter a audiência desperta e esperta pelo que vai acontecer a seguir. Boas narrativas roubam horas de sono. Só que Storytelling também não é só hipnotizar com a narrativa. É preciso ter algo a mais.

Vamos comparar o Storytelling com outra atividade que era realizada ao redor da fogueira: cozinhar. Para viver, todos precisamos de alimento, assim como todos precisamos de histórias. Existem alimentos que são saborosos, mas que sabemos que não são indicados ao bom funcionamento do corpo. O mesmo acontece com muitas histórias: são doces para os olhos, mas o "valor alimentar" é igual ao de um algodão-doce. Esse valor nutricional das histórias decorre de um propósito maior do que o entretenimento.

Uma das teorias sobre o surgimento do Storytelling é defendido pelo historiador italiano pioneiro no estudo da micro-história, Carlo Ginzburg. O autor em questão defende o Paradigma Indiciário. A teoria é que o ser humano começou a contar histórias a partir de indícios: toda vez que um ancestral via uma pegada no chão, significava que algum animal havia passado por ali. Os ancestrais passavam esse tipo de comentário de um para o outro. Alguém contava o que descobriu, como fez para conseguir derrubar um alce com uma só lança ou como conseguiu escapar com vida de um encontro com um leão.

Outro autor defende a mesma teoria, mas por um ângulo diferente de abordagem. Para Brian McDonald, mais importante do que os indícios em si, são a sua função. Ele garante que desde os primórdios até os dias de hoje, as informações que aumentam as chances de sobrevivência garantem boas histórias.

Existem autores que defendem a teoria do Storytelling como a rédea necessária para manter a ordem social. Por isso as fábulas possuem lições como "não confie em estranhos" e todas as mitologias contam profecias sobre povos que estão vindo para dominar e que é preciso estar preparado. Esse tipo de comando era feito em forma de história porque, nesses casos, são os detalhes que fazem a diferença entre triunfar ou morrer.

O exemplo clássico é o da frutinha vermelha. Na natureza, frutinhas amarelas costumam ser letais, ao passo que as pretas quase sempre são benéficas. As vermelhas possuem uma chance de 50% entre alimentar ou envenenar. Nos primórdios, um adulto não podia agrupar as crianças ao redor da fogueira e simplesmente falar "o que vou falar é muito sério. Não comam a frutinha vermelha, é proibida!", porque no dia seguinte as crianças estariam indo atrás de amoreiras e cerejeiras só para ver que gosto que tem.

Em vez de proibir, o que os sábios faziam era juntar a criançada em volta da fogueira e contar a seguinte história: "temos uma boa e uma má notícia. A boa é que o nosso grande cacique foi à luta, e — viva! — conseguiu derrotar a tribo adversária que há 20 anos ameaçava nossa paz". Nessa hora todos comemoravam e em seguida ele retomava a conversa: "Mas ainda tem a notícias ruim. Na volta, para comemorar, ele pegou umas frutinhas vermelhas para comer. Na mesma tarde começou a passar mal e vomitar um caldo vermelho e no fim do dia ele não aguentou e morreu. A moral da história é que ele ganhou do adversário, mas perdeu para a frutinha vermelha." Pronto, a partir daí as crianças queriam saber tudo sobre a frutinha vermelha, afinal, que fruto seria esse? Era grande ou pequena? Era uma só ou um conjunto? Vermelho-claro ou vermelho-escuro? Era morango ou era cereja? Elas queriam saber mais sobre a frutinha que conseguiu ganhar do cacique para que elas não cometessem o mesmo erro. De acordo com essa teoria, as histórias não apenas decretam regras, mas também explicam os porquês dos decretos.

A mesma lógica funciona de forma reversa. Muitos críticos à estrutura social vigente encontram nas histórias o formato ideal para expressar seu protesto. Foi assim que Bob Dylan lutou contra uma injustiça social ao compor a música *Hurricane*.

Existe uma teoria, que deriva da anterior, de que o Storytelling surgiu como uma forma de o ser humano não depender mais da evolução biológica. Quando alguém inventou a roda, por melhor que fosse a ideia, ela poderia desaparecer junto com o seu inventor. Então, para que a próxima geração não tivesse que reinventar a roda, o inventor contava uma história sobre seu processo de criação. Assim as próximas gerações poderiam partir dessa invenção e criar a carroça.

As narrativas teriam sido a forma que encontramos para que os aprendizados mais importantes pudessem ser preservados, retransmitidos e, acima de tudo, acumulados, geração após geração. Inventamos as histórias justamente para que não tivéssemos que reinventar a roda. Nesse caso, o Storytelling seria uma espécie de evolução externa ao corpo, que pertence ao plano do pensamento.

O ditado popular ensina que "quem conta um conto, aumenta um ponto". As histórias crescem e se moldam para poder conter e evoluir ideias. O objetivo primordial do Storytelling era de perpetuar descobertas. Mesmo depois da invenção da escrita e da possibilidade de registrar as informações, as histórias continuaram a ser contadas e esse propósito didático permaneceu.

Depois da escrita surgiu a história cantada, depois veio o teatro e a história passou a ser dramatizada, depois o cinema, o videogame e hoje temos um pouco de cada com a prática transmidiática. A prática de contar histórias foi se tornando cada vez mais complexa e até por isso é tão difícil de definir. Um humorista que conta uma piada está contando uma história tanto quanto um romancista que escreve uma saga com sete livros.

Além disso, alguns autores vão levar mais em conta o aspecto emocional que uma narrativa pode promover, afinal, quem nunca foi ao cinema e saiu com um nó na garganta? Ou então, chorou de tanto rir? O cineasta Alfred Hitchcock, considerado o mestre do suspense, sempre defendeu em suas palestras que a função de um filme é provocar uma experiência sentimental. Ele dizia que gostava de ver a plateia gritando, "as pessoas pagam para serem assustadas, da mesma forma que vão até uma montanha-russa na Disney".

Existem ainda os autores que vão enfocar o poder de argumentar sem ter que racionalizar, uma vez que tudo o que o autor faz é contar uma história e depois deixa que a audiência decida por conta própria o que fazer com essa informação. Quem assiste a seriados modernos sabe que é difícil decidir se o protagonista é "bonzinho ou malvado". Veja casos como *Dexter*, *Dr. House*, *The Walking Dead* e até mesmo os vilões de algumas novelas, como a Carminha de *Avenida Brasil*, e tente julgar se o personagem da história está certo ou errado. Você vai ver que o veredito é difícil porque existem áreas cinzentas e incertas. Cada vez mais os roteiristas e diretores evitam delinear todas as respostas e deixam para a audiência refletir. Na história em quadrinhos *Saga*, um personagem afirma que "o leitor é o contribuidor final da história" e alguns autores chegam a agradecer à audiência por "fazer o trabalho mais pesado".

Quando vamos para a prática corporativa, as definições ficam ainda mais complicadas. Muitos autores consideram o storytelling — escrito assim, inteiramente em caixa baixa — como uma ferramenta para marcas e negócios. Há os que focam no storytelling como o registro de relatos de histórias de um determinado público. Existem estudiosos especializados em narrativas como forma de aperfeiçoar a comunicação. Finalmente, muitas empresas gostam de dizer que "fizeram um storytelling" porque soa bem nos *releases* para imprensa.

De qual tipo de Storytelling estamos falando neste livro? Veja a seguir: o Storytelling com S capitular.

2.1. STORYTELLING COM 'S' MAIÚSCULO

"As pessoas desaprenderam a contar uma boa história."

— *Steven Spielberg, em entrevista para a revista Life.*

Vivemos o momento perfeito para o Storytelling voltar à cena. Nossas mentes estão obesas com tanta informação. Vivemos a síndrome do pensamento acelerado. Diante de tantas coisas interessantes na palma da mão, nossa concentração está rebelde e se recusa a ser submetida a mensagens chatas.

Storytelling é a melhor forma de manter a atenção focada enquanto o autor orquestra a mensagem, que pode inclusive saltar de uma mídia para outra. O autor diz tudo o que precisa, vende o seu peixe, e ainda recebe por isso. Parece mágica, mas é só uma questão de reaprender a contar uma boa história. A nova geração — de pessoas e de mídias — ainda não se encontrou completamente no papel de narrador.

A primeira lição dessa longa jornada de aprendizado é que Storytelling não deve se resumir a apenas contar uma "historinha". Esse é o problema de aplicar Storytelling como um instrumento ou ferramenta: a empresa compreenderá apenas uma parte de um composto de técnicas.

Quem quer aprender Storytelling deve perceber o quanto antes que contar uma história vai muito além do uso do mascote da marca ou de fazer um videozinho emotivo. Pensar Storytelling como uma ferramenta pontual é como comprar um aparelho celular sem contratar uma operadora.

Ao prometer a inovação no Storytelling, não estamos falando de um tipo qualquer de história a ser contada. Não basta contar de qualquer jeito uma história aleatória que não leve a lugar nenhum. Assim abordamos um outro tipo de Storytelling... aquele que chamamos de Storytelling com S maiúsculo.

Para ser prático, sempre que nos perguntam se algum projeto pode ser "considerado como Storytelling", aplicamos dois critérios, um para a audiência e outro para o executivo. Para a audiência perguntamos: se você tivesse pago para ter acesso a essa história, você recomendaria aos amigos ou pediria o dinheiro de volta?

Para o executivo a pergunta é: essa história traduz o diferencial do seu produto/projeto e o valor da sua marca? Se o executivo não responder sim duas vezes e a audiência não recomendar aos amigos, não consideramos que seja Storytelling com S capitular. Para chegar nessas duas respostas com "sim", existe um processo e é isso que veremos a seguir.

Nosso objetivo é abordar Storytelling como uma tecnologia: um conjunto de técnicas que se complementam em uma grande engrenagem capaz de atingir um grande propósito. Para isso dividimos a definição de Storytelling em três frases.

Ilustrado por Rodrigo Franco para Storytellers

2.1.1. Uma história fabulosa

"Era uma vez uma época em que tudo estava como estava, e se nada tivesse acontecido não haveria nada para contar."

— *Charles de Lint, escritor, músico, crítico e folclorista.*

A história a ser contada deve ser especial. Ponto. Ninguém quer saber de "história para boi dormir". Justamente por isso muitas empresas erram ao contar "o dia típico da família Silva". Um dia típico de uma família típica representa uma rotina, e vale ressaltar: rotina é o oposto de história.

Ao pensar como surgiram as primeiras histórias, podemos supor que deve ter sido mais ou menos assim: algo tão espetacular aconteceu, que despertou um desejo incontrolável em quem testemunhou a ponto de essa pessoa sair contando para todos na tribo. Os demais ficaram igualmente impressionados e recontaram o acontecimento para seus filhos, que contaram para os netos e assim a história virou mito e o mito virou lenda.

Storytelling com S maiúsculo sempre parte de uma boa história. Uma boa história é aquela que tem um conteúdo especial, diferente do que estamos acostumados em nossos cotidianos. Esse tipo de história é marcante, no sentido de ficar repetindo de forma involuntária em nossas mentes. Esse tipo de história é tão poderoso, que nos compele a contar para outras pessoas. Isso é o que resumimos como "histórias fabulosas".

É impossível escutar uma história fabulosa sem que transforme o ouvinte. Existe uma lenda indígena em que o personagem principal não é uma pessoa, mas uma história: "os aldeões ouviram o boato e ele os colonizou. O boato os herdou e os habitou. Os diálogos começaram a fazer parte da forma como eles pensavam; as imagens passaram a transmutar suas antigas metáforas; cada verso, cada ideia, cada aspiração se tornou parte do estilo de vida da tribo. Os aldeões fizeram amizade com os personagens. Na próxima geração as crianças nasceram já conhecendo a lenda e, mais cedo do que tarde, como é de costume, crianças não mais nasceriam. Não teria mais necessidade para elas. Havia apenas uma história, que ganhou carne, andou e se espalhou na vastidão do conhecimento." Uma história pode colonizar toda uma cultura por séculos... Homero está enterrado há milênios, mas sua voz continua ecoando vividamente até os dias de hoje. Antes dele, os egípcios. Antes destes, os sumérios.

PENSE

Pense nas histórias que mais marcaram a sua infância e reflita sobre o que elas possuem em comum. São histórias de pessoas que se perderam na mata, de homens que viraram lobos, de meninos que possuíam superpoderes, de animais falantes e assim por diante. Histórias fabulosas não são sobre banalidades. Ao contrário, as histórias fabulosas são sobre aquilo que é além do ordinário.

Toda história fabulosa vai contar com os elementos fundamentais abaixo:

1. Acontecimentos emocionantes;
2. Lugares pitorescos;
3. Conflitos inescapáveis;
4. Personagens marcantes.

Existe ainda um quinto elemento para compor uma história fabulosa. Esse elemento é um pouco mais conceitual e mais difícil de encontrar. Os editores são profissionais treinados para encontrar esse elemento nas histórias dos livros que avaliam.

O quinto e mais importante elemento de uma história fabulosa é a improbabilidade. Sempre que a história envolver acontecimentos que só acontecem "uma vez na vida", ela vai despertar mais interesse.

Nem sempre é fácil encontrar histórias com todas essas características mas, para a sorte dos executivos, as empresas vivem em constantes momentos de mudança, de quebra de rotina, de acontecimentos conflitantes e dilemas inescapáveis: *downsizing*, estabelecer uma nova diretriz, tirar um produto de linha, aumentar a meta de vendas... esses elementos podem gerar histórias fabulosas. Isso vale para qualquer empresa e qualquer marca.

Muitos executivos julgam que no seu negócio é mais difícil encontrar histórias fabulosas. Dizem que o produto é pouco atraente ou dirigido a um público muito restrito. Isso é um mito, mesmo no segmento B2B. O publicitário Richard Huntington, diretor da agência de propaganda Saatchi & Saatchi, afirma que "não existem categorias desinteressantes — mesmo o sabão em pó pode gerar histórias fascinantes". A questão é abordar pelo ângulo certo, como veremos no tópico a seguir.

MORAL DA HISTÓRIA

O avesso de uma boa história é a rotina. Portanto, a história fabulosa é aquela extraordinária, improvável, que pouca gente teve a chance de vivenciar. Busque os acontecimentos incríveis como quem busca a fonte da juventude.

Ilustrado por Rodrigo Franco para Storytellers

2.1.2. Com um propósito épico

"Só as melhores histórias sobreviverão."

> — Quentin Tarantino. É o que costuma afirmar o
> cineasta em suas entrevistas.

Para entender o que diminui a chance de mortalidade de uma história na concorrência por atenção, vale investigar a história mais antiga da humanidade. Como será que ela resistiu aos testes do tempo e continua sendo contada e recontada mesmo depois de cinco mil anos?

Resumindo a epopeia: ela conta a saga do Rei sumério Gilgamesh, que ficou muito marcado pela morte de seu melhor amigo. Isso fez com que ele refletisse sobre sua própria natureza mortal e então passou a buscar a fonte da juventude, ou algum lugar ou objeto que fosse capaz de garantir a imortalidade. *Spoiler*: ele falha e morre ao final de sua Epopeia. A ironia é que cinco mil anos depois estamos aqui, falando dele. No final das contas ele alcançou a imortalidade que tanto buscava. Nada mal para um mero mortal.

Essa história foi encontrada em tábuas de argila na região da antiga mesopotâmia. A Epopeia é uma transcrição das lendas orais sumérias que datam da época do final da era glacial e é considerada o documento literário mais antigo da humanidade por ter cerca de 5.200 anos. A sua estrutura é composta por uma grande história que engloba histórias menores.

Caso você se aventure a ler a saga, em um determinado momento você vai encontrar a história de dois irmãos disputando o afeto do pai. Cada um prepara um presente. Enquanto um viaja o mundo atrás de grandes tesouros para encher um baú, o outro começa a arar a terra. Ao ver essa cena, o primeiro irmão já se sente vitorioso. Afinal, o que pode vir da terra que superaria os tesouros dos grandes reis?

Toda vez que o primeiro irmão retorna de viagem com um novo tesouro, o segundo está em uma etapa de produção: plantar, regar, colher, misturar, deixar fermentar...

GUIA COMPLETO DO STORYTELLING

quando chega o grande dia do aniversário, o pai olha os dois presentes: um baú cheio de tesouros e uma caneca de uma bebida dourada, borbulhante, que ele acha curiosa e não resiste em provar.

O pai dá um gole e se sente bem, em seguida toma o restante em um só gole, fica alegre e acaba esquecendo o presente do outro irmão. Podemos brincar que a moral dessa pequena história é que, se você quiser agradar seu pai, dê uma cerveja de aniversário.

Pode parecer uma história inocente, mas ela contém uma importância fundamental na humanidade. No livro *História do Mundo em 6 copos*, o autor Tom Standage argumenta que "o símbolo na escrita cuneiforme para a cerveja quase não é reconhecível como um formato de jarro. Mas pode ser visto, por exemplo, em tabuletas que narram a história de Enki, (...) no momento em que ele prepara uma festa para seu pai. Deve-se admitir que a descrição do processo da cerveja é algo obscuro. Mas os passos são reconhecíveis, o que significa que a mais antiga receita escrita do mundo é para a cerveja".

A primeira receita de que se tem registro chegou intacta até os dias de hoje devido a uma história escrita há 5 mil anos. Podemos não voar como as águias, nem resistir ao frio como os ursos, mas nós temos uma vantagem competitiva imbatível: somos dotados desse poder de compreender mensagens escondidas nas entrelinhas mais subjetivas.

A verdadeira moral dessa história é que hoje só temos a cerveja graças a uma antiga mitologia suméria. Isso é o que o Storytelling sempre fez: ensinar a entreter. Em vez de tentar ensinar a receita passo a passo, eles sabiamente colocaram o processo contextualizado dentro de uma história muito verdadeira, narrando a disputa entre dois irmãos. No próximo happy hour erga a taça e proponha um brinde a eles.

Recordando o "quinto elemento" de uma "história fabulosa", quando algo muito extraordinário aconteceu houve a urgência de se retransmitir o ocorrido. No caso de Gilgamesh, os acontecimentos são extraordinários e fabulosos e também foram importantes para alertar o futuro da espécie. Além da receita da cerveja, existem aventuras como a busca da imortalidade e a do Dilúvio, que nos ensinam sobre a nossa natureza e que devemos sempre estar preparado para adversidades.

Podemos concluir que algumas histórias acompanham a humanidade desde os tempos mais remotos por transmitirem técnicas fundamentais, regras de convivência e valores sociais. Mas existe um ponto central a tudo isso. Conforme explicou em entrevista para a Universidade de Oxford, em 1968, o autor fantástico J.R.R. Tolkien: "se você analisar a fundo qualquer história que interesse às pessoas, que prenda sua atenção por uma porção de tempo considerável, [...] as histórias da humanidade são praticamente sobre uma única coisa, na verdade, não são? Morte. A inevitabilidade da morte. Bem, você pode ou não concordar com essas palavras, mas saiba que elas são a grande chave de *O Senhor dos Anéis*".

Ao colocar os personagens diante de questões de "vida ou morte", as grandes histórias ensinam conhecimentos que aumentam as chances de sobrevivência. Por isso toda história mitológica carrega algum tipo de ensinamento vital, garantindo que atravessassem ilesas por séculos. Esse ensinamento vital chamamos de "propósito épico" ou mesmo "messiânico".

Querer acumular o conhecimento de situações plausíveis está programado em nosso instinto mais primitivo. A única forma de não dependermos de sorte para nos mantermos vivos em uma situação de perigo é não sermos pegos de surpresa. O propósito messiânico vai levar as pessoas atentas para uma situação em que elas normalmente não gostariam de estar e da qual elas não consigam fugir. Contudo, se um dia elas estiverem vivendo algo parecido na vida real, elas estarão preparadas.

Esse instinto de sobrevivência também vale para o ambiente corporativo. As empresas sempre têm algo muito relevante a comunicar: internacionalizar, lançar um produto, estabelecer uma nova diretriz, a chegada de um novo concorrente... todos esses momentos podem garantir o propósito messiânico da história. É só uma questão de contar da melhor maneira, como veremos no tópico a seguir.

2.1.3. Contada de forma fantástica

> "Saber contar é essencial. Tem caras que viajam pelo mundo inteiro, são assaltados no Egito, viram deuses na Índia, aí contam para você, e você diz: que saco."
>
> — *Eduardo Coutinho, cineasta, durante a Festa Literária Internacional de Paraty de 2013.*

Uma história fabulosa é fundamental, mas sozinha não resolve o problema. Mesmo uma história muito importante acaba perdendo sua relevância ao ser mal contada.

 Storytelling é uma tecnologia composta por uma série de técnicas que atuam como se fossem peças de uma engrenagem e existem regras que não podem ser quebradas para que o seu mecanismo funcione. Este parágrafo servirá como um ótimo exemplo e até por isso foi confeccionado de forma diferente do restante do livro, no melhor estilo corrido do escritor português ganhador do prêmio Nobel de Literatura, José Saramago. Não tem ninguém no mundo que não seja tomado por uma sensação de desânimo ao se deparar com essa visão de um grande bloco de texto formando uma mancha assustadora. Parece que algo está errado, que fundiu o motor da narrativa e agora está subindo a fumaça que cobre toda a folha de papel. Ao se deparar com um verdadeiro mar de letrinhas a gente respira fundo e cogita "quanto texto! Será que eu pulo?". Já que você não pulou, ficam registrados os parabéns e prometemos que você vai ter uma recompensa por vencer a preguiça. Aliás, é por isso que muita gente nem abre certos livros. Só sentir o peso de setecentas páginas já é o suficiente para manter a obra lacrada. Mas basta vencer essa resistência inicial e, pronto, aí não conseguimos fechar o livro nem para dormir. Só vamos descansar depois de devorar a última palavra da última página. Como é que algo que antes causava medo e preguiça consegue tão rapidamente se tornar um vício? A resposta é simples: é o poder de uma boa narrativa. Escrever, no sentido de sequenciar palavras, quase qualquer um consegue. Mas são poucos os capazes de conduzir nossos olhos e fazer da leitura um passeio memorável. Um dos poucos sul-americanos a ganhar o Prêmio Nobel da Literatura, Gabriel García Márquez, defende a importância do domínio técnico das regras que ajudam a contar a história de forma fantástica: "nas primeiras histórias que escrevi eu tinha uma ideia geral do que queria transmitir, mas eu me deixava levar pela escrita. O melhor conselho que recebi no começo da carreira é que não tinha problema trabalhar dessa forma enquanto ainda estivesse jovem porque é uma época de muita inspiração. Mas que, se eu não aprendesse logo a técnica, eu teria problemas no futuro quando a inspiração diminuísse e a técnica fosse necessária para compensar. Se eu não tivesse aprendido aquilo a tempo, eu não seria capaz de estruturar os romances com antecedência. A estrutura é um problema puramente técnico e, se você não aprender o quanto antes, nunca irá." Uma das técnicas mais importantes é o entrelaçamento de informações. Toda narrativa é transformada por linhas que se cruzam: as vidas das personagens correm em paralelo e depois se cruzam e voltam a se separar. No meio desse enredo é preciso costurar os ensinamentos vitais. Por mais tentador que seja, não adianta interromper o andamento da história para aproveitar a atenção da audiência e assim tentar forçar a mensagem. Em apresentações de slides isso acontece muito. Começa bem, mas repentinamente aparece uma tela com gráficos e números que fogem da narrativa. A sensação de frustração é imediata, como a do viajante que se depara com uma fila gigante de carros para pagar o pedágio.

Não basta a história ser fabulosa e o propósito ser épico, também é igualmente fundamental a forma como se organiza e transmite as informações da história. A técnica de inserção das mensagens fundamentais dentro de uma narrativa vem sendo estudada há muito tempo. Um século atrás, precisamente em 1911, o acadêmico Clayton Hamilton alertou para uma questão que envolve os ensinamentos contidos nas histórias: "as narrativas podem atingir seus objetivos com mais eficiência ao demonstrar as verdades inquestionáveis da vida, em vez de usar comentários e argumentos por parte do escritor." O autor Lewis Carroll explica de forma mais sucinta: "Não, não! As aventuras primeiro, as explicações tomam um tempo horrível."

Vamos recorrer ao célebre autor de ficção científica, Ray Bradbury, que ensina uma técnica muito pertinente para transmitir a informação necessária sem cair no erro de entediar a audiência: "eu queria falar de um assunto importante, que é a queima de livros. Mas você tem que tomar cuidado para não começar a palestrar para as pessoas. Então o melhor a fazer é colocar a história alguns anos no futuro e inventar um bombeiro que tem queimado livros em vez de apagar incêndios. Isso por si só é uma grande ideia. Então você começa a sua aventura com o bombeiro descobrindo que talvez os livros não devessem ser queimados. Ele lê o seu primeiro livro e se apaixona. Aí você segue com a jornada dele pelo mundo para transformar a sua vida. É uma grande história de suspense e trancada dentro dela está a verdade que você quer transmitir, mas sem pontificar."

Para que a lição seja apreendida e aprendida, a informação estratégica tem que fazer parte da história. Os egípcios diziam que, ao flechar alguém com a verdade, é preciso anteriormente molhar a ponta da seta no mel. De certa forma, é justamente isso que buscam as técnicas narrativas: contar de forma fantástica é o pote de mel. O pote de mel em questão pode ser reconhecido na prática.

Quantas vezes você já não se pegou com sono no meio da madrugada, tendo que acordar cedo na manhã seguinte, e mesmo assim quebra mais uma vez a promessa de que esse seria "o último" capítulo do livro, episódio do seriado ou fase do videogame? O autor dessa obra que te fisgou soube contar a história de forma fantástica.

Nas corporações, a terminologia usada seria algo como "Storytelling significa ter a habilidade de encontrar ou criar histórias fortes, com propósito estratégico, narradas com excelência."

Qualquer um pode ter boas histórias em suas vidas e, portanto, em suas mentes, mas só as pessoas que dominam as técnicas são capazes de transformar histórias em boas narrativas. Recontar uma história é uma coisa, saber encontrar o melhor ângulo e contar de forma fantástica é outra totalmente diferente. É por isso que existe uma figura chamada de *ghost writer*: é quem resolve a parte técnica de alguém que quer escrever uma "autobiografia".

Conceitos do Storytelling

DICA PARA O EXECUTIVO

Pedir para que o consumidor conte uma história com a sua marca é algo que ele dificilmente poderá fazer. Em projetos dessa natureza o ideal é ter um curador para selecionar as melhores histórias e um profissional especializado para produzir a obra final, sejam contos ou vídeos.

MORAL DA HISTÓRIA

O Storytelling — escrito assim, com S capitular — é uma tecnologia de comunicação que implica em saber encontrar e contar uma história fabulosa, com um propósito épico, de forma fantástica.

STORYTELLING COM S MAIÚSCULO

UMA HISTÓRIA FABULOSA — tem um conteúdo especial e marcante que nos compele a contar para outras pessoas

COM PROPÓSITO ÉPICO — tem conjunto de instruções que garantem um ensinamento vital a quem estiver atento

NARRADA FANTASTICAMENTE — tem a capacidade de prender a atenção a ponto de roubar horas de sono das pessoas

Ilustrado por Rodrigo Franco para Storytellers

2.2. A DIFERENÇA ENTRE STORY E TELLING

"Arte é fogo mais álgebra."

— *atribuído ao grande autor argentino Jorge Luis Borges pela autora Lisa Cron, no livro Wired for Story.*

Se fizermos uma pergunta, você, querido leitor, promete que responde com sinceridade? Esperamos que sim, porque agora a pergunta já está impressa: você já ouviu falar de uma história chamada *As Mil e Uma Noites*? Sabe do que se trata ou conhece algum personagem?

Estatisticamente as chances são de 95% para que você tenha respondido "sim". Nesse caso, imagino que você tenha pensado na Xerazade. Talvez alguma coisa ligada a *striptease* tenha vindo à mente. Histórias árabes como Ali Babá e Aladdin. Não é?

Agora nos responda: você já leu os quatro livros das *Mil e Uma Noites* traduzidos diretamente do árabe pelo Professor Mustafa Jarouche Mamede? Provavelmente não. Isso mostra duas coisas.

Perceba o poder do Storytelling: essa história existe há mais de mil anos e ainda assim ela conseguiu chegar até você e milhões de outras pessoas, mesmo sem que a maioria tenha ido até ela.

A segunda coisa que a pergunta revelou foi a diferença entre os dois elementos que compõem o Storytelling. O termo em inglês traz duas raízes fundamentais: *Story* e *Telling*.

- **Story:** é a construção mental feita de memórias e imaginações que cada pessoa tem sobre uma determinada história.

- **Telling:** é uma versão da história expressa por um narrador, seja em forma de texto, roteiro ou relato, e depois ganha vida por meio de atuações, filmagens e publicações.

Outros autores também defendem essa perspectiva, como o professor de Storytelling David Boje, que afirma que "a história precede a narrativa, e só se torna narrativa quando é estruturada dentro de um *plot* coerente." Podemos completar essa definição ao afirmar que, a partir de uma única história, é possível derivar inúmeras narrativas. Nada como um exemplo para elucidar: a história do Conde Drácula é uma só, mas existem dezenas de versões. Cada versão é uma narrativa.

Na mesma linha, podemos citar o filme *Malévola*, da Disney. Trata-se de uma narrativa que reconta a história da Bela Adormecida sob um outro ponto de vista. Dois filmes, duas narrativas, mas uma só história.

Essa distinção é didática, mas é decorrente de constatações empíricas. Ao realizar um projeto de Storytelling sempre haverá duas etapas distintas. Primeiro a composição da história e depois a realização da narrativa.

Para deixar mais claro, gostamos de recorrer à metáfora da fogueira. Se o Storytelling surgiu ao redor dela, nada mais justo do que ser a medida de comparação entre as partes.

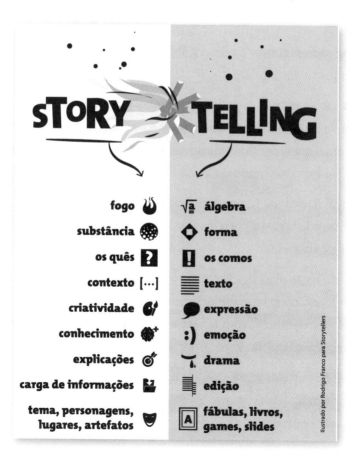

- **fogo é o *story***, o que está na cabeça, que é em grande parte inconsciente. Você não tem controle sobre uma história, ela faz parte da sua memória, assim como o fogo, você não tem como manipular.

- **troncos são o *telling***, não conseguimos manipular o fogo, mas podemos manusear a tocha. A madeira é a narrativa porque a história deixa de estar só na mente e ganha um espaço no mundo ao escrever um conto, um livro ou um roteiro. O fogo da história ficou controlável com o advento do tronco narrativo. O *Story* virou o *telling*, a história virou uma versão narrativa.

- *story* é o fogo descrito por Borges, a substância mágica, que leva em conta um conjunto de eventos reais ou fictícios.

- *telling* é a álgebra de Borges, que estrutura a forma de revelar, relatar em detalhes, na hora de contar o que são esses eventos.

- *story* são os "o quês", tudo aquilo que acontece dentro da cabeça do autor.

- *telling* são os "comos", a descrição e a dramatização de como esses acontecimentos se desenrolam.

- *story* são as muitas camadas que muitas vezes não se consegue ver, são os múltiplos símbolos que envolvem os mistérios, é todo o contexto que rege os acontecimentos, são os detalhezinhos e os pequenos tesouros esquecidos em uma caixa no fundo do armário.

- *telling* é o texto do livro e o roteiro do filme, são as palavras e imagens que buscam ordenar e dar coerência aos acontecimentos, são personagens vivendo cenas de suas vidas.

- *story* é a parte mais ligada à criatividade, é a hora que o autor tenta imaginar o que aconteceria "e se um dia acordasse na forma de uma barata gigante?". É preciso relembrar ou imaginar a história antes de poder contar, ter, pelo menos, alguma ideia de por onde seguir.

- *telling* é a parte da expressão, é a hora que o autor vai botar para fora aquela vivência imaginária, é preciso sentir essa história, rir ou chorar ao experienciar cada segundo dos desdobramentos de cada ação.

- *story* é o conhecimento tácito da empresa, tudo aquilo que ela aprendeu.
- *telling* é o conhecimento explícito da empresa, tudo aquilo que ela pretende ensinar.
- *story* tem relação com o conceito de inconsciente proposto pelo pai da psicanálise Sigmund Freud e, por isso, é alógico com suas contradições, atemporal com seus acontecimentos fora de ordem e espacial com a aproximação de conteúdos pertencentes a espaços distantes.
- *telling* está ligado ao conceito de consciente e das percepções, por isso as narrativas são compostas a partir de sequência de cenas que representam momentos vividos no presente.
- *story* é um universo sempre em expansão habitado por infinitos personagens. É o plano das ideias em que tudo é possível.
- *telling* são recortes da história com começo, meio e fim. É o realismo que busca deixar tudo plausível.
- *story*, nas palavras do escritor britânico Neil Gaiman, pode ser explicado assim: "as pessoas acham que sonhos não são reais só porque não são feitos de matéria, de partículas. Sonhos são reais. Mas são feitos de pontos de vista, de imagens, de memórias e esperanças perdidas."
- *telling* implica no fato de que toda narrativa é uma coletânea de melhores momentos de uma história. É uma exploração em profundidade daquilo que importa para a história e nada mais. Então, se o narrador diz que o personagem se ajoelhou, pode ter certeza que alguma coisa vai decorrer desse ato... ou ele vai escapar de um tiro, ou é porque achou a Moeda #1 do Tio Patinhas.
- *story* é a história fabulosa com um propósito messiânico.
- *telling* é narrativa contada de forma fantástica.

telling é o texto colado no mural da empresa, a mensagem que circula pelas redes sociais, a conversa que acontece no café ou no bebedouro, o filme publicitário, ou seja, são os produtos finais. Para cada uma dessas narrativas existem técnicas que veremos mais adiante no livro.

- *story* é a memória e a imaginação das coisas que aconteceram dentro e fora da empresa, eventos extraordinários envolvendo produtos, acontecimentos marcantes envolvendo colaboradores e consumidores. Existem formas de extrair as melhores histórias, como veremos a seguir.

Enfim, *Story* e *Telling* são duas coisas que devem andar juntas: a informação que você tem para dizer e a forma emocional com que você escolhe impactar. **Telling** é quando o **Story** sai da cabeça e ganha um espaço no mundo real.

O maior de todos os segredos do Storytelling é fazer com que a história a ser contada seja maior do que a narrativa em si. Esse conceito pode ser inclusive apresentado em uma equação matemática: **Storytelling = story > telling**. O diretor Steven Spielberg afirmou que o *Tubarão* só é tão assustador porque ele quase não aparece e que, com a tecnologia dos dias de hoje, talvez ele aparecesse quatro vezes e assim seria quatro vezes menos aterrorizante.

A tradução dessa fórmula é simples, não importa se você estiver fazendo uma apresentação corporativa, um anúncio para uma multinacional ou um romance para vender nas livrarias; sua obra será ruim por definição se aquilo que estiver na sua cabeça estiver inteiramente expresso nos seus slides, nos seus 30 segundos ou na somatória das suas páginas. Afinal, como você quer que as pessoas pensem na sua história se você não deixou espaço para que elas pudessem imaginar?

Storytelling tem tudo a ver com o símbolo da fogueira. O fogo é o Story, a substância imaterial, a versão mental que temos de uma história. A madeira é o Telling, sendo que cada graveto atua como uma narrativa. O fogo só ganha forma visível quando um autor narra sua versão daquela história. Primeiro é preciso ter algo a dizer (*story*) para depois encontrar a melhor forma de expressar (*telling*).

2.2.1. As fontes do story

"Artistas usam mentiras para dizer a verdade. Sim, eu criei uma mentira. Mas por você acreditar nela, você descobriu algo verdadeiro sobre si."

— Frase na história em quadrinhos V de Vingança, do autor Alan Moore.

Naquele fatídico dia em que os homens se sentaram ao redor da primeira fogueira algo mágico aconteceu. A madeira estalava enquanto o fogo dançava. Diante do calor, a tribo se confrontou com um dilema: devia narrar os acontecimentos marcantes de seus membros ou seria melhor comentar aquilo que poderia vir a acontecer um dia?

Naquela época essa questão entre "histórias vividas ou imaginadas" seria fundamental para definir a identidade dos aldeões, além de determinar seus rumos futuros. Poderiam fortalecer o orgulho ao exaltar triunfos do passado ou instigar o instinto ao alertar sobre riscos iminentes.

De volta aos dias de hoje, depois de milhares de anos, uma coisa continua exatamente igual. Até hoje só existem duas grandes fontes para o *Story* do Storytelling: memória ou imaginação.

Parece incrível pensar que as milhões de histórias que foram contadas na História nasceram da memória ou da imaginação. Contudo, basta analisar que esse é o critério que as livrarias adotam ao separar os livros. As duas principais seções são de ficção e não ficção. Parece simples, mas, na prática, acaba sendo complicado fazer essa separação. Muita gente confunde ficção e não ficção com mentira e verdade, e não funciona dessa forma.

Nem mesmo um relato autobiográfico é uma história real. Toda história de vida vira ficção assim que vai para o papel. A narrativa carrega o ponto de vista parcial e político do autor, que esconde as partes desfavoráveis, e aborda um ângulo que é só dele. Se fosse possível existir uma única "história real", não seria preciso existir advogados. Em um caso de um divórcio bastaria que ou o marido ou a mulher desse um depoimento e o juiz faria os acertos. Sabemos que a vida não funciona assim, e a vida imita a arte. O máximo que podemos dizer é que existem histórias baseadas em fatos reais. Mas aí aparece uma outra questão.

Aquilo que é categorizado como ficção não deixa de ter sua semente na experiência real e pessoal dos autores. O autor de Senhor dos Anéis sempre defendeu que mesmo as fantasias mais desvairadas, os mitos, os contos de fada e qualquer outra história inacreditável teriam sua raiz em acontecimentos reais, mesmo que muito antigos: "e algumas coisas que nunca deveriam ser esquecidas foram perdidas. História virou lenda. Lenda virou mito."

Analisando esses argumentos, podemos inferir que toda história é baseada em fatos reais e mesmo aquela que se pretende verdadeira tem omissões e fantasias. Em vez de pensar em termos de verdade ou mentira, o correto é considerar que a ficção tem a ver com imaginação, ao passo que a não ficção tem mais relação com a memória.

História real ou ficcional? Tanto faz. Seja da memória ou da imaginação, toda narrativa é uma história romanceada. O mais importante é que ela tenha um tipo especial de verdade, como veremos a seguir.

2.2.2. Os 5 fundamentos para chamar de Storytelling

"Abrangendo tanto passado quanto futuro, 'a História' se transformou em um conceito regulador para toda experiência já realizada e ainda a ser realizada. Desde então, a expressão ultrapassa em muito os limites de simples narrativa."

> — *Reinhart Koselleck, um dos mais importantes historiadores da Alemanha e fundador da História dos Conceitos.*

Ah, as definições. Sempre que se tenta restringir algo abstrato a um conjunto de palavras, acabamos entrando na situação do cobertor curto em noite fria: ficarão descobertos os pés ou os ombros, ou é preciso encolher o corpo para que se possa caber na manta. Assim, ou parte do conceito ficará descoberto ou deverá ser espremido para caber na definição.

Já vimos que storytelling é um termo em inglês que na tradução literal significa "o ato de narrar histórias". Mas neste livro estamos abordando um outro tipo de Storytelling... com S capitular. Um Storytelling profissional, de quem sabe muito bem o que está fazendo, com objetivo de contar de forma fantástica histórias fabulosas com propósitos messiânicos.

Vimos também que Storytelling está entre as atividades mais antigas da humanidade. Voltando algumas centenas de milhares de anos no tempo, encontraremos um momento épico da nossa História, o dia em que os homens se sentaram ao redor da primeira fogueira e que, desde então, Storytelling tem sido nossa forma preferida de comunicação.

Finalmente, vimos na introdução que no dilema entre tempo ou dinheiro, é a atenção que vence como o bem mais valioso nos dias de hoje. As pessoas não querem mais histórias, eles querem as melhores histórias. Quando falamos de Storytelling com S capitular, estamos falando em aumentar o valor das histórias, não o volume de narrativas.

Ao vincular Storytelling com comunicação corporativa, o termo assume um significado um pouco mais complexo. A coisa mais normal é alguém perguntar se "esse vídeo que a marca postou online é um Storytelling?"

Por isso é contraproducente categorizar o que é e o que deixa de ser Storytelling. Em vez de tentar definir, é mais produtivo estudar o que compõe uma comunicação que se apresenta no formato de Storytelling.

Pense em filmes, *games*, espetáculos teatrais, seriados e romances literários... quais são os padrões que se repetem em todas essas histórias? O ideal é tentar pensar em alguns exemplos, como filmes e livros favoritos e tentar compará-los. Pensando por aí é possível notar que todo Storytelling terá 5 elementos fundamentais:

1. **Protagonismo:** o primeiro ponto fundamental é que não existe uma história sequer sem personagens. Reflita sobre os filmes aos quais você assistiu ao longo da vida e tente encontrar ao menos um sem pessoas. Não existe.

Seja baseada em fatos reais ou acontecimentos inventados, toda história precisa ter, pelo menos, um conjunto de personagens. Desses, um vai se destacar e será o veículo capaz de pegar quem estiver atento pelas mãos e conduzir pela narrativa, até mergulhar completamente naquele universo.

No entanto, por mais que o conceito pareça óbvio, a próxima pergunta sempre confunde os aprendizes de Storytelling: uma marca pode ser o protagonista de uma história? Pode pensar um pouco...

Se você respondeu que "sim" acabou de entrar em um território muito complicado. Uma marca até pode ser um personagem, mas de uma forma muito especial. A marca deve ser personificada para poder protagonizar. É como no filme *Náufrago*, em que o ator Tom Hanks representa não apenas um funcionário exemplar, como também compartilha os principais valores da marca FedEx. Fora disso, o máximo que uma marca pode fazer é participar de uma história no formato de produto, que é o que acontece com a bola de vôlei Wilson.

Existe um truque nos casos em que a marca participa da história como um produto. A bola Wilson tem nome de gente e a pintura de um rosto. O fusca Herbie tem o número 53 e uma pintura especial. Personagem é ter personalidade, é conseguir se diferenciar. Se for um produto, não pode ser como qualquer outro da linha de montagem... tem que ser fora de série!

Seja um anúncio de 30 segundos ou uma apresentação de slides, sempre existem histórias que podem ilustrar os pontos apresentados. Analise esses exemplos e pergunte-se: de quem é essa história? Quem tem algo a aprender nessa jornada? Partindo da resposta, é possível transformar uma apresentação de slides dura em uma narrativa muito mais interessante. Em vez de falar dos números financeiros, pergunte-se quem é o maior impactado por esses números e conte a história dessa pessoa. O que ela tem de especial? Por que quem está atento deveria se importar com essa personagem?

2. **Tensão:** se a protagonista não tomar atitudes, nada vai acontecer e não existe história. Para que o personagem levante da cadeira, ele precisa de um objetivo. Por outro lado, quando ele realizar o objetivo, a história acaba. Para fazer com que a experiência seja prolongada e valiosa, a boa história vai colocar desafios no caminho entre o protagonista e seu desejo. A distância criada pelos obstáculos entre o protagonista e seu objetivo é o que causa essa tensão.

Para deixar de ser um mero personagem e passar a ser um verdadeiro protagonista, é preciso que haja uma motivação muito forte, algo pela qual a personagem esteja disposta a arriscar a própria vida. Por isso a missão de "usar um determinado produto" raramente é um objetivo forte o suficiente para a personagem protagonizar uma história fabulosa. O produto pode e deve fazer parte da história, mas dificilmente será o centro da narrativa. Como a maior parte dos anunciantes não se atenta a esse alerta vermelho, a maior parte dos consumidores prefere pagar a ter que entrar em contato com os conteúdos feitos pelas marcas. Os aplicativos gratuitos com propaganda e com versão paga que apenas elimina as marcas é um exemplo disso.

3. **Ensinamento:** histórias são contadas para permitir que as pessoas entendam como e por que as coisas mudam na vida. As histórias mais fabulosas são aquelas dotadas de uma lição muito importante para o protagonista. Algo que ele precisa aprender para ser bem-sucedido e conseguir atingir seu objetivo. O momento em que o protagonista entende a lição é ideal para que o *Storyteller* transmita a informação mais importante da narrativa. A história inteira foi contada para chegar nesse momento.

Por outro lado, esse momento só tem impacto quando tudo o que foi vivido pela personagem comprovou aquela lição. Mais do que verbalizar uma lição, é preciso que ela seja vivida e demonstrada.

O propósito épico, a lição de vida a ser aprendida, os simbolismos... tudo isso vai ganhar coerência, sentido e significado a partir de uma boa estrutura, com começo, meio e fim estrategicamente configurados.

A história só tem significado se a experiência da personagem foi significativa.

Uma experiência significativa pode parecer simples, mas pense em filmes publicitários e tente encontrar exemplos que demonstrem aprendizados de vida ou estruturas que revelem significados. Os exemplos podem ser contados com os dedos de uma mão.

Analise se a sua personagem está diante de uma lição de vida capaz de espelhar o que você deseja que seu consumidor aprenda.

Muita gente confunde história com histórico. Fazer uma retrospectiva não garante uma experiência significativa, pelo contrário. O objetivo não é resgatar tudo o que aconteceu e apenas os melhores momentos. É a regra do Storytelling vista ao contrário: *Telling > Story*.

POTE DE OURO Para que fique claro, garanta que esse aprendizado seja vivenciado em tempo real. É por isso que todo filme, seja de terror ou de amor, sempre é uma sucessão de pequenas fatias da vida de uma pessoa. Na medida em que o autor pensa o *Story*, ele o estrutura em termos de acontecimentos "Dias D" e relata o *telling* da narrativa em termos de "Horas H".

4. **Significado:** a função da narrativa é ordenar o caos do mundo e das mentes para que ele faça sentido. Fazer sentido é uma jornada que começa com a dialética. A palavra é complicada, mas foi um presente dos gregos. É o termo mais preciso possível para um elemento fundamental. Alguns autores chamam de 'Eixo Temático' ou 'Ideia Governante'. É o norte da história.

Depois da dialética entra em cena outra palavra grega: sizígia. Ela se refere à união de opostos. Mais do que um ponto central, o ideal é que uma história tenha uma série de argumentos e ideias que se oponham.

Em toda história é como se existissem duas entidades cósmicas que disputam uma espécie de jogo de xadrez. Pode ser "o bem contra o mal" ou "a natureza contra a tecnologia", ou ainda "a individualidade contra a coletividade", ou qualquer outra dualidade. Uma narrativa só é capaz de comprovar uma hipótese como "o bem sempre vence" se mostrar o lado negro vencendo algumas batalhas. A verdadeira moral da história é "o bem sempre vence... no final".

Se por um lado existe uma grande carga simbólica em toda história, também é preciso manter os pés fixados na realidade ou o significado corre o risco de ser esvaziado. O autor é o jogador de xadrez que move as peças das duas cores querendo que os dois lados saiam vencedores. O autor precisa ter uma mentalidade neutra para poder se colocar no lugar de cada personagem e ver se tomaria cada uma das decisões e atitudes pontuadas.

A personagem nunca pode terminar a história do mesmo jeito que começou. No mínimo, deve ter mudado psicologicamente. Mas o ideal é que o mundo inteiro pode estar transformado junto com ela.

O contraste está nos personagens. Ninguém é só bom ou só mau. Temos um pouco de luz e sombra. Além disso, se um personagem é calmo pode ter certeza de que vai haver outro mais agitado. É a dinâmica básica de comédias românticas ou histórias de detetives. Sherlock Holmes é puro cérebro ao passo que Watson é puro coração. Ao se contrastarem eles se complementam.

O contraste está nos desejos. Personagens partem em busca daquilo que sentem falta. Se a personagem quer um copo d'água é porque está com sede. Os obstáculos contrastam esse desejo. Pode ser o filtro que está seco. Pode ser que esteja perdida em algum deserto. Pode ser um contraste irônico como estar cercado por água, mas não pode beber por ser salgada, como um náufrago em uma pequena ilha.

Muitas vezes os filmes publicitários se resumem a uma única cena, o que dificulta evidenciar os contrastes. O argumento de que são apenas 30 segundos não é válido. A rede social Vine prova que muitas pessoas conseguem utilizar a estrutura clássica de Três Atos em apenas 6 segundos. Sem falar em festivais de curta-metragens de um minuto.

Contraste não é uma questão de tempo, e sim dos elementos estarem polarizados. Uma família feliz em um café da manhã de margarina é um desperdício de oportunidade. Se pelo menos um estivesse mal-humorado a história ficaria mais intrigante.

A seguir está o conceito mais importante na composição do Storytelling. O Olimpo dos elementos. O epicentro de toda essa história de Storytelling. Sem ele, nada mais importa.

5. **Verdade Humana:** é um conceito que a princípio pode parecer estranho. Esse não é um tipo qualquer de verdade e, para alguns autores, essa é a única verdade que existe. A verdade incontestável.

Essa verdade diz respeito àquilo que faz sentido porque faz sentir. Esse fator se refere à crença de que, no fundo, somos todos muito parecidos. Todos sentimos uma mesma gama de emoções durante a vida e até por isso somos capazes de sentirmos uma conexão com outro membro da raça humana. Storytelling nasce disso. E só funciona se existir sinceridade na emoção do autor e do narrador.

O autor colombiano Gabriel García Márquez afirmou em entrevista que passou um período de quatro anos sem publicar nada. Após refletir, o autor atribuiu esse bloqueio criativo por não acreditar na história que estava tentando contar. Ao tratar como "uma simples historinha de ficção", ele ficou travado e as palavras não tingiam o papel. A partir do momento em que decidiu acreditar na história, que apesar de mágica poderia ser real, mergulhou em um processo criativo trabalhando incessantemente por 18 meses e, ao final, havia concluído *Cem Anos de Solidão*. Não é por acaso que seu estilo ficou conhecido posteriormente como "realismo mágico".

Para o autor, aquela história que ele está contando faz sentido e faz sentir. Isso não quer dizer que o autor tem que concordar com todas as personagens. Entretanto, o autor precisa ser capaz de sentir empatia e entender o ponto delas. Para isso, muitas vezes ele precisa cavar a fundo na biografia da personagem. Mesmo que seja um assassino em série frio e calculista, algo em sua vida fez com que ficasse assim e, ao saber desse fato, fica mais fácil entender seu comportamento.

Se você estivesse no lugar da personagem da história corporativa (do *release*, do filme publicitário, da apresentação...), você faria o mesmo que ela?

Muitas vezes os papéis de autor e protagonista se confundem. Por exemplo, quando alguém vai palestrar sobre a sua história pessoal. Então, é claro que ele faria tudo o que fez. Mas isso não garante a verdade humana. Por medo de se expor, muitos autores podem simplesmente distorcer os fatos da história. Contudo, ao contar a história de forma verdadeira, o executivo consegue mostrar humildade, especialmente ao expor suas falhas. As imperfeições facilitam que outras pessoas possam se identificar com a situação da história e, assim, a narrativa gera uma conexão mais forte com a audiência.

A verdade humana é a parte mais complicada para a maior parte dos executivos. Dizer a verdade implica em vulnerabilidade. Ninguém é perfeito, cometemos erros e aprendemos com eles, e por isso é impossível tocar a verdade humana sem mostrar os defeitos e as fraquezas. Isso é contraintuitivo para o ambiente corporativo, em que todos devem mostrar relatórios de resultados sempre positivos e crescentes. Por outro lado, quanto mais se tenta esconder a verdade humana de quem está atento, mais fica evidente que algo está errado. Nascemos com um detector de inconsistências. Sabemos quando a história está mal contada e quando alguém tenta nos enganar. A omissão de uma informação fundamental é um erro tão crítico quanto a mentira direta.

O autor turco ganhador do Prêmio Nobel da Literatura, Orhan Pamuk, explica como funciona o processo da busca pela verdade humana: "para mim, ser escritor é reconhecer as feridas secretas que carregamos, tão secretas que mal temos consciência delas, e explorá-las com paciência, conhecê-las melhor, iluminá-las, apoderar-se dessas dores e feridas e transformá-las em parte consciente do nosso espírito e da nossa literatura. O escritor fala de coisas que todos sabem mas não sabem que sabem."

Na **prática corporativa**, a recomendação é que executivos e publicitários falem de seus problemas corporativos. Como se fosse um processo de terapia. A dificuldade está no fato de que executivos não gostam de contar as coisas ruins que aconteceram com suas marcas e produtos. Até porque muitas vezes a culpa foi deles. Ou seja, os executivos usam todos os seus esforços para esconder justamente aquilo que as pessoas querem ver. Mas existe um caminho que facilita essa abordagem: em vez de olhar para os problemas do passado, focar nos desafios futuros. Mas, nesse caso, é preciso cavar o problema a fundo. Ter que "vender mais", por exemplo, não é um problema. É uma obrigação executiva. O problema é o que está impedindo de vender. É preciso procurar pelos reais obstáculos no caminho. Os erros do passado vão deixar de ser o foco e servir como ilustração daquilo que não deve ser repetido.

A verdade humana é aquela que está dentro de cada um de nós. Muitas delas a gente não gosta de admitir, mas nenhuma delas podemos negar. Ela só acontece quando existe a sinceridade emocional, quando o autor sente aquilo que o personagem dele sente. Então, mais importante do que a história ser real ou ficcional e do que definir se determinada ação pode ou não "ser catalogada como storytelling", é buscar a *verdade autoral*.

2.3. STORYTELLING[2]

"Aprender música com um crítico musical é como fazer amor por correspondência."

— *frase atribuída ao cantor lírico italiano Luciano Pavarotti.*

Existem muitas pessoas que se denominam gurus de roteiro e pretendem ensinar lições sobre Storytelling sem jamais terem publicado um livro ou escrito uma peça de teatro. Desconstruir histórias para analisar cada pedaço não garante que tudo vai funcionar se for colocado de volta. Histórias são tão complexas quanto organismos e sabemos o que acontece se tentarmos estudar um ser vivo separando suas partes. Storytelling envolve um processo de gestação que só quem participa do processo de criação realmente entende o que está envolvido.

Desconfie se alguém que nunca escreveu uma história tentar ensinar sobre Storytelling. Acima de tudo, histórias só são aprendidas ao serem contadas. Por isso, vamos usar o próprio Storytelling para explicar sobre Storytelling. Para explicar de vez o que é e como fazer Storytelling, vamos contar uma história.

Se você nunca leu o livro *Mil e Uma Noites*, hoje é seu dia de sorte. A seguir temos uma versão resumida dessa que é uma das histórias mais antigas da humanidade e que deve constar no repertório de qualquer membro da raça humana. Ao final da narrativa você vai entender o que é Storytelling e como se aplica à comunicação corporativa. Parece impossível que uma história com mais de mil anos explique como as empresas de hoje em dia devem se comunicar? Leia e se surpreenda.

Tudo começa com o maior de todos os imperadores da Pérsia, que governa um território que compreende o que hoje é o Oriente Médio junto com uma boa parte da Ásia. Esse imperador sempre foi visto como um homem justo, amado pelos súditos e temido pelos adversários. No dia em que ele morre, como de costume, o filho mais velho assume o trono. Começa o governo de Xá Riar.

O irmão caçula, Xá Zanam, não tem direito a nada, mas não se rebela. Ele continua amigo e leal ao primogênito. Por toda essa devoção, o novo imperador decide dar ao irmão mais novo o direito de reinar em uma parte do território — Samarcanda — lugar que hoje se encontra no Uzbequistão.

Imperador e rei governam felizes durante dez anos. Conhecem lindas mulheres, com quem se casam. Mas, como já sabemos, as histórias fabulosas não são feitas de felicidades, mas de tensão.

Até que um dia, o rei do Uzbequistão recebe uma carta do imperador. O jovem quebrou o lacre imperial e leu: "Querido irmão. Passaram-se 10 anos desde que o nosso pai faleceu. Fico feliz que esteja bem, mas sinto falta das nossas conversas. Gostaria de tê-lo por aqui nessa ocasião. Aguardo vossa presença."

O caçula sentiu um certo peso no coração. Não que não sentisse falta do irmão, mas havia um problema. Na ausência do rei, a rainha deveria ficar reinando. Ele não gostava da ideia de ter que se separar da sua amada mulher. Ainda assim, aceitou o convite. Afinal, veio de alguém que, além de seu irmão mais velho, era também seu imperador.

Depois de uma semana de preparativos para a longa viagem, a comitiva partiu para a capital imperial. Passados alguns quilômetros, o rei sucumbiu. Seu coração apertou. Sentiu uma saudade antecipada insuportável e resolveu voltar para o palácio. Ele queria deixar um último beijo na mulher antes de se ausentar. Mas nem tudo foi como ele esperava. Na hora em que o rei retornou ao seu aposento imperial encontrou a mulher que tanto amava dormindo nos braços de outro homem!

POTE DE OURO
Por motivos didáticos, devemos cometer uma gafe e interromper brevemente a narrativa. Sim, pode vaiar. Mas é uma pausa rápida, apenas para comentar uma importante lição: o começo da narrativa deve estabelecer um contrato com sua audiência ao dizer qual é o tema da história a ser contada. No caso das *Mil e Uma Noites*, acabou de ficar definido que o tema é confiança. Voltemos à traição...

Aqueles dotados de maior senso de humor vão dizer que a rainha estava nos braços de um personagem histórico muito conhecido — Ricardo, O Grande — e, ao ver a sua cama invadida por outro homem, o rei fez o que só poderia ter feito na ocasião. Considerando o contexto daquela época, em que reis eram déspotas por natureza e podiam fazer qualquer coisa que lhes conviessem, o rei resolveu manter a honra da família e com um só golpe degolou a mulher e o amante. Sem muito esforço, ele atirou os dois corpos pela janela em direção ao fosso do castelo. Esfregou o suor que lhe brotava na testa, deu um profundo respiro, livrou-se da roupa, tomou um banho e, com novos trajes, seguiu para encontrar o irmão mais velho como se nada tivesse acontecido.

Foram dias no deserto e a solidão e os fantasmas atormentaram a alma do jovem rei. Quando enfim chegou à capital estava cabisbaixo, com olhos vermelhos e um semblante de poucos amigos. O irmão mais velho não deixou de notar a expressão, mas julgou que deveria ser culpa da longa jornada. Um grande banquete estava à espera, mas o caçula não quis comer e pediu licença para se retirar mais cedo ao aposento. Novamente o imperador achou estranho, mas ele próprio sabia como era desagradável e desgastante a experiência de passar dias peregrinando pelo deserto.

Contudo, para desespero do imperador, o irmão mais novo continuou depressivo no dia seguinte e no próximo e no outro. Passada uma semana ele decidiu ter uma conversa séria com seu irmão caçula. No grande salão, o imperador foi direto ao assunto "meu querido irmão, o que está acontecendo? As minhas lembranças relatam apenas a sua alegria de viver, a sua ótima atitude com relação à vida. Mas desde que você voltou, parece que a minha memória me trai." O mais novo nada falou, então o primogênito continuou: "você tem o que qualquer homem apenas sonha. Um vasto território, súditos, uma mulher linda." O mais novo apenas baixou a cabeça.

O primogênito continuou a inquisição: "o que está acontecendo? Não está gostando de ser rei, é isso? Não se afeiçoou ao peso das responsabilidades?" Finalmente o mais novo respondeu: "a questão é que a vida não vale a pena. Nada vale." Sem falar mais nada o caçula levantou e retirou-se novamente para o seu aposento.

Na manhã seguinte o imperador Xá Riar tentou outra estratégia. Resolveu animar o espírito do irmão com alguma diversão. Se fosse nos dias de hoje, ele teria convidado o caçula para uma balada. O equivalente da época era caçar. Então, Xá Riar organizou uma grande expedição de três dias e estava certo de que isso mudaria o ânimo do irmão. Mas, para o desencanto do mais velho, o mais novo sequer saiu da cama. Resolveu ir sem ele e aproveitar o ar livre para pensar mais a fundo no que poderia estar acontecendo.

Quando se viu sozinho no palácio, Xá Zanam resolveu subir até a torre mais alta para colocar um ponto final em sua existência. Foi até o parapeito da janela e respirou fundo. Fechou os olhos. Eram seus últimos segundos de sofrimento. Quando abriu os olhos novamente estava convicto de sua decisão e, no último instante, seus olhos captaram um movimento curioso no jardim real. Foi apenas um relance, mas suficiente para capturar sua atenção. Se não estava enganado, ele havia acabado de ver... não, não poderia ser!

Xá Zanam esfregou os olhos para ter certeza de que não estava alucinando. Mas sua vista nunca o traiu. Realmente a imperatriz estava abrindo uma passagem secreta e de lá começaram a sair mais de uma dezena de escravos. Em muito pouco tempo os corpos estavam despidos e litros de vinho eram derramados até que o clima pegou fogo transformando a cena em uma festa típica de Bacco. Atônito, o rei de Samarcanda fica assistindo a tudo até que exclama: "Sim! Eu não sou o único da família!"

Quando o irmão mais velho retorna da caçada, o mais novo está sorridente. O imperador Xá Riar fica admirado e pergunta o que aconteceu, afinal, essa foi a primeira vez que encontrou seu irmão feliz em dez anos. Entre recusas e insistências o irmão mais novo decidiu contar o que aconteceu. "Em primeiro lugar, tenho que contar o que me deixou triste. Pouco antes de vir para cá descobri que minha mulher estava me traindo, descobri com meus próprios olhos, ao encontrá-la em minha própria cama com um amante". Apesar da felicidade, ele terminou o relato com um profundo suspiro. Xá Riar ficou indignado:

"Céus! Realmente não existe coisa pior para um homem! Você tinha todo o direito de estar chateado. Então, o que você fez?"

"Eu matei os dois e logo depois vim para cá!"

"Você foi benevolente, eu no seu lugar teria feito coisa muito pior. Mas o que te fez ficar tão feliz? Você conheceu alguma mulher aqui do reino?"

"Não, não foi bem isso não..."

"Então o quê? Diga logo!"

"O que aliviou meu pesar foi descobrir que a sua mulher também está te traindo."

"Impossível! A minha mulher é uma imperatriz!"

"A minha era uma rainha, dá na mesma. Mas não precisa tomar a minha palavra como prova da verdade. Já passei por isso e sei que para certas coisas os olhos são mais decisivos do que os ouvidos. Mas tenho um plano. Vamos organizar uma pescaria para amanhã."

O peso que estava no coração de Xá Zanam foi sendo transferido para o Xá Riar pouco a pouco durante a excruciante espera até a confirmação da grave acusação. No dia seguinte os dois vão pescar e voltam escondidos no meio do caminho e para desgraça do imperador encontram a imperatriz com os escravos. O vinho deu lugar ao sangue, que tingiu a grama e a memória do imperador. Ele não poupou ninguém, nem mesmo aqueles soldados leais que ajudaram a punir os pecadores. Ao final sobraram apenas os irmãos ofegando.

No meio de todo o cenário de caos e fúria o imperador resolve fazer um pacto sagrado consigo próprio. Ele jura que jamais será traído novamente. Ele desenvolve um plano para garantir o cumprimento da promessa. A partir do próximo dia, ele deveria se casar com uma garota virgem do palácio e ao fim da noite de núpcias, no primeiro raiar de sol, a garota seria levada pelos guardas até o vizir, que teria que acabar com a vida da garota. E assim foi. Esta passou a ser a rotina diária de todos.

Três anos de sofrimento se passaram e, no entanto, ele não estava disposto a mudar de ideia. O reino que estava prosperando entrou em crise. O imperador, que era adorado, passou a ser temido e até mesmo desprezado. Até que, em uma bela manhã, uma jovem resolveu mudar essa história.

Xerazade era a filha mais velha do vizir, aquele que tinha a árdua tarefa de acabar com a vida das meninas que haviam dormido com Xá Riar. Certo dia, Xerazade chamou o pai para uma conversa séria e revelou que tinha um plano para acabar com toda essa injustiça: decidiu que, na próxima noite, seria ela quem iria se casar com o imperador.

O pai da Xerazade obviamente não aprovou o plano e justificou que não haveria diferença nenhuma que a esposa fosse a filha do vizir. Xá Riar já havia mandado matar algumas das filhas das figuras mais eminentes do reino. O pior de tudo seria a manhã seguinte quando ele, o vizir, teria que executar a própria filha. O plano estava vetado. Contudo, os conhecedores da alma feminina sabem muito bem que, quando uma mulher tem um plano, não existe nada entre o céu e a terra que possa impedi-la e, na mesma noite, para desconsolo do pai, lá estava Xerazade na cerimônia de casamento com Xá Riar.

O vizir passou a noite toda em claro, sofrendo e imaginando como seria o momento em que teria que decapitar a jovem e bela garota que ele viu nascer. Quando encontrou Xá Riar, para surpresa e alívio do vizir, o imperador apenas disse "sua filha ganhou um dia a mais de vida e agora vamos ao trabalho, há muito o que fazer no reino." Além de aliviado, o vizir ficou curioso. Mais tarde, quando encontrou a filha, pediu para que ela contasse o que aconteceu.

Xerazade explicou que depois da cerimônia nupcial os dois seguiram para o aposento real e, assim que se acomodaram, alguém bateu três vezes na porta. O imperador foi pessoalmente dispensar o inconveniente e se surpreendeu ao abrir a porta e encontrar uma linda jovem, que disse:

"Ó, Xá Riar, rei dos reis! Peço desculpas pela interrupção desse momento nupcial, vim apenas me despedir de minha irmã."

Quem estava na porta era Duniazade, a irmã mais nova de Xerazade. Xá Riar disse que ela poderia entrar. A bela jovem entrou, abraçou a irmã mais velha, deixou uma lágrima escorrer pela face e se virou para o imperador e fez mais um pedido:

"Já que a minha irmã tão querida vai morrer amanhã, gostaria de fazer um último pedido. Gostaria de ter algo da minha irmã na noite de hoje para que possa ter como recordação. Todas as noites nós fazemos um ritual antes de dormir e nessa noite derradeira gostaria de repetir esse hábito uma última vez. Ó, misericordioso Xá Riar, será que minha irmã não poderia me contar uma última história?"

O imperador ficou um pouco confuso. Diante dele estavam duas belas jovens com tanto brilho nos olhos, filhas do seu braço direito. De tudo o que elas poderiam solicitar como último pedido, escolheram uma história?

Xá Riar fez que sim, que ela contasse uma última história e, pronto, depois disso Duniazade deveria se retirar para que eles consumassem o casamento.

Xerazade sabia que sua vida dependia daquela história, literalmente. Então ela escolheu contar a história do maior mercador do mundo. Um homem dotado de uma lábia tão poderosa que nasceu pobre e aos vinte anos já era um dos homens mais ricos do reino.

As irmãs e o imperador estavam muito confortáveis no aposento. Quem olhasse a cena jamais adivinharia que Xerazade estava vivendo a última noite de sua vida.

Pelo contrário. Seus olhos brilhavam enquanto ela gesticulava para explicar que não havia nada que o mercador não conseguisse vender. Xerazade mencionou o episódio de quando ele estava partindo para a missão que parecia impossível: vender areia para tribos nômades do deserto. O imperador estava curioso para saber como o mercador realizaria esse feito.

Acontece que, no caminho de sua missão no deserto, o mercador tem a infelicidade de cruzar o caminho de Ifrit, uma espécie de gênio da lâmpada malvado. Para azar do mercador, ao encontrar um oásis, ele foi descuidado e destruiu algo muito importante para Ifrit. Como castigo, o gênio disse que tiraria a vida do mercador. Acontece que esse não era um mercador qualquer e conseguiu fazer um acordo com o gênio. Ele teria um ano de vida a mais para poder sofrer a cada dia sabendo que seu fim estava se aproximando.

Xerazade contou em detalhes como o mercador aproveitou o ano de vida para fechar negócios inacreditáveis e também para se despedir de pessoas especiais. Aliás, quando ele estava reunido com sua família foi o momento em que Ifrit apareceu para aplicar a punição. A cena foi dramática: todos se assustaram, correram para abraçar o pai e o marido, mas o gênio não mudou de ideia e arrancou o mercador dos braços de todos, jogou o pobre homem contra o chão, puxou uma espada curvada e preparou-se para desferir o golpe fatal...

Foi neste momento climático que algo inacreditável aconteceu: o primeiro raiar de sol anunciou um novo dia. Xerazade interrompeu a narrativa e disse "infelizmente vocês não vão saber o que aconteceu. É uma pena..."

O imperador foi pego de surpresa. Em um momento de desespero, pediu para que ela concluísse a história. Mas Xerazade insistiu que seria impossível, que um novo dia havia raiado e que ela tinha que seguir para o seu destino fatal.

Foi então que Xá Riar entendeu o plano das irmãs. Ele pensou um pouco e disse "vamos fazer o seguinte, só por hoje você não vai morrer, de noite você termina de contar a história e amanhã, no primeiro raiar de sol, eu mesmo matarei as duas."

Depois dessa primeira noite, seguem outras mil. Toda vez, quando algo muito importante está prestes a acontecer, vem o raiar do sol. Essa interrupção em um momento crítico da história é chamada de *cliffhanger*, que traduzido do inglês significa literalmente "pendurado no penhasco". Quantas vezes você não estava assistindo a um filme ou seriado, quando herói é derrubado de um helicóptero e tudo o que ele consegue fazer é agarrar-se com uma das mãos e eis que surge o vilão sorrindo para derrubá-lo de vez... e justo nessa hora entra o intervalo comercial? Pois é, isso é basicamente o que a Xerazade faz para conseguir mais um dia de vida. Para ela, dominar a habilidade do Storytelling é uma questão de vida e morte. Para sobreviver ela precisa contar histórias fabulosas com propósitos messiânicos de forma fantástica. Ela conta centenas de histórias como a do *Aladdin e a Lâmpada Maravilhosa*. Essa história é muito especial por ensinar tudo o que se precisa saber sobre Storytelling no mundo corporativo. É o que veremos a seguir.

2.3.1. UMA HISTÓRIA DENTRO DA OUTRA

Vamos começar com uma pequena pepita de ouro. Não chega a ser um pote de ouro, mas tem o seu valor. O que vamos revelar agora é o tipo de informação que sempre serve como munição para a mesa de bar. Pouca gente sabe, mas a história do Aladdin não é original das *Mil Noites e Uma Noites*. Ela foi adicionada pelo tradutor francês logo na primeira versão que chegou ao ocidente. Todo dia a Xerazade conta uma história e o tradutor julgou que algumas delas não eram tão boas assim, então ele substituiu por outros contos da cultura árabe. As duas substituições mais famosas foram *Aladdin* e *Ali Babá e os Quarenta Ladrões*. Além disso, o tradutor também tratou de "higienizar" as histórias. Muito do conteúdo original era dotado de preceitos que a cultura ocidental refutaria, como à ode ao islã e a crítica aos cristãos. O tradutor editou essas partes, tornando sua versão mais aceitável para o seu público. De lá para cá, a maior parte das traduções foram adaptadas dessa versão.

Considerando que a história do Aladdin não é originalmente narrada pela Xerazade, vamos falar da versão da Disney. A animação é de 1992, há mais de 20 anos, marcou uma época e é possível que você tenha assistido. Provavelmente você não deve se lembrar dos detalhes, então vamos relembrar.

Na versão da Disney, Aladdin é um menino de rua que rouba para viver. Apesar de fazer algo tão errado quanto roubar, tem um bom coração e, logo no começo do filme, depois de escapar dos policiais, se depara com duas crianças pequenas famintas e doa o pão roubado a eles. Por ter esse bom coração, o jovem acaba ganhando acesso a um lugar mágico que abriga a lâmpada maravilhosa. Ao esfregar a lâmpada ele liberta o gênio, que dá a boa notícia: todos os sonhos de Aladdin podem virar realidade. Ele só precisa seguir quatro regras.

Você se lembra das quatro regras para fazer os pedidos ao gênio da lâmpada? Pense um pouco, tente resgatar na memória... o que o gênio não faz? As respostas são as seguintes: o gênio não faz ninguém se apaixonar por ninguém — isso é papel do cupido —, o gênio não pode matar ninguém e nem o oposto disso, ou seja, não pode trazer ninguém dos mortos. Finalmente, existe um número limitado de desejos. Quantos são?

Teoricamente, o gênio concede três desejos. Só que na verdade são dois. O terceiro desejo é reservado para libertá-lo. Isso significa que ele estabelece uma espécie de contrato. Então, se algum dia você encontrar a lâmpada mágica, lembre-se que o nome dele dá uma dica: é gênio, não é burro. Se ao esfregar a lâmpada você pensar em pedir mais gênios, mais lâmpadas ou mais desejos, isso fará com que ele sequer se dê ao trabalho de aparecer. Mas se você for como o Aladdin e tiver um bom coração, e no seu coração estiver postado que você vai usar o último desejo para libertar o gênio, ele aparece. Aliás, aqui vale uma curiosidade, outra pequena pepita de ouro: você sabe como funciona uma lâmpada maravilhosa? Ao ter o bom coração, é preciso esfregar enquanto sussurra quais são os dois desejos e ao final dizer "e quando realizar, gênio, você estará liberto". Essa história de "quando realizar" tem a ver com o fato de que a Disney simplificou o processo. O gênio não só não aparece imediatamente na sua frente, como ele tem que trabalhar para realizar o desejo. Na prática, ele tem até um ano para realizar os dois desejos.

Depois de um ano, quando os desejos estiverem cumpridos, você vai encontrar o gênio liberto. Por exemplo, digamos que você tenha desejado viajar pelo mundo. Depois de um ano você estará em uma praia paradisíaca em Koh Rong ou Hululu

90 GUIA COMPLETO DO STORYTELLING

e, de repente, vai ver um redemoinho de vento se formando. Pronto, é o gênio que segue para sua liberdade!

Agora que você já sabe como acessar um dos segredos mais bem guardados da antiguidade, você sabe o que pediria para o gênio de dentro da lâmpada? O Aladdin ensina que quanto mais tempo você demorar para fazer o pedido, maiores são as chances de perder a chance. Ele demorou tanto para decidir que acabam roubando a lâmpada. Você sabe ao menos o que pediria como primeiro desejo?

Talvez o desejo de ser muito rico? Dar uma de Riquinho e ter um McDonald's dentro de casa? Enquanto você pensa, a gente conta um pouco mais sobre a lâmpada e o que ela representa. A lâmpada é um objeto que dá acesso ao gênio que, por sua vez, pode realizar desejos. No fim das contas, a lâmpada é uma metáfora e o tema dos desejos é um dos mais poderosos em **Storytelling**. Se personagens formam a engrenagem que movem as narrativas, os desejos são o combustível. Não é por acaso que tantas culturas no mundo possuem símbolos e códigos ligados ao tema do desejo. Seja o boneco Darumã que você pinta um olho e só pinta o outro quando consegue o desejo, seja uma fonte na qual você joga uma moeda, ou ainda o soprar da vela de aniversário e até mesmo a nossa boa e velha fitinha do Senhor do Bonfim.

Agora chegou a hora de você decidir sobre seus desejos. Vamos supor que você encontre a lâmpada maravilhosa ainda hoje! Bom, se ainda não decidiu o que pedir, responda apenas uma pergunta: você cogitou em usar um desses dois desejos para pedir o poder do Storytelling?

Caso você tenha pensado que isso seria gastar um desejo e, em vez disso, preferiria pedir algo como dinheiro, iates e viagens intermináveis, pense no filme *Endiabrado*. Apesar de parecer uma história bobinha, ela é uma releitura do *Fausto*, de Goethe, que por sua vez é uma interpretação do *Apócrifo*, de Teófilo de Adana. Ou seja, o mito por trás dessa história tem mais de um milênio e muita sabedoria. Na versão moderna de Hollywood, o protagonista de *Endiabrado* faz um pacto com o demônio: ele tem direito a sete desejos e, assim que todos forem realizados, ele deverá ir para o inferno. O primeiro pedido é ficar rico, muito rico! Muito rico e muito poderoso! Assim o demônio estala o dedo e o protagonista acorda na pele do chefe do narcotráfico colombiano. Por essas e por outras, dizem que, se você for fazer um pacto com o demônio, é bom contratar um ótimo advogado.

Ainda assim muita gente insiste em sonhar com fortunas infindáveis. Algo como se tornar tão rico como o Tio Patinhas, que tem um patrimônio estimado pela revista Forbes em nada menos do que 137 bilhões de dólares. Até soa como boa ideia pedir ao gênio para "ser o herdeiro do Tio Patinhas". Mas é preciso levar em conta que existem impostos sobre a fortuna herdada e a possibilidade de o governo confiscar as poupanças e contas bancárias, como já aconteceu em um passado recente do país.

Só que, por outro lado, a escritora J.K. Rowling, apenas com o poder do Storytelling — contar uma história fabulosa com propósito épico de forma fantástica — virou a mulher mais rica do Reino Unido, fez com que o ator Daniel Radcliffe se tornasse o jovem artista mais rico do mundo, e além disso fez com que a editora Bloomsbury se tornasse uma das empresas de maior sucesso na década, formou uma geração de leitores e incutiu a sua imaginação na mente de milhões de pessoas em todo o planeta. Caso o governo confisque a sua fortuna, basta que no dia seguinte ela publique a história dos pais do Harry Potter ou dos filhos do Harry Potter ou ainda a revisão da história — Harry Potter visto pelo ponto de vista de Draco Malfoy — e pronto, ela estará bilionária novamente, sem problemas.

O poder de contar bem uma boa história é como o Toque de Midas, mas com a vantagem de escolher o que você quer transformar em ouro. Por exemplo, J.K. Rowling consegue fazer com que folhas de papel valham mais do que qualquer joia. Quando olhamos os bilionários do mundo, alguns são grandes contadores de história como Steven Spielberg e George Lucas. Melhor do que pedir para ficar rico, dominar o poder do Storytelling é como obter uma mina de ouro, uma fábrica autorizada a imprimir dinheiro.

Mesmo sabendo do potencial bilionário das histórias, muita gente continuaria sem "gastar" um dos desejos com isso. Nesse caso, por achar que já sabe contar boas histórias. Afinal, costuma ser a estrela dos encontros com amigos. Entre uma cerveja e outra, todos riem de suas aventuras. Então, para avaliar se a pessoa domina a arte de contar bem uma boa história, nós sempre fazemos um teste muito rápido. Quando se conta bem uma boa história é possível adaptar a narrativa a qualquer tamanho e público. Quem domina o Storytelling conta uma história em uma saga de sete livros ou então resume a mesma história em duas ou três frases. Quer fazer o teste?

Em apenas uma frase, responda: do que trata a história do Aladdin? É uma história sobre o quê? Nada além de um simples musical da Disney? Não, não, podemos mais do que isso! Resgate da memória os principais acontecimentos. Por que tudo acontece? Seria uma história sobre a ambição do Jafar? Ou será que apesar de iniciar o ciclo, a história não é sobre ele? Já falamos da lâmpada, então talvez seja uma grande história de desejos. Quem sabe uma história sobre a busca pela liberdade? Afinal é isso que tanto o gênio quanto Jasmine desejam. Falando em Jasmine, é por culpa dela, ou melhor, do sentimento do Aladdin por ela, que toda a trama se descarrilha. Então seria uma bela história de amor? O que mais? Com quem Aladdin passa a maior parte do tempo? Podemos então dizer que se trata de uma história de amizade? Mas a amizade não é gratuita, existe uma missão a ser cumprida. Seria uma história de superação? Analisando os aspectos psicológicos dá para inferir que a grande busca de Aladdin é descobrir a importância de ser quem se é. Considerando a estrutura técnica, o grande clímax da narrativa é o duelo final entre Jafar e Aladdin. Aliás, essa cena demorou mais para ser escrita do que o restante do roteiro. Não foi fácil tirar o herói da situação que o vilão criou. Uma história do bem vencendo o mal? Talvez uma história de luta de classes e ascensão social, já que Aladdin começa pobre e fica rico? Uma jornada de auto-conhecimento? Afinal, ele fica o tempo inteiro tentando saber o que ele realmente deseja. Mapeamos todas as possibilidades? Já decidiu a sua resposta? Abaixo está a solução para a questão.

Na verdade não é nenhuma das opções acima. A versão da Disney do Aladdin é uma história de vendas! Sim! Exatamente isso. Toda narrativa define logo nos primeiros momentos do que ela vai tratar. Nesse caso, a narrativa começa no mercado de Agrabah com o mercador que tenta empurrar algumas tranqueiras para a audiência, até que, enfim, ele pesca uma lamparina e passa os próximos 90 minutos contando a história para vender uma lâmpada usada para a audiência.

Pela própria história do mercador, a lâmpada não tem mais nada de mágico. Aladdin liberta o gênio no final. Mesmo assim, ela não deixa de ser especial, já que agora tem uma história. Deixou de ser uma lâmpada qualquer.

O desenho animado da Disney, *Aladdin*, não passa de um conto de um vendedor, que tenta empurrar uma mercadoria para a audiência. O que ele faz é justamente contextualizar — e, assim, valorizar — uma lâmpada. Como define o experiente publicitário Robson Henriques, "Storytelling é não ter pressa para vender".

2.3.2. Uma história fora da outra

Depois do filme do Aladdin, a Disney aproveita e vende não só milhões de lâmpadas no mundo inteiro, como também réplicas dos personagens, do castelo e, claro, o licenciamento disso tudo para uso por outras empresas.

Apesar de Aladdin ser uma grande história de vendas, esse filme não é o maior *case* de Storytelling da Disney. Vale ressaltar que Walt Disney é o maior *Storyteller* dos últimos tempos. Primeiro, em termos de reconhecimento, já que detém o maior número de indicações e contemplações do Oscar. Durante sua vida foram 59 indicações e 22 estatuetas. De quebra, ainda recebeu mais quatro Oscars honorários. Ele sabia contar uma história como ninguém.

Além de todo o reconhecimento e do fato de saber contar ótimas histórias, a Disney também entende todas as camadas invisíveis que existem por trás de uma boa narrativa e é capaz de extrair o máximo de cada história que se dispõe a contar.

De todas as histórias contadas pela Disney, adivinhe qual foi a de maior sucesso? Por mais incrível que pareça, não foi de princesa e sim de pirata. A princípio era apenas um filme feito para promover uma atração do parque. Só de bilheteria, *Piratas do Caribe* arrecadou acima de quatro bilhões de dólares e hoje é uma das franquias de maior sucesso dos cinemas, ajudando a levar milhares de pessoas à Disney todos os anos, além de reverter verdadeiras fortunas em licenciamento de produtos.

O que a Disney arrecadou nas bilheterias com *Piratas do Caribe* foi o suficiente para comprar as empresas LucasFilms e LucasArts. Por que a Disney investiu quatro bilhões de dólares para comprar essas empresas?

Algumas pessoas podem pensar que, na verdade, o grande *Storyteller* dessa história foi George Lucas, que embolsou uma grande fortuna. Mas uma rápida pesquisa no Google comprova que ele doou 100% do dinheiro para entidades filantrópicas ligadas à educação. Então voltamos à questão: a Disney sabia o que estava fazendo e qual era o seu plano?

Se a sua resposta for "adquirir talentos", pense novamente. Três meses após a efetivação da compra, a Disney fechou a LucasArts, demitiu cento e cinquenta pessoas e cancelou os projetos em andamento. Voltamos à questão: por que a Disney pagou bilhões para comprar a LucasFilms e, logo em seguida, fechar boa parte da empresa?

Se a resposta for "para acabar com a concorrência", tente de novo. Assim que a Disney fechou a LucasArts, os funcionários fizeram como outros que já haviam trabalhado lá e se organizaram em uma nova empresa. A nova empresa é chamada SoMa Play e promete seguir os passos da TellTales, que também foi formada por ex-funcionários da LucasArts e hoje é considerada a produtora de games mais revolucionária do mercado. Aliás, se você nunca jogou o game transmidiático de *The Walking Dead*, vale a pena experimentar. Em vez de se preocupar em matar zumbis, você vai ter uma missão muito mais difícil: tomar decisões morais que impactam o rumo da narrativa. Assim, voltamos à questão: o que queria a Disney ao desembolsar bilhões para comprar a LucasFilms?

Pois bem, tudo o que eles queriam eram as histórias de Star Wars e Indiana Jones. Quatro bilhões de dólares para adquirir um punhado de personagens. Foi como se a Disney dissesse: "eu quero essa história e o resto eu faço. Pode deixar, que vou contar do meu jeito." Ela não comprou nenhuma fábrica, ela não reteve boa parte dos talentos, ela só viu valor em algumas dúzias de personagens. Pode parecer loucura, mas a Disney vai saber fazer essas histórias renderem.

Walt Disney não está mais aqui, mas seu legado continua. Hoje, se alguém conta história melhor do que a Disney, eles vão lá e compram: além de Star Wars e Indiana Jones, a Disney adquiriu a Marvel, nos quadrinhos, a Pixar, nas animações, e a Makers Studio, no Youtube. É um monopólio da Cultura Pop mundial. Das vinte maiores bilheterias de todos os tempos, oito pertencem à Disney. Não existe uma criança no mundo que não conheça ao menos um de seus personagens e isso representa um grande poder de influência.

Para a Disney, uma narrativa não é um simples produto de entretenimento. A Disney enxerga além. Ela sabe que as histórias são a maior e mais poderosa ferramenta de vendas. Já para Xerazade, é uma questão de sobrevivência.

2.4. MORAL DAS 'MIL E UMA NOITES'

> "Você pode contar um conto que consiga habitar a alma de alguém e, assim, se tornar o sangue dessa pessoa e até o seu propósito. O conto em questão irá mover e direcionar essa pessoa e, quem sabe, até mesmo o que ela será capaz de fazer por causa disso, por conta das palavras do seu conto. Este é o seu papel, seu dom."
>
> — *Erin Morgenstern, artista multimídia, no livro O Circo da Noite.*

Bom, e no final das *Mil e Uma Noites*? O que acontece?

Antes de seguir na narrativa, vamos retomar os fundamentos: a história das *Mil e Uma Noites* tem um protagonista, que não é a Xerazade, porque não é ela quem se transforma. A transformação começa quando um dos irmãos convida o outro para uma jornada e isso faz com que o irmão mais novo descubra algo que não deveria. A partir daí se desencadeia uma série de acontecimentos que culminam em uma onda de assassinatos em série. Até que uma sábia garota chamada Xerazade desenvolve um plano. O aprendizado vem aos poucos, pelas histórias de Xerazade. O significado da história é "traição versus confiança". A verdade humana é a dor que dois irmãos muito poderosos compartilham.

Xerazade não perdeu tempo. A cada noite ela escolheu contar uma história estratégica capaz de ensinar lições importantes como "matar é errado" e "nem todas as mulheres são iguais". Com o passar do tempo, até o irmão mais novo, Xá Zanam, juntou-se às sessões noturnas.

Xá Riar e Xerazade passam a ter uma vida de casados e em uma dessas noites ela conta a história de que engravidou. Com a chegada do filho o imperador vai ficando manso, manso, manso.

A nossa heroína continua contando histórias muito bem escolhidas para mostrar por outros pontos de vista os impactos de toda a maldade que o imperador estava fazendo com seu povo. Ainda assim, Xerazade tinha que continuar a contar suas histórias para garantir mais um dia de vida atrás do outro.

Depois de mil noites Xerazade diz que não tem mais histórias para contar. Todos ficam atônitos com a notícia, agora já estavam viciados nessa rotina. O imperador diz que vai pensar nisso e na próxima noite dirá qual será o seu destino. O dia foi de ansiedade para todos e, à noite, para alegria geral da nação, Xá Riar disse que ela continuaria viva. O milagre estava feito.

Contando apenas com o poder do Storytelling, Xerazade conseguiu realizar seis feitos aparentemente impossíveis. Em primeiro lugar, ela curou o coração do imperador. Com isso, ela também encerrou a onda de assassinatos. Ela passou a ser a imperatriz de fato. Ainda de quebra arranjou um partidão para a irmã mais nova, já que ela ficava ouvindo as histórias ao lado do irmão mais novo do imperador e foi inevitável que os dois se apaixonassem. Finalmente, ela ainda conseguiu fazer com que seu pai fosse promovido. Por se apaixonar pela Duniazade, Xá Zanam renunciou ao trono de Samarcanda, que foi entregue ao vizir como reconhecimento de sua lealdade. E assim temos um final perfeitamente feliz.

MORAL DA HISTÓRIA

Uma bola de vôlei fez as pessoas chorarem no cinema contando uma boa história, a cerveja chegou até os dias de hoje, Aladdin conseguiu casar com a princesa, a Disney é uma indústria multibilionária e o mercador teria vendido a lâmpada para a sua audiência. Enfim, quem sabe contar histórias com maestria não precisa saber mais nada nessa vida.

Um excelente storyteller pode simplesmente viver de contar suas histórias. E viver muito bem, diga-se de passagem. Veja o caso de George Lucas que ficou bilionário com meia dúzia de boas histórias. Ou o caso de J.K. Rowling que com apenas uma história se tornou a mulher mais rica de toda a Inglaterra, tornou um jovem o mais rico do Reino Unido, a editora de maior sucesso e ainda contribuiu com o mundo ao formar uma geração de leitores.

Se esses exemplos parecem distantes, pense em Paulo Coelho, escritor brasileiro que hoje vive em um castelo somente por ter colocado no papel histórias capazes de engajar milhões de pessoas em todo o planeta. Faça como os grandes storytellers e deseje o poder de contar de forma fantástica uma história fabulosa com propósitos épicos.

Capítulo 3

BENEFÍCIOS DO STORYTELLING

"Para os meus leitores um incêndio em um porão em um bairro latino é mais crucial do que uma revolução em Madri."

— Hippolyte de Villemessant, dono do Le Figaro, o jornal mais antigo e ainda publicado na França, em 1860.

A frase acima, dita por um dos maiores editores da história da França, mostra como um acontecimento pequeno pode crescer aos olhos do leitor de uma história. O que existe de tão especial no Storytelling que gera esse fascínio? O que mais acontece com quem presta atenção em histórias fabulosas com propósitos messiânicos contadas de forma fantástica? Essas são algumas das muitas perguntas a serem respondidas ao longo deste capítulo.

3.1. BENEFÍCIOS INERENTES

Os benefícios inerentes são aqueles fornecidos por qualquer história, variando em maior ou menor escala, de acordo com a qualidade da narrativa.

A. CATIVAR A ATENÇÃO, OU SEJA, ENTRETER

Atrair e manter a atenção pode parecer simples, sem muita importância ou valor, mas o fato é que, nas últimas décadas, o poder de concentração tem se tornado mais difícil de controlar. Uma empresa pode pagar pelo tempo do funcionário dentro de um auditório, mas não tem como pagar por sua atenção lá dentro.

Da mesma maneira, uma empresa pode pagar fortunas para colocar uma mensagem diante dos olhos de milhões de pessoas em um intervalo de final de Copa do Mundo, mas não tem nenhuma garantia de atenção dessa audiência, que pode ter aproveitado a pausa e levantado do sofá para fazer pipoca ou ir ao banheiro.

A nossa própria atenção é muito mais arredia do que gostaríamos. Quantas vezes você não reiniciou a leitura de um parágrafo ao se dar conta que os olhos avançavam no texto enquanto a mente fugia para outras direções? Nesses casos, a atenção simplesmente não acompanhou o esforço que os olhos dedicaram à leitura. Esse fenômeno é comum em histórias mal contadas e fica ainda mais evidente em reuniões e palestras entediantes, quando até mesmo a boca se rebela e não consegue conter o bocejo.

Uma história bem contada captura a atenção de forma irrestrita: desligamos o celular ao entrar na sala de cinema. Esquecemo-nos dos problemas da vida ao abrir um livro. Perdemos a noção da hora ao ouvir os *causos* do amigo viajante. Quando consumimos boas histórias estamos todos atentos.

Esse efeito pode ser notado, inclusive, na linguagem corporal de quem está atento. No cinema as pessoas riem em sincronia ou, dependendo do filme, todos saem com os olhos marejados. Caso alguém tenha observado as pessoas em vez do filme, teria reparado que os corpos se inclinam na direção da tela nos momentos de tensão e depois relaxam contra a poltrona. Jamais os braços se cruzam. Por outro lado, sempre que alguém tenta nos vender alguma coisa, esse gesto é a primeira coisa que fazemos como forma de defesa, ainda que inconsciente.

B. Despertar a imaginação

Quase toda informação da humanidade está, literalmente, na palma da mão. Isso é ótimo, mas tem um preço. Tantas fontes, dados e conhecimentos têm nos tornado dispersos, céticos e, até mesmo, preguiçosos. Na primeira dúvida não tentamos refletir possibilidades. É mais fácil recorrer aos buscadores. Um duro golpe à abstração, à imaginação e aos conteúdos mais longos. Um trecho do filme *Em Busca da Terra do Nunca* ilustra esse ponto, quando o escritor está no parque brincando de faz de conta com uma criança pouco imaginativa:

"E agora... eu quero que vocês prestem uma atenção especial aos dentes. Alguns treinadores inescrupulosos vão mostrar um urso com os dentes arrancados, enquanto outros covardes vão forçar uma focinheira no animal. Somente um verdadeiro mestre tentaria os truques a seguir sem nenhuma medida de segurança."

"Por que você me trouxe aqui? Isso é um absurdo! Ele é somente um cachorro."

"Somente um cachorro?" 'Somente!?' Porthos, não dê ouvidos a ele. Porthos sonha em ser um urso e você quer destruir esse sonho dizendo que ele é 'somente um cachorro'? Que frase mais horrível e mais sem graça. É como dizer 'ele não pode escalar aquela montanha, ele é somente um homem'. Ou 'isso não é um diamante, somente uma rocha'. Somente..."

O lado bom desse problema é que também vivemos a oportunidade ideal para o resgate da imaginação. Estamos carentes de imagens oníricas. Vamos ao cinema e, durante a exibição dos filmes publicitários, assistimos a argumentos racionais. As propagandas insistem em provar que vale a pena comprar logo, para aproveitar que está mais barato. Felizmente as luzes se apagam e começa o filme artístico, aquele pelo qual você pagou para ver.

Quem está atento vai mergulhar na história e imaginar que está em um outro lugar, fazendo outras coisas, sendo uma outra pessoa. Talvez astronauta, ou então detetive, quem sabe até um fora da lei. Não tem problema. No reino do faz de conta tudo é permitido. O apagar das luzes no cinema é como fechar os olhos e começar a imaginar. Quem está atento pode até mesmo ser transportado para outro mundo. Qual fã de Harry Potter não trocaria um diploma de Harvard por um de Hogwarts em um piscar de olhos?

Mais do que despertar a imaginação, uma boa história é capaz de transmitir pensamentos de forma quase telepática. As narrativas permitem que o autor e todos aqueles que estão atentos à narrativa compartilhem pensamentos e sonhos.

Se por um lado a sociedade está realista e racional, por outro ela implora por mais imaginação. Aqueles que atendem a esse pedido são muito bem recompensados.

C. Facilitar a aceitação de mensagens

Uma informação transmitida de forma direta e imperativa interrompe o que quer que o receptor esteja fazendo e, assim, aumenta a sua resistência com relação à mensagem. Ele pode ficar cético, irritado ou simplesmente desinteressado. Em contrapartida, a comunicação indireta — aquela que envia mensagens contextualizadas — tende a receber menor resistência por parte do receptor.

Storytelling tem a capacidade de criar uma situação em que o receptor fique interessado e com sua atenção plenamente voltada para a mensagem. O mecanismo das narrativas faz com que atuem como um espelho da vida. Ao expor a intimidade das personagens, a narrativa sugestiona quem estiver atento a se imaginar no lugar dos protagonistas.

A metáfora para ilustrar este benefício é que as mensagens transmitidas de forma direta e tradicional assemelham-se a um discurso protocolar de dois vizinhos desconhecidos em um elevador, enquanto as histórias são como um bate-papo no sofá, na empolgação da mesa do bar ou no repouso da pausa para o café. O primeiro caso é rápido, formal e pontual, em contraste ao estilo mais íntimo e aprofundado das histórias.

Vamos ilustrar esse ponto com a história de um colega de universidade. Pouco tempo atrás um professor confidenciou uma sensação muito peculiar que tem toda vez que lê livros técnicos. Durante a leitura, ele sente sua atenção direcionada a certas coisas. Conforme os olhos percorrem as palavras, ele sente o impacto do negro das letras e vai sendo levado na corrente de formatos de cada frase. Subitamente, fica ciente do contraste com o branco do papel ou da tela. É nesse momento que ele sente entre os dedos a textura e o peso do livro ou do dispositivo. Então repara em seu corpo, em como os dedos fazem parte da mão e como a mão está conectada ao braço e que está na hora de arrumar a postura... e aí se dá conta da expansão do peito em sincronia com o ar que entra e sai pelo nariz.

O que aconteceu enquanto você estava lendo esse texto? Mesmo não estando ao seu lado, sabemos que você começou a notar as coisas de que estávamos falando: o escuro das letras, o brilho da tela e a textura do mouse assim como arrumou a postura e atentou à respiração.

PULO DO GATO

Em nenhum momento sugerimos que você atentasse a essas coisas. Não chegamos a sugestionar, já que não avisamos de antemão que você passaria por essa experiência. Sequer direcionamos um comando (ah, os verbos imperativos da publicidade). Isso tudo teria causado uma imensa resistência da sua parte. Ao invés disso, nós demos de presente uma vivência como parte da história, contando sobre a experiência de outra pessoa.

POTE DE OURO

A única forma de entender alguma coisa conforme você lê ou ouve é tendo um pouco de experiência por conta própria. Uma história conduz esse processo e, sem resistência, você começa a vivenciar o que o autor propõe. Assim que começou a prestar atenção na narrativa, você se dispôs a aceitar sugestões do autor. Isso é imprescindível para que as palavras façam sentido e para que a sua experiência emocional seja completa. Cientificamente falando, a única forma de compreender aquilo pelo que a personagem da história passou seria utilizar seus neurônios espelhos e vivenciar junto com ela ao longo da narrativa.

D. Garantir Relevância Por Meio do Contexto

Apesar de cativar a atenção e promover experiências particulares para quem está atento, nada impediria que as pessoas simplesmente esquecessem tudo aquilo que aconteceu pouco depois de sair do cinema ou terminar a leitura do livro. É aí que entra a importância do contexto.

Storytelling é uma simulação de uma realidade. Ao cativar a atenção, a narrativa provoca uma imersão que chega ao nível sensorial. Por ter uma estrutura aberta e simbólica, de conteúdos interpretáveis, é muito fácil para uma pessoa encaixar-se em uma história.

Este processo psicológico é chamado de "projeção". A pessoa que está atenta se projeta dentro de um personagem, algumas vezes torcendo por ele e outras se colocando no lugar dele. Sempre que estamos atentos a uma história compartilhamos o olhar e os sentimentos dos personagens. Para o bem ou para o mal. Vibramos juntos, mas também choramos em sintonia. Quando algo é muito importante para o protagonista, passa a ser muito importante para quem está atento.

Pense na sua história favorita. O que era importante para o protagonista? Você se identificou com esse sentimento?

Como não sabemos ao certo qual será a sua escolha, vamos analisar o filme que tem a maior chance de estar entre os seus favoritos. Partindo pela avaliação do maior site sobre filmes do mundo, o *Internet Movie Database* (www.imbd.com), encontramos que, entre todas as avaliações dos internautas, o filme mais bem pontuado de todos os tempos é *Um Sonho de Liberdade*. Vamos desconstruir e analisar a história para ver se encontramos o que faz esse filme ser tão querido pela audiência. Aliás, se você ainda não assistiu, dê uma pausa no livro, entre no Netflix e assista antes de prosseguir a leitura. Afinal, é impossível desmontar uma história sem gerar *spoilers*.

Para fazer a análise do filme *Um Sonho de Liberdade*, que tal uma rápida recapitulação? Na última cena, dois personagens se encontram em uma praia e se abraçam. FIM. Bom, podemos dizer que foi uma péssima recapitulação. Esse acontecimento final isolado não tem significado, por isso é preciso contextualizar.

O protagonista:

- tinha uma esposa infiel;
- foi acusado injustamente pela morte dela;

- foi condenado à prisão perpétua;
- foi enviado à Shawshank, uma das piores prisões;
- passa por torturas e explorações;
- possui uma amizade como seu único alívio.

No fim do filme ele escapa da prisão, consegue se vingar do diretor que o explorava e ainda dá instruções ao melhor amigo. Agora o reencontro tem motivos para ser emocionante. Essas justificativas são o contexto.

Existem outras formas de apresentar o contexto. Uma metáfora, por exemplo. Fazer uma mala pode ser algo chato e até mesmo burocrático, mas também pode ser um ato transcendental. A segunda opção talvez não soe verdadeira para um brasileiro, mas certamente será um fato para um cubano — que arruma seus pertences sem saber se vai voltar. Para o cubano, fazer a mala significa partir rumo ao desconhecido.

O contexto metafórico é fundamental para transmitir mensagens corporativas. Essa é a melhor forma de expressar as peculiaridades de uma marca. Mais adiante vamos estudar dois *cases*: Beauty Inside e As Filhas do Dodô. No primeiro caso, a Intel é uma marca de processadores, um chip que fica dentro dos computadores de outras marcas, fazendo com que seja difícil estabelecer uma identidade própria e a grande sacada do *case* foi justamente encontrar uma analogia que explicasse isso: uma pessoa que acorda todos os dias em um corpo diferente. Essa é a sensação metafórica de um chip Intel.

Uma experiência significativa de uma personagem passa a pertencer também aos atentos. Por isso, se a casa da personagem pegar fogo, com tudo o que mais amava sendo consumido pelas chamas em questão de minutos, você sabe o que isso significa e sofre junto. Exatamente o que acontece com os leitores de Hippolyte de Villemessant, citado na abertura do capítulo.

As narrativas publicitárias são excessivamente limpas. Falta um pouco de sujeira no para-brisa e o cheiro do asfalto. Falta o trânsito, a multa e o sinal fechado. O que sempre fica faltando no filme publicitário é o desdobramento, o detalhe peculiar, as histórias paralelas, enfim, a vida fora do carro. Na comunicação das marcas, falta justamente o contexto.

3.2. BENEFÍCIOS ESPECÍFICOS

As vantagens apresentadas a seguir são exclusivas a apenas alguns tipos de histórias. Normalmente, para se obter um benefício específico, é preciso que haja um foco em sua direção. Assim, o autor deve dedicar uma atenção especial durante a etapa de planejamento de criar e também no momento de contar a história.

A. Transmitir verossimilhança

> "O problema para todo escritor é credibilidade. Qualquer um pode escrever qualquer coisa, contanto que seja crível. (...) Alguns escritores se sentem obrigados a escrever histórias não sobre aquilo que gostariam, mas sobre aquilo que eles acham que deveriam querer. Isso acaba gerando um tipo de literatura calculada que não tem nada a ver com experiência ou intuição."
> — *Gabriel García Márquez em entrevista para The Paris Review.*

Verossimilhança não quer dizer que algo é verdadeiro, no sentido de ter sido baseado no mundo real. Quer dizer apenas que parece tão plausível que dá a sensação de ser real. Uma história baseada em fatos reais, quando mal contada, parece uma grande mentira. Quantas vezes você não ouviu algum colega relatando um acontecimento e se pegou pensando "até parece…". Por outro lado, se bem contada, mesmo uma grande fantasia pode conferir uma sensação de pura verdade.

Vamos contar o caso de um lugar muito especial. Shangri-La é um local arquetípico conhecido em todo o mundo. Há quem acredite que esse lugar paradisíaco realmente exista e fique situado nas montanhas do Himalaia, onde foi constituída uma utopia de convivência harmoniosa entre pessoas das mais diversas procedências. É dito que, nesse local, o tempo parece deter-se em ambiente de felicidade e saúde, de modo que os habitantes vivam durante algumas centenas de anos.

O mito de Shangri-La ganhou muita fama a partir de 1933 com a publicação do romance *Horizonte Perdido*, de James Hilton. Talvez não passe de uma criação ficcional, mas, no fim das contas, o lugar acabou existindo de verdade, ao menos na imaginação de milhões de pessoas. Depois do sucesso do romance, muitas cidades asiáticas clamaram ser a base para a história e até mudaram o nome para Shangri-La.

A conjuntura mundial era perfeita para aceitar a história. As pessoas queriam acreditar nela. Em um período entre Guerras Mundiais, logo após a grande queda da bolsa de Nova Iorque, as pessoas queriam acreditar que exista um lugar no mundo que possa servir como um refúgio. Lá é possível viver sem ler jornais e se preocupar com influências internacionais. Esse lugar é escondido, não é afetado por guerras e seus habitantes vivem por séculos sem envelhecer. Durante esse tempo, os habitantes podem se dedicar a estudar com grandes mestres e, assim, dominar a mais alta forma de arte. O problema é que, por mais que se queira acreditar nisso tudo, um lugar assim é bom demais para ser verdade.

Analisaremos a seguir a engenhosidade do autor para realizar a façanha de constituir um mito moderno a partir de uma aula de verossimilhança. O livro tem quase um século, mas vale avisar que teremos muitos *spoilers* a seguir. Uma alternativa seria ler a obra original e depois voltar aqui. Do contrário, você vai perder a primeira experiência, o ineditismo, que mantém a atenção presa pela curiosidade de querer saber o que acontece a seguir. Mesmo assim, as boas histórias são feitas para serem consumidas mais de uma vez. Cada qual tem um efeito diferente. A partir da segunda, começamos a analisar com maior profundidade os significados, a temática, a dinâmica social entre as personagens, e assim por diante.

O livro *Horizonte Perdido* começa narrado em primeira pessoa, puxando o leitor para a história por meio de uma emoção conhecida por muitas pessoas: "Os cigarros já eram bitucas quando começamos a ter uma amostra da desilusão que normalmente aflige antigos colegas de escola que se reencontraram como homens-feitos e se descobriram com menos em comum do que estavam acreditando".

O primeiro parágrafo estabelece uma conexão real do ponto de vista emocional. É o que falamos sobre verdade humana. A partir daí o narrador apresenta quem são os velhos amigos: um escritor, um diplomata e ele próprio, um neurologista. Os três estavam em desacordo por culpa do diplomata, até que recebem a visita de um novo membro, um aviador. O jovem que acaba de chegar traz uma nova dinâmica à conversa por ser energético e entusiasmado, e deixa escapar um comentário confidencial sobre um incidente em Baskul.

Para alívio de todos, o diplomata deixa a mesa, e então o escritor aproveita para pedir mais detalhes ao jovem aviador, que narra a saga do sequestro de um avião durante uma evacuação civil. Tudo ocorreu graças a um disfarce simples: um homem bem-vestido conseguiu enganar a todos e, no meio do caos, tomou o controle de um avião pequeno, com alguns passageiros. O jovem aviador acredita que o avião tenha caído nas colinas do Himalaia.

O escritor pergunta se, por acaso, um tal de Conway estava no avião — o que surpreende o aviador. O jovem confirma a presença do "glorioso" Conway no avião e explica que o fato não foi parar nos jornais por se tratar de um assunto confidencial, e que ele já havia falado mais do que deveria. O diplomata retorna à mesa, repreende o jovem e depois todos comentam sobre Conway, apresentando diversos aspectos do personagem, uma espécie de herói cuja nossa civilização atual não é mais capaz de cultivar.

Enfim, o jantar chega ao fim. O escritor revela que leu o livro técnico publicado pelo neurologista e o convida para um coquetel para falar sobre Conway. Ao chegarem ao hotel do escritor, ele conta que já havia ouvido a história de Baskul — só que em um contexto muito mais fantástico — e que, a princípio, havia praticamente duvidado... mas o fato é que Conway estava vivo!

O escritor narra que, enquanto viajava pela China, conheceu uma missionária francesa. Entre outras coisas ela contou o caso de um paciente que foi encontrado em trajes pobres e estado de amnésia, apesar de falar fluentemente francês e inglês, com refinado sotaque. A viagem para a missionária havia terminado e a dele teria seguido adiante, mas o trem quebrou na estação. O escritor aproveitou para visitar a missão. Depois de uma tarde de conversas com enfermeiras e médicos, foi visitar os pacientes. Quando encontrou com o paciente da amnésia, reconheceu Conway na hora.

Não houve recíproca. Isso fez o escritor mudar os planos de viagem e permaneceu com o paciente na tentativa de trazer-lhe memórias. Mas só o vigor físico foi recuperado. O escritor, então, decidiu levar Conway de volta à Inglaterra. Boa parte do trajeto foi via barco, onde restabeleceram laços e viveram uma situação inusitada: após a apresentação de um grande pianista, Conway se dirige ao piano e começa a tocar uma música que chama a atenção de todos, inclusive a do pianista que deixava o recinto. Ao ouvir a melodia, o pianista retorna para indagar sobre a autoria: "de quem seria aquela música maravilhosa?"

Conway diz a princípio não se lembrar, mas em seguida diz que a música é de Chopin, o que é imediatamente negado pelo pianista. Por ser um dos maiores estudiosos do gênio, ele diz que conhece todas as criações do mestre. Cria-se um momento de tensão. Depois de algum silêncio, Conway se lembra que aprendera com um pupilo de Chopin e começa a tocar outra música igualmente impressionante. Após muita excitação, os dois se retiram.

Esse episódio musical traz à tona a memória de Conway, que a relata ao escritor quase como se estivesse em transe. Depois da confissão Conway foge do barco. Passados três meses, endereça um envelope ao escritor com dinheiro para cobrir as despesas e uma carta. Diz que está bem e que seguiria rumo a uma longa jornada ao nordeste de Banguecoque.

De volta ao quarto de hotel e o reencontro dos antigos amigos, o escritor revela ao neurologista que escreveu um manuscrito baseado nas confissões de Conway e entrega uma cópia ao narrador neurologista. A partir daí, passamos a ler o que viria a ser o manuscrito do escritor. No epílogo, neurologista e escritor se reencontram para arrematar a conversa.

James Hilton poderia ter apenas escrito o "manuscrito" do narrador. Em vez disso, para estabelecer a verossimilhança, o autor cria um sistema de múltiplos narradores. Cada qual contribui com uma pequena peça para compor um quadro maior: o neurologista, que traz o endosso científico, o aviador, que testemunhou o incidente do sequestro do avião, a missionária, que encontrou o paciente com amnésia, o pianista, que se impressionou com a melodia tocada por um desconhecido. Agora sim podemos acreditar nesse lugar bom demais para ser verdade.

O protagonista do livro é Conway, mas ele só aparece adiante na narrativa. James Hilton não é o único autor que deixa o mais importante para depois. Existem dezenas de exemplos, como o best-seller internacional *Os Homens que Não Amavam as Mulheres*, de Stieg Larsson. O título do livro em inglês é *The Girl With The Dragon Tattoo* — em português, *A Garota da Tatuagem de Dragão* — fazendo referência à protagonista, que sequer é citada no primeiro capítulo. Os autores guardam as informações para revelar em momento de impacto. A mesma lógica vale para a inserção de marcas e produtos dentro de narrativas. Elas não precisam aparecer logo de cara, em primeiro plano. Se a história for boa, você pode contar com a atenção das pessoas e deixar para "puxar o anzol" mais para frente, quando todos já tiverem se afeiçoado àquele universo. Do contrário, a verossimilhança é sufocada antes de ter qualquer chance de brotar.

B. Instruir sobre como o mundo funciona

"As histórias que animam nosso ambiente cultural possuem três funções distintas, apesar de relacionadas. As funções são (1) revelar como as coisas funcionam; (2) descrever como as coisas são; e (3) dizer o que fazer com relação a elas."

— *George Gerbner, jornalista, em artigo acadêmico.*

Vimos no capítulo anterior que o ato de contar histórias é pré-histórico. Justamente porque contávamos histórias antes mesmo de sermos capazes de registrar a História. Nessa época pré-histórica, a forma encontrada para preservar ideias e informações ao longo das gerações foi a contação de histórias: elas embrulhavam as ideias e informações em uma vestimenta interessante, capaz de prender a atenção tão intensamente que, ao final, a audiência passava a recontar a outras pessoas. E assim começaram a surgir causos, que viraram mitos, que se tornaram lendas e até mesmo religiões...

Técnicas de caçada para vencer leões e abater antílopes — que foram descobertas diante de sangue, suor e árdua experiência — eram ensinadas de geração para geração nas histórias ao redor das fogueiras. Muito além da função básica da linguagem, as histórias garantiram ao homem moderno a capacidade de não precisar "redescobrir" a roda a cada nova geração. E foi com uma história empilhada sobre outra que o conhecimento começou a se acumular.

As histórias compartilhadas pelas tribos fortaleciam identidades e, assim, eram capazes de agrupar cada vez mais membros. Desejos expressos em histórias poderiam ter lançado as sociedades em uma busca constante por condições mais confortáveis. Diferente da extinção dos neandertais que adaptavam seus corpos ao ambiente, a sobrevivência dos humanos modernos aconteceu quando passamos a adaptar o ambiente aos nossos sonhos. Passamos a contorcer e até a remodelar a realidade conforme contávamos nossas histórias.

Não nascemos com um manual de instruções do mundo, ou melhor, nascemos, mas ele vem em formato de histórias.

C. Dizer quem somos

"Quando encontramos alguém em um romance que nos faz lembrar a nós mesmos, o nosso primeiro desejo é que aquele personagem nos explique quem somos."

— *Orhan Pamuk, em discurso de recebimento do prêmio Nobel da Literatura.*

Alta madrugada e dentro do bar todos se amontoam, de pé, entre as mesas e o palco improvisado. Mesmo com o visível desconforto, quem está lá gosta e diz que é pela qualidade da banda e seu samba de raiz; mas talvez seja pelo ambiente que relembra a sensação de estar em um Centro Acadêmico Universitário ou então pelo deslumbrante janelão que vislumbra a rua (e o cemitério ao cruzá-la) que, inclusive, exibe agora uma movimentação estranha aos olhos mais atentos: dois carros mais negros que a própria madrugada e equipados com vidros igualmente escuros estacionam como se nada houvesse ali na frente, local demarcado como proibido pela prefeitura.

Desembarcam pessoas tão destoantes do ambiente quanto os próprios veículos, que rapidamente se deslocam das portas dos carros à do bar. Lá dentro, aqueles dotados de olhos atentos resolvem usar as mãos para avisar os mais distraídos; e muito rapidamente murmurinhos podem ser sentidos como um vírus se espalhando pelo salão, passando a se tornar uma massa de som, que concorre com a música, que cessa. Todo o barulho que preenchia o ar foi empurrado pelo silêncio para dentro de cada um dos presentes em forma de apreensão.

A tensão é quebrada pela voz familiar do vocalista da banda, que informa com entusiasmo:

"Senhoras e senhores, é com grande orgulho que, em nossa casa, temos hoje a presença de um rei!"

A história teria parado por aí, não fosse a presença de alguém que considero um grande (ainda que recente) amigo. Apesar de ter o apelido de "Chinês", ele é um verdadeiro cidadão do mundo, daqueles que já morou nos cinco continentes. Com o oportunismo de quem já viveu muitas histórias, resolveu tirar o máximo dessa quebra de rotina incendiando o arredor ao insuflar perguntas como "e aí, é rei mesmo?" sobre a curiosidade dos amigos. Motivado pela comoção que tomou conta do pessoal, foi então conversar com os funcionários do estabelecimento, dizendo que "se fosse verdade pagaria uma pinga para o rei".

O funcionário falou com o segurança, que fez sinal para que o nosso amigo se aproximasse. Sim, eles falavam inglês; sim, era um rei africano e, não bastasse, estava acompanhado pelo seu filho e, sim, ele pagou uma dose de pinga para cada: o príncipe bicou a bebida como um pássaro diante de um lago, já o rei virou o copo como um errante quando encontra água. Mas o que mais impressionou nosso amigo não foi nada disso.

O que fez o nosso amigo tão vivido contar essa história foi o fato de que, quando a música voltou a tocar, rei e príncipe chacoalharam o esqueleto e nem o mais carrancudo dos seguranças ficou inerte: cada nota despertava pelo menos um ligeiro movimento de pés ou batucadas de mão sobre a mesa.

A conclusão óbvia é: não importa a posição social, o cargo, a região em que nasceu ou foi criado, somos todos incontrolavelmente tomados por uma boa melodia. Dançar está no sangue. O fato é que a mesma coisa que corre por nossas veias compele a entrar no ritmo da música e também nos faz contar e ouvir histórias. Ao contar uma história, revelamos um pouco daquilo que carregamos em nossa essência, daquilo em que acreditamos, daquilo que somos. Da mesma forma, quando nos projetamos em uma narrativa, ela nos afeta e nos transforma. Sempre que nos identificamos em uma história, ela ajuda a mostrar quem somos.

> Nossa identidade é como se fosse um acúmulo de histórias, nossas e dos outros. É de nossa natureza brincar de decodificar falas e ações passeando pelos porquês por detrás das escolhas dos personagens, refletir sobre o intrínseco e, assim, ler as entrelinhas. E, a partir daí, estabelecer conexões com nosso próprio *background* produzindo conclusões.

D. Dizer quem não somos, mas poderíamos ser

"Um leitor vive mil vidas antes de morrer, o homem que nunca lê vive apenas uma."

— Jojen Reed, personagem fictício, em *A Dança dos Dragões*, de George R.R. Martin.

Por que assistimos a um filme em que o protagonista é um psicopata ou até mesmo um assassino em série, do tipo que pode entrar na casa de alguém, matar a família com requintes de crueldade e transformar os piores pesadelos de suas vítimas em realidade?

Parte do charme desse tipo de história cabe ao detetive, que costuma ser obsessivo e troca a vida pessoal pela profissional. Talvez não seja o seu gênero preferido, mas certamente você já viu algum filme assim. Vamos falar de um tipo específico desse gênero: aqueles em que a história é vivida pelo malfeitor em vez do detetive.

Mais do que filmes, esse gênero específico já invadiu os seriados e deu certo. Dois destaques são *Dexter* e *Hannibal*. Nesses casos, a narrativa proporciona que vejamos a sequência de fatos com os olhos do *serial killer*. Ele cometeu inúmeras atrocidades? Sim. Mas em algum momento vamos ver que também sofreu ao ver a mãe ser morta de formal brutal ou então viveu experiências horríveis em um orfanato, ou ainda é capaz que sofra de algum distúrbio mental e tenha dupla personalidade.

Ao entendermos a origem do mal, nós somos obrigados a nos colocar a pensar: se a nossa infância tivesse sido assim, será que não teríamos tomado atitudes muito parecidas? Será que podemos sentar em um trono no Olimpo e julgar o personagem depois de saber que, quando criança, ele viu a mãe ser despedaçada por uma gangue usando uma serra elétrica?

Independente do motivo que o levou a ser assim, não quer dizer que nós da audiência sejamos capazes de aprovar o que ele faz. Ainda assim somos capazes de entender o porquê de ele ser assim. Esse é o poder da empatia.

Algumas pessoas ficam preocupadas quando percebem que estão torcendo para o assassino em série conseguir serrar o próprio pulso e assim escapar da polícia. Ficam ainda mais preocupadas quando percebem que comemoraram quando o policial morreu pouco antes de conseguir desvendar a identidade do vilão. Por mais que não sejamos o malfeitor, estamos agora vivendo a vida dele.

É por isso que George R.R. Martin fez questão de destacar em um de seus livros que quem lê vive muitas vidas. Assim, uma história é capaz de tornar um assassino em série em grande herói. No caso de *Dexter*, foram oito anos em que milhões de pessoas torceram para que ele conseguisse planejar o próximo assassinato com sucesso.

Se ao acompanhar uma história sob o ponto de vista de um assassino sentimos uma certa simpatia, talvez até torcendo por ele, ao que mais uma história bem contada pode ser capaz de nos convencer?

E. Dar sentido e significado às coisas e aos ocorridos

"Ler ficção significa jogar um jogo através do qual somos capazes de dar um sentido à imensidão de coisas que aconteceram, estão acontecendo, ou vão acontecer no mundo real. Ao ler uma narrativa, escapamos da ansiedade que nos aflige sempre que tentamos dizer algo de verdadeiro sobre o mundo. Esta é a função mais reconfortante das narrativas."

— *Umberto Eco, escritor e bibliófilo, em afirmação feita na obra Seis Passeios Pelos Bosques da Ficção.*

Boas histórias alternam pontos de vista, mudam a perspectiva de quem está atento e, assim, alteram a sua percepção. Mas como isso parece um conceito complicado, vamos fazer um exercício rápido.

"Não matarás" é a pedra fundamental da vida em civilização, basicamente todas as religiões pregam essa conduta social.

Responda: você vive de acordo com o mandamento de "não matarás"?

Esperamos que a resposta imediata tenha sido "sim". Afinal, depois de um tópico falando sobre *serial killers*, é bom encontrar um pouco de paz.

Mas...

Se uma barata entrar voando pela janela, você vai deixá-la viver? Apesar de que um budista a manteria viva, para a maior parte das pessoas essa é a hora em que o "não matarás" acaba de forma tão brusca quanto uma chinelada.

Você pode vociferar que o teste anterior não valeu, já que quando falamos do "não matarás" da civilização, estamos falando de que não se deve matar outra pessoa. Foi esse "sim" que você respondeu.

Então vamos fazer um cenário rápido: você assistiu ao filme *Tropa de Elite*? Provavelmente sim. Se não viu, não perca tempo e veja. É o filme nacional de maior sucesso.

Você vai assumir o papel do Capitão Nascimento. Você é o capitão do BOPE e acaba de receber uma ligação urgente. Uma denúncia feita por um vizinho de uma escola infantil. Parece que algo de terrível está para acontecer por lá.

Você e um atirador de elite sobem no topo de um prédio vizinho à escola. O atirador de elite mira na direção da janela onde a comoção está ocorrendo e relata: "no canto está encurralado um grupo de crianças de três a seis anos. Consigo ver que mais próximo à janela existe um adulto. Vejo apenas o rosto. É um homem com cerca de sessenta anos, andando de um lado para o outro. Ele está transpirando, transtornado. Ele acaba de levantar uma mão, segurando um objeto que parece uma granada. Ele ainda não puxou o pino."

Você é o Capitão Nascimento, você não puxa o gatilho. Você dá a ordem. O que você tem que fazer é falar "faca na caveira" ou "não matarás". Qual será a sua decisão? O atirador de elite retoma o relato:

"Capitão, o elemento está cada vez mais agitado, suando, indo cada vez mais na direção das crianças." O seu instinto de Capitão Nascimento diz que uma tragédia está prestes a acontecer. E então, Capitão, o que vai ser, "não matarás" ou "faca na caveira"? O atirador de elite retoma o relato:

"Atenção, Capitão! Não sei como isso aconteceu, como ela foi parar lá, mas reconheci um dos rostos... é a sua criança!" Você não tem como confirmar a informação, mas tem que decidir logo. O atirador de elite quase grita:

"Capitão, acho que o meliante vai puxar o pino da granada!" E agora, você sustenta o "não matarás" ou muda a sua filosofia de vida para "faca na caveira"?

Se você disse "faca na caveira", acaba de cometer um grande engano. O homem com a granada é um professor de história que está falando para crianças dos horrores da segunda guerra mundial que ele viveu. Ele espera que, com essa história, a nova geração evite que isso volte a acontecer. O *serial killer* é o atirador de elite, que mata contadores de histórias. Tragédia.

Mas também é possível alterar a história e dizer que se você disse "não matarás", cometeu um grande erro. O homem tinha uma granada da guerra e, ao puxar o pino, colocou parte da escola pelos ares. Foi a maior tragédia da história brasileira e o pior é saber que uma das crianças era genial e estava predestinada a encontrar a cura para o câncer e para a AIDS!

Pois esse é o poder do Storytelling. A gente poderia ficar o restante do livro brincando do que é certo e do que é errado, porque tudo é relativo. Cada nova informação muda o contexto e, mudando o contexto, você muda a história inteira. Do ponto de vista de Storytelling não existe certo e errado, tudo será sempre relativo.

Diz o ditado que contra fatos não há argumentos, mas contra fatos há histórias. Fato não diz nada sem contexto.

F. Gerar uma cultura de fãs

> "Este garoto será famoso, uma lenda. Eu não me surpreenderia se hoje for conhecido como o Dia do Harry Potter no futuro. Haverá livros escritos sobre Harry e todas as crianças no nosso mundo saberão o seu nome."
>
> — *Professora Minerva McGonagall, personagem ficcional da saga Harry Potter, profetizando algo tão mágico que virou verdade no mundo real.*

Boas histórias têm o poder de conferir notoriedade. Todos os personagens, lugares e objetos de uma boa história ficam famosos para os fãs.

Não só pela quantidade de vezes que o elemento é repetido durante o decorrer da trama, mas da forma como ele aparece em momentos marcantes. Você pode não saber quem é o seu vizinho, mas sabe quem é Peter Parker, um fotojornalista que, na verdade, é o Homem-Aranha. Sabe também o que significam essas quatro letras "BOND" e seria capaz de completar a frase "BOND,...".

Não apenas os personagens ficam famosos, até frases podem vir a se tornar gírias. "Meu nome não é Dadinho, meu nome é Zé Pequeno!" "Xerife, o senhor é um fanfarrão!" "Você não sabe nada, Jon Snow."

Em uma história, mais importante do que "estrelar" a marca patrocinadora, é pensar em como os personagens vão interagir com os produtos da marca. De que jeito especial vão usar aqueles objetos. De que forma as marcas — estejam elas nas jaquetas do roqueiro ou na embalagem do leite consumido pela família — vão ajudar a definir a personalidade de cada personagem. Assim, para os fãs da história, os personagens vão endossar com muito mais autenticidade do que qualquer outra celebridade que poderia ser contratada pela marca em um comercial tradicional. O segredo é que as marcas estarão no contexto mais íntimo e pessoal.

3.3. BENEFÍCIOS NA PRÁTICA CORPORATIVA

São os benefícios anteriores aplicados à realidade dos negócios. Vamos falar mais sobre esse enfoque a partir do quinto capítulo.

A. OTIMIZAR A GESTÃO E APRESENTAR O CONHECIMENTO

"Nós somos nossas histórias. Comprimimos anos de experiências, visões e emoções em algumas narrativas compactas que contamos aos outros e a nós mesmos."
— Daniel Pink, autor, em afirmação no livro A Whole New Mind.

Basta que um livro, filme ou seriado faça sucesso para que diversos especialistas analisem as vertentes: a filosofia por trás da história; a moda e o comportamento da época; as técnicas de vendas e o que os executivos podem aprender com o protagonista; os personagens no divã e a esfera psicológica; as interpretações mitológicas e simbólicas; o papel das organizações; o desmembramento do sistema político e econômico do universo retratado e assim por diante. São dezenas de análises que demonstram que toda história é capaz de aglutinar e organizar toneladas de informações de forma coesa e fácil de ser compreendida.

Veja o caso do seriado *Mad Men*. Já foram publicados centenas de livros que discorrem sobre a série, como por exemplo: *Mad Men e a Filosofia*; *Mad Men Mad World*, que fala sobre sexo, política e o estilo dos anos 60; *Mad Men on the Couch*, que analisa a mente dos personagens; *Ultimate Guide to Mad Men*, publicado pelo jornal *The Guardian*; *Difficult Men*, que fala dos bastidores da produção; *Mad Men Yourself*, focado em desenvolvimento pessoal; *The Unofficial Mad Men Cookbook*, sobre as receitas de comidas e drinks do seriado; *The Real Mad Men*, sobre as práticas da propaganda; *Mad Women*, sobre o papel das mulheres a partir dos anos 60; enfim, esses são apenas alguns dos 3.878 resultados de busca que a Amazon revela para o termo "Mad Men".

Tudo o que precisaria de dez peças de comunicação com finalidades diferentes para ser transmitido — desde o comunicado do departamento de recursos humanos para os colaboradores até a mensagem do anúncio publicitário — pode ser orquestrado em uma única história.

B. Engajar múltiplos públicos

"Na próxima vez que você for ao estádio observe a quantidade de pais e avós que ficam longo tempo conversando com seus filhos e netos sobre os feitos do seu clube. Qualquer torcedor mirim, antes mesmo de saber escrever ou ler um texto,

já vai saber o nome dos grandes ídolos de seu time ou algum
fato importante do seu clube."

— *Humberto Perón, jornalista esportivo,*
em afirmação na Folha Online.

Da mesma forma que o exemplo do futebol apontado por Perón, essa característica de construção de conhecimento das histórias também é aplicável à comunicação empresarial. As narrativas entrelaçam a transmissão do conhecimento tácito da história com a emoção da demonstração explícita da vivência dos personagens.

Contar histórias é a chave para que a comunicação ultrapasse as barreiras entre departamentos. Afinal, já falamos que uma história como *As Mil e Uma Noites* ultrapassou barreiras culturais e, até mesmo, a barreira do tempo. Mesmo que a forma de interpretar as histórias possa variar de um indivíduo para outro, a ideia geral costuma ser compreendida por todos aqueles que prestam atenção. É por isso que as pessoas da sala de cinema riem juntas, no mesmo momento.

Além disso, uma única história pode gerar diversas narrativas. Deste modo, o autor pode ajustar a abordagem e a linguagem para cada perfil de público a ser engajado. Uma história bem pensada e articulada pode atuar cirurgicamente junto à visão de mundo e assim enquadrar-se perfeitamente ao padrão de pensamento de um determinado público de interesse. É possível combinar elementos de pessoas reais que possuam as características deste público no momento de criação de um personagem fictício da história.

É possível criar uma história que faça com que os colaboradores de uma determinada empresa fiquem cientes de uma campanha de prevenção contra álcool e drogas aumentando com isso o número de adesões. Em outro recorte, essa mesma história pode revelar aos consumidores informações sobre a consciência social da companhia e, assim, conquistar a simpatia deles.

C. Influenciar comportamentos de consumo

"Aonde chegam os nossos filmes, vão os nossos produtos, vai a nossa maneira de viver."

— *Atribuída ao ex-presidente dos Estados Unidos, Franklin Roosevelt, pelo escritor e cartunista brasileiro Millôr Fernandes.*

Confirmar a veracidade da frase acima é uma tarefa difícil. A década de 1930 ainda não contava com tantas vantagens tecnológicas e muito do que foi dito se perdeu. Ao pesquisar, encontramos que outra versão da mesma frase de Roosevelt teria sido "primeiro, nossos filmes, depois, nossos carros". O fato é que mesmo que as frases não tenham sido essas, tudo indica que o estadista realmente pensava dessa forma. Era um visionário. Mas, como veremos a seguir, a estratégia também funcionou contra o próprio país. Em plena Guerra Fria, o maior produto inimigo ganhou os Estados Unidos por meio de um filme.

Um russo estudou a história da vodca e adivinhe o que ele descobriu? No livro *História da Vodca*, William Pokhlióbkin explica que nos Estados Unidos a vodca foi destilada pela primeira vez na década de 1930. Mas o consumo era muito baixo e a bebida só veio a ganhar popularidade 30 anos depois, com o sucesso das tramas de James Bond. A partir de então, o país se tornou o segundo maior mercado mundial de vodca depois da Rússia.

Além de erguer uma categoria inteira, o mesmo James Bond também fez muito por uma marca específica. A redação do portal *Universo Online* publicou uma matéria sobre a fama repentina de uma vinícola francesa após o lançamento de um filme da série:

"Uma pequena vinícola francesa, da região de Bordeaux, se tornou famosa da noite para o dia depois de ser citada no novo filme do agente 007, *Casino Royale*. James Bond normalmente pede vodca martini, batido, não misturado, mas no novo filme, Daniel Craig fala exatamente o que o criador do superespião escreveu nos livros: 'Três medidas de Gordon (gin), uma de vodca, meia de Kina Lillet. Bata com gelo. Então adicione uma fatia fina de casca de limão'. Desde então, os produtores do Kina Lillet, um aperitivo cuja composição é 85% de uma mistura de vinhos e 15% de licor de frutas, vêm recebendo uma enxurrada de telefonemas e e-mails de fãs, curiosos para conhecer melhor o famoso coquetel e receitas de drinques feitas com ele."

Devido ao simples fato de ter sido inserida na trama, a bebida não apenas ganhou fama repentina por meio da repercussão, mas também entrará para o hall das bebidas imortalizadas.

Quem tentou absorver o sucesso etílico foi a marca Heineken, que investiu 45 milhões de dólares (mais de 100 milhões de reais) em 2012 para que o espião trocasse seu paladar e passasse a tomar cerveja no lugar de vodca. Diferente da vodca, que sempre tinha seu momento especial durante a formulação do tradicional martini, a cerveja aparece mais em segundo plano, durante as cenas de ação. A estratégia era fazer as pessoas associarem a marca com a sensação de adrenalina. Com isso a marca conseguiu falar com o jovem e também ajudou a expandir sua presença em mercados emergentes.

Não é só de espiões que vivem as bebidas alcoólicas. Que tal um escritor fracassado para promover um vinho? Pois é isso o que acontece na trama de *Sideways*, e o fabricante, Constellation Brand, teve um aumento de vendas de 147% nas 12 semanas seguintes à estreia. O mais interessante é acompanhar a preferência dada aos diferentes tipos de uvas após o filme. De acordo com o estudo da American Association of Wine Economics, de 1999 a 2004 as principais uvas dividiam o paladar nos Estados Unidos. O filme foi lançado em 2004 e fez uma grande apologia à uva Pinot Noir, que despontou na preferência e em 2007 já dobrou de preferência e aumentou de valor, enquanto que vinhos com a uva Merlot perderam valor. Esse fenômeno ganhou o nome de "Sideway Effect".

Não são só os filmes que popularizam os vinhos. A revista em quadrinhos *Gotas de Deus* (*Drops of God*) faz muito sucesso na Ásia e é lida por meio milhão de pessoas e conta a história de personagens em busca da taça perfeita. Com o sucesso veio a busca dos leitores por vinhos. Na Coreia do Sul a procura aumentou 70%.

Já que nesse tópico estamos falando tanto em bebidas alcoólicas, vale destacar o "efeito *Sex in the City*", que ajudou a reviver a moda dos drinks. Com o sucesso do seriado, a bebida cosmopolitan passou a ser item obrigatório nos cardápios de bares. A moda foi consolidada com o sucesso de *Mad Men*. Hoje em dia é comum ver bebidas coloridas espalhadas em mesas de restaurantes das grandes cidades.

Para fechar, vamos cortar o álcool. Que tal um café? Se você gosta da rede Starbucks, saiba que o grande responsável por você conhecer a marca foi o seriado *Friends*. A marca já tinha mais de 20 anos e apenas 165 filiais em 1992. Um ano após o lançamento da série a rede já tinha mais de mil filiais. Ao final da série, em 2004, a rede já havia superado 8 mil lojas em diversos países. Apesar de o seriado se passar na rede fictícia Central Perk, ajudou a mostrar um novo formato de cafeteria, alinhada à proposta da Starbucks.

O Brasil também tem grandes *cases* de influência de consumo a partir de histórias. Mas aqui, em vez de filmes, temos as novelas. Por exemplo a novela *Salve Jorge* situada, em parte, na Turquia. Logo na semana de estreia, as reservas de hotéis em Istambul subiram 66%. No ano seguinte o destino continuou aquecido para brasileiros, que aumentaram em 46% seu interesse. O impacto foi tão grande que levou comerciantes turcos a fazer aulas de português.

Conte uma boa história para vender mais, mais vezes, para mais pessoas e em mais ocasiões. Além do aumento de vendas, também é possível aumentar o valor, como veremos a seguir.

D. Agregar valor

> "Será que faz alguma diferença saber que o Porsche Cayenne, que custa 80 mil dólares, e o VW Touareg, de 36 mil dólares, são virtualmente o mesmo automóvel, produzidos na mesma fábrica? (...) Os fatos são irrelevantes. Na verdade, não importa se algo é melhor, mais rápido ou mais eficiente. Vale apenas aquilo em que o consumidor acredita. (...) As empresas lucram porque os consumidores compram aquilo que querem e não o que precisam. (...) Portanto, a pessoa conta uma história para si própria, uma história envolvente que explica como esta nova compra certamente atenderá suas mais profundas necessidades."
>
> — *Seth Godin, autor, no livro Todo Marketeiro É Mentiroso!*

Nada, por si só, tem valor. O valor quem atribui são as pessoas. Uma obra-prima de valor inestimável não passa de tinta ou outros corantes sobre uma tela. O valor atribuído a qualquer objeto aumenta na medida em que alguém aprende a apreciá-lo.

Podemos imaginar uma situação de um antropólogo visitando uma tribo indígena desprovida de contato com outras civilizações. Vamos supor que o destemido aventureiro ofereça ao cacique, como sinal de paz, dois presentes: o quadro *O Grito*, de Edvard Munch e um espelho. Qual dos dois o cacique escolheria? As histórias têm tudo a ver com isso.

As histórias ajudam na hora de atribuir o valor, não ao produto em si, mas ao que esperamos dele. Conforme explica o publicitário e colaborador do *Portal Exame*, Robson Henriques:

> "Não compramos batom. Compramos a promessa do beijo inesquecível.
> Não compramos imóveis. Compramos o sonho de um lar e uma família.

Não compramos planos de saúde. Compramos a tranquilidade de nunca precisar de um.

Não compramos um carro importado. Compramos a admiração dos olhares na rua.

Não compramos um anel de brilhantes. Compramos a esperança do amor eterno.

Não compramos uma garrafa de champanhe. Compramos a emoção de uma comemoração inesquecível."

Lembra do capítulo anterior? Não só o mercador do Aladdin vendeu a lâmpada no fim do filme, como ele ainda deve ter cobrado muito caro por um item tão raro e especial.

Além de vender mais, mais vezes, para mais pessoas e em mais ocasiões... uma boa história ajuda a vender por um valor maior. Com essa estratégia, o destino da marca/produto fica atrelada à sorte da própria narrativa. Quanto maior o sucesso da obra, maior o consumo da marca embarcada, como veremos a seguir.

E. Reduzir investimento de mídia

"Quando as pessoas passam por uma experiência poderosa de um filme, elas ficam desejosas de compartilhar o mais rápido possível. Elas querem agarrar seus amigos pelo braço e trazê-los ao cinema. Qualquer um quer ser a pessoa a trazer aos seus amigos a novidade de alguma coisa que valha a pena."

— James Cameron, roteirista e diretor dos filmes com as maiores bilheterias de Hollywood, Titanic e Avatar.

Uma boa história é capaz de se difundir sozinha, de pessoa em pessoa, indicação por indicação. Assim, o autor pode contar com a ajuda dos fãs para ter sua história espalhada aos quatro cantos. Isso significa que parte da mídia é a própria audiência.

Quem está aproveitando essa vertente são as agências asiáticas de publicidade, em especial as tailandesas. É muito comum ver circular nas redes sociais o link que leva ao YouTube para assistir a propagandas emotivas da região. Tem a história da conta do hospital que foi paga com uma canja e dois comprimidos para vender uma operadora de celulares, tem a história de pai e filho que vende uma marca de arroz, tem ainda as histórias do pai esforçado e do herói anônimo para vender seguro de vida. Todas essas alcançaram milhões de visualizações em questão de dias.

No Brasil, a estratégia está sendo muito utilizada pela agência Africa de propaganda para a operadora de telefonia Vivo, contando as histórias de músicas célebres da Música Popular Brasileira em videoclipes. Diferente de um anúncio tradicional que seria "pulado" pelo internauta, quanto mais a operadora investir em promover o videoclipe, mais pessoas vão compartilhar o vídeo.

MORAL DA HISTÓRIA

Quanto maior o sucesso da obra, maior o consumo da marca embarcada, então, invista em boas histórias e ganhe os dividendos da viralização do conteúdo.

F. Otimizar o potencial criativo

"Minha impressora imprimiu páginas em branco. Será que é a minha impressora que ficou sem tinta, ou será que sou eu que estou sem nada para dizer?"

— Jarod Kintz, autor independente, que incentiva que todas as pessoas escrevam.

Depois de muito tempo trabalhando com criação publicitária, qualquer projeto passa a ser repetitivo. Começa a ficar difícil para o profissional encontrar algo que entusiasme. A criatividade começa a ecoar as ideias de projetos passados, sem nada de muito especial. É aí que uma história pode fazer toda a diferença.

Imaginar um enredo ajuda a sair da página em branco. Mais do que ter uma "sacada", pensar em personagens, artefatos e lugares ficcionais pode ajudar a preencher lacunas criativas de um projeto.

Vamos supor um *briefing* fictício sobre uma bebida energética. Para se diferenciar das dezenas de concorrentes, essa bebida possui um corante verde natural. O marketing decidiu posicionar o produto como *premium*.

O *job* é criar um evento de lançamento. Um *briefing* assim é corriqueiro e inspira do profissional mais experiente um sentimento de "vou fazer logo para tirar da frente".

É nessa hora que intoxicar a criatividade com um enredo traz algo de diferente. Em vez de o *job* ser apenas um evento de lançamento qualquer, um *Storyteller* vai pensar que "esse não é um evento qualquer... é a festa de aniversário do Sir Juán Raldino, o colombiano que domina o comércio de esmeraldas e que resolveu fazer uma grande festa de aniversário no Brasil, em homenagem a um grande amigo brasileiro".

A partir daí, o *Storyteller* vai pensar que o protagonista colombiano precisa contratar o que há de bom e do melhor no mundo para fazer disso um acontecimento inesquecível... ele vai chegar no ponto de desenvolver a melhor bebida energética de todos os tempos!

Pronto, daí em diante criar se torna uma grande diversão... Quem é esse Juán? Quem é o seu amigo? O que ele precisa fazer para tornar seu aniversário uma festa inesquecível?

Apresentar ao cliente também vira um processo mais divertido. Aliás, dessa forma, o cliente pode participar do processo criativo, ajudando na concepção dos personagens e suas jornadas.

Finalmente, o último benefício do Storytelling é que, assim, é possível **reduzir o desperdício criativo**. O mesmo Juán Raldino e seus amigos podem ser usados em outras frentes de comunicação e podem gerar comunicação serializada. Em vez de uma campanha de comunicação, é possível fazer seriados e até novelas. Das próximas vezes não será mais preciso partir da página em branco.

ALERTA VERMELHO

Vale lembrar a importância da ética. Se a história for inventada, ela precisa ser apresentada como uma obra de ficção. Na dúvida, retorne ao primeiro capítulo.

MORAL DA HISTÓRIA

Storytelling tem o poder de relaxar a audiência e permitir enxergar um outro ponto de vista e, quem sabe, até talvez mudar uma opinião. As narrativas nos conectam a personagens de uma forma especial. Torcemos para os heróis como se eles fossem nossos amigos íntimos. Quem assistiu à animação Wall-E chorou por um robô ter seu chip queimado. Quem gosta de uma histó-

(continua)

(continuação)

ria recomenda para os amigos. Caso uma marca esteja embutida nessa história, pegará carona para se promover. Quem assistiu *Náufrago* chorou por uma bola de vôlei perdida no mar. Produtos e serviços representados por essas marcas podem aproveitar para realizar sugestões de consumo para alavancar as vendas. Assim se estabelece uma parceria entre as marcas, que podem ser promovidas, e os autores do conteúdo, que podem ganhar aliados importantes na realização de suas obras.

Capítulo 4

AS DIVERSAS APLICAÇÕES DE STORYTELLING

"Histórias são dados com alma."

— Brené Brown, professora doutora da Universidade de Houston que passou a se considerar Storyteller.

Se você ainda não conhece a fundação sem fins lucrativos TED, criada para a disseminação de ideias, vale a pena entrar e investir horas explorando os temas propostos. São centenas de pessoas brilhantes resumindo seus conhecimentos em, no máximo, 18 minutos. A citação acima foi dita em dessas palestras em 2010, intitulada "O Poder da Vulnerabilidade". Muito bem recebida, ultrapassou 18 milhões de visualizações, tornando a Doutora Brené Brown em autora best-seller internacional.

A palestra começa com Brené Brown contando um causo: "Pouco tempo atrás uma organizadora de eventos me ligou porque eu seria palestrante. Ela disse, 'Estou tendo dificuldades para escrever sobre você no folheto de divulgação.' E eu pensei, 'Bom, qual é o problema?' E ela disse, 'Bem, eu já vi sua palestra, e eu deveria te chamar de pesquisadora, mas estou com medo de que se te chamar de pesquisadora, ninguém vai aparecer porque vão achar que você é chata e irrelevante'".

Podemos ouvir os risos da plateia e Brené Brown continua: "Então a organizadora do evento disse, 'o que eu gostei sobre a sua palestra é que você conta histórias. Pois estou pensando em te chamar de Storyteller'".

A Doutora Brown afirma em seguida que seu lado inseguro ficou hesitante a adotar o título, pois ela era uma 'pesquisadora acadêmica séria'. Mas ela refletiu sobre a ideia. "Sou uma pesquisadora qualitativa. Eu coleciono histórias; é isso o que eu faço. Talvez histórias sejam dados com alma. E talvez eu seja uma storyteller".

A lógica da Doutora Brown pode ser aplicada em muitas áreas do saber. A partir do momento em que se treina o olhar, é possível encontrar Storytelling em qualquer disciplina: da música à arquitetura, da física à psicologia. Todo conhecimento humano é envolvido por narrativas que compõem grandes histórias.

Um dos autores deste livro resolveu investir em aprender Storytelling no momento em que percebeu que poderia aplicar tanto no seu emprego atual em agências, contando histórias para marcas, como talvez usar esse conhecimento para dar uma guinada na carreira e se tornar um romancista. Hoje, além das duas coisas, ainda dá aulas sobre o assunto e conta histórias para encantar sua sobrinha.

Saber controlar os significados das histórias e a dinâmica de suas narrativas torna-se uma habilidade valiosa, já que é multidisciplinar. No presente capítulo vamos analisar como Storytelling pode ser aplicado em diversas atividades humanas. Vale ressaltar que cada tópico poderia render um livro inteiro e por isso vamos focar na visão geral, ilustrada por alguns estudos de caso ou, como dizem alguns storytellers: 'estudos de causos'.

4.1. O QUE O STORYTELLING PODE FAZER POR UMA PESSOA

> "Esse é o poder de uma boa história. Ela pode te encorajar, pode te fazer rir, pode te trazer alegria. Ela vai te fazer pensar, vai tocar suas emoções mais escondidas, e vai te fazer chorar. O poder de uma história também pode curar, trazer paz e transformar a sua vida."
>
> *— Jeff Dixon, ministro religioso e autor de uma série de livros que se passam em Walt Disney World.*

De todas as aplicações possíveis de Storytelling, a mais direta é na vida pessoal. Contamos e ouvimos histórias todos os dias. Quanto melhor fizermos essas duas coisas, melhor será nossa capacidade de compreender e controlar o mundo ao nosso redor.

Todos nós tentamos contar histórias o tempo todo: para impressionar na paquera, justificar o atraso, entreter os amigos no bar, embalar o sono dos pequenos e em tantas outras ocasiões cotidianas. O problema é que nem todo mundo sabe como identificar a história mais adequada para falar em nome de outra pessoa ou de uma empresa. Uma parte desse problema pode ser solucionada com a expansão do repertório. Existem duas formas para fazer isso: consumindo mais obras narrativas, ou seja, indo mais ao cinema e ao teatro, recorrendo mais aos livros de ficção, lendo mais histórias em quadrinhos. No capítulo final deste livro temos uma sessão dedicada a indicações que enriquecerão o seu arcabouço.

A outra forma de expandir o repertório é prestando atenção às histórias que as pessoas podem nos contar. Ao embarcar em um táxi, depois de algum silêncio, é normal que o condutor tente puxar assunto. Afinal, ele passa o dia inteiro sozinho no carro e a cada corrida ele tem a chance de estabelecer algum tipo de conexão. Por hábito, é normal que o taxista tente puxar assunto com frases como: "Eita que rua esburacada, hein?". Uma pessoa comum pode responder com "pois é, e esse calor?" (ou 'frio' quando está frio). Mas um storyteller sabe que toda viagem de táxi é uma oportunidade, assim como qualquer interação com pessoas desconhecidas. Existem histórias escondidas e preciosas, esperando serem descobertas.

Diante da frase das ruas esburacadas, um storyteller vai estabelecer uma conexão usando algum tipo de metáfora, algo na linha de: "Pois é, meu caro, as ruas são como essa montanha-russa que insistimos em chamar de vida. Um dia está tudo ótimo e sorrimos o tempo todo e, de uma hora para outra, vem os buracos que nos levam aos gritos". Diante disso, o taxista percebe que essa não será uma conversa qualquer, é provável que ele concorde: "Sabe o que isso me lembra? Tempos atrás uma cliente executiva descobriu que estava sendo traída e pediu que eu seguisse o carro da frente, como se fosse coisa de cinema". O storyteller sabe fazer as perguntas certas, que revelam as confissões dos detalhes mais importantes da narrativa. Informação privilegiada e em primeira mão. Matéria-prima para uma história.

No fim da conversa, o taxista está curioso para saber quem é aquela pessoa que proporcionou uma conversa tão diferente. O storyteller não vai confundir a cabeça do taxista usando esse termo e, em vez disso, vai dizer que é escritor, autor ou mesmo roteirista. O taxista diz que nunca conheceu uma pessoa assim e que foi um prazer. O storyteller aproveita para fazer um último comentário, talvez uma moral da história ou então dizer "e você, meu caro taxista, me lembra um personagem do meu livro, sabia?". Pronto, a amizade está feita e o taxista comenta "Olha, tá aqui o meu cartão, se precisar é só ligar... e dessa vez a conversa foi tão boa que vou deixar pela metade do valor". A mesma lógica do taxista funciona com conversas de elevador e até com brincadeiras de crianças.

Colocar o filho para dormir pode ser um desafio para muitos pais. Mas não para aqueles que contam histórias. Os pais storytellers estão acostumados a verem seus filhos com aqueles olhos arregalados, que se recusam até mesmo a piscar, para evitar perder algum gesto importante do narrador. Até a respiração chega a ficar suspensa em alguns momentos, tamanha a emoção.

Falando em fortes emoções, todo storyteller também é um grande amante. É da natureza das histórias entender a natureza humana. E uma das coisas que todo storyteller aprende logo cedo é que todo e qualquer romance só existe se houver uma história bem contada para o casal. As boas histórias são únicas e fogem dos clichês. Elas são dignas de livros. Vira e mexe nos deparamos com notícias de alguém que fez um filme ou um livro para pedir seu amor em casamento.

O que você quer é o mesmo que a sua audiência quer. Seja a sua audiência composta por amigos, clientes, parentes ou consumidores, todos querem uma 'Senhora História', dessas que precisamos escrever com letra maiúscula. Pense nas histórias que você ouve nos corredores, no café, na mesa de jantar... Puxe da memória antes de ir para o próximo parágrafo.

Relembrou? Pois é, alguma dessas histórias são pautadas por acontecimentos bobos ou triviais? Ninguém vai perder tempo contando uma história bobinha. Mesmo dentro do mundo corporativo, somos humanos e adoramos as histórias FANTÁSTICAS.

Faz parte da nossa natureza brincar de decodificar falas e ações passeando pelos porquês por trás das escolhas das personagens, refletir sobre o intrínseco e assim ler as entrelinhas. E a partir daí, estabelecer conexões com nosso próprio *background* produzindo conclusões.

Acontece que para contar histórias fantásticas é preciso consumir muitas narrativas. Nem que seja para conhecer centenas de histórias que já foram contadas e partir para uma que seja inédita. Vale para o ambiente corporativo, sempre que comunicadores e colaboradores desejarem contar histórias em nome da empresa e suas marcas. O problema é que muita gente não dedica mais tempo às histórias por julgar que não tem esse tempo para perder, que é preciso fazer coisas mais importantes.

A boa notícia é que apesar de a maior parte das pessoas achar que não passa de entretenimento, o Storytelling traz muitos benefícios para quem está atento. Na Inglaterra, o jornal *The Guardian* noticiou que "Leitura de livros de ficção ajuda a adivinhar pensamentos". No Brasil, a revista *Veja* trouxe como matéria de capa "Os superpoderes da leitura — ler ficção cria bons estudantes, melhora a capacidade de relacionamento e ativa os lugares certos do cérebro". A *Revista Você S/A* chegou a afirmar que as histórias ensinam mais do que os livros técnicos, "Quer aprender a lidar com um colega carreirista ou um chefe que rouba suas ideias? Então feche o livro de gestão, ligue a TV e assista à série americana *House of Cards*".

Todo mundo tem seu formato preferido para consumir histórias. Alguns preferem ir ao cinema toda semana, outros não fecham o dia sem ver um episódio de seriado ou ler o capítulo de um livro. O ideal é expandir o paladar narrativo. Gosta de ler livros? Tente uma história em quadrinhos. Gosta de cinema? Tente fazer uma maratona com todos os clássicos que nunca viu. Gosta de videogame? Tente uma visita ao teatro.

Estudar e conhecer histórias nos torna melhor em tudo aquilo que já fazemos por natureza. No dia a dia, até as menores coisas como uma conversa no táxi ou o encontro com o vizinho no elevador pode se tornar um ponto alto do dia para quem é treinado em contar e ouvir histórias.

Quem conta um conto, aumenta o encanto. Mas para contar um bom conto, é preciso ouvir histórias em muitos cantos.

4.2. STORYTELLING NO JORNALISMO

"Todas as manhãs nos trazem notícias sobre o globo, e mesmo assim estamos carentes de histórias notáveis. Isso ocorre porque nenhum evento chega até nós sem ter sido antes marcado com explicações. Em outras palavras, agora, nada que acontece beneficia o Storytelling; quase tudo beneficia a informação. Na verdade, metade da arte do Storytelling corresponde a manter uma história livre de explicações enquanto reproduzida… as coisas mais extraordinárias, mais maravilhosas são narradas com o maior nível de precisão, mas a conexão psicológica dos eventos não é forçada ao leitor. É deixada para que ele decida interpretar as coisas da maneira que as entende, e, desse modo, a narrativa alcança uma amplitude que falta à informação."

— *Walter Benjamin, filósofo e crítico cultural alemão no ensaio Der Erzähler.*

No livro *A Morte e a Morte de Quincas Berros d'Água*, o escritor brasileiro Jorge Amado conta a história de um servidor público exemplar, que um dia chama a filha e a esposa de 'jararacas' e sai de casa para não voltar nem depois de morto. Vai morar nas ruas e lá se torna o rei dos vagabundos. No posfácio *A Vida e as Vidas de Quincas Berro d'Água* escrito pelo estudioso Affonso Romano de Sant'Anna, descobrimos que a história é real e havia sido noticiada nos jornais. "Com essa informação estou desmistificando o livro? Nunca. Mas estou sim tornando densa, intricada, rica e sedutora a relação entre ficção e realidade. Estou *remitificando* (em espanhol) a vida. Daí mostra-se legítimo perguntar: se a chamada realidade nos oferece inúmeras histórias, por que só o bom romancista consegue captá-las e dar-lhes uma dimensão universal e intemporal? O que há na escrita do autor que transforma em arte algo que era simplesmente um causo ou notícia de jornal?"

Affonso Romano Sant'Anna continua: "Estou implicitamente lembrando ao leitor aquela frase que volta e meia se ouve: 'minha vida daria um livro'. Lamento informar, mas não daria. Ou melhor, daria se ouvida e escrita por um romancista. (...) Um romance é, sobretudo, a forma como a história é narrada". Quando a notícia saiu no jornal quase ninguém deu importância. Mas, nas mãos de Jorge Amado foi um sucesso mundial traduzido para mais de 70 línguas. A boa história também está nas mãos de quem escreve. Para entender a diferença da escrita de Jorge Amado para o texto do jornalista, temos que voltar no tempo.

Durante o mais longo período da humanidade, as histórias eram contadas de pessoa para pessoa. A comunidade era definida por rituais e mitologias. Todo conhecimento útil era sintetizado em aforismos e lendas, provérbios e contos, encantamentos e cerimônias. Aqueles que eram capazes de propagar o conhecimento, os detentores da palavra, eram os que possuíam maior poder de uma tribo.

Mesmo com o surgimento da escrita, os textos tinham que ser reproduzidos manualmente e o conhecimento ficava restrito aos poucos que sabiam ler e escrever, conforme apontou um escriba do século 16: "aqueles que observam os códigos, aqueles que os recitam. Aqueles que os transformam em páginas de manuscritos ilustrados. Aqueles que possuem as tintas preta e vermelha e aquilo que é retratado; eles nos lideram, nos guiam e nos mostram o caminho".

Com a invenção da prensa móvel de Gutemberg em 1455, a palavra escrita se espalhou com mais facilidade e começou a dividir espaço com a falada. Ainda no século 15, os governantes e a Igreja atentaram-se ao poder dado aos difusores de informação e passaram a criar os primeiros jornais na Europa. Os veículos eram usados para disseminar propagandas políticas, sermões religiosos e notícias negativas sobre outros países ou governos. Depois da criação do primeiro jornal inglês, em 1608, foi uma questão de tempo até que a atividade de escrever com objetivos informativos migrasse para o novo continente.

Um dos primeiros a explorar essa profissão na América, John Campbell, lançou em 1704 o *Boston News-letter*, no qual as atividades governamentais britânicas cobriam a primeira página. O resto do conteúdo abrangia notícias sobre envios e recebimentos comerciais, itens governamentais, notícias locais da cidade de Boston e eventualmente sermões e discursos filosóficos. A maior fonte de notícia eram os jornais *The London Flying Post* e *London Gazette*. Campbell gradualmente foi perdendo leitores que consideravam seu conteúdo e escrita pouco interessantes, o que o obrigou a vender o jornal em 1722. Nessa época, metade dos jornais não sobrevivia por mais de dois anos. Podemos dizer que o jornalismo é uma atividade que já nasceu em meio à crise.

Décadas antes de ser coautor da declaração de independência dos Estados Unidos, o jornalista e inventor Benjamin Franklin tomou posse do *Pennsylvania Gazette*, transformando-o no melhor jornal de seu tempo, com o maior número de páginas e anúncios. O feito de Franklin não se deu por acaso. Além de dotar de exímia habilidade para perceber tendências, Benjamin foi capaz de, com o intuito de divertir o leitor, utilizar em sua narrativa fatores cômicos, chocantes e intrigantes, que o tornaram preferência perante o público. Discorria em suas colunas histórias de crimes, lei, atos da natureza e incidentes extraordinários.

No fim do século 19, com o aumento da população nas cidades, o número de jornais diários quadruplicou e as redações ficaram maiores. Teve início a guerra entre jornalistas para ver quem conseguiria emplacar a história na capa do jornal. Consequentemente os custos subiram e os anunciantes se tornaram mais fundamentais. David Sloan, professor da Michigan University, afirma que em 1830 a publicidade representava apenas 20% do faturamento de um jornal, mas que saltou para 44%

em 1879. A participação publicitária continuou crescendo e atingiu 55% no início do século 20.

O filme *Front Page*, de 1920, retrata esse cenário. A trama ilustra a competitividade entre jornalistas e a necessidade de veiculação imediata da notícia, contando a realidade de um grupo da imprensa que ainda descreviam suas matérias em forma de história, de modo a evocar emoções nos leitores. Durante o filme, os jornalistas priorizam tanto a concisão e rapidez de apuração dos acontecimentos quanto a maneira envolvente de contar a história, com o intuito de publicar em primeira mão a matéria da página inicial do jornal. Grandes nomes do jornalismo como Joseph Pulitzer fizeram parte dessa disputa. Para que os jornais lucrassem, foi diminuída a profundidade e aumentada a quantidade de matérias.

Nesse contexto de concorrência acirrada surge a estrutura jornalística da 'Pirâmide Invertida', que prega pela objetividade nas matérias. A começar pelo *lead* ou *lide*, que fornece as cinco respostas sobre a reportagem — "O quê?", "Quem?", "Quando", "Onde?", "Como?", "Por quê?" — logo no primeiro parágrafo da notícia. Desse modo, toda a informação se tornou padronizada, excluindo qualquer possibilidade de introduzir uma história para instigar a curiosidade do leitor.

Com a crise de 1929 nos Estados Unidos, a busca pela objetividade se tornou ainda mais forte. Com a criação da sala de imprensa na Casa Branca nos anos 30, os jornalistas deixaram de buscar informações diretamente com a fonte e passaram a ter contato com a equipe de relações públicas.

Após a Segunda Grande Guerra, algumas revistas e jornais passaram a optar por um jornalismo mais interpretativo e de humanidade. Foi quando a revista *The New Yorker* solicitou ao jornalista John Hersey que escrevesse uma notícia sobre a bomba de Hiroshima. Em vez de uma abordagem fria e distante como havia sido feito até o momento, Hersey decidiu trazer a experiência do ataque aos americanos, narrando sua matéria a partir do ponto de vista de seis sobreviventes. A repercussão imediata e os exemplares se esgotaram rapidamente e surgiram solicitações nacionais e internacionais para reimpressão da matéria. Atores foram convocados para lerem a notícia nos canais de televisão *ABC* e *BBC*. Posteriormente, a matéria de Hersey virou livro e vendeu mais de um milhão de cópias. Ele antecipava o surgimento de um conceito que veio a ser chamado de *New Journalism* pelo jornalista Tom Wolfe.

Esse conceito, abordado por alguns jornais e revistas na década de 1960, consistia na junção da narrativa jornalística com a literária, abordando fatos reais de uma maneira mais humanizada. Sendo assim, os jornalistas eram categorizados em dois tipos: os encarregados de conseguir os 'furos' de reportagem e informação em primeira mão e os especialistas em reportagens.

Reportagem era tudo que abrangia acontecimentos cômicos ou trágicos na vida de pessoas comuns, ou seja, a **'não notícia'**. As histórias verídicas eram contadas não como fatos, mas sim como cenas, e vistas sob a perspectiva de um personagem real, com diálogos em vez de citações. Era uma forma narrativa intensa e envolvente. Grandes nomes do jornalismo surgiram com esse estilo, como Truman Capote e Gay Talese.

Muitos fatores explicam por que o New Journalism acabou perdendo espaço para os jornalistas imediatistas que ainda apostavam no método de *lead*. O jornalista e escritor Hunter Thompson afirmou que o clima conservador do país na década de 1980 impedia a existência do jornalismo mais literário, pois os editores temiam que o desafio ao convencional fosse custar leitores e a narrativa mais aprofundada ocupasse espaço destinado para anúncios. Dito e feito, com o aumento do custo de espaço nos jornais, as matérias então foram reduzidas, dando espaço maior aos anunciantes. Nessa época, os anúncios já representavam mais de 70% do faturamento de um jornal. O resultado foi que o texto jornalístico ficou fácil de ler, rápido para informar, mas árido e difícil de imaginar.

A mesma situação ocorreu em seguida com a televisão, que adotou fielmente o lema "tempo é dinheiro", padronizando de uma vez por todas o modo de comunicar. Até que na virada do milênio, surgiu a internet, que derrubou todas as limitações de espaço. Qualquer pessoa poderia publicar textos quilométricos em blogs. Nunca tanta informação foi produzida, publicada e transmitida. O mundo foi invadido pelo excesso de informações, o que levou à incapacidade do indivíduo em absorver o conhecimento à disposição.

As diversas aplicações de storytelling **141**

Para deixar o cenário ainda mais desafiador, as mídias sociais como facebook, twitter e snapchat permitem que pessoas postem notícias em tempo real, avisando sobre as novidades, e com notificações enviadas diretamente para amigos e seguidores. O leitor agora adquire as informações diretamente da fonte, acabando com boa parte dos 'furos' de reportagem.

Para o jornalismo dos dias de hoje, mais importante do que ser rápido, é fundamental ser considerado relevante. Não vamos comprar um jornal, uma revista ou sintonizar no noticiário noturno para ver ou ouvir uma informação repetida que já tivemos acesso em nossos celulares ou computadores.

Além disso, a mídia tradicional acabou perdendo um espaço considerável para os blogs, muitas vezes administrados por especialistas, ou apenas pessoas que ganharam credibilidade por estabelecer uma relação de confiança com o leitor e acabaram se tornando agentes influenciadores e transformadores, criadores de tendência. As verbas dos anunciantes dispersaram, deixando em crise o modelo de negócio de boa parte dos jornais.

Como escreveu o jornalista George Packer da *The New Yorker*, "a crise no jornalismo é uma crise comercial, e ela vem acontecendo há 20 anos". Para citar um exemplo, um dos jornais de maior sucesso no mundo, o *The New York Times,* tem comemorado aumento de circulação, mas sofrido quedas drásticas nos lucros. O jornal fechou o ano de 2013 com lucro operacional de 156 milhões de dólares, já em 2014 o número caiu para 92 milhões de dólares.

Se para um dos jornais mais icônicos do mundo não está fácil, para os demais a situação está bem difícil. Em 2013, foi demitido o correspondente da *Veja* em Nova Iorque, André Petry, ao mesmo tempo em que grandes revistas da Editora Abril, como a *Quatro Rodas*, passaram a não ter diretor de redação. Em 2014 a editora que há mais de uma década habitou com muito orgulho a Avenida das Nações Unidas, um dos locais de mais prestígio para empresas em São Paulo, teve que devolver metade do prédio para a Previ depois de demitir centenas de pessoas. No começo de 2015, a *Folha de São Paulo* fechou a última sucursal fora das capitais e demitiu boa parte da equipe. Certamente, quando você estiver lendo esse livro, novos acon-

142 Guia Completo do Storytelling

tecimentos terão agravado esse cenário de crise. Nunca é um bom sinal quando o próprio jornalismo vira a notícia.

O único pilar que ainda segura o jornalismo contra o colapso é o fato de que ele ainda é visto como fonte de informação confiável. As pessoas valorizam a credibilidade. O problema é que a crise financeira acabou gerando uma crise de qualidade. Boa parte do jornalismo online está denegrindo essa imagem de confiança.

É comum encontrar leitores criticando a qualidade das reportagens publicadas em sites jornalísticos. Nesses ambientes, a manchete tem sido mais valorizada do que o restante do texto. Se o título conquistar o clique, basta. Quanto mais cliques, mais pagam os anunciantes.

Se continuar por esse caminho, as pessoas vão acabar se cansando com a frustração causada pelos textos. Diante de tantas opções na internet, por que o leitor vai insistir? Caso perca a credibilidade, nem mesmo o investimento de milhões de reais em campanhas de marketing recuperará a audiência perdida.

Como superar a crise?

Com tantas opções de fonte para o mesmo tipo de informação, ser visto como relevante para leitores e anunciantes é um dos maiores desafios contemporâneos. É preciso algo a mais, algo que blogs e redes sociais não possam suprir.

A primeira pista está na própria internet. Sim, temos infinitas fontes de informação e notícias e só as mais interessantes serão capazes de manter a atenção de sua audiência. Por outro lado, agora não há mais limite de espaço, não existe mais a preocupação com número de páginas e contagem de palavras.

Com a internet o jornalismo volta a ter tempo e espaço para trabalhar o texto. A solução explicitada por Affonso Romano de Sant'Anna e já mostrada por Benjamin Franklin e John Hersey é identificar não somente *o quê* é interessante para o leitor, mas também *como* transmitir a mensagem de forma atrativa. O modo como a história será apresentada deve ser capaz de intrigar, engajar e sensibilizar o leitor e a audiência.

Volta à cena o Storytelling. O jornalista deve conseguir contar uma história, propondo um jogo à sua audiência, revelando as respostas aos poucos, intrigando o leitor com pistas e evidências ao longo do caminho. Assim, transformar a reportagem em uma espécie de quebra-cabeça, tornando o processo muito mais instigante.

Um dos indícios de que as histórias são cada vez mais necessárias é observado no grande aumento da inscrição de jornalistas nos cursos de Storytelling da ESPM-SP. Nas primeiras edições o número não chegava a 10% dos alunos e a partir da décima, a participação de jornalistas cresceu para 30% da turma. A propaganda do *The Guardian* intitulada de *Three Little Pigs* corrobora com esse pensamento de utilizar estratégias narrativas para valorizar seu conteúdo.

O filme publicitário começa com policiais invadindo a casa dos Três Porquinhos, que acabaram de matar o Lobo Mau. Os Porquinhos são presos e diversas especulações ocorrem sobre o caso. Até que é trazida à tona o fato de que o Lobo Mau sofria de asma e jamais teria fôlego para derrubar uma casa com um sopro. O vilão virou vítima. Antes que as vítimas virem vilões, um policial explica que os Três Porquinhos confessaram cometer o crime para receber o dinheiro do seguro e assim poder pagar a hipoteca. Isso acaba gerando revoltas populares. O filme termina com a assinatura do jornal e os dizeres: *The Whole Picture*. Em poucos segundos, o jornal mostrou como é possível expandir uma história simples e conhecida para um nível extremo de detalhes e complexidade, envolvendo e instigando. A mensagem, ao final, é de que o jornal *The Guardian* mostra diversos pontos de vista e, com isso, o quadro completo.

Um *case* considerado como revolucionário combinou jornalismo, multimeios e Storytelling. Chamada de *Snow Fall,* a matéria foi feita pelo *New York Times* online e narra uma avalanche mortal ocorrida em Washington, nos Estados Unidos. O que distinguiu a reportagem foi que a notícia não é dada seguindo os padrões convencionais. O texto é narrado como um romance, apresentando os sentimentos e pensamentos das pessoas envolvidas. Ao longo da narrativa online, são apresentados vídeos com relatos dos indivíduos que presenciaram a avalanche, dando mais veracidade e vivacidade à notícia. Essa composição deixou os leitores completamente imersos na história.

144 GUIA COMPLETO DO STORYTELLING

Snow Fall ganhou o prêmio Pulitzer por sua diversidade e adequação ao contexto, passou a ser emulado por todos os grandes veículos mundiais e ganhou até nome de gênero: *Narrativa Verticalizada*. Com esse novo modelo, surgiu a necessidade de um novo cargo nas redações: o roteirista. Ele deve dar coesão para todas as mídias. No Brasil, a *Folha de São Paulo* utilizou a estrutura para contar a história da Usina Belo Monte e o jornal *Zero Hora* narrou verticalmente o incêndio na boate em Santa Maria.

A narrativa verticalizada demanda um profissional com um perfil presente em poucas redações: o roteirista, que coordena a estrutura narrativa. Se isso parece impossível em redações cada vez mais enxutas, existe a opção de retomar formatos antigos. A radionovela foi um formato muito popular na década de 1940 e inspirou a jornalista Sarah Koenig a realizar um *case* muito eficaz, apesar da produção simplificada. Intitulado de *Serial*, o projeto começou no porão da casa da jornalista, até que foi incorporado pelo programa radiofônico *The American Life*. O jornalista Ira Glass, âncora do programa, explicou os motivos que o levaram a investir na ideia, "queremos dar à audiência a mesma experiência de um grande seriado da HBO ou Netflix, em que você se prende aos personagens e o enredo se desenrola uma semana atrás da outra, só que com uma história real, e sem imagens. É como o *House of Cards*, mas você pode aproveitar enquanto estiver dirigindo". O investimento recompensou. A primeira temporada foi baixada por 68 milhões de pessoas.

Serial conta a história de um crime real ocorrido nos Estados Unidos. Trata-se do caso de Hae Min Lee, desaparecida na tarde de 13 de janeiro de 1999. Seu corpo foi encontrado no parque Leakin no dia 9 de fevereiro e o ex-namorado Adnan Syed foi preso, acusado e condenado à prisão perpétua por assassinato. Em sua defesa, o réu alegou inocência e um álibi, mas foi ignorado. *Serial* disseminou o caso ao grande público e ainda gerou reviravoltas nas investigações do crime, revelando apenas no final se o jovem era ou não inocente. Ao final da primeira temporada, os produtores recorreram à audiência em busca de financiamento e foram atendidos. Graças às doações da audiência, *Serial* já teve mais duas temporadas confirmadas.

Snow Fall mostra que Storytelling ajuda a transformar o jornalismo em algo não somente informativo, mas também imersivo. *Serial* mostra que a audiência julga que vale a pena pagar por conteúdo online de qualidade.

PENSE

E você? Tente lembrar da última notícia que chegou até você. Como ficou sabendo dela? Quanto tempo demorou para lê-la ou ouvi-la? Em quantas plataformas ela esteve disponível? Você a compartilhou com alguém? Será que você se lembra de todos os detalhes? E o seu livro, série ou filme preferido? Para quantas pessoas você já recomendou ou revelou a história? E como os minuciosos detalhes fizeram diferença para você?

MORAL DA HISTÓRIA

A internet colocou tudo de cabeça para o ar. A pirâmide que era invertida no jornalismo tem que voltar a ser como era antes, contando boas histórias. Chegamos ao momento ideal para que o New Journalism finalmente aconteça e quem sabe teremos mais textos como os do Jorge Amado todos os dias, nas bancas de jornal e nas pontas dos dedos de todos os leitores.

4.3. STORYTELLING NA POLÍTICA

"Sempre tive a impressão de que uma das responsabilidades primordiais de um presidente é ser um storyteller."

— Junot Diaz, escritor ganhador do prêmio Pulitzer de Literatura.

Do ponto de vista de *branding*, Barack Hussein Obama II seria a pior aposta para uma corrida presidencial nos Estados Unidos: é afrodescendente filho de queniano, seus sobrenomes fazem lembrar os maiores inimigos dos Estados Unidos e passou

146 GUIA COMPLETO DO STORYTELLING

a infância em um país muçulmano. No entanto, ele segue firme em seu segundo mandato. Sua campanha teve algo de especial.

STORYTELLING NAS CAMPANHAS ELEITORAIS

Toda campanha eleitoral tem um princípio parecido com apresentações corporativas, devem ter um teor explicativo com tópicos, aspirações, áreas de atuação e melhoramento. Tudo isso associado à propaganda pessoal: ideias do candidato, família, histórico, valores e crenças que estejam de acordo com seus eleitores.

Como reter a atenção de milhares de pessoas de diferentes raças, idades, sexos e crenças? O presidente Obama e seus assessores conseguiram dominar essa difícil tarefa de um modo simples: usando Storytelling.

Aconselhado por seu redator de discursos, Jon Favreau, Obama focou a campanha em um sentimento humano inerente a qualquer um de nós: esperança. Conforme explicou Jon Favreau, "um discurso pode ampliar o círculo de pessoas que se importam com um assunto. Como você diz para o cidadão médio que está desacreditado, 'Eu consigo te ouvir e apesar de você ter sido tão desapontado com a política no passado, e ter colecionado bons motivos para se tornar cínico, nós podemos caminhar na direção correta. Só peço que me dê uma chance." O lema de sua campanha, que continua até hoje, foi "Change we can believe in" (Mudança em que podemos acreditar) e "Yes, we can" (Sim, nós podemos).

Para amplificar sua mensagem de esperança, Obama contou com a ajuda de importantes influenciadores, como a poderosa apresentadora Oprah Winfrey, que publicamente apoiou Obama em 2007 e Will.I.Am, famoso cantor negro que lançou em fevereiro de 2008 a música "Yes we can".

A equipe de Obama traçou uma estratégia mirando nos jovens entre 18 e 24 anos. Eles representam o futuro e ainda possuem grandes sonhos. O mote da campanha foi reafirmado em várias frentes: website, canal do YouTube, mensagens de celular, entre outros. Durante o período eleitoral, Obama postou 1.827 vídeos, comparados aos 330 postados pelo candidato da oposição, John McCain, resultando no maior número de visualizações e seguidores nas mídias sociais por parte de Obama. Ao conseguir o apoio dos jovens, outras faixas etárias foram conquistadas.

O Storytelling continuou mesmo quando os votos já estavam na urna. A foto veiculada na noite de eleição mostrava Obama aflito em frente à TV aguardando resultados, com a esposa Michelle ao seu lado. A foto é completamente natural e o mostra como uma pessoa comum, com anseios e expectativas, como qualquer outro cidadão.

O Storytelling triunfou. No discurso da vitória de 2008, Obama queria passar a seguinte mensagem: "Às vezes a mudança pode demorar a vir, mas a mudança é sempre possível e a história provou isso". Para disseminar esse pensamento, Obama e Favreu concordaram em utilizar a história de Ann Nixon. Essa mulher, como muitas outras pessoas, ficou na fila para ser ouvida nas eleições. Apenas uma coisa a diferia dos demais, Ann tinha 106 anos. Obama utilizou a história de Ann como um exemplo de luta pessoal por mudança, conseguindo assim mobilizar milhares de americanos que se identificaram com a causa de fé, luta e esperança.

O jornalista Robert McCrum comentou: "Sua retórica não fala tanto de grandes ideias, nem é expressa em frases sonoras. (...) toda a retórica orbita no Storytelling. " Para provar seu ponto, o jornalista ressalta o lado escritor de Obama, que já publicou três livros, "A autobiografia de 1995 é um clássico americano, escrito com elegância e precisão. Mais do que isso, é maravilhosamente construído — como uma história. Na faculdade, ao que parece, Obama tinha aspirações de escrever ficção; ele tem um senso de narrativa típico de romancistas. A história que ele conta é como a de um conto mítico, de um jovem que procura, e encontra, seu verdadeiro eu".

---

5 princípios do redator de discursos do Presidente Obama

Jon Favreau saiu da Casa Branca em 2013 para se dedicar a consultorias e em 2014 divulgou as técnicas de ouro do Storytelling que aplicou na campanha *Yes we can*, as quais reordenamos e simplificamos para compartilhar com você, leitor:

1. **A história é mais importante que as palavras.** Favreu acredita que as palavras são importantes, porém é apenas o veículo em que a narrativa embarca.

(continua)

(continuação)

Antes de tudo você deve se perguntar "é o que quero contar?", "que história quero vender?".

2. **Optar pelo simples**. Favreu explica que discursos longos são fáceis de escrever, porém são também os mais fáceis de se esquecer. A audiência hoje em dia não aguenta um discurso longo sem perder o foco. O importante é ir direto ao ponto e se manter nele.

3. **Empatia.** Não basta conhecer a audiência. O orador deve saber se colocar no lugar das pessoas que escutam. Os discursos de Obama sempre foram confeccionados usando palavras da população. Podemos dizer que o princípio "optar pelo simples" também vale para a linguagem, risque os jargões e as palavras difíceis.

4. **Não há persuasão sem inspiração.** Favreu diz que o melhor jeito de se conectar com as pessoas é contando histórias que sejam importantes para suas vidas, discutindo assuntos que elas enfrentam no cotidiano.

5. **Pense sempre nos pontos de oposição.** É perigoso falar apenas o que as pessoas querem escutar. É importante mencionar outros pontos de vista que venham a surgir na mente dos partidos concorrentes. É importante falar sobre eles para contra-argumentar ou até mesmo antecipar as críticas

STORYTELLING NA PRÁTICA GOVERNAMENTAL

O futebol tem uma expressão famosa "treino é treino, jogo é jogo" e o mesmo pode ser dito na política, "campanha é campanha, mandato é mandato". Após ser eleito em 2009, Barack Obama começou a perder apoio e frustrar parte de seus eleitores. Um dos eleitores frustrados confessos foi Junot Diaz, ganhador do Prêmio Pulitzer, que escreveu ter se decepcionado com a capacidade de contar histórias do presidente nos anos que se seguiram.

O deslize foi parar com a aplicação do Storytelling durante o seu primeiro mandato. O próprio Presidente admitiu, "O erro do meu primeiro turno foi pensar que esse trabalho era apenas sobre acertar na política. E isso é importante. Mas a natureza desse ofício é também contar uma história para o povo americano, que dê um senso de união e propósito e otimismo, especialmente durante tempos difíceis".

Para a campanha de reeleição, Obama retomou o Storytelling e dessa vez de forma ainda mais efetiva. Grandes histórias foram contadas em pequenas narrativas. Nunca um candidato investiu tanto em mídias sociais. Ao comparar com o candidato opositor, Obama investiu 10 vezes mais na internet. Ao contar os grandes feitos do governo em 140 caracteres, como por exemplo "Bin Laden está morto e a General Motors está viva", Obama conseguiu instaurar a imagem de sucesso do governo.

Reeleito, o Presidente deu outra demonstração da arma mais poderosa em seu arsenal narrativo: a humanização. Ele poderia ter postado uma frase de vitória ou uma imagem do partido celebrando com champanhe, mas em vez disso postou uma foto singela em que abraçava Michelle Obama. Em questão de minutos, a imagem consagrou-se a mais curtida no facebook e a mais compartilhada do twitter em toda a história.

Ao humanizar seu discurso e, mais importante, ao humanizar-se, Obama consegue unir as pessoas de modo que todos eles, sejam negros, brancos, mestiços, católicos, protestantes ou estrangeiros se tornem iguais. A partir disso fica mais fácil passar a mensagem.

A partir do segundo mandato o Presidente não insistiu no erro e manteve Storytelling na sua linha de comunicação. Mesmo em discursos sobre operações militares era possível ouvir palavras assim: "Ao manter vivas as memórias, ao contar histórias, ao ouvir essas histórias, nós podemos fazer a nossa parte para salvar vidas. Acredito que podemos erodir, gota a gota, as forças mais destrutivas, e que nós podemos contar uma história diferente..."

No começo de 2015, Obama deu mais uma aula de Storytelling e humanização. 'O homem mais poderoso do mundo livre' produziu um vídeo em parceria com o site Buzzfeed, mostrando que faz as mesmas coisas que qualquer pessoa: treina discursos no espelho, joga basquete imaginário e até mesmo tira *selfies*. No meio da brincadeira, aproveitou para contar sobre sua pauta de governo. Algumas pessoas criticaram, outras odiaram, mas o fato é que o vídeo foi visto por milhões de pessoas do mundo inteiro e trouxe atenção ao assunto que Obama desejava.

INSTITUIÇÕES GOVERNAMENTAIS

Além de políticos e embaixadas, até mesmo as instituições do governo podem contar histórias. Ninguém no Brasil usa um boné ou uma camiseta com a logomarca da Polícia Federal. Contudo, nos Estados Unidos, muita gente — inclusive brasileiros — compra e usa itens da SWAT, FBI e até de polícias locais como a NYPD. O que as polícias dos Estados Unidos fazem de diferente das nossas?

Até a metade da primeira década do novo milênio, poucas pessoas no Brasil conheciam o Batalhão de Operações Policiais Especiais. Após o lançamento do filme Tropa de Elite, a procura pelo termo BOPE na internet aumentou exponencialmente. A procura foi tão grande que veio a ser tornar a polícia mais pesquisada durante cerca de uma semana entre final de outubro e começo de novembro de 2007, de acordo com o site *Google trends*. Para a maioria dos fãs do filme, o BOPE foi revelado como uma instituição digna de se usar o boné.

Com isso, o BOPE deixou de ser uma polícia qualquer, passou a ter uma boa história por trás e se tornou a "CIA brasileira". Qualquer instituição governamental pode se aproximar do cidadão e nem precisa ser por meio de um longa-metragem milionário.

STORYTELLING NAS RELAÇÕES COM O CIDADÃO

Acabamos de ver que as instituições governamentais podem utilizar narrativas como forma de promoção e até de construção de marca, apesar de não ser uma estratégia muito popular no Brasil. Por outro lado, existe uma outra estratégia em que a política brasileira — as prefeituras, para sermos precisos — está à frente dos demais países, deixar de ser CNPJ e passar a ser mais RG.

Diversas prefeituras perceberam a oportunidade para se aproximar de seu eleitorado. Tudo começou com a de Curitiba. Deixando de lado o aspecto burocrático, a página do Facebook utiliza uma linguagem mais íntima e pessoal nas suas postagens. A resposta da população foi imediata e a prefeitura ganhou o carinhoso apelido de *prefs*. A partir de então muitas histórias já aconteceram, inclusive com a *prefs* recebendo propostas de casamento de outras prefeituras.

Em 2015, a página da Prefeitura de Curitiba atingiu meio milhão de fãs e passou a contar com a contribuição de muitos civis — como fotos e textos — para postar. Essa participação popular aproxima o público do privado e permite conversas mais sérias. Muitas críticas ao governo já foram colocadas em pauta por lá e as dúvidas da população foram dirimidas. Mesmo diante de um cenário de polarização e críticas acirradas, essa estratégia é ótima para que a prefeitura defenda o seu ponto de vista.

Storytelling nas relações internacionais

Se prefeituras precisam mostrar seu ponto de vista para a própria população, diplomatas precisam mostrar o seu ponto de vista para uma outra nação. Muitas vezes ele vai encontrar preconceitos e barreiras culturais. Qualquer ocorrência cotidiana pode escalar para uma crise internacional quando se tratam de conversas culturais. Nesse aspecto, todo diplomata é treinado com técnicas de *spin doctor*, ou seja, alguém que interpreta uma história e trabalha para inverter o jogo.

Para que toda a política externa não fique apenas nas mãos de diplomatas, alguns países passaram a trabalhar o poder de influência a partir de produtos culturais. Quem estudou essa estratégia foi o autor Joseph Nye, que analisou as relações entre os países em uma época de globalização e inventou o conceito de *soft power*.

A ideia é que, para influenciar as questões internacionais e melhorar sua imagem, os países precisam utilizar sua cultura e não mais apenas o *hard power* da força militar, econômica e industrial. Como o próprio autor descreve, "O *soft power* é a atração, não a coerção".

Nye definiu a nova diplomacia de Obama como *smart power*, uma combinação de persuasão e força, de *soft* e *hard*, "a cultura americana está no centro desse poder de influência, através de arte ou entretenimento, seja produzida por Harvard ou Hollywood".

Nessa estratégia, o produto cultural deve ser confeccionado de modo a transmitir os valores e crenças do país exportador. Os Estados Unidos têm feito isso há anos para vender o *estilo de vida americano*. Não existe forma melhor para conduzir e controlar esse processo do que uma narrativa. Por isso, a primeira coisa que se ensina em aulas de análise de cinema é "nada em um filme é colocado na cena por acidente".

Do ponto de vista diplomático, as histórias permitem mostrar os dois lados da moeda. Ninguém envolvido em um conflito é só vítima ou só vilão. A primeira temporada do seriado *Homeland* mostra como os terroristas também possuem o lado humano e motivos para querer vingança, que do ponto de vista deles é justiça. Por outro lado, os terroristas cometem atrocidades e isso favorece que a audiência concorde com medidas corretivas por parte do país atacado. A partir daí, Obama tem uma margem de manobra ampliada para autorizar ataques de drones no Oriente Médio. *Soft Powe*r + *Hard Power* = *Smart Power*.

Utilizando-se de técnicas de Storytelling, um país e sua cultura podem ser condensados em um personagem único. E, ao contrário do estereótipo, esse personagem realmente reflete as contradições e peculiaridades do povo que representa.

Ao enxergar os demais países como personagens de uma história, é possível prever futuros comportamentos e assim planejar melhores estratégias de relacionamento.

Esse tema acaba tendo muita proximidade com o próximo tópico: turismo.

4.4. STORYTELLING NO TURISMO

"Praças, cidades, países são construídos por pessoas. Cada um desses lugares tem histórias dessas pessoas. Cada lugar é uma história. Tudo hoje é uma marca ou pode se transformar em uma. Com um eficiente sistema de gestão de marca, um lugar deixa de ser apenas um local, para ser uma incrível experiência cultural e de entretenimento."

— *Martha Terenzzo, em 2013, sobre estudos de países como Cingapura e Colômbia.*

Como construir o Storytelling para um país? Primeiro, mudando o paradigma que um país é apenas um destino turístico. Qualquer lugar, incluindo cidades, continentes e até mesmo ruas pode ser trabalhado como uma marca. Essa abordagem é relativamente nova, com pouco mais de sete anos, e possui várias denominações como *Place Branding*, *Country Branding*, *Nation Branding* ou *Destination Marketing*.

Existem vários exemplos, e sendo alguns notáveis, como Peru, Colômbia, Tailândia (com o recente *I hate Thailand*), Islândia, Chile, Cingapura, Índia (usando o tema *Incredible India*), Londres (com um guia turístico baseado nas suas ficções).

O escritor Dan Brown, com seu romance *O Código da Vinci*, transformou o turismo de alguns lugares da Europa, a ponto de empresas de turismo venderem o roteiro do personagem principal, lotando várias igrejas há séculos esquecidas e abandonadas.

Essa modalidade, inclusive, tem sido muito explorada por Woody Allen, que tem financiado todos os seus últimos filmes com verbas governamentais de vários países: Inglaterra, em *Match Point*, Espanha, em *Vicky Cristina Barcelona*, França, em *Meia Noite em Paris*, a cidade de Roma, em *Para Roma com Amor*. Informações de bastidores contam que até o Brasil já tentou contratar o famoso cineasta para filmar no Rio de Janeiro, mas ele se recusou.

O que todas essas marcas têm em comum? Todas oferecem um imaginário, uma experiência incomum por meio de histórias contadas pelos seus habitantes ou pela personificação de turistas. Obviamente em todos esses exemplos, há o envolvimento do governo para que tenham sucesso.

Além disso, seus habitantes devem ser coadjuvantes da história e se engajarem verdadeiramente, compreendendo que, a partir disso, haverá transformação local com o incremento do turismo.

No entanto, mais desafiador é como reconstruir a história de um país com uma imagem de violência, negativa e sem esperança. Vamos ver em seguida o *case* de reposicionamento da Colômbia e como o Storytelling ajudou a disseminar uma nova imagem para o país.

Colômbia

A Colômbia teve, durante muito tempo, sua imagem ligada à cocaína, ao narcotráfico, ao sequestro e às FARC — Forças Armadas Revolucionárias da Colômbia. A partir dos anos 1970, os cartéis do narcotráfico se estabelecem no país, implantando um poder paralelo. O país passou a produzir cocaína em grande escala na década de 1980, juntamente às FARC.

A luta contra o narcotráfico é iniciada em 1984 e, na década de 1990, os Estados Unidos se envolvem na guerra contra o cartel da cidade de Medellín. Nesse período, as FARC dominavam cerca de 20% do território colombiano e tinham aproximadamente 17 mil guerrilheiros, além de ser o maior produtor de cocaína do mundo.

Na década de 1990, o governo estabelece a luta contra o narcotráfico exterminando uma boa parte dos principais grupos criminosos do país.

O turismo era baixo e recebia apenas 8 mil turistas por ano. Mas o pior era a violência, com um registro de 40 mil sequestros em 40 anos, o que afastava ainda mais a possibilidade de aumentar o turismo.

Em 2002, no Aeroporto Internacional de El Dorado, de Bogotá, a primeira loja Juan Valdez, o representante dos cafeeiros colombianos, é aberta. O governo inicia um grande programa de incentivo para plantação de café em troca da redução do plantio da folha de coca, muito comum nas regiões Andinas.

O café conhecido como "Tinto" é um dos mais importantes símbolos culturais do país, vindo da famosa região conhecida como Triângulo do Café. A imagem do bom café dentro da Colômbia e internacionalmente se dá por meio de uma estratégica construção de marca.

Primeiramente, o personagem principal, atual ícone do café colombiano, Juan Valdez, foi criado em 1959 pela Federación Nacional de Cafeteros. O tradicional Juan Valdez e sua mula Conchita tinham como objetivo a manutenção da imagem e valores associados ao café da Colômbia, mas somente após o governo combater o crime do narcotráfico surgiu a ideia de resgatar o orgulho de ser colombiano.

Com o lançamento do café Juan Valdez em 2002, ele se torna o embaixador da marca. Após três anos de ações de marketing e publicidade, o personagem foi o 5º ícone publicitário mais reconhecido nos Estados Unidos.

A força do personagem e da marca contando a nova história da Colômbia foi um sucesso. Juan Valdez personificou o nacionalismo colombiano, e trouxe, com o café, um produto de alta qualidade valorizado no mundo todo. Dessa forma, o café substituiu as drogas, promovendo a nova imagem do país.

Com a marca de café Juan Valdez sendo exportada, os colombianos sentiram orgulho de entregar ao mundo uma substância legalizada e que também fornece uma energia extra quando precisamos. Quem toma o café colombiano, assim como Juan Valdez, tem disposição para acordar cedo e encarar com confiança um dia de trabalho.

A estratégia do governo em combater o crime intensamente e, posteriormente, planejar uma eficiente campanha de reflexão e mudança, com valores tradicionais sendo resgatados, gerou ordem e controle. Por sua vez, Juan Valdez, o personagem e protagonista da campanha teve papel fundamental em promover o orgulho de ser colombiano.

No período de 2002 a 2006, a taxa de homicídios na Colômbia caiu pela metade. O combate às drogas e ao crime organizado, aliado a uma boa história, verdadeira e autêntica de plantio e fomento do café trouxe uma nova perspectiva de futuro para a Colômbia.

Com a história criada e o engajamento dos cidadãos, os atos e ações foram se disseminando por todo o mundo. A Colômbia se aprofundou em ações de redes sociais, que amplificaram a mensagem internamente e internacionalmente. Promoveram causas para crianças usando a *hashtag* #lobuenodecolombia — o que a Colômbia tem de bom — impactando mais de um milhão de pessoas.

Recentemente o governo colombiano promoveu uma campanha de turismo no país, inspirado no gênero literário que levou o autor Gabriel García Márquez a ganhar o prêmio Nobel da literatura: o Realismo Mágico.

A campanha também utiliza o Storytelling como estratégia, apresentando as cidades colombianas como cenários de seus livros, as pessoas como personagens e as atrações do país como histórias extraídas dos romances de García.

A estratégia deu certo, a marca Colômbia se expandiu e obteve apoio da iniciativa privada, aliados em todos os lugares do mundo, investidores internacionais.

Não há investimento em veiculação por parte do governo, uma vez que a marca tem sido usada espontaneamente por sindicatos, federações, empresários de pequeno a grande porte, além de personalidades e programas de turismo que ajudam a disseminá-la para o mundo.

Assim, o cenário de 10 anos atrás se converteu para menos de 100 sequestros por ano. O número de turistas saltou de 8 mil para incríveis 4 milhões! Um aumento de 13% diante da expansão de apenas 3% da América do Sul.

TAILÂNDIA

Em setembro de 2014, a Tailândia passou por uma crise internacional com a morte de dois turistas britânicos na ilha de Koh Tao. O turismo representa 7% da economia tailandesa e encontrou algumas dificuldades para reestabelecer a confiança de segurança no país.

Em adição a esse fato, o caos político e a violência política na primeira metade de 2014, além de fatores econômicos com a Rússia, também causaram problemas. Inclusive, só em novembro de 2014, esses problemas econômicos causaram um declínio de 21% de turistas russos, sendo a Rússia o segundo país que mais leva turistas para Tailândia.

A queda de 6,6% ocorreu de 2014 para 2015, causando perda de 5,8% nos lucros do país.

Para minimizar a imagem negativa da Tailândia era necessário melhorar a percepção do país tanto para os tailandeses quanto para os turistas. Inicia-se assim uma campanha de *place branding*.

A campanha denominada *I hate Thailand* utilizou uma narrativa próxima à experiência real de um turista que chega a um local e pode ter experiências nem sempre agradáveis, mas que, ao final, termina muito bem. Apesar de não ser uma plataforma de Storytelling, utilizaram a estrutura de linguagem próxima ao realismo ao contar a história de James, um turista que, ao chegar na Tailândia, tem sua mochila roubada.

Vamos ao vídeo. Em uma certa tarde de 18 de novembro, um imigrante inglês, chamado James, que acabou de chegar à Tailândia, tem sua mochila roubada, fica sem dinheiro e tudo que sobra para ele é um celular sem bateria e o descaso das autoridades.

O vídeo, que foi ao ar em novembro de 2014, mostra o inglês inicialmente bravo, dizendo que odeia a Tailândia, por isso o slogan *I hate Thai*. Ele está em uma praia, e conta que planejava ficar uma semana, mas que teve seus pertences roubados exceto o celular. Ele é o narrador protagonista da campanha e conta que encontrou uma moradora que lhe ofereceu ajuda, comida, além de um carregador para seu celular, mesmo ele sendo grosseiro com ela no começo.

Depois dessa primeira cena positiva, James vê que ela pede ajuda para outros habitantes, que oferecem moradia. No decorrer do vídeo, ele se mostra cada vez mais interessado pela cultura do povo, suas terras, costumes, e chega até a praticar a filosofia e um pouco de meditação.

Seus pertences são achados. Quem havia levado sua mochila era um macaco da ilha, fato comum nesses locais mais isolados dos centros urbanos no país. No final da narrativa, ele diz que essa foi sua primeira e última viagem à Tailândia — porque depois desse episódio, decidiu morar no país.

Após seis dias, o vídeo já tinha 1,3 milhão de *views* e mais de 19 mil *likes* no YouTube, e se tornou um sucesso por causa de compartilhamentos em mídias online.

Estranhamente, a conta que postou o vídeo não tinha nenhuma associação com a TAT — *Turism Authority of Thailand* (Autoridade de Turismo da Tailândia) —, mas depois de alguns dias assumiram a iniciativa do vídeo, que foi produzido pela produtora Hub Ho Hin.

O objetivo era lembrar ao mundo a hospitalidade e quão amigável o povo Thai pode ser, mas por que não se identificar inicialmente? Para se aproximar ao máximo do realismo, segundo as autoridades da TAT. Ao não ter assinatura de uma marca ou organização, o vídeo viralizou mais rápido.

A campanha foi vista por vários turistas globalmente. Para os habitantes locais, a intenção era lembrar e educar o povo tailandês a sempre ser um bom anfitrião e não tirar vantagem de turistas, oferecendo ajuda quando precisarem. Para os estrangeiros, mostrar que, além da beleza das praias — uns dos maiores atrativos —, o povo tailandês é muito gentil e sempre disposto a ajudar e receber bem seus turistas.

O vídeo chegou ao final da campanha com mais de 2,5 milhões de *views*, um bom resultado. Questionamos que, ao tentar mudar a percepção de uma marca, nesse caso um país, a Tailândia pode ter falhado na história. Explicando melhor: o filme tem uma boa produção e inicialmente nos remete a uma história realista. Mas se ele é realmente a personificação de um turista, percebemos que há algo errado, pelo excesso de zelo com a produção, pela atuação do ator e com as promessas contidas na história.

Não estamos duvidando do quanto os tailandeses podem ser generosos e amigáveis, mas há falhas na construção da narrativa. Assim, apesar da história de James ter começo, meio e fim, ter conflitos e outros elementos de construção de uma boa campanha publicitária, fica faltando veracidade. Parece que, de repente, ele é iluminado, tudo dá tão certo que ele larga sua vida anterior para morar no país.

E como a campanha publicitária não teve nenhum desdobramento, ela não gera engajamento suficiente para que as pessoas de fato adotem a Tailândia como próximo destino. Portanto, em nossa opinião, essa é uma ação de *place branding*, diferente do *case* da Colômbia ou Peru que há anos vem trabalhando uma plataforma de comunicação para aumentar o turismo.

Em nossos estudos sobre países, analisamos o *case* de diversos destinos como Cingapura, Chile, Londres, Amsterdã, entre outros. Separamos mais dois exemplos, um sobre a Índia e outro da Islândia para você.

ÍNDIA

A Índia é notoriamente conhecida pelas suas belezas, paisagens naturais, espiritualidade, mas também pelo excedente populacional, trânsito caótico e centenas de milhões de pessoas que vivem abaixo da linha da pobreza.

Até o ano de 2001, era o próprio governo indiano que criava e regulava uma política para turismo, além de preparar catálogo e folhetos, mas nunca de um modo uniformizado e bem gerenciado.

A complexidade do país, falta de uma visão realista do turismo indiano e suas consequentes perspectivas futuras eram os principais problemas para gerenciar a marca e entender os desafios de conduzir uma campanha mundial na promoção de um país.

Depois de perceberem a necessidade de ilustrar e mostrar melhor o que o país tinha a oferecer, o Ministério de Turismo contratou a agência Ogilvy & Mather para realizar uma campanha padronizada que atendesse todas as necessidades do turismo da Índia.

A primeira iniciativa era criar um conceito que diferenciasse a marca Índia de tantos outros países que concorrem com o turismo. Em 2002 foi criada uma logomarca icônica que é usada até hoje: **_Incredible !NDIA_**, com a exclamação no lugar da letra I, o que gera um efeito inteligente em toda a comunicação.

O objetivo no primeiro ano era criar uma identidade única e distintiva para o país, que demonstrava diferentes aspectos da cultura e da história da Índia em suas peças. As peças eram constituídas de imagens com frases simples que resumiam o conteúdo das fotos e as relacionavam com a cultura indiana. O sucesso foi grande e, no primeiro ano, aumentaram o tráfego de turistas em 16%.

No segundo ano da campanha, o foco foi no turismo espiritual, o que trouxe um aumento de 28,8% no tráfego de turistas, e fez a Índia ser eleita o país número um para o viajante inteligente, segundo a revista *Condé Nast Traveller*. Em 2004, uma pesquisa da Lonely Planet colocou a Índia entre os cinco países preferidos para viajantes individuais e independentes.

A campanha voltou em 2007, e continha imagens externas dos lugares e paisagens espetaculares do país.

Em 2013, lançaram duas campanhas integradas, uma que mostra uma mulher viajando sozinha pela Índia e outra um homem.

Primeiramente, convidamos você a olhar o belíssimo site deles (www.incredibleindia.org/en/). Ele encanta pela construção coerente e consistente da marca. A Índia deve ser realmente incrível! Todos os materiais de comunicação, *releases* de imprensa, vídeos nas redes sociais são muito bem produzidos e mostram pessoas comuns, mas inteligentes, desfrutando as maravilhas do país.

A produção desses dois filmes é magnífica, no entanto, algo chamou a atenção dos *Storytellers*. As duas narrativas são sobre viagens de pessoas sozinhas no país. Como explicado anteriormente, uma feita com um jovem de aproximadamente 30 anos e outra com uma jovem mulher. Existe cadência, ritmo, cor e beleza, tudo tão perfeito e asséptico que chega a parecer que não é verdadeiro.

Mas o que mais nos intrigou foi a versão feminina da campanha. Ela mostra essa jovem vivenciando diversas experiências e viajando sozinha pelo país.

Vamos recapitular o contexto do país. Como construir uma narrativa sobre essa marca que tem 3.287.590 km² de área e mais de 1,2 bilhão de pessoas? Apesar de ser um dos países do Brics que mais cresce, tem graves deficiências na área, estradas congestionadas e em péssimo estado de conservação, portos antiquados e escassez de energia elétrica.

A Índia concentra 1/3 da pobreza mundial, com mais de 360 milhões de habitantes vivendo abaixo da linha da pobreza. Esse é o produto que eles tinham em mãos em 2013, e pouco mudou desde então.

O Ministério do Turismo promoveu diversas atividades promocionais para a campanha *Incredible !ndia*, contratando uma consistente estratégia de comunicação de mídia para TV, revistas, online e rádio.

No entanto, a indústria do turismo não ficou impressionada. Apesar de a campanha ser muito bem recebida, o turista que se encanta com as promessas de encontrar uma Índia incrível, se depara com o caos e falta de infraestrutura. A maior preocupação da indústria de turismo é justamente essa, o país não está preparado para mostrar algo que não entrega. O turista, ao chegar ao país, se decepciona com esses problemas, às vezes passa apuros e isso pode gerar problemas de reputação.

A narrativa da campanha na versão feminina mostra essa jovem que viaja sozinha pelo país. Ela se diverte, obtendo experiências fascinantes, inclusive quando sua motocicleta quebra (sim ela está viajando de moto, sozinha, na Índia). Nesse momento do filme a hospitalidade indiana é demonstrada e vários homens ajudam a moça e até dão carona para ela(!). Sem perigo algum(!). Pausa para o contexto da construção dessa narrativa. Não duvidamos que existem muitos indianos gentis, mas investigamos informações reais e atuais para escrever o livro, usando também o pensamento crítico.

De acordo com uma pesquisa da fundação TrustLaw, a Índia **é a pior nação entre o G20 para ser mulher**. O levantamento, divulgado em 2011, levou em conta quesitos como políticas de igualdade, proteção e acesso à saúde. Os casos de estupros aumentaram e diversas mulheres turistas sofreram esse crime hediondo nos últimos dois anos.

Algumas dessas mulheres morreram. Algumas eram turistas estrangeiras e, por isso, os protestos contra o estupro expuseram ao mundo outro problema crônico no país: a violência contra a mulher.

Os crimes dessa natureza são vistos como resultado de uma cultura patriarcal, machista e conservadora. Em uma sociedade onde as mulheres e meninas ainda são vendidas, se casam com apenas 10 anos de idade, são queimadas vivas em disputas de dotes familiares, são exploradas e abusadas em trabalhos domésticos escravos; a mulher tem pouco espaço para viver "aquela experiência incrível" mostrada no filme de 2013.

A história está errada e, a nosso ver, esse é o *case* de *destination brand* que, apesar de eficiente (porque é atrativo e gera resultado de conversão de turistas), induz a escolha de uma marca que promete o que não pode cumprir, portanto não é responsável. Nesse caso, ela não entrega segurança e infraestrutura para mulheres estrangeiras em apuros. Portanto a narrativa não é verdadeira. Por que não uma turma de jovens viajando pela Índia? Isso seria mais crível e factível com a realidade.

Não adianta fazer Storytelling sem entender o contexto. Vários países disputam o turista prometendo experiências maravilhosas. A Índia deve ser mesmo incrível, mas um bom Storytelling para uma marca país deve ter uma narrativa verdadeira e autêntica de acordo com a sua realidade.

ISLÂNDIA

Que palavras vêm à sua cabeça quando se fala em Islândia?

Para nós, muito gelo, gelo e gelo, um vulcão com nome estranho e quase impronunciável, frio, muito frio, vikings e a famosa cantora e atriz Bjork.

No entanto, você talvez não saiba que, em outubro de 2008, o sistema financeiro da Islândia quebrou e os três principais bancos do país foram à falência.

O colapso financeiro era apenas um dos problemas a serem resolvidos. O outro problema era o Eyjafjallajkull, o vulcão com nome difícil de pronunciar.

Esse vulcão muitas vezes interrompe e interfere na atividade aérea dos aviões, afetando o turismo do país e da Europa. Embora a última atividade do Eyjafjallajkull tenha sido em 2010, ele causou muitos prejuízos e uma percepção negativa para o país que se estendeu nos anos seguintes.

Para minimizar essa imagem negativa e aumentar o turismo no país, criaram uma plataforma de comunicação.

O conceito *Inspired Iceland* teve uma campanha com verba de dois milhões de libras para mídia online, rádio e mídia impressa. Foram criados também vídeos nas redes YouTube e Vimeo, como também página no Facebook e comerciais baseados em características demográficas, e *posts* no Twitter e blog.

Islandeses foram incentivados e encorajados a dividir suas histórias e costumes em mídias sociais, para inspirar turistas. Foram mais de vinte histórias compartilhadas com o mundo — a campanha criou experiências únicas e pessoais, e em 10 semanas se tornou um país desejável para ser visitado, trazendo 163 milhões de libras para a economia islandesa com 27% de aumento de visitantes.

Também promoveu a música, artes, moda e culinária, destacando a faceta cultural do país.

A campanha era impecável em design e fotografia com alta qualidade na edição. Um dos vídeos, *Isle of Awe Land* (sendo uma brincadeira com "Iceland" e "Ilha de 'ohhh!'" como que acentuando o deslumbre), conta com *shots* diversos, como fotos em movimento, capturando momentos vividos no país.

A Islândia parece estar com sorte. O sucesso do canal HBO, *Game of Thrones*, filmou em 2011 parte de sua terceira temporada no país, mostrando cenas da Muralha do Norte. Em 2013 e 2014 voltaram para filmar novos capítulos. E todas as agências de turismo do país passaram a vender pacotes para conhecer algumas das belas paisagens onde *Game of Thrones* foi filmado.

Para finalizar, uma curiosidade, a Islândia tem sido chamada de Hollywood do Norte e suas paisagens exóticas servido de locação para filmes importantes como *Thor, 007 – Um Novo Dia para Morrer* e *Interstellar*, entre outros. Uma estratégia similar à da Nova Zelândia, que hoje é o local dos *hobbits*. Se a Islândia desenvolver uma plataforma consistente de comunicação usando Storytelling nos próximos anos, poderá ganhar novos turistas e um reconhecimento importante de marca-país para viajar.

Já que estamos falando que até países podem ser projetados como marcas em histórias, vamos ao próximo tópico, que trata de design.

E o Brasil? E as cidades brasileiras com suas histórias, qual o maior desafio para fazermos Storytelling para elas? Você conhece algum *case* de Storytelling ou *place branding*?

PENSE

4.5. STORYTELLING NO DESIGN

> "Na verdade, eu sou um pouco crítico com essa coisa de Storytelling."
>
> — *Stefan Sagmeister, designer gráfico.*

O austríaco Stefan Sagmeister é reconhecidamente um dos maiores ícones do design mundial. Sempre criativo e quase sempre polêmico, ele é famoso por tirar a roupa sempre que tem algo importante para comunicar sobre a sua agência. Não poderia ser diferente quando em 2014 lançou um vídeo de 2 minutos, intitulado de *You Are Not a Storyteller*. Gerou muita polêmica! Alguns apoiaram seu manifesto, outros criticaram e muita gente compartilhou nas redes. A parte central do manifesto segue abaixo:

"Recentemente, li uma entrevista com um designer de montanhas-russas que se intitulava como storyteller... Não, imbecil! Você não é um storyteller, você é um designer de montanhas-russas. (...) por que você gostaria de ser um storyteller se você projeta montanhas-russas? Ou então, se você realmente estiver contando histórias, elas são uma porcaria: você vai e atravessa pelo espaço e vai para cá e para lá.... Essa é a sua história!? Essa é uma história picareta! Ela é chata! Pessoas que realmente contam histórias, ou seja, pessoas que escrevem romances e fazem filmes, não se chamam de Storytellers".

Até os 28 anos um dos autores deste livro nunca tinha provado bacalhau. Ele dizia temer algum tipo de reação alérgica, mas o motivo principal era mais banal. Sempre teve contato com o peixe no supermercado, observando a carne excessivamente salgada e sem o menor apelo e o cheiro enjoativo. Aconteceu o óbvio, sequer se deu ao trabalho de provar. O mesmo acontece com muitos designers quando o assunto é Storytelling. O equivalente do bacalhau salgado no supermercado é encontrar o tema no Google em textos frios e desencontrados que postulam "As X Verdades" sobre o assunto. Foi isso que aconteceu com Stefan Sagmeister.

As diversas aplicações de Storytelling **165**

Retomando o exemplo do bacalhau, sempre que alguém oferecia um "prato típico português", nosso autor já ligava o radar. Quando a receita era enfim revelada, no momento do "ba-" ele já antecipava e dizia que sofria de uma espécie rara de alergia. Não era de todo mentira, já que havia sim uma rejeição psicológica. O equivalente acontece com muito profissional que lê "stor-" em *briefings* de clientes.

Não é nenhum segredo guardado a sete chaves que a maioria das pessoas rejeita aquilo que desconhece. Assim como é natural a criação de um preconceito quando se tem contato com algo novo em uma condição desfavorável. Então entendemos quando designers e até publicitários apoiaram o discurso de Stefan Sagmeister.

Apesar de falar com muita convicção, Stefan Sagmeister mostra seu desconhecimento sobre o assunto. Ele diz que a grande referência de Storytelling são as pessoas que escrevem livros e fazem filmes e que essas pessoas não se denominam Storytellers. Podemos recorrer ao Oscar, um dos eventos mais midiáticos do planeta e grande referência do cinema mundial. Na edição de 2015, Cheryl Boone Isaacs, a presidente da Academy of Motion Picture Arts and Sciences, abriu o evento dizendo: "estamos aqui para celebrar Storytellers". Considerando que a pessoa mais premiada pelo Oscar foi Walt Disney, faz todo o sentido. Walt sempre foi o maior defensor do Storytelling e marcou a história com frases que demonstram seu poder: "nós restauramos a ordem com imaginação. Nós instauramos esperança de novo e de novo e quantas vezes forem necessárias. É isso que nós Storytellers fazemos".

Muito antes de a palavra Storytelling entrar no vocabulário popular, pessoas que escrevem livros e fazem filmes já recorriam ao termo, ao princípio e às técnicas. Para ilustrar, citamos um trecho de uma entrevista de 1994 do Cineasta Quentin Tarantino com a apresentadora televisiva Charlie Rose.

Charlie Rose: O melhor de *Pulp Fiction* é quando você ultrapassa a coisa da história?

Quentin Tarantino: Bom, não, para mim, na verdade – eu, na realidade, penso que a minha maior força, ou pelo menos, uma das minhas maiores forças está no meu Storytelling.

Charlie Rose: Yeah!

Quentin Tarantino: Você sabe, porque na verdade, estou comprometido em contar uma história.

166 Guia Completo do Storytelling

Se deixarmos um pouco de lado as pessoas que fazem filmes e passarmos a estudar as pessoas que escrevem romances, não é preciso dedicar muito tempo de pesquisa para comprovar que todos os grandes autores da história sempre destacaram sua capacidade de contar histórias, a começar por Jodi Picoult, autor best-seller internacional que lançou um livro chamado *The Storyteller*. Ele é um entre centenas de autores célebres como Liev Tolstói, William Trevor, Philip Pullman, Madeleine L'Engle, Sophie Marceau que usaram o termo Storyteller para se descrever.

A autora do *Writer Unboxed*, um dos blogs mais conceituados sobre escrita criativa, Liz Michalski propôs uma reflexão: "Escritor, Autor ou Storyteller?" Ela respondeu dizendo que atua em muitos papéis como esposa, mãe, irmã, filha, ávida leitora e até voluntária, mas que storyteller vem antes de praticamente tudo. Inclusive para ela o termo 'autor' é só mais uma das extensões de ser uma storyteller. Afinal, quando ela conta uma fábula para os filhos dormirem, ela não está sendo escritora ou autora, mas storyteller. Nos comentários, muitos outros autores concordaram com a abordagem.

Fica claro que tanto quem faz filmes como quem escreve romances se vê como um storyteller. Se ampliarmos a pesquisa para outras áreas como músicas e dramaturgia, veremos que todos buscam contar histórias. Até mesmo as artes plásticas possuem uma história no centro de suas obras. Leonardo da Vinci muitas vezes descrevia uma pintura antes mesmo de pintar o quadro. Infelizmente, parte de seus textos desapareceu, no entanto, alguns sobraram para comprovar, como a narrativa sobre o Dilúvio.

Ao contrário do que Stefan Sagmeister propunha, podemos constatar que Storytelling é o ponto de intersecção entre todas as artes. O próprio Sagmeister cita o artista plástico Donald Judd, que certa vez comparou arte e design. Considerando que a arte tem Storytelling como base e o design anda lado a lado com a arte, por que a base do design seria diferente? Aliás, é aí que Storytelling ganha a sua maior relevância: ao contar uma história fica mais fácil garantir a funcionalidade do design sem perder o contato com a expressão artística.

Também não quer dizer que tudo o que um designer faz é uma história, nem que todo e qualquer designer seja um storyteller. Basta conhecer a primeira técnica do curso mais básico para perceber que a intuição nem sempre é amiga da boa narração.

As DIVERSAS APLICAÇÕES DE STORYTELLING **167**

Nesse ponto Stefan Sagmeister acerta em cheio. Ele termina o vídeo falando, "Existe uma falácia por aí. Você sabe essa coisa de 'eu vi um grande número de filmes, então eu devo ser capaz de fazer um'. É claro que esse é o pensamento mais estúpido de todos os tempos. É como pensar 'Oh, eu assisti a uma filarmônica, é por isso que eu sou um violonista virtuoso'".

Passar a vida vendo filmes e lendo romances realmente não faz um storyteller. Isso pode moldar um crítico, talvez. Consumir histórias é fundamental para montar o repertório, mas não desvenda como colocar uma história de pé. Para isso é preciso estudar Storytelling e praticar muito. Mas é possível aprender. Da mesma forma como alguém que aprecie concertos pode ter aulas de violino e com muita dedicação venha a se tornar um músico.

A parte mais conceitual do design pode ser difícil de criar. O Storytelling pode ajudar a inspirar. Esse é um desafio que aflige muitos designers, inclusive o próprio Stefan Sagmeister. Em outro vídeo, chamado *A New Point of View*, Sagmeister explica seu processo criativo: "vamos supor que eu tenha que criar um novo caderno. Normalmente eu olharia para todos os cadernos que existem no mercado. Também olharia para a experiência que tenho com esses cadernos. Perguntaria para usuários de cadernos o que eles esperam de um produto desses. E aí faria mais um caderno como qualquer outro que você encontra nas livrarias. Então vamos dizer que façamos um caderno começando com água. Só porque tenho um copo d'água aqui do meu lado. Seria um caderno molhado? Seria um caderno esponjoso? Talvez um caderno com uma capa esponjosa... Hmmm, isso não faz muito sentido. Talvez não. (...) Não vou dizer que o caderno com capa esponjosa é uma ótima ideia, mas, pelo menos, tive algumas ideias que podem funcionar." Fica claro que em nenhum momento ele pensou em relacionar o caderno com algum trabalho anterior. Dessa forma, ele sempre tem que partir da estaca zero. Essa é a grande diferença quanto ao Storytelling. Mesmo que a ideia seja olhar por outros ângulos ou pontos de vista, tudo fica mais fácil quando se tem o universo de uma história para ajudar a escorar o projeto.

Pensar na história por trás do design ajuda a preparar um terreno muito mais fértil. Vejamos a marca Wonka, que pertence à Nestlé. Trata-se de um negócio mundial de mais de 100 milhões de dólares. Criar essa marca do zero teria sido difícil. Mas com a história de *A Fantástica Fábrica de Chocolates* por trás, ficou fácil buscar referências e elementos do imaginário para traçar uma marca com personalidade e estilo.

Seguindo por outro caminho, pensar em ficção científica sempre foi um processo muito utilizado para inspirar a criação de um produto revolucionário. O iPod foi um desses produtos que mudou o mercado e seu nome é uma homenagem ao Pod do filme *2001, Uma Odisseia no Espaço*.

O nosso autor que não gostava de bacalhau tem vários projetos de Storytelling e um deles é viajar o mundo em busca da Nova Maravilha. Quando chegou a Portugal pela primeira vez, ficou hospedado com um tio muito querido, que estava morando em Covilhã a convite da Universidade da Beira Interior. Logo na primeira noite, o jantar incluiu enguilitas, uma iguaria espanhola que, conforme o nome indica, é composta por filhotes de enguia. Nosso autor torceu o nariz e seu tio não perdeu tempo para estabelecer a regra da casa: só três ingredientes poderiam ser rejeitados. Os demais deveriam ser, no mínimo, provados na quantidade que estivessem no prato. Imediatamente o primeiro ingrediente rejeitado foi a enguilita, o segundo ingrediente rejeitado foi 'cobras' já que nosso narrador conhecia histórias sobre o paladar desse tipo e o terceiro ingrediente foi carne de cavalo, por motivos sentimentais. Nosso autor achou que estaria bem coberto com essas restrições.

Na tarde seguinte foram a um restaurante e pediram o prato do dia sem sequer ver o cardápio. Qual não foi a surpresa do nosso autor ao ver o garçom levantar a tampa metálica e revelar meia peça de bacalhau. Meio desconcertado, pensou em apelar para a alergia, mas regra é regra. Então, respirou fundo, tapou as narinas e cravou uma mordida no peixe. O sabor chegou junto com o aroma e foi uma questão de segundos até que pudesse julgar: "Meu Deus! Quanto tempo que eu perdi na minha vida! Quanto bacalhau já poderia ter comido..."

Depois desse almoço, nosso autor passou a aproveitar o fato de estar em Portugal e toda vez que adentrava um restaurante logo escaneava o cardápio em busca da palavra que agora soava mágica. Foi então que uma coisa curiosa aconteceu, gostou tanto de bacalhau que não conseguiu mais comer de qualquer jeito. Com o repertório veio o refinamento. Hoje ele só come bacalhau quando muito bem preparado.

Caso Stefan Sagmeister tivesse buscado aprender Storytelling em vez de rejeitar sem entender, talvez não tivesse que tirar a roupa toda vez que tem algo importante para falar. Ou, pelo menos, não de forma tão gratuita.

Mais do que conceito criativo, Storytelling trabalha o contexto criativo. Mais do que uma grande ideia, é um grande enredo capaz de envelopar qualquer projeto. Isso vale ouro para o design.

Uma boa história ajuda a traduzir qualquer tema em algo mais compreensível. Por isso que sempre foi tão usado na educação, nosso próximo tópico.

MORAL DA HISTÓRIA

Nem todo designer é um Storyteller, mas poderia ser.

4.6. STORYTELLING NAS CIÊNCIAS

"Sempre senti que as maiores e mais belas histórias da humanidade não foram as cantadas por bardos ou escritas por dramaturgos ou romancistas, mas contadas por cientistas. As histórias da ciência são muito mais magníficas, envolventes, profundas, estranhas, assustadoras, misteriosas e até mesmo emocionantes se comparadas com as da literatura. O único porém, é que essas histórias maravilhosas estão trancadas em equações frias que a maior parte das pessoas não sabem como ler."

— *Liu Cixin, cientista que trabalhou durante anos em uma usina termoelétrica até migrar para a escrita e se tornar o maior autor chinês de ficção científica.*

- **Alerta 1:** A ciência é dura. Não leia este capítulo, ele pode mexer com suas crenças.

- **Alerta 2:** Storytelling tem uma péssima reputação na ciência. Se você for cientista, talvez queira pular este capítulo.

- **Alerta 3:** A ciência 'dura', por sua vez, tem uma péssima reputação junto aos storytellers. Se você for um cientista, talvez seja melhor ler o capítulo, mesmo que queira pular.

Ao longo dos capítulos anteriores, muitas vezes ressaltamos que o Storytelling é uma das maiores descobertas da humanidade, pois com essa capacidade de contar histórias chegamos ao século 21 com grandes transformações tecnológicas. Vimos também o poder do Storytelling sob a ótica da ciência com a capacidade de persuasão em nossas mentes.

Ao desenvolver este capítulo, houve muita polêmica, pois o simples fato de relacionar "ciências duras" como física, astronomia, química com algo muitas vezes visto como banal como histórias pode suscitar discussões. E por quê?

Alguns cientistas defendem esta abordagem: "Você precisa saber como contar uma boa história" como foi o caso da cientista premiada Penny Bailey que respondeu ao jornal britânico *The Guardian* sobre o que ela gostaria de explicar aos colegas. A frase de Penny Bailey é aplaudida por alguns, mas completamente ignorada por outros cientistas, por que será?

É mesmo necessário ter um capítulo sobre aplicação na ciência? Vamos pular essa parte, nenhum publicitário, executivo ou comunicólogo vai se interessar por isso. Mas talvez... professores se interessem? E não há uma poderosa analogia sobre Gestão de Conhecimento nesse contexto?

Fato: há um esforço contínuo da comunidade científica em tornar a ciência mais acessível para todos. Carl Sagan já defendia isso há muitos anos e vamos citar um exemplo mais adiante.

As diversas aplicações de storytelling **171**

A maneira mais eficaz de divulgar a ciência é fazer com que as pessoas sejam capazes de entendê-la. Mas se a ciência é hermética e tão complexa como e por onde devemos começar?

Explicamos que 50% dos autores, ou seja, um dos autores é apaixonado por ciência e fã de ficção científica. Além disso, gosta de astronomia. Sim, aquele assunto complexo e cheio de números e cálculos. Mas ela — a Martha Terenzzo — só se apaixonou pelo tema porque seu pai contava histórias sobre a lua e as estrelas desde que ela tinha cinco anos.

Com esse insight e de comum acordo, decidimos abordar três questões sob o Storytelling aplicado à ciência:

Primeiro: áreas de Pesquisa e Desenvolvimento: engenheiros, biólogos, programadores, químicos, físicos, matemáticos precisam se comunicar e transformar seus complexos conhecimentos em saberes palatáveis e com usabilidade para toda empresa e seus *stakeholders*. Mais do que isso, que tal conseguir investimentos para aprofundar sua pesquisa?

Segundo: o assunto é extremamente complexo, poucos são os que se interessam por ele e durante séculos, a fé religiosa confronta seus preceitos. Um dos tópicos a seguir é Storytelling na religião, em que veremos o enorme poder de transformação das crenças em fé e um alto grau de sofisticação do uso da palavra. Na ciência é o contrário. Palavras difíceis, de acesso limitado, ainda que amplo para um público acadêmico, fechado e muitas vezes polêmico. A ciência, para ser compreendida, precisa ser contada para as pessoas, desde criança se possível;

Terceiro: a ciência é recorrente em nossas vidas, mesmo que não tenhamos o conhecimento sobre causa e efeito, vivemos em um planeta e em uma era cercada de ciência. A tecnologia científica está na geladeira que congela nossos alimentos, nos óculos que alguns usam, nos carros que dirigimos, nos remédios que tomamos, nas contas que fazemos, nos celulares com os quais nos comunicamos, no protetor solar, na máquina de lavar.

Poderíamos discorrer a respeito desse assunto em nossas vidas por mais alguns capítulos, mas temos que ter foco. Vamos mostrar alguns exemplos de cientistas que utilizaram histórias para disseminar o conhecimento de suas áreas e como isso trouxe resultados positivos.

Pois vamos ao desafio proposto em abordar primeiramente a narrativa para os cientistas das empresas e organizações científicas usando Storytelling.

A frase que escolhemos para iniciar este capítulo explica o que é mais comum para cientistas: especificações, tabelas, fórmulas e números. No entanto, tudo isso tem uma história por trás e muitas vezes é a própria vida.

Durante a Segunda Guerra Mundial, o governo britânico montou uma equipe que teve por objetivo quebrar o Enigma, o famoso código que os alemães usavam para enviar mensagens aos submarinos. Um de seus integrantes era Alan Turing, um matemático de 27 anos estritamente lógico e focado no trabalho, que tinha problemas de relacionamento com praticamente todos à sua volta.

Apesar de sua intransigência, Turing rapidamente consegue liderar a equipe. O desafio do projeto é construir uma máquina que permitia analisar todas as possibilidades de codificação do Enigma em apenas 18 horas, de forma que os ingleses conheçessem as ordens enviadas antes que elas fossem executadas.

Essa é a sinopse do filme *O Jogo da Imitação*, cinebiografia do gênio cientista britânico, Alan Turing, que não teve uma vida fácil, apesar das diversas conquistas científicas em sua carreira, sendo um dos primeiros a conceber os princípios do que daria origem aos computadores modernos.

Trazer a história do cientista para um filme de bilheteria com milhares de espectadores é revelar um pouco da ciência para os "pobres mortais", e melhor, em forma de entretenimento.

Ao escrever ou explicar ciência, é necessário entender o perfil da audiência que estará lendo ou escutando. Entendemos que muitos artigos são científicos e para a comunidade científica, mas nem sempre é assim. Transformar fórmulas, números e especificações em uma narrativa fácil de compreender pode ser mais difícil para os pesquisadores. No entanto, é por meio desse entendimento que eles poderão ter valiosos investimentos para suas pesquisas ou seus projetos aprovados em uma banca do Conselho de uma grande indústria de beleza, por exemplo.

Para isso, alguns cientistas também se apoiam em certas formas narrativas para potencializar a compreensão de seus artigos e explicações.

Para a cientista Penny Bailey, existem alguns fatores importantes que devem estar presentes em uma boa história científica, entre eles estão também alguns dos aspectos mais importantes do Storytelling na comunicação, o aspecto humano que torna todo o texto mais vivo, dando uma alma para o conteúdo e produto da escrita.

Muitas vezes é interessante contar sobre as dificuldades de se chegar ao resultado, falar dos conflitos, das escolhas, das hipóteses e de como tudo foi superado. De forma mais humana é possível gerar a curiosidade comum a toda audiência. Penny ressalta algumas dicas para cientistas:

- Explore os aspectos humanos da história, os personagens e a jornada pessoal do protagonista cientista ou sob a ótica de uma pessoa que será afetada por essa ciência;

- Saiba contar a sua história e conheça o conteúdo do qual está falando. Obviamente o cientista entende dos fatos e dados pesquisados, mas é importante entender profundamente todas as hipóteses;

- As metáforas podem ser usadas para dar explicações difíceis ou oferecer um ponto de vista diferente durante o texto;

- Alguns elementos de dramaticidade inerentes à história podem ser citados, por exemplo, a dificuldade das escolhas, os conflitos de interesses de comunidades distintas, o senso de urgência imposto para uma determinada análise e estudo e as surpresas e revelações detectadas a cada instante da pesquisa;

- Cuidado para não se perder nos detalhes do conteúdo, dê ao leitor o que realmente importa.

O Storytelling não manipula os dados e fatos, ele pode potencializar as informações mais importantes, explicar aquilo que não é facilmente entendido, estimular novos saberes. Complementamos que todos os ensinamentos sobre escrita e narrativa presentes no livro ajudam um cientista a escrever ou contar suas hipóteses e descobertas.

Nosso segundo ponto sobre aplicação do Storytelling na ciência é sobre aprendizado e como a ciência pode ser ensinada para crianças e adultos. Sabemos que para se apropriar da atenção da audiência é preciso contar boas histórias.

Causos, piadas, exemplos, são muito mais apropriados para ensinar, mais fáceis de serem compreendidos e geram maior engajamento, segundo o professor Michael Dahlstrom, da *Greenlee School of Journalism and Communication*, na Universidade *Iowa State*. Em seu estudo, ele demonstra que o ensino usando a comunicação tradicional-lógico-científica é menos eficaz, pois compete com a atenção de todas as outras informações rotineiras.

Você já deve ter ouvido falar em Carl Sagan, astrônomo, astrofísico, cosmólogo e escritor que deixou mais de 20 livros de ciência e ficção científica. Além disso, realizou e apresentou o famoso seriado de TV, *Cosmos*. E trabalhou na adaptação de sucesso, *Contato*, de 1997, filme homônimo de uma de suas obras.

Como apresentador, Sagan ajudou a comunicar e propagar a ciência de um jeito que ninguém tinha feito até então e para o grande público. Em *Cosmos* ele traduzia ideias complexas, conceitos de física e química e noções sobre o cosmo para pessoas que nunca tinha ouvido falar de ciência — e de maneira fascinante. A sua paixão transbordava para toda a audiência que acompanhava a série de TV nos anos 1980.

Grande divulgador científico do século 20, sua forma de narrar era simples e nada complexa, encantando leigos e especialistas. Sagan tinha o poder da didática, da palavra e uma oratória implacável, inspirando muitas pessoas a divulgar, ensinar e estudar ciência.

Cosmos teve 13 episódios na TV e todos hoje estão disponíveis no YouTube, para quem quer aprender um pouco de astronomia, física e cosmologia. Assim Carl Sagan disseminou seu conhecimento científico sobre planetas, sistemas solares e estrelas para mais de 750 milhões de pessoas ao redor do mundo.

Recentemente a série *Cosmos* foi relançada com o renomado físico Neil DeGrasse Tyson, assumindo o lugar de Carl Sagan. A nova versão atualiza o programa mostrando um resumo do conhecimento humano e sua trajetória.

Além da tecnologia ao seu favor, DeGrasse usa muitas histórias. A produção tem cenas em alta definição e animações em 2D. O mais interessante é o próprio De-Grasse usando técnicas de Storytelling com sua Nave da Imaginação para mostrar ao público as descobertas científicas que trouxeram a humanidade até os avanços tecnológicos mais recentes.

A popularização do conhecimento científico nesse programa de televisão é um sucesso. O conteúdo é sério e de alta qualidade sem ser chato, e, por isso, também é fácil de entender. O narrador demonstra empatia e também credibilidade por ser cientista. Por essas razões, a série *Cosmos* é hoje material integrante do currículo básico estudantil nos Estados Unidos.

Cosmos na versão dos anos 1980 ou a de 2014 é um grande exemplo de como uma história bem contada pode nos ensinar sobre um assunto tão complexo e extenso como a ciência.

Frequentemente escutamos algo sobre descoberta científica em jornais, sites renomados e reportagens na TV. Mas o jornalista muitas vezes tem que traduzir essa linguagem técnica para algo que seja compreensível para as pessoas comuns. Um site interessante é o *Wellcome Trust* que demonstra o uso do Storytelling na ciência em formatos distintos. Tim Radford, um veterano jornalista científico, explica em um vídeo de 3 minutos **o que é** e **o que não é importante** explanar na comunicação sobre ciência para grandes públicos.

Veja a pergunta desse escritor: "Por que os oceanos são salgados?" O cronista Bill Bryson percebeu que tinha pouquíssimo conhecimento sobre o planeta em que vivia e, além disso, tudo que lia, não era de acesso fácil. Como será que os cientistas realizaram suas descobertas? A indagação o levou à tarefa de entender o planeta e explicar o que a ciência sabe sobre o mundo, em uma linguagem compreensível a leigos.

Em *Brevíssima História de Quase Tudo*, Bryson parte da origem do universo e segue para assuntos atuais. Temas como física, geologia e paleontologia são considerados como difíceis para leigos e crianças, com isso, maçantes. Mas Bryson triunfa ao conseguir explicar cada um deles utilizando-se de uma narrativa leve, fugindo dos jargões técnicos sem abrir mão da profundidade.

O livro nas versões para adultos e crianças é considerado um clássico moderno da escrita científica pelo jornal *The New York Times*. Aclamado pelos críticos, é como um guia de viagem pela ciência sem precisar das terminologias científicas. Bryson tem uma narrativa viva, dramática e cheia de histórias.

E como unir humor à ciência usando histórias? *BAZINGA*!

Se você nunca ouviu essa palavra, vamos explicar mais adiante. A expressão popularizada é usada pelo personagem Sheldon Cooper, na série de TV americana *The Big Bang Theory*. Aliás, é sobre a série que vamos falar.

Você sabia que o *sitcom* tem como inspiração as vidas e amores de um grupo de cientistas do Instituto de Tecnologia da Califórnia, o Caltech? A série que foi lançada em 2007 é um dos seriados mais populares no território americano e já está na 8ª temporada. O roteirista Eric Kaplan inclui na sua vida acadêmica a consagrada Harvard e um doutorado incompleto na Universidade da Califórnia. Para equilibrar a ciência, ele sabe tudo sobre comédia tendo em seu currículo a série *Os Simpsons* e o programa de TV *The Late Show With David Letterman*.

Para ele a arte imita a vida, a Harvard que ele viveu é muito parecida com a versão do Caltech da série principalmente porque ali havia um pessoal interessado e apaixonado de verdade pelo que fazia. Um universo em que todos mergulhavam muito fundo nos estudos.

A ideia de que alguém se interesse mais pelos problemas incríveis que a vida oferece do que por um joguinho de status era genuína e é isso que ele retrata com os personagens da série.

A pesquisa sobre conteúdo científico existe e quase sempre em vez de discutirem sobre relacionamentos e emoções do cotidiano, eles brigam por causa das ciências. Por exemplo, podem passar um episódio discutindo, de forma humorada, quais seriam as prioridades relativas da neurociência e da física. Em certas situações, o protagonista Sheldon questiona um ramo da ciência que considera importante e acha que os outros não compreendem. O Storytelling funciona porque do ponto de vista emocional eles sempre estão discutindo os termos de seus relacionamentos, mas mascaram o fato brigando sobre casos científicos. A ciência é um pretexto para a verdade humana.

Como boa parte da audiência do programa é composta por cientistas, os dados do seriado não podem ser inventados e para isso os roteiristas possuem consultores científicos sobre os assuntos.

Todos os roteiros passam pelas mãos do físico David Saltzberg. Ele revisa e corrige os erros que podem aparecer nas falas dos personagens. Às vezes, é ele quem dá o toque científico às cenas usando analogias e exemplos para que as pessoas possam entender.

A série popularizou não apenas o jeito *nerd* de uma tribo específica de cientistas, mas também trouxe à tona assuntos da *Science Times*, o acelerador de partículas CERNE na Suíça, a Sonda Mars, e até contou com a presença do físico Stephen Hawking em um capítulo. Ele interpretou a si mesmo em uma versão mais infantilizada que humilhava Sheldon em um jogo de *scrabble* online.

Já que citamos Stephen Hawking, vale destacar que ele já se tornou um personagem recorrente na cultura popular, com participações em dezenas de seriados e programas. Nada mais natural do que ele ganhar uma narrativa própria. Em 2015 entrou em cartaz nos cinemas o filme *A Teoria de Tudo*, uma cinebiografia sobre vida do cientista. Hawking é um físico de uma mente brilhante presa a um corpo paralisado pela esclerose lateral amiotrófica, doença degenerativa que costuma ser fatal.

O filme retrata como o jovem astrofísico fez descobertas importantes sobre o tempo, se especializou em cosmologia, estudando a origem e evolução do Universo. O cientista é também uma lenda pelo fato de ter ocupado durante três décadas (de 1979 a 2009) a cátedra de Professor Lucasiano da Universidade de Cambridge, mesma posição ocupada por 33 anos por Isaac Newton (1642-1726). O filme mostra seus conflitos de vida, seu romance com uma aluna de Cambridge e a descoberta motora degenerativa quando tinha apenas 21 anos. A humanização de um gênio sob a ótica do cinema, mais uma vez a ciência em um formato de entretenimento-conhecimento.

Hawking e sua esposa Lucy também escreveram um ótimo livro chamado *George e o Segredo do Universo*, uma aventura científica para crianças que ensina muito sobre a ciência do Universo.

O que dizer do físico Albert Einstein? Em 2006, Walter Isaacson, teve acesso às cartas e parte da correspondência que nunca havia sido revelada desde a morte desse cientista. O livro *Einstein – Sua Vida, Seu Universo,* lançado em 2007, mostra a biografia do grande gênio que elaborou a teoria da relatividade e desnuda a vida pessoal dessa mente genial. Para entender a revolucionária teoria quântica da luz, a existência do átomo e a equação sobre espaço e tempo, a mais conhecida na ciência, é recomendável entender o contexto e explosão de criatividade que Einstein vivia em 1905. Uma forma de ver a ciência e o cientista, por meio de histórias.

E finalizando o capítulo sobre ciência, não podemos deixar de citar o brasileiro, professor de filosofia natural, física e astronomia, na Faculdade Darmouth, e formado pela King's College, Marcelo Gleiser. As narrativas de Gleiser são poéticas, lúcidas e deliciosas. Ele é um pesquisador científico que traz a vontade de entender por que estamos aqui. Com base no humano centrismo ele questiona nossa posição no Universo.

Destacamos aqui dois livros sobre ciência, que são obrigatórios para pesquisadores: *Mundos Invisíveis: Da Alquimia à Física de Partículas* e *Criação Imperfeita: Cosmo, Vida e o Código Oculto da Natureza,* ambos de Marcelo Gleiser.

Parafraseando Gleiser, "meu pai, que me ensinou a enxergar o que não se vê" e lidou com uma criança perguntadora infernal, abriu as portas de um mundo invisível e encantador, mostrando que boas histórias podem ser inspiradoras e explicar a ciência.

Sobre o termo *Bazinga,* da série *The Big Bang Theory.*

O personagem Sheldon Cooper utiliza *Bazinga* depois de piadas e comentários sarcásticos para realçar o seu senso de humor que é fora do comum. A expressão criada por Sheldon, um físico teórico bastante estranho, ganhou tanta popularidade que hoje em dia é possível comprar camisetas com a expressão *Bazinga* e é normalmente falada entre brincadeiras de amigos. *Bazinga* vem da palavra "zing", que é usada quando alguém engana ou ridiculariza outra pessoa. Por uma questão de sonoridade e na tentativa de criar uma gíria diferente, acrescentaram o "ba" no início da palavra e o "a" no final, criando então a expressão. Obviamente, a palavra é comum no mundo *geek*.

Se é possível facilitar o acesso a temas duros e complexos como física, química, engenharia e astronomia, então deve ser possível fazer o mesmo com qualquer outro assunto ou disciplina, correto? É o que veremos no próximo tópico.

Os cientistas têm a obrigação de popularizar a ciência para não-cientistas? Será que essas histórias, *games*, séries, estimularão alguns jovens a estudar ciência? Arriscamos dizer que a ciência deve se manter viva e nutrir o desejo de aprender mais sobre o nosso Universo e sobre nós mesmos. O Storytelling é um caminho para que isso aconteça.

4.7. STORYTELLING NA EDUCAÇÃO

> "Se a História fosse ensinada em forma de histórias, ela jamais seria esquecida".
>
> — *Rudyard Kipling, poeta e romancista, autor de algumas das obras mais célebres da literatura inglesa como O Homem que Queria Ser Rei.*

Assim como grandes cientistas contaram histórias para explicar suas descobertas — como Isaac Newton e a história da maçã para explicar a gravidade — da mesma forma educadores célebres da humanidade recorreram às narrativas para ensinar seus pupilos.

Como já vimos no segundo capítulo, tudo indica que o ensino tenha sido a aplicação mais antiga do Storytelling. Para resumir, existem cinco principais benefícios dessa prática:

1. Gerar uma comunicação mais próxima com o jovem;

2. Conquistar o interesse de novos alunos;

3. Transmitir o conhecimento de forma mais interessante;

4. Garantir um aprendizado mais eficiente, por ser demonstrado na contextualização;

5. Permitir uma intertextualidade entre disciplinas, já que as histórias nunca são sobre um único assunto.

Acima de tudo, o Storytelling pode resolver aquilo que chamamos de Paradoxo da Compreensão: "só se compreende um novo conhecimento quando se presta atenção, só prestamos atenção naquilo que julgamos como útil, só julgamos como útil aquilo que somos capazes de compreender."

O GRANDE PROBLEMA: A RETENÇÃO É SELETIVA

Um dos autores deste livro passa uma temporada anual viajando para algum lugar do mundo em busca das Maravilhas da Humanidade. Em sua primeira viagem passou alguns dias na Holanda hospedado com alguns amigos locais. Além de conhecer lugares fascinantes, conheceu pessoas. Algumas dessas pessoas eram imigrantes que residiam no país há tempos. Um deles havia se mudado para Amsterdã havia sete anos. Mesmo assim, nenhum dos imigrantes falava holandês. Diziam que a língua era muito difícil. Foi uma espécie de choque para o nosso autor-aventureiro, que sempre acreditou que bastava viajar para aprender novas línguas.

Essa descoberta foi reforçada em mais viagens a outros países. Muitos imigrantes, apesar da total imersão em uma nova cultura, não aprendem a língua local. Ele ficou pensando "se uma pessoa pode não aprender um conjunto de informações fundamentais mesmo quando cercada pela informação no cotidiano, então o que é preciso fazer para ensinar alguém sobre algo?"

O autor-aventureiro não foi o primeiro e certamente não será o último a levantar essa questão. Mesmo pessoas que não estão diretamente ligadas à pedagogia já filosofaram sobre o assunto. O grande guru do marketing, Philip Kotler, ensina

As DIVERSAS APLICAÇÕES DE STORYTELLING **181**

que, para que uma mensagem seja efetiva, o processo de decodificação precisa ser coerente com as experiências passadas do receptor e estar de acordo com suas expectativas. Em outras palavras, as pessoas entendem aquilo que querem e aquilo que podem. Não conseguimos prestar atenção em tudo. *Expert* em marketing desde 1998, ele já explicava: "diariamente, nos grandes centros urbanos, somos alvo de 1.600 mensagens comerciais, sendo que destas apenas 80 são percebidas de maneira consciente e 12 podem provocar algum tipo de reação, que nem sempre se revelará em compras efetivas."

No entanto, hoje temos um aumento assombroso para mais de 5 mil mensagens por dia, segundo o Instituto de Pesquisa Nielsen. Nossa capacidade de absorção não aumentou, e é isso o que chamamos de atenção seletiva.

Para intensificar essa questão, a sociedade moderna tem sofrido com a chamada "Síndrome do Objeto Brilhante". Cientistas da *University of Southern California* usaram a analogia de um jornal de 85 páginas. Eles descobriram que em 1986 nós consumíamos 40 jornais cheios de informação ao longo do dia. Esse número mais do que dobrou, para 174 em 2007. Não por acaso. O LinkedIn foi lançado em junho de 2003. Facebook começou em 2004, o YouTube em 2005, o Twitter em 2006. E agora também temos Pinterest... e Instagram... e WhatsApp.

Com o aumento das informações e das interferências que sofremos ao longo do dia, nossa capacidade de concentração diminuiu. A média do déficit de atenção dos seres humanos caiu de 12 segundos em 2000 para 8 segundos em 2013. Quem afirma essa diminuição de 33% da capacidade de concentração é um estudo feito pelo Centro Nacional de Informação Biotecnológica da Biblioteca Nacional de Medicina dos Estados Unidos.

Não bastasse, temos ainda mais um complicador no processo de aprendizado, que chamamos de 'Retenção Seletiva'. Mesmo quando prestam atenção, as pessoas guardam na memória apenas uma pequena fração das mensagens que chegam até elas. Por exemplo: você acabou de ler, mas será que se lembra do nome completo da instituição que realizou a pesquisa sobre o déficit de atenção? Em que ano foi lançado YouTube? E qual era o nome da síndrome? Quantas mensagens comerciais recebemos por dia? Enfim, você entendeu o problema.

Solução: revelação seletiva

Conhecemos a Xerazade no segundo capítulo. Ela era uma contadora de histórias nata e usou esse poder para salvar o reino de uma série de assassinatos. Ao se casar com o imperador, logo na primeira noite (que até então seria a última) contou uma história tão fabulosa que só foi interrompida pelo raiar do sol. A curiosidade do imperador fez com que ele concedesse a ela mais um dia de vida, para saber a continuação. Na noite seguinte veio o final da história seguida pelo começo de outra, que foi interrompida pela próxima alvorada. Assim sucessivamente, durante mil e uma noites. O truque estava em não chegar até o fim.

O "pulo do gato" é o mistério que garante o envolvimento. Reter informação de maneira proposital pode parecer óbvio, mas, na verdade, chega a ser contra intuitivo para boa parte dos educadores.

Seria de se esperar que um professor entrasse na sala de aula e anunciasse, "hoje vamos ver as causas que levaram à Revolução Francesa". Já um professor storyteller começaria diferente. Ele falaria da grandiosidade do palácio de Versalhes e depois contrastaria com a pobreza de uma população faminta. Contaria as loucuras de um homem que se intitulou de 'Rei Sol' e que teve sua vida exposta por muitos escritores. Talvez até ele aproveitasse para fazer um *flashback* e falar do iluminismo que gerou esses escritores. Depois o professor storyteller contaria sobre pressão religiosa contra a qual os iluministas lutavam. Finalmente narraria as loucuras da rainha Maria Antonieta. Só então, para fechar a aula, ele diria "e hoje vimos as causas que levaram à Revolução Francesa".

O simples ato de reordenar as informações já pode fazer muita diferença no aprendizado de novos conhecimentos. Mesmo em apresentações corporativas essa prática é notável. A tendência é um apresentador começar a sua exposição falando o nome do projeto que vai apresentar e isso é suficiente para desestimular a audiência, "lá vem mais alguém falar de mais um projeto". Com a lógica de Storytelling seria diferente. O apresentador chegaria com uma informação reveladora e depois desenrolaria o problema a ser enfrentado e só então traria o projeto à tona. Ele deixa para revelar o projeto não como introdução, mas como solução. Toda aula pode seguir essa lógica, em que a chave do conhecimento está inserida em um momento estratégico da história.

Existem ainda outros mecanismos de Storytelling que potencializam ainda mais o aprendizado. Você pode não saber o nome dos seus vizinhos, mas lembra o nome dos personagens do último filme que viu no cinema. Esses nomes ficam gravados em nossas mentes porque o processo pedagógico é mais rápido e melhor construído quando feito por meio de vínculos e associações. Quando contamos uma história é mais fácil de apresentar as informações mais importantes diversas vezes, em contextos diferentes.

Além disso, memórias são emocionais. Quando vivenciamos um sentimento muito impactante, acabamos registrando todo o contexto em que estava inserido. O que você estava fazendo quando ficou sabendo da morte de Ayrton Senna? Ou do atentado de 11 de setembro? Você vai lembrar onde estava, o que estava fazendo, quem te acompanhava...

A mesma coisa acontece com momentos marcantes de uma história: todo o contexto da narrativa é impresso na memória. Depois basta qualquer lembrança relacionada para resgatar a cena completa. É só pensar em Harry Potter para virem à mente outros bruxos, Hogwarts e muitos duelos de magia. É por isso que as memórias que alcançam um nível coletivo viram cultura.

O PROCESSO DE STORYTELLING NA EDUCAÇÃO

Quando uma professora primária diz que 2+2=4, ela pode complicar a vida da criança, já que abstrair tende a ser mais difícil do que visualizar. Então, para facilitar, ela diz que Pedrinho tinha 2 maçãs e ganhou 2 e assim ficou com 4 maçãs. Certo, já facilitou. Pelo menos agora está menos abstrato. Isso não deixa de ser um princípio de Storytelling.

O problema é que a criança não sabe quem é Pedrinho e qual a vantagem de duas maçãs a mais na vida dele. Agora, se a história for da Magali que já tem duas maçãs e só precisa de mais duas para matar a fome, então fica mais fácil acompanhar e até torcer. E, a partir do momento que o aluno está na torcida, ela presta muito mais atenção aos detalhes... já que qualquer coisa pode fazer a diferença para o sucesso.

Mas aí aparece um detalhe fundamental: a história não é sobre as maçãs, mas sobre a Magali. As maçãs não passam de um pano de fundo para que os alunos acompanhem a Magali em mais uma aventura. Poderia ser o Cebolinha juntando quatro gravetos para preparar um plano infalível. Ou seja, na educação as histórias podem ser utilizadas como um contexto mais interessante para transmitir a informação.

Quanto mais conexões possíveis entre um assunto e o nosso arcabouço referencial, mais interessante este assunto se torna. Então o interesse por um assunto depende muito do referencial que já possuímos. E aí está o truque das histórias: elas podem introduzir um assunto totalmente novo em meio a assuntos conhecidos e assim gerar uma familiaridade. É o poder da contextualização existente em qualquer história.

No próximo tópico, vamos falar de um outro tipo de ensinamento, que muitos chamam de "escola de domingo".

O Storytelling foi feito justamente com a função de educação e é onde ganha muita força ao ser aplicado. O truque é destacar tudo aquilo que for importante — o que a audiência não pode esquecer — por meio de repetições recontextualizadas.

4.8. STORYTELLING NA RELIGIÃO

"Quando se adentra o âmago da espiritualidade e busca distingui-la da religião, destacam-se algumas diferenças marcantes. Uma das mais significativas é que a religião codifica a experiência de Deus, é doutrinária, dogmática e está inundada por rituais".

— *Mario E. Rene Schweriner, no capítulo 5 de Brandscendência: O Espírito das Marcas.*

E, no princípio, era o verbo…

Em muitas histórias da criação do mundo, a respiração é a analogia mais próxima ao espírito e à alma. Na Bíblia judaico-cristã, o livro do Gênesis relata como Deus dá vida à Sua criação com um sopro. *Ruach*, espírito em hebraico, é o sopro vital. Ao respirar, as pessoas inalam e absorvem parte dessa energia.

Sabemos que muitas pessoas até evitam discutir um assunto tão delicado como religião, mas é inegável a relação entre qualquer credo e contar uma boa história. Mas para isso é fundamental ressaltar que Storytelling pode ter relação tanto com a ficção quanto com histórias reais.

Ao abordarmos em um capítulo os temas religião e Storytelling, propomos um diálogo aberto, simples, direto sobre dois assuntos que exigem muita responsabilidade. Não há nenhuma pretensão a julgamentos, apenas reflexão sobre os dois temas, com respeito a todas as raças, costumes, cultura e crenças.

As narrativas de cada religião, independente de se acreditar nelas ou não, são histórias. E muito bem contadas. A Bíblia Sagrada, por exemplo, é uma coleção de escritos cujo tema é a história do mundo. Com diversos narradores, grandes personagens e muitos conflitos, a história avança com detalhes sobre o maior dos protagonistas: Jesus Cristo.

A estrutura dramática presente na história de Jesus Cristo não é a única existente na Bíblia, tanto que muitos fragmentos bíblicos têm sido adaptados para o cinema,

186 GUIA COMPLETO DO STORYTELLING

como a narrativa sobre Moisés sendo visualizado na animação *O Príncipe do Egito* ou no filme *Êxodo: Deuses e Reis*.

Pode-se constatar que Jesus foi um ilustre contador de histórias, criando aforismos que se espalhavam com alto poder de ressonância. Depois de muitos anos, as crianças ainda são entretidas pelas parábolas e os adultos ainda se sentem convidados por elas a refletir sobre suas próprias experiências com Deus, família e comunidade. São várias histórias dentro de uma grande história.

A narrativa bíblica cresce com o passar dos anos. O relato não está apenas escrito, mas também é pregado por padres, que complementam o que está no livro. Muitos religiosos relacionam suas próprias histórias com histórias bíblicas, criando um universo complexo de narrativas relacionadas. Assim, as histórias geram mais empatia e criam uma identidade que reflete o modo de pensar e agir dos seus fiéis. A essência da religião permanece a mesma, mas a linguagem, normalmente, é adaptada.

Há, por exemplo, os Lutadores de Cristo, grupo ligado a comunidades evangélicas que atraem especificamente instrutores e lutadores de jiu-jitsu para seus cultos ou, ainda, a Igreja Caverna de Adulão, que inicialmente era composta por fãs de *heavy metal*. A história, em cada uma destas igrejas, é customizada de acordo com a afinidade de seus fiéis. Milhares de histórias novas são formadas. E todas têm alguma relação com a bíblia.

Ao noroeste da Itália cercada a oeste pelos Alpes, ao longo da planície do rio Pó, fica a cidade medieval de Turim. O local tem uma rica história e cultura, onde habita também o Santo Sudário, tecido que muitos cristãos acreditam que cobriu o corpo de Jesus Cristo. Embora existam evidências e fatos científicos que colocam em dúvida a história sobre sua autenticidade, milhares de peregrinos visitam a cidade para ver a prova da existência de Cristo. O sudário é a forma de validar a história que existe há centenas de anos, e é contada por aqueles que têm a fé. Esse é um exemplo de como uma boa história, ficcional ou não, transcende o universo do livro e começa a fazer parte, até para os mais céticos.

Assim como os católicos contam a história de Jesus Cristo, a maior parte das religiões possui um grande líder inspirador. Krishna, Maomé, Buda e tantos outros têm seus feitos contados e recontados ao longo do tempo. Existem, ainda, o hinduísmo, o candomblé e outras religiões politeístas que exploram as diversas divindades como personagens, cada um com suas características, desejos e conflitos. De maneira geral, as narrativas são diferentes, mas o objetivo é semelhante: uma história que ofereça às pessoas um significado de existência, inclusão, conhecimento, paz, afeto, proteção e, principalmente, esperança.

O budismo, que muitos não consideram como religião, mas primordialmente uma filosofia ou ética de vida, possui nas suas narrativas ensinamentos para uma forma de viver em equilíbrio. O 14º Dalai Lama, por exemplo, é altamente popular e aborda assuntos como felicidade, sofrimento, compaixão e amor usando aforismos, metáforas e histórias em uma linguagem simples e direta, com exemplos do cotidiano. Seus princípios ressonam como verdade para pessoas do mundo todo, às vezes, independente da religião.

A doutrina baseia-se nos ensinamentos de Sidarta Gautama, um indiano de origem nobre que, aos 35 anos, abandona tudo para dedicar-se à meditação, nessa jornada de aprendizado ele alcança a iluminação, tornando-se Buda, isto é, "o Iluminado". Toda a história de Buda e seus ensinamentos chegaram a nós por meio de escrituras canônicas sendo que algumas correntes têm escritos de 15 mil a 100 mil páginas.

Já o Livro do Gênese possui narrativas em que se baseiam as religiões abraâmicas: judaísmo, cristianismo e islamismo.

Muitos estudiosos, como Joseph Campbell, compararam diversos mitos da humanidade e perceberam paralelos e influências entre eles. Em um texto cuneiforme sumério de 2500 a.C., um agricultor e um pastor de ovelhas disputam os favores da deusa Inanna, o agricultor é o selecionado. Já no Livro do Gênese, Caim era agricultor (como o povo de Canaã) e Abel era pastor de ovelhas (como os hebreus), e dessa vez o pastor Abel foi o 'escolhido'.

O judaísmo é uma das religiões mais tradicionais, teve seus rituais adaptados ao longo dos anos, mas sua narrativa principal foi mantida até hoje nas versões da Torá. A Torá relata a história da criação do mundo e da formação do povo judeu até as vésperas de seu estabelecimento na Terra Prometida.

Já ouviu falar em *Agadá ou Hagadá*? A palavra em hebraico significa narrativa, lenda e se refere à classificação de textos do *Talmud*. Esses textos são de natureza literária e folclórica, tais como anedotas, aforismos e parábolas. São ilustrações e exemplificações para compreensão popular, onde os textos de Agadá revestem a linguagem hermética da leias lendas e criações literárias tornam as leis e contexto mais vivos e facilmente assimiláveis pelo povo. Essa 'tradução' é justamente o que o mundo corporativo tem buscado alcançar com Storytelling.

Também houve modificações no catolicismo, cuja missa era realizada em latim e, em determinado momento, passou a ser feita no idioma local, adaptando a linguagem para melhor entendimento das histórias. A história *de antes* não é a *mesma de hoje*.

O Sermão da Montanha é um discurso que pode ser considerado como um resumo dos ensinamentos de Jesus a respeito do Reino de Deus, do acesso ao Reino e da transformação que esse Reino produz. Todos os princípios ético-morais estão presentes e seus ensinamentos sobre forma de se comportar para aqueles que têm a fé católica.

Os relatos religiosos são, atualmente, disseminados nas mais diversas mídias e de formas diferentes, arriscamos dizer que em um movimento transmidiático. Páginas de grupos religiosos no Facebook, pessoas divulgando porta a porta em determinados dias da semana, padres vendendo milhões em CDs com histórias complementares, vários canais de televisão religiosos, tais como a Rede Vida, Casa Nova, do Vale do Paraíba e a TV Aparecida. Cada mídia possui a sua própria linguagem e, portanto, a necessidade de uma narrativa própria que ofereça ao seu público o que ele está procurando.

Valores, princípios e fé são imutáveis. Entretanto, as histórias devem ser atraentes, palatáveis, consumíveis. A espetacularização que acontece, por exemplo, na Igreja Universal Reino de Deus, não deve ser vista de forma pejorativa, mas como uma narrativa tão bem contada que atrai cada vez mais fiéis no Brasil. Segundo o pastor da Igreja Batista de Água Branca, Ed René, ela é "uma mistura simbólica de protestantismo histórico, catolicismo romano e religiões afro", fazendo uma leitura singular da cultura existente no país, massificando sua história por meio da mídia radiofônica e televisiva.

Vimos que o Storytelling é aplicado nas religiões com outros fins como o treinamento de líderes religiosos, evangelismo, ensino e pregação. Seja ela monoteísta ou politeísta, ocidental ou oriental, tradicional ou não, todas as histórias, dentro de seu contexto, têm coerência e são atrativas, oferecendo ao seu público o que ele procura. A narrativa que não for interessante não será absorvida e não se perpetuará com o tempo.

Existe um romance chamado *A Viagem de Théo*, de Catherine Clément. Nele, Théo, uma criança doente e Martha, uma tia cheia de vitalidade percorrem templos, visitam centros sagrados e conhecem religiões e ritos distintos. Uma aventura maravilhosa e instrutiva que vale a pena ser conhecida. Contando a história dos dois, o livro aborda alguns conceitos educativos de cada religião.

Independente da área geográfica, diferentes culturas, distintas crenças sobre a evolução humana, a nossa história é marcada pela recorrência de mitos. Esses mitos e seus personagens têm nomes diferentes, mas aspectos físicos por vezes parecidos e com uma estranha consistência em suas jornadas. Uma possível hipótese é que essas similaridades estão na essência mítica desses heróis sagrados e parte de todas as narrativas que transcendem fronteiras geográficas e culturais. Elas fazem parte de um sistema cognitivo, coletivo e inconsciente.

Para finalizar o capítulo, o próximo tópico trata do segmento social que assim como as religiões, possui a história em sua essência. Mas diferente das religiões, tornou as narrativas como o produto central.

PENSE

Existe uma ânsia comum pelo sagrado, manifestando-se em todas as culturas, dentro e fora dos sistemas religiosos. Vimos também que todas as crenças possuem práticas de narrativas em diversos formatos, mas com uma dimensão comum, o poder da história.

Signos, palavras e escritas sempre possuem sentidos: sagrado, profano ou ambos, depende da forma como são olhados, percebidos e sentidos. Ou seja, depende do ponto de vista e da crença de cada um, acreditar ou não, seguir ou não, afiliar-se ou não, mas é incontestável que todas as religiões sabem contar histórias muito melhor do que grandes empresas e marcas do mercado. Convidamos a refletir conosco sobre o assunto, o que você acha?

4.9. STORYTELLING NO ENTRETENIMENTO

"Nós não fazemos filmes para ganhar dinheiro, nós ganhamos dinheiro para fazer mais filmes".

— *Walt Disney, diretor, animador, cineasta e cofundador da The Walt Disney Company.*

O entretenimento tem se mostrado um investimento certeiro no mundo todo. O empresário de entretenimento e escritor, Michael J. Wolf, afirma que "O entretenimento e não os carros, o aço, os serviços financeiros é que está tomando o volante da economia do novo mundo" e garante que já é responsável por movimentar 480 bilhões de dólares nos Estados Unidos.

Boa parte da indústria brasileira sofre com os efeitos da diminuição da competitividade diante do aumento dos salários, da inflação e de concorrentes internacionais. Aos olhos da indústria do entretenimento nada disso parece ser um problema.

O entretenimento vive de histórias. Mesmo as atrações que parecem não ter relação com Storytelling dependem de narrativas. Programas de auditório, por exemplo, precisam do personagem principal que a cada episódio convida alguém com uma história diferente para contar. Até mesmo os esportes estão mais atrelados ao Storytelling do que se imagina.

Não é por acaso que o futebol para ser televisionado ganha a figura do narrador, que tem a missão de aumentar a dramaticidade ao expor as histórias dos bastidores e explicar tudo o que está em jogo, além da bola que rola no campo.

País do futebol, nação do folhetim

Sempre que se fala em futebol, as palavras paixão e religião acompanham, como se esse assunto estivesse acima de qualquer outro na hierarquia do interesse popular. Mas será que isso é verdade? Será que não existe nada capaz de mexer ainda mais com o coração verde-amarelo? Os arquivos da Rede Globo afirmam que algo inesperado aconteceu em 1970, ano em que o Brasil de Pelé conquistou seu terceiro título mundial. Contrariando as expectativas, a audiência da final entre Brasil e Itália não foi a maior do ano. No dia seguinte, a novela Irmãos Coragem obteve uma contagem superior no Ibope. O futebol corre em nossas veias, mas o ato de contar boas e longas histórias está no nosso DNA. A ideia aqui não é colocar um para jogar contra o outro, vamos fazer um paralelo para elucidar o Storytelling a partir do futebol.

Para começar é necessário destacar a grande diferença: narrativas não são um esporte, são uma expressão artística. Então não existe uma forma única de se contar histórias. Ainda assim, há formas melhores. Da mesma forma que existe a Copa do Mundo, existe o Oscar, a Palma e o Globo de Ouro e, acima de tudo, os medidores de audiência e bilheteria. Considerando que times vencem uns sobre os outros, o mesmo ocorre com as histórias: as melhores ganham atenção e são assimiladas como parte da cultura, recomendadas e repassadas ao longo de gerações. Para fazer uma história vencedora é preciso entender a dinâmica desse jogo chamado Storytelling.

Regras do futebol vs Regras da história

No futebol existem as regras do jogo: a partida dura 45 minutos, a bola na rede pelo lado de fora não vale nada, só o goleiro pode colocar as mãos na bola e assim por diante. No Storytelling, cada história tem suas próprias regras, se em uma história de zumbis eles são rápidos e burros, em outra eles são lentos só que mais assustadores. O importante é ter uma dinâmica clara, que faça sentido lógico.

Campo de jogo vs Formato da narrativa

O futebol acontece dentro de campo. O Storytelling acontece nos formatos narrativos: pode ser uma revista em quadrinhos, um filme de longa-metragem, um *game*, uma música, um livro de romance. O importante é que o formato seja explorado da melhor maneira: o cinema privilegia a ação, já a literatura fortalece a vida interior e os pensamentos do protagonista.

Craque vs Protagonista

No futebol é comum a figura da estrela do time, um craque que promete direcionar sua equipe. No Storytelling existe o protagonista, um personagem muito especial, que vai conduzir a narrativa. Ele vai sofrer, ele vai se transformar e vai acabar sendo muito marcante.

(continua)

(continuação)

Time de onze vs Dinâmica dramática

Com ou sem craque, um time de futebol tem onze jogadores. No Storytelling é possível existir centenas de personagens, mas doze são suficientes para compor uma dinâmica dramática satisfatória. O importante é que cada personagem esteja engajado na história e, para isso, ter um aprofundamento pelo autor. O erro mais comum de autores amadores é fazer personagens superficiais e previsíveis. Assim como o jogador de futebol tem uma vida fora de campo — ele dedica o gol ao filho que nasceu ou sofre uma crise de choro porque perdeu o pai — também os personagens precisam ter toda uma vida que não apareça na tela e só fique nas entrelinhas.

Rivalidade vs Antagonismo

No futebol dois times disputam entre si, e quanto maior a tradição de jogos entre eles, mais promissora é a partida. No Storytelling existe a questão do antagonismo, de forças que disputam um mesmo objetivo: o mocinho e o bandido que querem o coração da garota. Assim como um campeonato de futebol comporta muitos times, o Storytelling também pode ter várias forças antagônicas. Em *Game of Thrones* são sete reinos disputando o mesmo trono. É aí que muitas vezes a publicidade erra. Não existe o adversário, a competição, apenas a marca chutando contra um gol vazio e depois comemorando sozinha.

Técnico vs Autor

No futebol é imprescindível a presença do técnico, que, apesar de não entrar em campo, é quem escala a equipe e escolhe a estratégia do time. No Storytelling o mesmo acontece com o autor, que por mais que esteja escrevendo a história, sempre diz que os personagens só fazem o que eles querem. Sim, porque bons personagens têm vida própria e não podem ir contra suas naturezas.

Bola vs Fio da meada

No futebol todos os olhos se fixam na bola. No Storytelling existe o conceito do fio da meada, uma linha invisível que conduz a narrativa. Esse fio condutor pode ser um personagem em perigo, uma maleta com uma carga importante, o mistério de uma ilha e assim por diante. O importante é que esse elemento seja estimulante o suficiente para prender a atenção. Em uma saga de *Harry Potter*, o fio da meada é capaz de segurar a narrativa durante milhares de páginas ao longo de sete livros. Já nas mensagens corporativas, esse fio não resiste a cinco segundos. Só ver a contagem regressiva dos anúncios no YouTube.

Lances vs Cenas

O futebol acontece em lances, que posteriormente podem ser compactados em melhores momentos. Já o Storytelling se desenvolve ao longo de cenas. Cada cena tem uma estrutura de começo, meio e fim ao redor de um conflito, e uma conclusão. Boas cenas acontecem em tempo real e despertam grande emoção. Ao fim da cena, quando o detetive descobre uma pista que leva ao assassino, ele marca um gol.

Viradas vs Reviravoltas

Certas partidas de futebol parecem estar dominadas, até que nos últimos segundos o time em desvantagem faz dois, três, até quatro gols e inverte o placar. Já o Storytelling tem o conceito de reviravolta, uma revelação que faz quem está atento rever a história inteira por um outro ângulo. Fãs de *Star Wars*, *Lost*, *Jogos Mortais*, *O Sexto Sentido* entre tantos outros sabem do que estamos falando.

Narrador esportivo vs Narrador da história

Quando o futebol é transmitido, uma nova figura entra em cena: o narrador. Ele tem a função de contar o que está acontecendo dentro de campo, destacando detalhes que poderiam passar despercebidos pela audiência. No Storytelling também existe o narrador. Nem sempre o narrador é confiável. Ele pode ser um personagem e estar enviesado ou até mesmo mentindo. Os grandes narradores são capazes de dar personalidade e até uma emoção a mais aos acontecimentos. Um bom exemplo ocorreu na Copa do Mundo no Brasil em que a Fox Sport 2 contratou o humorista Paulo Bonfá para narrar as partidas e com isso ganhou muita audiência.

Placar final vs Moral da história

No final de todo jogo, o futebol exibe com muito orgulho o placar final, especialmente se tiver muitos gols. No Storytelling as narrativas terminam com a moral da história, às vezes de forma implícita, outras vezes de forma decodificada ou simbólica, a moral é a responsável por trazer o aprendizado, aquilo que faz valer a pena passar a história adiante.

Torcida vs Atentos

Finalmente, o futebol só tem tanta força no Brasil e no mundo por existir a torcida. No Storytelling esse papel quem assume são os leitores no caso da literatura e dos quadrinhos, a audiência no caso do cinema e dos seriados de TV, a plateia no teatro, o *gamer* dos videogames e o ouvinte das histórias orais. Os melhores times e as melhores histórias vão além da torcida e dos atentos e formam os fãs. Esse é o objetivo de qualquer entretenimento.

A INDÚSTRIA DO STORYTELLING

Esse guarda-chuva que engloba futebol, novelas, *games*, livros, revistas em quadrinhos, cinema e teatro compõe a indústria que melhor entendeu o novo milênio: a indústria do Storytelling.

De um lado o entretenimento possui as histórias com roteiros mais flexíveis como esportes e programas de auditório. Do outro lado estão os produtos que só existem porque houve um texto preliminar, seja ele um roteiro, um manuscrito ou mesmo a letra de uma canção. Essa indústria é multibilionária, mas as histórias de maior sucesso não acontecem por acaso. Conforme destaca Terje Colbjørnsen, PhD na Universidade de Oslo, "um *best-seller* não é uma mera reflexão dos gostos populares. É o produto de uma lógica cultural."

O autor norueguês de *e-books* sobre mídia, educação e tecnologia, explica a complexidade envolvida no processo de um *best-seller*: "os *big books* não existem por si só, eles precisam ser criados. São construções sociais que emergem das conversas, das fofocas, da constante troca de discursos entre os atores do campo". Para finalizar, o autor insiste em uma questão que boa parte dos profissionais envolvidos na produção cultural preferem ignorar: "um produto cultural é criado, fabricado, divulgado, categorizado, distribuído e avaliado de acordo com a cultura de consumo".

Todo livro é feito para ser consumido, do contrário seria um diário. O mesmo vale para *games*, filmes, músicas e espetáculos teatrais. O fato é que durante muito tempo não houve um ensino formal das técnicas para nenhuma dessas atividades. Apesar de serem feitos para o consumo, livros e espetáculos teatrais eram tratados de forma diferente com relação a qualquer outro produto, como sapatos ou vinhos. É como se o produto cultural fosse dotado de uma aura mágica e muito delicada e qualquer tentativa de aprimorar o processo por meio de técnicas pudesse colocar em risco o resultado final.

No livro *Naked Playwriting,* os autores Robin Russin e William Downs argumentam que durante muito tempo os dramaturgos eram todos atores e que aprendiam conforme praticavam e que isso só mudou em 1919 quando George Pierce Baker escreveu o primeiro guia de 'como escrever uma história', denominado *Dramatic*

Technique. Depois surgiram vários autores propondo outros livros e técnicas. No entanto, essa afirmação é parcialmente verdadeira.

Os estudos de como se contar melhores histórias existem há milênios. Dois mil anos atrás o mestre Aristóteles já havia estudado os elementos teatrais. O gênio Leonardo da Vinci passou a maior parte da sua vida produzindo textos instrutivos e muitos deles eram sobre literatura. Dois séculos atrás, o novelista alemão Gustav Freytag fez um grande estudo do teatro vitoriano. Isso sem falar de centenas de outros autores que escreveram sobre a arte da escrita. O grande problema não foi a falta de estudos e técnicas, mas a recepção por parte dos artistas. De forma geral, sempre foi concebido que um artista deve nascer com o dom ou aprender praticando sua arte.

Ainda hoje existe muita resistência por parte dos artistas em aprofundar um estudo formal sobre Storytelling. Lajos Egri, um dos grandes nomes nos estudos do drama afirmou que "grandes espetáculos, escritos por autores imortais, chegaram até os dias de hoje depois de sobreviverem durante eras. Entretanto, mesmo os gênios também escreveram peças ruins. Por quê? Ora, porque eles escreviam com base no instinto, em vez de um conhecimento preciso". Era um jogo de batalha naval em que ora acertavam, ora erravam.

Lajos Egri insistiu no tema: "algumas pessoas dizem que não podem existir regras para o drama. Esta é a visão mais estranha de todas. Sabemos que existem regras para comer, andar e respirar; sabemos que há regras para pintar, compor, dançar, voar e construir pontes; sabemos que há regras para toda manifestação da vida e da natureza. Então por que a escrita deveria ser a única exceção? Obviamente não é".

Certa vez Ernest Hemingway escreveu em uma carta para o colega Maxwell Perkins: "as leis da escrita são tão imutáveis quanto as da matemática, da física e da aviação". As leis da escrita às quais ele se refere, compõem metade de uma fórmula maior. A fórmula do Storytelling.

Por outro lado, paradigmas como o *Story* de Robert McKee e o *Save The Cat* de Blake Snyder são acusados de terem arruinado a criatividade do cinema de Hollywood. Ainda assim, os Estados Unidos mostram que os estudos de Storytelling compensam. Caso uma pessoa queira se tornar um romancista nos Estados Unidos, o caminho mais prático é investir nos cursos de mestrado chamados de *Master in Fine Arts*. São dois anos para aprender técnicas de escrita. Grande parte dos autores formados nesses cursos lançam seu primeiro romance para mais de 30 mil leitores, ao passo que no Brasil é esperado que um escritor venda cerca de 200 cópias. Além disso, muitos dos ex-alunos estão envolvidos nos seriados que acabam de completar uma década dourada. É um investimento com retorno garantido em um mercado em plena expansão.

Mercados do Storytelling

Nos últimos 20 anos muita gente afirma que esse mercado passou por uma evolução. Essa evolução começa com o fim do governo Collor, pois foi ele o responsável por extinguir a produção do cinema e dos quadrinhos no Brasil. Quando ele saiu do poder, a indústria teve que ser reconstruída do zero. A evolução, na verdade, é muito mais uma construção. Mas essa edificação foi muito rápida.

O cinema brasileiro vem crescendo e quebrando recordes a cada ano. O mesmo vale para a produção de livros. Os *games* também vivem um momento de ouro no Brasil. Mesmo diante de uma crise de audiência, as novelas brasileiras continuam dominando boa parte da verba de marketing das empresas. A TV fechada foi estimulada pela lei de cota mínima e o número de produtoras independentes triplicou para mais de 450 em dois anos. Só boas notícias. E isso que o Brasil ainda tem muito a aprender com outros países.

Mercado das novelas

A novela é um mercado de poucos *players*, mas extremamente rentável. As marcas costumam entrar como anunciantes nos intervalos comerciais ou dentro da trama por meio do *product placement*, que no Brasil costuma ser erroneamente chamado de "merchandising". Uma novela pode chegar a nove meses de duração e o valor investido pelas empresas nesse período pode ultrapassar 3 bilhões de reais. Isso sem falar em todos royalties de vendas para o exterior.

Mercado do cinema nacional

Anualmente o Brasil produz cerca de 100 longas-metragens, dos quais apenas uma média de 10 conseguem se pagar por meio da bilheteria. Por isso a presença das marcas é tão importante. Existe uma diferença entre a marca querer aparecer na obra final (e pagar por isso, como no caso da novela) ou apenas ficar nos bastidores (e receber uma parcela do faturamento). O filme *Tropa de Elite,* por exemplo, gerou um alto retorno sobre investimento.

O cinema é feito de conhecimento aplicado. Pelo sistema de pontuação, são poucos os profissionais capazes de se qualificar para um edital. Não necessariamente o melhor filme será produzido, mas aquele com a equipe mais experiente. Para isso, o profissional deve ter provado suas habilidades em alguma outra área antes de migrar para o cinema. Via de regra, o primeiro passo de produtores e diretores é trabalhar primeiro na indústria da publicidade.

Ao passo que Hollywood depende prioritariamente da arrecadação de bilheteria, a produção brasileira dependente de incentivos fiscais e ainda tem o gargalo da distribuição. Alguns filmes foram capazes de multiplicar a bilheteria simplesmente focando em distribuir a película em pequenas cidades. A dificuldade é fazer o contato um a um.

Com esse problema, vem outro ainda maior. Já que os filmes brasileiros são feitos com incentivos públicos e sua rentabilidade está garantida antes mesmo de o filme ser exibido, muitas vezes o diretor não se importa com a opinião da audiência. O que acaba frustrando quem comprou o ingresso. O público sabe que pelo mesmo valor poderia ter optado por uma superprodução feita sob medida para entreter, então da próxima vez não vai arriscar. Isso gera um ciclo vicioso. Os diretores não podem esquecer que, apesar de o edital pagar a conta, ele está fazendo um filme para que alguém assista. Ou nada faz sentido.

Mercado das TVs

A TV sempre foi um espaço bastante fechado. A televisão aberta produz boa parte do seu próprio conteúdo, enquanto a fechada importa. Uma pequena revolução aconteceu em setembro de 2012, quando passou a valer a Lei da TV Paga. Todos os canais passaram a ser obrigados a veicular semanalmente pelo menos 210 minutos de produtos audiovisuais nacionais. Isso gerou uma corrida atrás de produtoras e, acima de tudo, de roteiristas.

Com a lei, abriu-se um espaço. Apesar de gerar controvérsia, muita coisa nova surgiu. Algumas deram certo e já se destacam entre os internacionais, em especial as comédias como *Se Eu Fosse Você* (feita com verba de incentivo) e *Adorável Psicose* (feita sem verba de incentivo).

O interessante da TV fechada é a audiência qualificada que permite a sofisticação do produto audiovisual. Por isso a grande dificuldade na TV fechada é com relação ao Storytelling. O que essa audiência espera de uma programação pela qual ela pagou é qualidade. Quando falamos de ficção, qualidade significa uma boa história, bem contada. Isso é Storytelling.

Como as verbas da TV fechada impedem grandes produções com efeitos especiais, a saída está no bom roteiro. Aqui aparece um grande gargalo. Os produtores brasileiros dizem que o país não possui muitos roteiristas qualificados, afinal, são anos de experiência e muito investimento até dominar a técnica. Por outro lado, os roteiristas brasileiros argumentam que o roteiro é desvalorizado no Brasil.

Os Estados Unidos vivem a Era de Ouro da TV, com a produção de dezenas de seriados geniais. Diferente do cinema, na TV estadunidense o roteirista tem total poder. Ele passa a ser chamado de *showrunner*, coordena uma equipe de escritores (Writer's Room) e dá todas as diretrizes para garantir que a história seja boa. Se o seriado vingar, o *showrunner* entra para o clube dos milionários. No Brasil, o produtor muitas vezes fica com todos os direitos da obra e o roteirista fica com um irrisório. A luz no fim do túnel está em os roteiristas se reorganizarem, o que já começa a acontecer com o surgimento de algumas salas de escritores nos mesmos moldes da produção de outros países.

Quando um produto consegue juntar bom roteiro e produção barata, ele vale ouro. Não é por acaso que um seriado como *Sessão de Terapia* — originalmente *In Treatment* — figura entre as séries mais assistidas e mais adaptadas em todo o mundo.

MERCADO DA INTERNET

A internet, em especial o YouTube, é um território de extremos. Possui as produções mais baratas e, ao mesmo tempo, grandes audiências. É comum que um vídeo do canal *Porta dos Fundos* ultrapasse 3 milhões de visualizações, sendo que o filme nacional mais assistido de 2014 não chegou a 2 milhões de pessoas. Por ser gratuita e em formatos curtos, as obras feitas para internet são acessíveis e tornam-se uma opção atrativa para as marcas.

A web está sendo feita por algumas produtoras e também por indivíduos. Existem muitos *YouTubers* que não precisam de nenhum equipamento além de uma câmera e um software de edição de vídeo para angariar centenas de milhares de visualizações. O canal mais popular do mundo é um exemplo disso. O *gamer* PewDiePie possui mais de 35 milhões de assinantes e tudo o que ele faz é falar com a câmera enquanto joga. Estima-se que ele já tenha recebido mais de 20 milhões de dólares do Google pela audiência em seu canal. Nunca o lema "uma câmera na mão e uma ideia na cabeça" foi tão verdadeiro quanto no território da internet.

MERCADO EDITORIAL

De acordo com a Câmara Nacional do Livro, o mesmo fenômeno acontece com o setor editorial, que superou em 2013 a meta de 5 bilhões de reais em faturamento. Esse crescimento chega a ser intrigante se comparado com a crise do jornalismo impresso.

A maior dificuldade está na descoberta de novos autores. Um livro é um investimento considerável. Existe um processo de publicação com várias etapas, em que o texto pronto é apenas o primeiro passo. Depois seguem a edição, a impressão e a distribuição. É um produto que custa no mínimo 30 mil reais. Esse é o investimento de uma editora, que recebe apenas uma pequena fração do valor de capa. A maior parte fica com a livraria. Seria preciso vender de 2 a 3 mil cópias para cobrir as despesas. No entanto, a média de venda de um novo autor gira em torno de duzentas a trezentas, raramente passa de mil. Um *best-seller* é um livro que ultrapassa a marca de 10 mil cópias vendidas.

Nos Estados Unidos os números são diferentes. É comum que um autor venda 30 mil cópias em seu romance de estreia. Parte da discrepância é explicada pelo mercado, que é bem maior do que o brasileiro. Mas o verdadeiro motivo é a forma como o autor se apresenta ao mercado. Enquanto no Brasil o autor costuma ser um artista, nos Estados Unidos ele é um *businessman*, ou seja, um homem de negócios ou até mesmo um *showbiz*, como é o caso de John Green, *vlogger* (um tipo de blog em vídeo) e autor de *A Culpa é das Estrelas*.

Já havíamos citado o mestrado MFA específico para escritores, mas vale reforçar que durante dois anos um pretendente a romancista aprende tudo sobre o negócio editorial e, quando termina, investe com afinco tanto na história quanto na divulgação.

Mercado dos quadrinhos

Os quadrinhos fazem parte do mercado editorial, mas merecem um destaque. Primeiramente os quadrinhos tinham o seu apelo voltado para o público infantil, como os famosos gibis da *Turma da Mônica*. Com a maturidade do setor, e inclusive do leitor, foi possível conceber produções voltadas ao público adulto, como quadrinhos eróticos ou romances gráficos. Hoje, as histórias em quadrinhos parecem encontrar um cenário promissor no Brasil.

A publicação tradicional sempre foi complicada no Brasil. O site *ZapHQ* explica: "Quem conhece a história dos quadrinhos no Brasil sabe que muitas iniciativas já afundaram pelos mais diversos motivos. Porém, um deles é o desejo do retorno rápido. Dificilmente uma HQ nacional passa do segundo, terceiro número. O principal e óbvio motivo é o de baixas vendas. Dessa forma, rapidamente tiram a revista de circulação".

Um marco histórico aconteceu em 2011 com a obra *Achados e Perdidos* de Luís Felipe Garrocho e Eduardo Damasceno. Foi a primeira no Brasil a ser produzida pelo sistema de financiamento coletivo pela Internet, chamado de *Crowdfunding*.

Após capturar mais de 30 mil reais para a produção independente, abriu uma porta mágica para os autores de quadrinhos. Esse formato garante a liberdade de conteúdo artístico sem interferência de editoras e permite entender a recepção do público antes mesmo da realização da obra.

Outra opção é a publicação por meio dos incentivos públicos, sendo o ProAC – Programa de Ação Cultural, o mais promissor por organizar um edital voltado especificamente à produção de histórias em quadrinhos. Esse programa permite que o idealizador publique independentemente ou vinculado a alguma editora.

Mesmo com o atual sucesso editorial dos quadrinhos, ainda há um caminho a percorrer para a consolidação do mercado. As leis de incentivo e as possibilidades de financiamento e visibilidade trazidas pela internet estimularam esse tipo de produção. Porém, é importante que a qualidade do material produzido seja aperfeiçoada até que os artistas conquistem a admiração e a fidelidade do público atual e a abertura para novos consumidores. As produções de gêneros mais 'comerciais' são presentes em mercados mais amadurecidos por ajudarem a criar portas de entrada, mas carecem de produção qualificada no Brasil.

MERCADO TEATRAL

O teatro no Brasil tem destacado os espetáculos musicais. Na última década, os musicais desfrutaram de um crescimento de investimento, de qualidade, de produções e de público.

As produções tendem a exigir valores de custo elevados, devido à crescente especialização do setor: atores com competências especializadas, cenários equivalentes às produções da Broadway, casas de teatro de estruturas grandiosas. E o mercado parece acompanhar esse movimento. Em 2011, o setor cresceu a ponto de tornar-se o terceiro maior do mundo, em número de títulos, atrás dos Estados Unidos e da Inglaterra. A partir de então, a média tem sido de 12 grandes espetáculos no eixo Rio–São Paulo, divididos entre adaptações de versões internacionais e produções inteiramente brasileiras. Com isso, o Brasil tem investido anualmente cerca de 20 milhões de dólares na produção de musicais.

Esse panorama positivo repercute na infraestrutura. Para atender o crescente público e a crescente exigência das produções, surgiram novas casas de teatro, além de reformas nas já existentes. De acordo com Miguel Prado, "São Paulo já se tornou a 'Broadway brasileira'. A cidade possui três grandes salas dedicadas quase exclusivamente a musicais: o teatro Abril, o maior de todos, com 1.530 lugares, Bradesco com 1.457 e Alfa com 1.110. Além disso, outras salas da capital sediam musicais de estrutura cenográfica menor, como os teatros Frei Caneca, Sérgio Cardoso e Procópio Ferreira".

Praticamente todas as grandes produções recentes tiveram patrocínio via leis de incentivo, em especial o artigo 18 da Lei Rouanet, que permite 100% de abatimento ao mecenas. Nesse ponto, o teatro brasileiro ainda está longe de ser a Broadway, que só de venda de ingressos arrecada mais de 1 bilhão de dólares por ano e ainda ajuda a movimentar o turismo internacional.

Mercado dos Games

Por muito tempo os videogames foram considerados simples brincadeiras de crianças, mas a última década transformou essa brincadeira no maior mercado de entretenimento mundial, e desde 2007 fatura mais do que a indústria do cinema e da música juntas. Segundo uma pesquisa do Tecmundo em 2011 "as vendas de consoles, jogos e serviços relacionados a *games online* hoje ultrapassam os 60,4 bilhões de dólares anuais, podendo chegar a 75 bilhões de dólares até 2015".

O jogo *Grand Theft Auto 5* demonstra a força desse fenômeno cultural, e se tornou um dos maiores lançamentos da história dos *games* e do entretenimento arrecadando 1 bilhão de dólares em apenas três dias. Em 2013 era considerado um AAA, sigla relativa aos *blockbusters* de Hollywood — produções com alto orçamento e divulgação.

Outro gigante desse mercado surgiu em meados de 2004 e é conhecido pelos fãs simplesmente como WOW. *World of Warcraft* mantém a alcunha de jogo online de maior sucesso comercial. Com cinco pacotes de conteúdo extra, lançados desde 2004, o game já atingiu numerosos 12 milhões de assinantes e chegou a representar 1/3 da indústria de games mundial.

Apesar do faturamento astronômico dos títulos AAA, eles não são a única fonte de renda desse tipo de entretenimento digital. Em 2008 uma pesquisa levantada pela *Casual Games Association*, organização internacional dedicada a promover os jogos casuais, diz que pelo menos 200 milhões de pessoas jogavam algum desses títulos pela internet e que, só em 2007, esse mercado rendeu mais de 2,25 bilhões de dólares.

Ao contrário dos AAA, os jogos casuais são feitos para uma diversão rápida, às vezes pautada mais pela interação social e para cobrir aqueles momentos em que você está, por exemplo, na fila do banco. Um dos melhores representantes dessa categoria foi o *Farmville* que em apenas nove meses do seu lançamento em 2009, chegou a 75 milhões de usuários com um modelo de negócios interessante: o jogo era grátis, mas os recursos e benefícios oferecidos eram pagos.

Com a popularização dos aparelhos *mobile* como tablets e smartphones esses *games* atingiram um outro patamar e trouxeram sucessos como *Angry Birds* e *Candy Crush*. Em 2011, a Rovio, desenvolvedora da franquia *Angry Birds* faturou quase 200 milhões de reais com seus pássaros invocados e produtos licenciados. Atualmente os aparelhos *mobile* superam no Brasil o consumo de *games* por console.

Mesmo com sucesso de faturamento em várias franquias essa indústria ainda mantém um pequeno calcanhar de Aquiles: como expandir o ciclo de comercialização?

GAMES INVESTINDO EM STORYTELLING

Diferente dos filmes, que além da bilheteria ainda recebem comissões por exibições na Pay TV, DVDs, produtos licenciados e mesmo pela TV Aberta, os *games* sempre tiveram seu poder de gerar lucro reduzido após o lançamento, restando além dos produtos licenciados, apenas uma frágil relação com seu público baseada em conteúdo extra, assinaturas online e periféricos específicos para consoles.

A escritora multimídia, Wendy Despain afirma que "a contratação de um escritor nestas grandes equipes de desenvolvimento é bastante nova. Até cerca de 2002, *game designers* e programadores faziam o que hoje chamamos concepção narrativa e escrita de diálogo." A partir daí o papel do Storytelling ganhou mais relevância e os personagens começaram a se tornar mais densos como os heróis do cinema, exibindo horas de conteúdo que incluem vídeos de tirar o fôlego.

Atualmente, as histórias dos games parecem transbordar, criando franquias de sucesso. A saga iniciada em *Assassin's Creed* ostenta, além dos 60 milhões de jogos divididos em dez episódios, 200 mil exemplares de histórias em quadrinhos e 2,7 milhões de livros — com 1,4 milhão de exemplares vendidos apenas no Brasil. Outras produções que andam pelo mesmo caminho são *Mass Effect*, *Bioshock* e *God of War*.

Muitos desses títulos de sucesso também estão nas produções cinematográficas. A fusão desses dois meios ainda tem um histórico de produções fracas por conta de desencontros de roteiros e outras questões de produção, porém ambas estão tentando andar juntas para multiplicar as cifras que apontam para o infinito.

O Brasil é o décimo primeiro mercado de *games* do mundo, com receita de 1,34 bilhão de dólares. Mas ainda pode aprender muito com os maiores mercados, como Estados Unidos, China e Japão, todos superando a marca de 15 bilhões de dólares. Quando vamos investir na criação das nossas próprias franquias de sucesso?

Moral do Mercado

Não só a indústria dos *games*, mas todo o entretenimento brasileiro ainda tem muito a aprender com outros países, em especial com os Estados Unidos, China, Índia e Japão. Um longa-metragem é um investimento milionário por definição, mas mesmo assim as cifras brasileiras estão muito abaixo do patamar da produção de outros países, que conseguem ser autossustentáveis mesmo sendo mais caros.

Vamos encerrar com um último exemplo, tipicamente brasileiro, que demonstra a falta de aproveitamento do entretenimento sob o ponto de vista das histórias. Trata-se de um evento que emprega milhares de pessoas, atrai os olhos do mundo e que demanda meses de preparação. Tudo isso para apenas uma semana de ação. E acabou. O professor de marketing do curso de administração da PUC de São Paulo Ricardo Zanotta explica que "o Carnaval tem a aptidão para ser a verdadeira Broadway brasileira, mas a maior parte dos brasileiros sequer sabe que um desfile tem a mesma estrutura do teatro clássico".

Não acaso o nome dado à música do Carnaval: samba-enredo. É uma narrativa que tem duração de uma hora. Vamos comparar com uma peça de teatro para facilitar o entendimento. A comissão de frente é o prólogo, a introdução do tema que será apresentado. Em seguida vem o carro alegórico 'abre alas', que apresenta a escola de samba. O segundo carro alegórico inicia a narrativa em si. A partir daí cada carro alegórico marca um Ato narrativo, contando uma parte da história que está sendo cantada. Normalmente as escolas de samba desfilam com seis alegorias, o que representa a estrutura clássica de Cinco Atos do teatro grego. Você sabia disso? Pois é, pouca gente sabe. A forma como o desfile é transmitido não privilegia a compreensão. O grande problema é que depois do Carnaval todo o esforço é perdido. Só para citar um exemplo do que poderia ser feito, o samba-enredo poderia ser dramatizado em uma peça teatral que ficasse em cartaz até o fim do ano.

Carnaval, cinema, quadrinhos, *games*, teatro e companhia precisam aprender a fazer negócios como os outros países e para isso podem até se inspirar no exemplo das novelas. Storytelling é um organismo vivo que se transforma com o passar do tempo e só quem está atento aos seus movimentos consegue fazer com que as obras artísticas virem fenômenos de consumo cultural. E só quem entende as histórias como um negócio é capaz de extrair o máximo de rentabilidade que uma franquia de sucesso é capaz de ofertar. Com isso a cultura pode depender menos do governo e ganhar autonomia. Acima de tudo, os autores podem ganhar mais poder de realização de suas obras.

STORYTELLING DE MARCAS NO ENTRETENIMENTO

Finalmente chegamos na questão mais controversa desse tema. Grande parte dos artistas refuta a ideia de ter marcas em suas obras. O problema é que para existir o entretenimento é necessário ter alguém disposto a financiar.

Em mercados mais desenvolvidos, é a própria audiência quem financia a maior parte do entretenimento. Outros mercados apoiam-se nos incentivos do governo, deixando os recursos muito baixos para uma produção cultural. E existe um terceiro caminho, que são as empresas, por meio das verbas de suas marcas.

Nesse contexto os profissionais de marketing e marcas são os responsáveis por decidir 'quais jogos serão jogados', quais serão postos de lado. Quando o dinheiro vem das marcas e não de evasões fiscais ou doações, é preciso que haja um retorno para o investimento.

O fato é que se por um lado nunca houve tantas oportunidades para levar uma mensagem a um consumidor — basta que ele abra os olhos e a primeira coisa que vai fazer é pegar o aparelho celular e já estará à mercê de anúncios — por outro, nunca foi tão difícil conseguir a aderência das mensagens. A sensação dos departamentos de marketing é que os consumidores estão revestidos por uma camada de *teflon*. Existe um arsenal de defesa contra mensagens corporativas, que vão desde aplicativos que bloqueiam anúncios até a opção de pagar uma mensalidade para assinar a versão *premium*, que implica em não ser exposto à publicidade.

É justamente por isso que a indústria do Storytelling tem triunfado: vamos ao cinema e desligamos o celular. Ficamos hipnotizados diante da TV nos episódios de um seriado favorito. Passamos a madrugada em um *game online*. Não vemos a hora até o próximo episódio da novela, do capítulo do livro ou série favorita.

A vantagem de se contar uma história é que ela permite misturar o corporativo ao cultural. Essa estratégia pode ser usada inclusive para transmitir valores em que a marca acredita, como sustentabilidade e outras práticas que ajudem a construir um comportamento mais positivo para a sociedade como um todo. As marcas que aprenderam a colaborar com autores têm obtido resultados incomparáveis.

Historicamente, uma série de empresas desenvolveu parcerias com autores. O cineasta Steven Spielberg trabalha muito bem com marcas em todos seus filmes. Só para ilustrar um exemplo: você não associa *De Volta Para o Futuro* com Nike?

Existem algumas variações de como utilizar o Storytelling em marketing — desde utilizar técnicas narrativas, passando pela tematização, ou até construir mundos ficcionais complexos — mas existem duas mais fundamentais:

1. **Branded Content:** quando a marca cria o seu próprio conteúdo. Talvez o melhor exemplo seja *The Hire*, criado pela BMW. O problema aqui é

conseguir criar algo realmente legal e relevante ao invés do típico "Capitão Brand", que lembra um herói genérico montado em um cavalo paraguaio.

Um caso bem antigo foi a joalheria Tiffany's que se associou ao escritor Truman Capote para fazer o filme *Bonequinha de Luxo*. Um caso mais recente aconteceu com as marcas FedEx e Wilson, que se juntaram no filme *Náufrago*. Ainda mais recente, a longa-metragem da marca Lego é um exemplo perfeito do equilíbrio entre corporativo e cultural. O filme concorreu ao Oscar e ao mesmo tempo funcionou como uma propaganda de 100 minutos. Se cada filme publicitário dura 30 segundos, o filme cultural inspirado em uma marca vale por 200 anúncios. Mas que, em vez de evitar, as pessoas vão pagar para assistir. Esses são exemplos genuínos de Storytelling, que vão além de uma mera historinha, a própria comunicação da marca tem valor de entretenimento.

2.   Product Placement: (também chamado de *embedded marketing*) — quando as empresas "pegam carona" no conteúdo dos outros. Mas aí quase sempre fica aquela coisa estranha do branquelo chegando na praia no meio das férias de verão. Mas há outras formas, como o da FedEx em *Náufrago*, de Prozac na *Família Soprano*, da Sony com *Cloverfield*, do McDonalds no *Pulp Fiction*, da Gap em vários episódios de *Seinfeld*... É preciso contextualizar a mensagem corporativa à história de entretenimento.

O primeiro exemplo célebre de inclusão de marca feitas por Steven Spielberg aconteceu em 1982 no filme *ET – O Extraterrestre*. Reese's Pieces era o doce que usavam para atrair o extraterrestre no filme. Virou uma das preferências e lembranças terráqueas do simpático alienígena, e de muita gente que viu o filme também. Na época as vendas do doce aumentaram 80%! E o requinte do *case*: Steven Spielberg procurou primeiro a famosa marca de confeito de chocolates M&Ms, que recusou o pedido de um milhão de dólares pela inserção da marca... e perdeu o equivalente a 20 milhões em publicidade e a liderança do mercado no período.

Os Storytellers criaram um terceiro formato em parceria com a produtora Coração da Selva, que chamamos de **promosodes**. Explicamos melhor, a ideia é fazer com que marcas participem das tramas, mas não dos filmes. Com isso é possível captar recursos sem interferir na visão do diretor e ainda retornar o investimento aos patrocinadores.

Funciona assim: quando o roteiro é aprovado pelo diretor, os Storytellers fazem um estudo aprofundado dos hábitos dos personagens e identificam quais marcas poderiam ser relacionadas de forma natural com cada um deles. As possibilidades são apresentadas às empresas. A partir das aprovações, os Storytellers escrevem propostas de curta-metragens que complementem o filme e que tragam a participação da marca.

Vamos citar um exemplo que foi produzido. Uma personagem passa boa parte do filme flertando pela internet, mas quando ela toma coragem para confrontar a realidade e decide marcar um encontro, seu ímpeto é interrompido por uma queda de energia. O filme acaba sem que ela tenha encontrado o pretendente. O filme acaba, mas a vida das personagens continua. Aí que entra o *promosode*.

Aproveitando toda a estrutura de produção, filmamos um curta-metragem que se passa depois do término da narrativa em que a personagem finalmente marca o encontro. Mas quando chega no local marcado, encontra o rapaz flertando com outra moça e fica irritada. Durante 5 minutos é possível acompanhar uma pequena comédia romântica. Ao longo da narrativa a marca aparece como peça fundamental para que eles façam as pazes. Esse vídeo é exibido ao final do filme e também vira um conteúdo para que a marca possa divulgar em qualquer ocasião: desde suas redes sociais, como trailer de cinema e até mesmo em festivais de cinema. É uma forma que une *branded content* e *product placement* proporcionando uma alternativa que fortalece a viabilização do cinema nacional.

Bom, mas já que começamos a falar nas empresas e suas marcas, vamos seguir para o próximo capítulo, que trata exclusivamente desse foco.

MORAL DA HISTÓRIA

Tanto a arte quanto o entretenimento, quando aliados às técnicas de Storytelling lucram em dobro. *Piratas do Caribe* é uma das franquias de maior sucesso da Disney, mas começou como forma de anúncio de uma das atrações do parque. Depois da estreia do filme, a atração teve que ser refeita, tamanho foi o alvoroço. Enquanto os outros se divertem, o entretenimento tem que fazer a lição de casa.

Capítulo 5

STORYTELLING NO MUNDO DOS NEGÓCIOS

"As pessoas pensam em histórias, não em estatísticas, e profissionais de marketing precisam ser storytellers."

— Arianna Huffington, presidente e editora-chefe do The Huffington Post Media Group, como keynote na conferência de junho de 2013, Vocus's Demand Success on "The Brave New World of 'New Media".

A frase de Ariana Huffington, famosa empresária do setor de comunicação, é um dos exemplos de como o tema Storytelling cresce nas principais redes de notícias de negócios. Instituições de grande reputação como *Forbes, The Economist, Harvard Bnessusi, Oxford, Fast Company, Wired, HSM Management, Revista Exame, Meio@ Mensagem*, têm destacado o assunto e sua aplicabilidade em negócios.

Mas por que será que o tema tem interessado tanto as corporações? Existe realmente um uso distinto do Storytelling na comunicação e na publicidade e outro destinado aos herméticos ambientes de negócios?

A verdade é que as pessoas estão demandando cada vez mais melhores histórias em qualquer ambiente. Você deve estar cansado de tantas marcas, empresas e corporações falando sempre a mesma coisa e em um tom monádico, cansado de apresentações infindáveis em sua empresa ou com seus clientes.

Os principais motivos dessa demanda foram comentados nos capítulos *A Economia da Atenção* e *Ética no Storytelling*. Além da sobrecarga de informação, temos a alta conectividade entre colegas de trabalho fora do ambiente corporativo e a falta de confiança nas instituições com suas informações técnicas e paradoxais aos seus valores.

Por outro lado, é a primeira vez que a humanidade está diante de múltiplas opções de informação e entretenimento, distribuídas em diversos formatos de mídias. Quanto conhecimento, quanto conteúdo e milhares de oportunidades. Só que não.

O que falta é tempo para consumir tanto conteúdo. As pessoas não vão se postar diante de algo que não seja de seu interesse. Por isso, o bom Storytelling é o último reduto da atenção dedicada, já que as pessoas param tudo para ler um livro e até mesmo desligam os celulares pouco antes de começar a sessão de cinema, como reiteramos em vários capítulos.

Agora pense dentro de uma empresa, qual foi a última vez que você parou para ouvir uma boa história? Sabe aquela pausa do café onde conversamos mais à vontade? Não é ali que muitas vezes estão as boas conversas e o foco da atenção? No entanto, ao levar um determinado tema para uma sala de reunião, a tendência é munir-se de milhares de tabelas, estatísticas, números e jargões técnicos para justificar ou resolver algo da sua área. E, de preferência, reuniões com hora para entrar e sair, porque logo depois vem outra reunião.

Sinceramente, a gente presta atenção o máximo que pode, mas tem hora que não dá, temos colaboradores desmotivados, excesso de métricas, abundância de cobrança de metas e sistemas corporativos cada vez mais complexos.

Como fazer com que seu cliente compre algo de sua empresa se, muitas vezes, você também está cansado de vender produtos/serviços recheados de números e mais números?

Todos nós precisamos de lucro e de dinheiro, mas gostamos de histórias e compramos as narrativas que permeiam marcas e empresas que fazem parte de nossa vida. Assim acontece com boa parte dos consumidores.

Por isso cada vez mais a mídia internacional de negócios traz o assunto como manchete, os comitês executivos discutem o tema, os *briefings* corporativos demandam o assunto e grandes corporações contratam especialistas para desenvolver histórias que sirvam de metáfora e algum tipo de ensinamento para seus colaboradores.

Outras empresas estão usando o modelo de Storytelling para atrair talentos e até contratar gestores que saibam contar histórias. Uma habilidade que pode ser trabalhada em *coaching* e cada vez mais importante na construção de uma carreira.

Há casos de diretores usando storytelling para motivar suas equipes e gestores o utilizando para lançamento de novos projetos, gerando assim maior engajamento entre a equipe.

As corporações estão reinterpretando a atividade mais antiga da humanidade, a arte de contar histórias.

Nesse contexto, o uso estratégico do Storytelling para o mundo dos negócios pode variar da aplicação a uma marca, como na publicidade, até o desenvolvimento de um novo projeto, quando usado internamente. A grande diferença entre o storytelling corporativo e a publicidade é o processo envolvido. Se na publicidade seu uso se dá nas narrativas de campanhas, dentro das corporações existem múltiplas possibilidades. Vamos ver alguns exemplos:

- Preparar um executivo para exercer a liderança;

- Usar nos processos de Gestão de Conhecimento;

- Desenvolver um processo de memória institucional de uma corporação;

- Consolidar a cultura de uma empresa em todos os Pontos de Contato (PICs) comunicacionais com os colaboradores;

- Polinizar informações relevantes na empresa em todos os fluxos de comunicação interna vertical e horizontal;

- Auxiliar no argumento comercial da equipe de vendas;

- Gerar relevância e ressonância da missão e valores da empresa para todos colaboradores da empresa.

E esses são apenas alguns exemplos da aplicabilidade do modelo na transformação de negócios além da publicidade.

Sabemos que bons exemplos de aplicação para marcas e grandes empresas não faltam. Em 1961, a própria indústria do cinema já tinha transformado a joalheria Tiffany em um símbolo de elegância máxima e objeto de desejo de vida de uma *Bonequinha de Luxo*, como vimos anteriormente.

A marca Tiffany é, hoje, a terceira maior joalheria do mundo e fatura aproximadamente três bilhões de dólares. Nada mal comparado ao maior fabricante brasileiro de joias, a H.Stern, que fatura em média 500 milhões de dólares.

Outro exemplo foi a união entre Disney e Volkswagen com o filme *Se Meu Fusca Falasse*, em 1968, no qual o personagem Herbie protagoniza uma forte marca da empresa, resultando em milhões de unidades vendidas. Isso quer dizer que contar boas histórias para vender produtos e posicionar marcas não é algo exclusivo dos últimos anos. Tampouco está restrito a boas histórias de um comercial de TV.

Como vimos, Storytelling não é uma ferramenta da propaganda ou uma moda entre os profissionais de negócios. Seu sistema aplicado ao contexto atual de comunicação é poderoso e pode realizar grandes transformações *para* as marcas e *nas* empresas.

Vale comentar que, desde 2007, o tema ganha espaço nas mídias e, nesse mesmo ano, a Storytellers Brand'n´Ficction é fundada no Brasil por Fernando Palacios, um dos autores deste livro.

De lá para cá, fomos contratados por áreas de educação corporativa, departamentos de tecnologia da informação, recursos humanos, comunicação interna, diretores, vice-presidentes e cientistas. Muitos líderes nos procuram para aprender a contar sua própria história ou substituir a verborragia técnica por conversas e diálogos mais palatáveis, sejam em reuniões, convenções de vendas, lançamentos de produtos ou encontro de gestores.

Em muitos casos, nosso trabalho é transformar a missão da empresa em um fluxo narrativo que seja pertinente, relevante e ressonante em todos os níveis da organização.

Cabe ressaltar que nos negócios a autenticidade de uma boa história e a humanização da narrativa é como a "cola" que aproxima colaboradores, clientes e parceiros.

Em muitos desses trabalhos, inicialmente nos deparamos com profissionais receosos em abordar conflitos corporativos, mas, depois de um tempo testando histórias, quando as colocamos em prática eles percebem que é essa verdade humana que gera empatia e, consequentemente, mais atenção.

E por quê? Simplesmente porque é a verdade, a vida real como ela é. Todo profissional tem momentos bons e ruins, mas, muitas vezes, ele não quer incorporar seus fracassos e elementos negativos à história por medo de se expor ou expor a marca de sua empresa. É justamente o enfrentamento das dificuldades e a capacidade de superar um problema que o torna mais interessante para sua plateia.

Nesse cenário, destacamos o empresário Peter Guber, com mais de 40 anos de carreira na área de entretenimento e autor do livro *Tell to Win*. Guber foi CEO da Polygram, Sony Pictures e hoje é *Chairman* e CEO da sua empresa Mandalay Entertaiment Group. Para ele, e nós concordamos 100%, **não há negócios sem histórias**. O potencial da boa narrativa não só auxilia os negócios, como pode criar relacionamentos mais duradouros entre empresas, parceiros e colaboradores.

A primeira dica que sempre damos para aplicar storytelling em um ambiente organizacional é ser verdadeiro e autêntico. Se a sua audiência perceber que você está mentindo, ela se desinteressará rapidamente. Pior, colocará em cheque a credibilidade do interlocutor.

Quando explicamos a importância de conflito e dilemas, estamos retratando aquilo que é verdadeiro a todo ser humano. A maioria das pessoas tem medo de falar de conflitos corporativos, mas acreditamos que a chave da empatia está nessa fragilidade, nessa sinceridade emocional que nos conecta, pois nos espelhamos em situações semelhantes. Não existem super-heróis. E cada vez mais estaremos conectados ao que é relevante.

Se as corporações evitam tratar de assuntos polêmicos, por outro lado, cada vez mais as pessoas estão conectadas e podem saber o que quiserem sobre uma marca. Assim, autenticidade e veracidade podem fortalecer a reputação da empresa.

Para finalizar, detalhamos duas ferramentas estratégicas citadas anteriormente, no Capítulo 4:

- **Branded Content:** Todo tipo de conteúdo de uma marca que consumimos pode ser *Branded Content*, desde a embalagem, um programa de rádio exclusivo ou uma *websérie*.

  O *Branded Content* não se limita a anunciar, mas sim a envolver quem recebe o conteúdo no universo proposto. Para dar voz à identidade da marca, o ideal é usar a metodologia de Storytelling. Mas não é obrigatório, você pode aplicar *Branded Content* sem usar Storytelling.

  Bem aplicado, proporciona a criação de elementos narrativos capazes de arquitetar a atmosfera da marca, gerando identificação do receptor com a história contada.

  Quando a marca cria o seu próprio conteúdo autoral usando storytelling temos a amplificação da comunicação.

  Um bom exemplo é o precursor do modelo, o filme *The Hire*, criado pela BMW. São oito filmes em curta-metragem de aproximadamente 10 minutos cada, estrelados por Cliwe Owen. Vale a pena assistir a série e ver como a marca criou um território de conteúdo contando histórias que vão de drama a comédia. O link encontra-se na bibliografia.

- **Product Placement:** Essa ferramenta é a mais conhecida no Brasil e às vezes chamada de merchandising. Além dos exemplos citados no Capítulo 4, temos os recentes *cases* de Sony Playstation em *House of Cards*, Samsung em *Suits USA* e GoPro e BMW em *White Collar*. E, claro, todas as famosas novelas brasileiras utilizando como estratégia de comunicação.

  Assim, o *Product Placement* é uma ferramenta de marketing na qual é possível inserir conteúdo de marca em qualquer formato de entretenimento: livro, filme, novela, teatro, *games*. Para isso é preciso incorporar a marca, alinhar o objetivo esperado e contextualizar a mensagem à plataforma que será usada.

Veremos agora algumas aplicações de storytelling em multinacionais B2C *[Business to Consumer]*, empresas B2B *[Business to Business]*, *Startups* e Terceiro Setor.

PENSE

O storytelling faz com que as pessoas "se reconheçam" nas histórias de vida porque existem fatos em comum. A empatia e humanização, aliadas às experiências das pessoas em todas as dimensões da vida geram reflexão sobre conteúdos que precisam de atenção e ressonância. Quantas vezes você compartilhou suas impressões e sentimentos em uma rodada de negócios e conseguiu, ao final, fechar um acordo?

Se não tentou, da próxima vez arrisque falar um pouco mais, ser mais humano e, se necessário, falar do conflito ou dilema existente. Ofereça ao seu interlocutor boas histórias como exemplos reais, use analogias e metáforas para facilitar. A sinceridade emocional cria identidade e amplia o senso de proximidade.

A complexidade dos negócios vai muito além do ambiente profissional e o storytelling ajuda a transmitir informação mais facilmente.

5.1. STORYTELLING NAS MULTINACIONAIS B2C

"Grandes empresas sabem que Storytelling é a grande arma secreta para fazer gestão de marcas. Por quê? Porque pessoas não se apaixonam por tabelas, dados, números e slides em Power Point. As pessoas são movidas pelas emoções."

— *Miles Kohrman, assistente editorial na homepage da Fast Company em artigo sobre Hábitos de Sucesso para Executivos, em 25 de julho de 2013.*

Profissionais de sucesso já sabem disso. Empresas multinacionais de grandes marcas já têm recorrido há muito tempo ao Storytelling, além do uso na propaganda convencional, como é o caso da Coca Cola, Procter & Gamble e Nike.

Essas empresas têm a capacidade de criar uma cultura popular, desenhando um novo tipo de consumo não só de produto, mas também midiático.

Por terem marcas fortes de consumo, criam rapidamente uma grande cadeia de comunicação em todos os pontos de contato onde estão presentes.

Mas o que acontece quando você não tem uma marca forte e o recurso financeiro das grandes empresas?

Sabemos que o tradicional uso da comunicação com base em um posicionamento mercadológico não é mais suficiente.

O posicionamento da marca é como um mapa em nossas mentes, no entanto, com a proliferação de produção e logística de produtos e serviços temos o hiper-consumismo, a complexidade na decisão de escolha na maioria das categorias e a confusão na mente do consumidor. Tudo ficou muito parecido e sem diferenciação.

Além disso, as antigas fórmulas de se fazer um bom marketing não servem mais. Bastava colocar uma boa campanha de propaganda de 30' na TV, no horário nobre por três semanas, que já tínhamos uma grande chance de atingir as metas de vendas.

Esse modelo foi repetido com sucesso por anos, mas o consumo mudou, o mercado mudou, as pessoas mudaram.

A nossa cultura de consumo sofreu diversas alterações desde o início dos anos 1990. Desde então, o Brasil consolidou a sua economia e abriu possibilidades de um maior consumo material na sua forma massificada de produção e distribuição.

E o que é uma marca, senão uma cultura que permite diferenciar o consumo por meio de comportamentos? Ela simboliza nosso modo de viver no contexto contemporâneo, nossas normas de comportamento, crenças, valores, instituições, nos distinguindo de um grupo, tribo, comunidade ou sociedade específica. Como já dizia o mestre e professor da ESPM, Francisco Gracioso, **"a marca é um contrato social".**

O posicionamento mercadológico é *como* a marca se expressa pela mensagem central, sua principal ideia para transmitir a todas as pessoas sua promessa de entrega gerando uma percepção. Caso ela não entregue aquilo que esperamos, desistimos dela, se possível, e nunca mais prestamos atenção na sua comunicação. Ela deixa de existir em nosso campo emocional.

Mas um bom posicionamento de marca aliado a uma eficiente estratégia de comunicação exerce uma força contrária, e mantém a marca em nossas mentes por mais tempo.

Vejamos o caso da Coca Cola com o tema narrativo nos últimos anos para "levar felicidade para todas as pessoas". A marca torna a história tangível não somente por meio de sua propaganda de TV, cinema e redes sociais, mas também com diversas ações planejadas cuidadosamente que colocam as pessoas no centro da comunicação, gerando a percepção de mudança positiva em suas vidas.

O que permeia o conceito da marca Coca Cola?

Primeiramente uma plataforma de comunicação estratégica e bem construída tendo o storytelling como um sistema mercadológico. Em segundo lugar, aparecem campanhas de promoção, ações de *live action*, táticas de ponto de venda e uma infinidade de possibilidades de viver histórias como, por exemplo, a visita à Fábrica da Felicidade em Jacarepaguá, no Rio de Janeiro.

Então, voltando à questão sobre ter uma marca que não é forte e tem poucos recursos financeiros... Será que dá para fazer storytelling com qualquer marca mesmo? Por onde eu começo? Eu vendo produtos muito técnicos e sem charme, dá para fazer algo?

Questões como essa são frequentes, pois estamos vivendo uma era de transição da comunicação, ainda usamos o modelo tradicional para gerenciar marcas, em um contexto de consumo diferente. Não tínhamos a participação do consumidor e a comunicação era sempre de dentro para fora.

Portanto, a resposta é sim, dá para desenvolver Storytelling para qualquer marca. Ou, pelo menos, iniciar.

Ah fala sério... Dá para ter uma história até com legumes frescos vendidos em supermercados? Dá sim, veja o que fez um produtor de couve-flor do sul da Austrália que decidiu dar nomes para seus produtos e, de certa forma, começar a contar uma história.

220 GUIA COMPLETO DO STORYTELLING

A empresa de design australiana, Black Squid, criou embalagens inovadoras para a marca do produtor de couve-flor Hills Fresh. Em um estudo de personificação foram criados nomes que evocavam um senso de nostalgia, lembrando aos consumidores nomes comuns de seus pais e avós.

Doris, Bob, Doug e Shirl lembram uma geração mais antiga da Austrália, que remetem com uma boa lembrança ao passado. A embalagem da Doris, por exemplo, a descreve como um "pouco tímida, mas quando misturada a outros legumes e vegetais deixa tudo delicioso. GO DORIS!".

Dessa forma, um vegetal, por vezes banal e insonso, ganhou uma personalidade e um início de uma conversa. Ainda não é Storytelling como sistema, mas pode ser um bom começo contar sua história por meio da embalagem e dar voz à sua marca.

Portanto, para começar, recomendamos que humanize sua marca dando outra percepção ao seu produto ou serviço.

E, antes disso, analise se a lição de casa da marca está bem-feita.

Veja se todos os **P´s** (produto/serviço, preço, praça e posicionamento) além da comunicação, realmente entregam a sua promessa. Isso pode parecer básico e até simples, mas muitas vezes o check-up da marca é esquecido e relegado a algumas áreas da empresa ou destinado apenas aos departamentos de marketing e agências de comunicação.

Verifique se está bem posicionada mercadologicamente e tem um *core concept* bem definido. Se algo estiver errado nesse *check-up*, conserte primeiro antes de contar qualquer história.

Vejamos o que fez a Procter & Gamble para uma marca de pilhas criando seu próprio conteúdo e histórias autorais.

Em outubro de 2014, mês das crianças, a marca de pilhas alcalinas Duracell, líder nacional de vendas da P&G, lançou a segunda temporada da *websérie* denominada "Pilhados". A marca, que na época pertencia à Procter (vendida em novembro de 2014 para o bilionário Warren Buffett), tinha como desafio diferenciar-se e transmitir os benefícios de Duracell em relação às pilhas comuns de zinco, demonstrando que duram comprovadamente 10 vezes mais.

Apesar do diferencial da marca, trata-se de um produto com pouca atratividade e elementos para explorar, principalmente junto ao público infantil. Um assunto árido e técnico quando comparado a setores como moda, automóveis, bebidas e chocolates.

Com a prerrogativa internacional de utilizar plataformas de comunicação com storytelling em todos os países, a Procter desenvolveu para a Duracell uma campanha digital com impacto direto no público infantil, estabelecido como prioridade. Difícil? Sim, mas não impossível se usarmos inovação para comunicar.

A primeira *websérie* teve mais de 14 milhões de visualizações nos canais da marca no YouTube e Facebook.

Por meio de histórias curtas e lúdicas, a segunda série mostrava as aventuras inéditas de brinquedos à base de pilha, dublados por celebridades brasileiras.

Esse universo tinha como personagens Sassá, uma garotinha, T.A.S, um notebook, Spider Robot, o robô, e Faro, um gatinho. Ao lado deles, um mascote conhecido, o coelho rosa, símbolo de longevidade, perseverança e determinação da marca. Aliás, é com esse personagem e sua história que a cultura popular foi transformada em alguns países.

O coelho rosa, com o nome Bunny na Europa existe há muito tempo e foi usado nos Estados Unidos, em 1989 primeiramente por uma das gigantes do setor de pilhas, a Energizer. No entanto, na Europa, a Duracell usava o coelho como mascote desde 1973 e por isso, até hoje, tem o direito de uso em muitos países, como o Brasil.

No mercado americano, o personagem da Energizer tornou-se celebridade e muito famoso, chegando a ser comparado com ícones públicos mundiais como Mickey Mouse, Pateta e o Tigre Tony, mascote dos cereais da Kellogg's, tornando-se parte da cultura americana.

Juntamente à sua inseparável *tagline* "Keeps going... and going... and going" — algo como dura, dura, dura — é apontado entre os 10 melhores ícones publicitários da história americana.

No Brasil, a ação de Duracell com "Pilhados" é uma estratégia de *Branded Content*, utilizando storytelling para transmitir o seu diferencial e foi limitada em duas temporadas.

A mesma Procter Gamble trouxe uma nova abordagem ao mundo de atletas com a campanha *Raising an Olympian*, para as Olimpíadas de 2012 em Londres.

Pouco sabemos das histórias da maioria desses atletas e muito menos de seus familiares. A comunicação da P&G mostrou os atletas e suas mães em documentários curtos protagonizados por pessoas reais na vida real.

O que essas pessoas sentiam nesse momento? Como era essa sensação de ter um filho fora de seu país, tão distante, disputando um momento tão importante da vida?

A gigante no setor de consumo fez isso. Usou as histórias reais desses atletas e suas mães para protagonizar emoção. Não fez propaganda de nenhum de seus produtos, não foi necessário. Ela, como patrocinadora de um dos maiores eventos do mundo, exibiu essas histórias na TV, revistas e jornais. Assim, conquistou um sentimento real e visceral de milhares de consumidores e, de tabela, um Emmy pelo melhor anúncio no horário nobre.

Vejamos agora a descrição do produto abaixo:

"Um pequeno pedaço de chocolate e açúcar, redondo, de aproximadamente 1,5 cm de diâmetro, de diversas cores, como amarelo, verde, azul, vermelho, marrom."

Quanto você pagaria por cada um deles? Ou por uma porção?

E se tivermos uma segunda descrição:

"M&M's, pequenos pedaços de chocolate ao leite em divertidas cores: amarelo, verde, azul, vermelho, marrom."

UM EXEMPLO NA VIDA REAL

O que lembramos ao ver M&M's? Talvez alguns de vocês, leitores, lembrem-se da infância, diversão, cinema, Estados Unidos, personagens engraçados e, para alguns, a brasileira Confeti da empresa Lacta, hoje Mondelez.

A Mars Incorporated é uma multinacional dos Estados Unidos que, desde 1911, produz marcas de chocolates, confeitos e balas de grande sucesso como Skittles, Snickers, Twix e Milk Way. Além disso, atua também no setor de comida para animais domésticos com Pedigree, para cães, e Whiskas, para gatos.

Quando colocamos a marca da Mars no segundo texto, ela passa a ter outro significado e percepção, fazendo parte de um universo de referências e repertórios que temos de M&M's, seja pelo conhecimento no Brasil, ou em viagens aos Estados Unidos, onde atua fortemente.

Com um posicionamento mercadológico consistente, demonstra um processo de gestão de marca eficiente que, desde o início, tem como pilar a diversão e o entretenimento. Seus personagens aparecem desde 1950 em campanhas de TV.

É interessante conhecer antes a possível origem dessa história que tem como cenário a Guerra Civil Espanhola.

A história contada pela Mars para a marca M&M's é que Forrest Edward Mars, um dos fundadores da empresa, sendo o outro, Bruce Murrie, fez uma viagem à Espanha e encontrou soldados que comiam pequenos pedaços de chocolate envoltos em cascas de açúcar muito duras, para evitar que derretessem no calor.

Essa imagem ficou em sua cabeça e, ao voltar para os Estados Unidos, produziu um pequeno lote de confeitos com uma exclusiva receita para M&M's.

Forrest recebeu a patente de seus confeitos de chocolate ao leite em março de 1941 e iniciou as vendas ao público, tornando-os os favoritos dos soldados americanos que lutavam na Segunda Guerra Mundial. Os confeitos foram lançados originalmente em cinco cores: marrom, amarelo, vermelho, verde e violeta, e tiveram, posteriormente, algumas alterações.

Eles eram embalados em tubos de cartolina e vendido aos militares com o apelo da conveniência, porque suportava bem viagens sob temperaturas mais quentes.

Lembrando que nessa época ar-condicionado era uma raridade e os chocolates sofriam avarias durante o verão. Por esse atributo funcional, os M&M's eram vendidos o ano inteiro e tiveram grande receptividade.

Em 1950, para diferenciar a marca de possíveis cópias de confeitos que ameaçavam a marca, a letra "M" passou a ser impressa em cada confeito na cor preta, divulgada pelo slogan "Look for the M on every piece" ou "Procure pelo M em cada confeito". Atualmente, o "M" gravado em todos os confeitos é branco.

O universo dos M&M's expressa seus valores por meio de *spokescandies*, personagens como o Red (Vermelho), mascote para o confeito de chocolate mais irônico e sagaz da turma. Ou o Yellow (Amarelo) que representa o M&M's versão amendoim, feliz e ingênuo, e que sempre se mete em enrascadas.

Os personagens humanizam a marca M&M's e personificam os atributos emocionais e racionais. Cada um tendo sua personalidade e forma diferente de agir.

O Blue (Azul) é o mascote para a versão amêndoa e a sedutora Green (Verde) é a mascote feminina lançada em 1995 para a versão chocolate. A supremacia feminina da Green foi quebrada quando Ms. Brown, a *Chief Chocolate Officer* fez sua estreia, em 2012, durante a propaganda de um dos mais concorridos e valorizados espaços de mídia no mundo, o Super Bowl.

E como personagem mais nervoso e neurótico temos o Orange (Laranja) representando a versão Crispy. Aliás, o Orange atua em diversas campanhas de pretzel, como amigo e salvador do Pretzel Guy, o único personagem que não é um M&M e tem um perfil próximo a um *nerd*.

E no meio da diversão desses personagens sempre há um dilema, nesse caso, o maior de todos é o que mais se aproxima da verdade humana. O medo de morrer. Todos eles evitam e tentam escapar de serem *comidos*, literalmente.

Isso torna o personagem mais humano, pois apesar de ele estar ali para nos entreter com sua comunicação engraçada, ele demonstra uma fraqueza, e um medo que nos conecta, ainda que de uma forma irônica.

Todos os personagens têm suas características e perfis distintos, como, por exemplo, o Red:

> **RED**
>
> **Aparência:** Vermelho, redondo e todo de chocolate;
>
> **Idade:** Ele diz que tem 30 e alguma coisa, mas, em 2010, uma propaganda da M&M's disse que ele tem 46;
>
> **Peso:** Perfeito para seu tamanho;
>
> **Melhor Amigo:** Yellow;
>
> **Melhor Atributo:** Q.I de gênio, com um físico que é o "melhor dos mundos";
>
> **Shortcomings:** Ele pensa que sabe mais do que realmente sabe e faz perguntas estúpidas na hora errada;
>
> **Talento oculto:** Pode transformar uma simples tarefa em algo bastante complicado;
>
> **Frase:** "Gimme a break" ou em português "Dá um tempo";
>
> **Turn-ons:** Quando as pessoas seguem cegamente seus espertos conselhos;
>
> **Turn-offs:** Quando pessoas falham em reconhecer sua óbvia liderança.

Com histórias divertidas, a marca apropria-se do universo lúdico, dos filmes, dos famosos jogos de futebol americano como o Super Bowl e do cinema usando a plataforma do humor e ironia com inovação e competência.

Talvez por isso a inovação na comunicação continue sendo o oxigênio da marca e a chave da competitividade para se diferenciar.

Um produto como M&M's necessita de muita criatividade para não perder sua pertinência e virar um simples *commodity*. O fato é que milhares de pessoas continuam consumindo M&M's, apesar de o produto ser facilmente copiável e substituído.

A marca M&M's não tem um vasto número de itens e produtos inovadores e são poucos os sabores e formatos. A inovação é constante na essência de entreter por meio de suas histórias na comunicação.

Essa visão de entretenimento faz com que a gestão da marca seja a soma das experiências vividas.

Um exemplo são as *megastores* situadas em Xangai, Orlando, Londres, Nova Iorque e Las Vegas, um ótimo modelo de contar histórias no varejo porque transfere toda essa emoção e diversão em todos os pontos de contato.

Tudo o que está na loja está conectado a um *plot* divertido que é a história dos seus personagens, respeitando o universo criativo do mundo M&M's.

As lojas vendem milhares de produtos licenciados que vão de camisetas a canecas, sacolas de compras, chinelos e pijamas. Há ainda uma diversidade de 25 cores diferentes para fazer o próprio mix customizado com seu nome ou qualquer inscrição que desejar. Isso custará bem mais, talvez 6 a 8 vezes o preço do pacote tradicional, mas a experiência será valiosa e única.

Diversão garantida, seus comerciais são assistidos por milhões de pessoas na TV e na internet. Só o filme da Ms. Brown no Super Bowl de 2012 teve 22.539 milhões *views* no Youtube.

Além disso, a marca disponibiliza *games*, interatividade e vários formatos de conteúdo em seu site que geram entretenimento para adultos e adolescentes. Para quem tiver curiosidade em conhecer o universo da marca o link no Youtube é: https://www.youtube.com/user/MandMsCommercials.

Em meados de 2012 a marca representava mais de 3,5 bilhões de dólares em vendas para a empresa Mars. Nada mal para os pequenos confeitos coloridos de chocolate e açúcar de 1,5 cm de diâmetro.

MORAL DA HISTÓRIA

Algumas marcas fazem parte do imaginário das pessoas com relevância em suas vidas. O Storytelling faz a diferença tornando uma marca legendária e parte do consumo simbólico de uma cultura.

5.2. STORYTELLING NAS EMPRESAS B2B

"Não é porque é sério que precisa ser chato."

— *Storytellers Brand´n Fiction.*

Chamado de *business-to-business*, *peer-to-peer*, *human-to-human*, seja ele o nome que a empresa queira utilizar, sempre haverá uma história. E não é porque se trata de B2B que ela precisa ser técnica e complicada.

Acreditamos que a credibilidade da **expertise** desse tipo de empresa advém de sua qualidade e consistência na entrega e no relacionamento cultivado em longo prazo.

Cada material promocional, site, blog, evento, catálogos, *white papers*, artigos educacionais, o *pitch* da equipe de vendas e até o cartão de visita, é um ponto de contato e pode contar por meio de boas histórias *quem* você é e *o que* seu negócio oferta que interessa para alguém.

Esses materiais contêm histórias? Representam a história da empresa ou são testemunhais esparsos de alguns clientes ou executivos?

Reflita se não estão parcialmente camufladas em conteúdos chatos, exaustivos e irrelevantes para as pessoas. Muito conteúdo B2B é produzido, mas, na maioria das vezes, eles são depositados na última gaveta da mesa do cliente.

A primeira dica importante é saber o que você quer contar para seus clientes. Vamos ver um exemplo na prática.

Uma tradicional multinacional gigante do setor de informática contratou a Storytellers para transmitir informações exclusivas para seus clientes que eram COOs, CMOs e CIOs das principais empresas no Brasil.

O problema: o cliente demonstrou grande preocupação, pois vinha perdendo audiência no número de participantes em seu principal evento. Apesar de conservadora em suas ações B2B, tinha o desejo de ser inovadora no formato e mensagem, deixando de lado os tradicionais *workshops*, simpósios e eventos com apresentações cheias de dados e números.

A estratégia: divulgar as principais mensagens da corporação em um novo formato, mais inovador: uma peça de teatro, no qual os atores representavam executivos com cargos equivalentes aos dos convidados e clientes.

Resultado: em uma reunião de avaliação o cliente admitiu que foi uma quebra de paradigma realizada com sucesso. O auditório onde ocorreu o espetáculo teatral estava cheio, com mais de 200 pessoas. Para ele, a empresa deu um passo muito importante no seu processo de comunicação com os clientes.

No entanto, a maioria dos executivos do setor não quer ou não pode arriscar usando o modelo de storytelling e optam por modelos tradicionais de comunicação que já não funcionam mais. E eles sabem disso. O velho dilema entre inovar ou seguir a *guideline* da empresa faz parte de seus pensamentos, mas a cobrança de resultado de curto prazo é diária e a estratégia de construção da marca é colocada em segundo lugar.

O setor vem amadurecendo suas estratégias de comunicação e se preocupando em construir modelos mais inovadores. Notamos que duas técnicas de conteúdo crescem nas empresas que atuam nesse setor:

- *Branded Content*, descrito no Capítulo 4 e início do Capítulo 5;
- *Brand Journalism*

Vejamos o exemplo da GE que atua fortemente no B2B (e em alguns países no B2C também), e tem se conectado por meio de *brand journalism*.

O GE Reports transformou seu site em uma sala virtual de *newsroom* — algo como sala de redação de notícias — onde trata de assuntos como inovação, ciência e tecnologia relacionados aos negócios da empresa no mundo. São temas diversos como histórias de pacientes, usuários de seus produtos em setores de saúde, previsões de tecnologia do futuro, novas fontes de energia limpa e outras.

Em vez de usar uma linguagem técnica e difícil, usam vídeos e linguagem simples e agradável para demonstrar como suas soluções impactam o desenvolvimento em dezenas de países.

A atuação beneficia a *masterbrand* GE junto a diversos públicos, não apenas no B2B. Contudo, acreditamos que poderia ser muito mais impactante usar os conteúdos com histórias customizadas e desenhadas para cada tipo de público desejado. As notícias são interessantes, mas não engajadoras, são pertinentes, mas não criam a vontade de voltar a página toda hora.

Em 2012, a Cisco fez o mesmo, transformou seu site *News@Cisco* em **The Network,** usando o modelo de *brand journalism.* Uma série no estilo webdocumentário explorava com histórias do setor de Telecom o impacto na *network* desses executivos, como redes sociais, *smartphones* e banda larga.

Dinâmica e com atualização constante dos tópicos, utilizaram os jornalistas mais famosos e âncoras das principais empresas de comunicação.

Notamos que a maioria das histórias não continham uma narrativa e sim informações, úteis, mas não emocionantes. Formatos modernos e mais amigáveis, mas faltava a emoção. Vale lembrar: não é porque é sério, útil, técnico, complexo que tem que ser frio e distante. Histórias de pessoas para as pessoas... mas por que seus nomes, suas vidas e suas transformações positivas nem sempre ficaram evidentes? Porque faltou storytelling.

POTE DE OURO

Brand Journalism é a criação de conteúdos *online* relacionados à empresa. Utiliza a credibilidade jornalística e seu modelo para produzir histórias, reportagens e notícias sobre uma organização. Seu formato é fácil de ler, útil e, em alguns casos, com plataformas abertas para interatividade do leitor.

Agora vejamos o caso da Intel.

Como falar de circuitos integrados como microprocessadores e outros *chipset* (que nunca vemos, mas faz parte de nosso dia a dia), em uma linguagem moderna e mais jovem, criando um vínculo com um protagonista?

Simples, produzindo uma boa história e conteúdo autoral para a marca. A Intel usou a técnica de *Branded Content* com storytelling em uma *websérie* em parceria com a marca Toshiba Ultrabook que não tinha recursos de verba como seus concorrentes.

A criação de um *core concept* foi desenvolvida (lição número 1 para quem usa *Branded Content* com storytelling) usando a beleza interior como ideia. Alex é um personagem que acorda todos os dias como uma pessoa diferente, homem, mulher, jovem, feio, bonito, velho, novo. Até que um dia ele se apaixona loucamente.

Usando mídia social para gerar interatividade os fãs, com uma webcam, ajudavam Alex a conquistar seu amor. *The Beauty Inside* teve seis episódios no YouTube com resultados excelentes:

- 70 milhões de *views*

- 26 milhões de interações

- 97% *likes* no Youtube

- **66%** de melhoria na percepção da marca Intel

- **40%** de melhoria na percepção da Toshiba Ultrabook

- Incremento de 300% nas vendas da Toshiba (que, apesar de ter uma base de vendas muito baixa, superou as expectativas).

Um outro questionamento frequente é como o storytelling pode ser associado à Gestão do Conhecimento nas empresas, principalmente no B2B.

Primeiramente, quando se trata de transferência de conhecimentos técnicos e específicos, as histórias auxiliam na coesão de valores, atitude e visão de futuro. E, apesar de ser usado por grandes empresas apenas na gestão de memória da empresa, acreditamos que essa aplicação é muito restrita face ao potencial que a metodologia oferece.

Outra aplicação em Gestão do Conhecimento é quando as empresas tratam de questões de capacitação e treinamento de suas pessoas. Embora a maioria das histórias se concentre no fundador ou presidente das empresas, é no dia a dia da organização que se encontram boa parte dos protagonistas.

O storytelling dá permissão para explorar tópicos controversos e complexos como fusões, mudança de cultura, engajamento de times em projetos de alta complexidade, situações de risco e confidencialidade, como aquisições, facilitando a comunicação interna.

Exploraremos mais o assunto de comunicação interna no capítulo de *endotelling*, mas antes um pequeno exemplo:

John Burke, vice-presidente global de vendas da Oracle, tem mais de 125 pessoas que se reportam diretamente a ele. Nos últimos anos observou que o treinamento de vendas tradicional já não surtia o efeito positivo desejado e não auxiliava seus colaboradores a ter uma performance melhor. A razão? Eles não sabiam contar histórias para os clientes da Oracle.

Decidiu que ele e toda sua equipe seriam capacitados para contar boas e autênticas histórias. O resultado tem sido surpreendente. A maior mudança foi colocar a humildade e a sinceridade humana nas histórias, como ele conta em uma entrevista online da *Money Watch*:

> "Histórias são sobre o entendimento de como e por que algumas coisas mudam na vida. Ninguém é perfeito e nenhuma empresa é perfeita. Quando o executivo de vendas tenta parecer o Super-Homem que vai resolver todos os problemas, isso não ajuda, apenas afasta o cliente. Agora nosso *approach* é admitir nossa limitação e os clientes entendem melhor e acreditam mais nos vendedores, porque não demonstramos que sabemos tudo."

Para ele, a boa história engaja no primeiro minuto e algo transformador acontece com o cliente, assim a negociação flui mais facilmente. A Oracle iniciou esse processo de construção de uma cultura ao redor de histórias e tem colhido bons resultados desde 2011.

Um alerta vermelho para os executivos: não produza excesso de conteúdo. Esqueça as historinhas supérfluas e sem relevância. Você não está ajudando seu cliente com isso e tampouco economizando tempo e dinheiro. Está apenas gerando maior complexidade para ambos.

Seu cliente também tem problemas e sua empresa deve ajudar a resolvê-los. Portanto, a primeira questão antes de comunicar seu conteúdo com boas histórias é entender que tipo de problema seu cliente tem que sua empresa pode resolver e como o storytelling pode auxiliar nesse processo.

Imagine agora um homem alto, muito alto, de aparência esquisita e forte, muito forte. Incompreendido, solitário, vaga pelas ruas e avenidas a procura de alguém que o entenda. A narrativa é elegante, solene e quase uma poesia. Trilha sonora embalada por um piano suave ao fundo.

O filme de dois minutos que retrata esse personagem foi para a TV e telas de cinema em 2008 e comoveu, divertiu, surpreendeu.

Criado pela Nordpol Hamburg e produzido pela Paranoid — Estados Unidos, o filme foi feito para a divisão alemã da Epuron e o Ministério do Meio Ambiente. Não bastava ter um assunto complexo e difícil, era preciso atender dois objetivos distintos: incrementar a percepção do tema junto à população e atrair investidores.

Duas organizações, dois objetivos, um assunto extremamente técnico, recursos limitados.

A solução: a criação de um filme, com um brilhante storytelling. Ele é um dos melhores filmes publicitários que já vimos e um dos favoritos da Storytellers. Além disso, é o mais premiado na Alemanha, ganhou vários prêmios importantes da Propaganda, entre eles um Cannes Gold Lion.

Quer saber quem é o protagonista desse storytelling B2B? Vai lá:

http://br.adforum.com/creative-work/ad/player/6701552

É necessário desmistificar que produtos e tecnologias complexas devem ter uma comunicação técnica porque os especialistas entenderão. **Como você vê organizações B2B usando storytelling? Conhece algum** *case*? **Quer conversar conosco a respeito?** marthaterenzzo@storytellers.com.br

PENSE

5.3. STORYTELLING NAS STARTUPS

"Estou com pressa, seja prático!" Disse o senhor grisalho, robusto e com semblante sério.

"Eu tenho uma ideia para uma *startup*, que…" (após longos 5 minutos de blablablá)

"Ok, próximo!"

Esse é um diálogo comum em rodadas de empreendedores. Um jovem da Geração Y, por volta dos 23 anos de idade, tem uma ideia, possui até o tradicional *canvas* com o *business model generation* bem feitinho e na hora de contar seu desejo, a história que o move a empreender, discursa somente sobre os números, os fatos, e não consegue persuadir o Senhor Investidor ou Sr. Anjo a colocar recursos financeiros em seu empreendimento.

Sequer trocam cartões. Má notícia para o jovem empreendedor que tem uma grande ideia, mas não conseguiu estabelecer uma conversa com o investidor.

Para quem quer saber mais sobre como empreender e conquistar um investidor recomendamos o livro *Empreendedorismo Inovador*, organizado por Nei Grando, tendo a colaboração de um dos autores deste livro, Martha Terenzzo, com o capítulo de inovação e criatividade.

Nele você encontra informações úteis sobre *startups* e uma visão do contexto do empreendedorismo no Brasil. Há informações de apoio à capacitação do empreendedor que se complementam ao que abordamos nesse capítulo. Além disso, converge com nosso pensamento que, para empreender, há a necessidade de um bom preparo, paixão, coragem, determinação e resiliência.

Como já vimos anteriormente, muitas empresas adoram pensar em termos de fatias, segmentos e *share*: *Share of Mind*, *Share of Heart*, *Share of Attention*, *Share of Wallet*, *Share of Stomach*.

Sabemos que a disputa inicial do empreendedor é obter essa atenção do investidor, o que chamamos aqui de "*share* de ouvidos e olhos".

Para o empreendedor, essa é, muitas vezes, a única forma de iniciar seu negócio, obter a atenção de um potencial financiador que materializará sua grande ideia. Do contrário, o negócio idealizado não será concretizado.

Diante dessa realidade, detectamos dois grandes momentos para a utilização do storytelling para *startups*:

- A captura de fundos e investimentos para concretizar seu desejo, utilizando--se de apresentações e *pitchies;*
- O planejamento estratégico da empresa juntamente à comunicação efetiva do conceito deve atrair clientes.

O primeiro é analisado no capítulo sobre apresentações e complementa os aspectos que discorremos ao longo deste capítulo.

Porém, existem várias habilidades que auxiliam o empreendedor a ser um *storyteller* e que demonstramos aqui.

A **primeira** é encontrar a emoção com a qual você tem maior facilidade de lidar. A emoção é ingrediente indispensável para qualquer história interessante. Mas nem todo o mundo é bom com humor, por exemplo. Tem gente que tem medo de fazer papel de bobo. Isso não é problema, pois existem outras formas de emocionar. Que tal tentar o drama? Ou talvez a paixão do entusiasmo? Ou a vibração da adrenalina? Demonstre essa energia interior.

A **segunda característica** importante é encontrar a voz narrativa. O bom narrador tem um jeito de falar que o distingue. Há uma entonação, ritmo e timbre únicos. Não se trata de verborragia, muito menos de dom para oratória, acima de tudo, tem a ver com autenticidade.

E, por fim, o **terceiro ponto** é a habilidade de se atentar à audiência. Estar presente de corpo, alma e toda energia no momento de narrar a história, prestando atenção nas reações de cada pessoa da plateia.

Outro aspecto que atemoriza o empreendedor é se deparar com investidores impacientes e, por vezes, dispersos, como vimos logo no início. Como quebrar esse clima de desatenção inicial?

Quando um escritor experiente escreve um romance, ele sabe que as duas páginas mais importantes do seu livro são as primeiras. Isso porque uma livraria é um grande duelo de histórias e, por questões financeiras e até de tempo, o leitor tem que fazer uma escolha. Para isso, ele vai folhear uma série de livros, como quem participa de uma degustação gastronômica. Se a história não fisgar logo de cara, o livro será fechado e largado em alguma prateleira.

Diante desse cenário, os escritores desenvolveram uma série de técnicas que funcionam como uma isca. A ideia é sempre mostrar que essa história é diferente das outras, que ela tem algo de especial. Alguns começam no meio da história para gerar curiosidade, outros iniciam revelando alguma grande verdade humana e tem até aqueles que partem para a estratégia de mostrar logo de cara que essa história tem tudo a ver com a sua audiência ao demonstrar uma situação que leva a um dilema típico do ouvinte. Por isso é importante conhecer a sua audiência: quais são seus medos, sonhos e frustrações.

Portanto, evite mecanizar a forma de contar sua história, não decore nada, não se prenda a telas e slides, eles são apenas mídias para guiá-lo. Assim, você acaba encontrando o ângulo ideal para apresentar de forma rápida e instigante.

Para o segundo momento de utilização de storytelling para *startup*, usamos o mesmo princípio de uma empresa B2B ou B2C, mas com uma diferença: ainda não existe uma história formatada, mas existe um sonho e esse desejo pode ser de qualquer tamanho, sem ser mentiroso. É uma excelente oportunidade para usar o sistema de storytelling completo, pois é como uma página em branco.

Além disso, existe uma história por trás desse desejo e se essa história inspirou o empreendedor a mergulhar de cabeça em uma ideia, também pode ajudar a inspirar outras pessoas a embarcarem junto.

Uma grande vantagem do storytelling para *startups* é a possibilidade de criar projetos de baixo custo financeiro. O maior investimento em um projeto do método é o tempo de desenvolvimento. É comum iniciar um processo de storytelling a partir de pequenos projetos que vão amadurecendo e se transformando em campanhas mais elaboradas. Desta forma pode ser acessível a *startups* de todos os tamanhos.

E ser inicialmente pequeno, ter uma história de origem, uma paixão pelo próprio empreendimento, são fortes elementos para criar uma boa estratégia de storytelling.

Empresas como Twitter, Google e Pixar começaram pequenas, mas suas histórias são tão poderosas que viraram livro ou filme.

O fato é que histórias de sucesso de outros fundadores movem as pessoas, e para o empreendedor é vital acreditar no exemplo como a maior fonte de inspiração para fazer mais e melhor. Com elas, é possível aprender lições importantes **do que pode e o que não deve** ser feito.

Diante dessa realidade, é necessário que o empreendedor esteja disposto a criar o novo negócio com uma eficiente estrutura de comunicação. E ter uma plataforma de comunicação usando storytelling dará uma grande vantagem competitiva para quem estiver iniciando. Antes de tudo, não tente acelerar o tempo, é preciso qualificar a história que será contada para todos.

Ressaltamos que conte a verdadeira e autêntica história. Se ela for fictícia, deixe claro desde o início que se trata de um artifício de ludicidade. Não há mal algum em usar metáforas, analogias e histórias fictícias, desde que elas não induzam nenhum cliente a informações errôneas.

E para construir uma história persuasiva responda algumas questões importantes como:

- Quem sou eu nessa história? Onde começou meu sonho? Construa a confiança para se conectar.

- Por que estou aqui? O que me levou a assumir riscos? E atenção: se sua principal motivação é financeira e não uma paixão visceral, não oculte a informação. Os empreendedores apaixonados pelos seus negócios geram melhores negócios.

- Qual a visão que quero compartilhar com o mundo? Histórias sobre visão inspiram e encorajam pessoas a estarem ao seu lado, seja como consumidor, colaborador, parceiro ou investidor.

E contextualize sua história como empreendedor. Boas histórias corporativas têm três elementos essenciais: contexto, ação e resultado.

Demonstre suas fraquezas, medos e fracassos em suas histórias, os conflitos deixarão sua narrativa muito mais interessante e autêntica. A vulnerabilidade, desde que verdadeira, gera *rapport* e estabelece confiança.

A revista americana *Entrepreneur*, de julho de 2008, já apontava que um bom storytelling inclui uma intenção clara, uma audiência engajada e uma incondicional convicção e paixão. Esses elementos são recursos poderosos para conectar outras pessoas e torná-las parte de seu negócio advogando a favor de sua missão.

Todos nós somos *storytellers* por natureza, alguns melhores que outros. Mas para ser empreendedor é obrigatório ser um bom *storyteller*. Isso demanda um pouco de tempo de aprendizado. Por isso, se esse for seu caso, recomendamos que aprenda muito e pratique mais ainda para libertar esse poder.

Isso não quer dizer que uma boa história não possa ser criada de forma objetiva e rápida. Pelo contrário, toda narrativa é uma jornada em alguma direção. Toda narrativa termina com uma lição, que denominamos de moral da história.

E existe também a possibilidade de você colocar sua história para empreender em plataformas de financiamento coletivo como o *Kickstarter*.

Esse é o maior site de financiamento coletivo do mundo e apoia projetos inovadores. O site foi fundado em 2008 por Perry Chen, Yancey Strickler e Charles Adler, e mantém uma comissão de 5% sobre os valores arrecadados. Em março de 2014, anunciaram ter atingido a meta de um bilhão de dólares doados a projetos pela plataforma.

Muitos novos negócios começaram assim e a construção do storytelling de seu empreendimento pode auxiliar a sua empresa a capturar o investimento necessário.

Já ouviu falar de Blake Mycoskie?

Mycoskie, um jovem do Texas, decidiu acompanhar a irmã na Argentina e ficou impressionado ao perceber que muitas crianças carentes brincavam descalças nas ruas da periferia porque a família delas não tinha dinheiro sequer para comprar-lhes um par de alpargatas (popular no local).

Achou o calçado interessante, estudou o processo produtivo e observou que há sobras na produção que permitiriam a produção de novos calçados, porém em menor quantidade.

Em 2006, criou uma empresa cujo modelo de negócios era relativamente simples — a cada calçado vendido, outro seria doado a alguma criança carente ao redor do mundo. Essa marca é a TOMS Shoes, desde então Mycoskie é o principal garoto-propaganda da empresa. Como em muitos casos de empreendedorismo, o fundador e sua própria história se tornam a personificação de seus negócios.

A criação da empresa, como ele conta, pode dar um bom roteiro de filme. Ainda não deu, mas já rendeu o lançamento de um livro.

No livro *Start Something That Matters*, Mycoskie conta a experiência que acumulou ao criar a TOMS Shoes e, sobretudo, extrai do empreendedorismo social ensinamentos para quem está disposto a criar negócio em qualquer área.

O modelo com poucos intermediários é visto com bons olhos pelos consumidores, que acreditam praticar uma boa ação ao comprar os sapatos da marca. Segundo ele, seu objetivo não é ter uma instituição de caridade ou ser uma ONG, mas desenvolver um novo modelo de negócios: uma empresa social com fins lucrativos. Ou seja, além de ter um papel social, tem que ser um negócio viável.

> "As pessoas não estão pagando apenas por um par de sapatos. Elas sentem que realmente estão fazendo algo para mudar o mundo."
> — *Blake Myscoskie em entrevista à Fast Company, 2013.*

É verdade que Mycoskie é um brilhante *storyteller*, jovem, carismático. Em seu primeiro ano de negócios, a TOMS doou 10 mil sapatos para as crianças da Argentina. Desde 2006, já foram doados mais de um milhão de pares no mundo, em mais de 24 países, incluindo Peru, Argentina, Ruanda, África do Sul e vem expandindo sua presença em outros locais.

Sua estratégia de marketing fundamentada em storytelling (sua própria história e uma causa) é sucesso, vestindo algumas referências locais, incluindo celebridades. Isso gera um marketing boca a boca, dá manchete de notícias, vira pauta das blogueiras de moda mais famosas do mundo. A história se espalha cada vez mais.

A cada par de calçado vendido a 50 dólares (preço que supera, e muito, o custo de produção mesmo com o envio de um novo e deve deixar uma alta margem de lucro) um par é enviado a uma criança de alguma comunidade próxima dos locais de produção.

Com sua história inspiradora (e, esperamos, autêntica) foi mais fácil obter novos fornecedores e estabelecer parcerias com organizações humanitárias que se responsabilizam pela identificação de comunidades mais necessitadas e ocupam-se da distribuição.

Em 2014 começou a distribuir óculos e cirurgias oculares em números proporcionais aos óculos de sol vendidos pela marca.

E, em uma tarde fria de janeiro, Mycoskie começou a ser acusado.

Em 2013, alguns jornalistas e parte dos consumidores de TOMS Shoes sentiram-se incomodados com algumas atitudes do fundador e resolveram pesquisar sua história detalhadamente. Não sabemos a história real, mas temos novos fatos.

Um deles é que a história de Mycoskie na Argentina é outra. Ele estava jogando polo e tomando vinho no país, quando encontrou uma mulher que produzia sapatos para pessoas pobres. A primeira que contamos é a mais romântica, apesar dessa segunda não denigrir suas boas intenções, mas a outra é que sua doação desestimula pequenos fabricantes locais, que recebem doações. Parece haver uma rejeição por uma parcela da comunidade de países como a Etiópia, que entendem que a Mycoskie usa os pobres apenas como um instrumento de marketing.

A outra notícia é que o produto não é feito pelas comunidades pobres da América do Sul ou África como previsto originalmente, mas na China por causa dos custos.

E agora? Como fica a história dessa marca diante de seus *stakeholders*? O que ela deve contar para sua audiência?

Um excelente plano de marca, uma *startup* de sucesso, tudo na mão? Um estudo de 2008 sobre doação de roupas para a África afirma que essa atitude é responsável por um declínio de 50% do emprego local no setor e na região. Se a família tem emprego, ela pode ter sapatos. A estratégia de TOMS Shoes "não ensina a pescar o peixe, ela entrega ele pronto". Lição aprendida: se for apenas oportunismo e não um modelo de negócios autêntico, o storytelling vai punir. Qual sua opinião a respeito?

5.4. STORYTELLING NO TERCEIRO SETOR: SOCIALTELLING

"Uma grande história pode te dar a força de sonhar e ver outros cenários e outros mundos."

— *Storytellers, 2012*

A decisão de inserir o terceiro setor no livro é porque acreditamos que essas empresas tendem a assumir um papel cada vez mais relevante no mundo contemporâneo.

Os fatos confirmam sua importância no contexto atual da nossa sociedade.

Desde 1996 até 2005, o Brasil viu o número de organizações não governamentais dobrar, segundo o Instituto Brasileiro de Geografia e Estatística (IBGE).

O Instituto registrou a existência de 338 mil Fundações Privadas e Associações sem Fins Lucrativos (Fasfil) no país em 2008. Em 1996, de acordo com os dados, tínhamos 107.332 empresas do terceiro setor, o que representa um crescimento de 215,1%.

O denominado *terceiro setor,* "teoricamente" tem os melhores ingredientes para obtenção de recursos. Mas por que teoricamente? Primeiramente, nem todas as causas são verdadeiras e autênticas, e, como em algumas corporações, nem sempre utilizam todos os seus recursos para um propósito social.

E entendemos por propósito aquela cola que mantém a empresa unida, o líquido amniótico que nutre de vida a força organizacional. Em uma instituição do terceiro setor o propósito tende a ser muito forte de manter seus *stakeholders* engajados em uma causa.

Em segundo lugar, a maioria delas, em vez de oferecer suas histórias com emoção, inundam os potenciais doadores com dados estatísticos e enfadonhos.

Existem várias definições para o terceiro setor, e optamos em utilizar uma proposta amplamente aceita como referência, inclusive por organizações multilaterais e governos para alinharmos o que denominaremos a partir de agora de *socialtelling*, o uso do storytelling para conectar pessoas que tenham uma causa comum sem fins lucrativos ou ganhos de algum tipo de poder.

Em 1992, Lester Salamon e Helmut Anheier, ambos professores e pesquisadores da Johns Hopkins University, desenvolveram um estudo para definir o setor sem fins lucrativos, não governamental nos Estados Unidos. Trata-se de uma definição estrutural, composta por cinco atributos operacionais que distinguem as organizações do terceiro setor de outros tipos de instituições sociais:

- **Formalmente constituídas:** deve ter alguma forma de institucionalização, legal ou não, com formalização de regras e procedimentos, para assegurar a sua permanência por um período mínimo de tempo;

- **Estrutura básica não governamental:** não pode estar ligada institucionalmente ao governo;

- **Gestão própria:** realizar sua própria gestão, não sendo controladas externamente;

- **Sem fins lucrativos:** a geração de lucros ou excedentes financeiros deve ser reinvestida integralmente na organização. Assim, não podem distribuir dividendos de lucros aos seus dirigentes;

- **Trabalho voluntário:** deve ter algum grau de mão de obra voluntária, ou seja, não remunerada ou o uso voluntário de equipamentos.

Em suma, as empresas do terceiro setor têm por objetivo gerar serviços de caráter público. Devem gerar ganhos para suas comunidades e causas. O storytelling usado para esse setor pode inspirar, educar e transformar o entorno onde atua, pode fazer pessoas realizarem alguns desses sonhos.

Mas por que é tão difícil capturar recursos para essas organizações se tudo parece ser tão perfeito?

A resposta é simples, a maioria delas não utiliza storytelling. Como salientamos no começo, elas emulam o modelo tradicional corporativo de empresas B2C e B2B, face à própria pressão que seus *stakeholders* demandam por fatos e dados.

É evidente que ela deve demonstrar resultados e transparência com seus números, mas para obter recursos deve transmitir suas histórias com fé e energia de que sua causa pode mudar o mundo, ainda que seja em uma pequena parte dele.

Adiante veremos três exemplos, sendo duas causas pequenas, específicas e locais e outra global, com uma atuação mundial usando o poder das histórias para transformar a vida de pessoas em cada comunidade.

Imagine a seguinte situação: um urso polar branco, com muito calor, praticamente desmaiado em um sol de 35 °C. Sozinho, aparenta tristeza e solidão, seus pelos ressequidos pelo sol perderam o brilho, ele respira com dificuldade.

Em julho de 2014, a hashtag #FreeArturo estava nos *trending topics* mundial. Um urso polar branco, triste, cansado e doente. Uma página para ele foi criada no Facebook, chamada *Save Polar Bear Arthur*, na tentativa de manter viva a campanha sobre o urso acima. Na realidade, seu nome é Arturo, ele vive há mais de 20 anos em Mendoza, na Argentina, em um cativeiro de um zoológico em condições precárias.

Em 2012, Arturo perdeu seu melhor amigo, outro urso polar, conhecido por Pelusa. Desde então, passou a ter um comportamento depressivo. Outro fator que deixou Arturo desanimado foi a temperatura alta da região de Mendoza, que chega a passar dos 35 °C no verão.

Diversos vídeos no Youtube, manifestos, uma petição e muitas assinaturas, ONGs e milhares de pessoas pedindo para a Argentina libertar o urso polar. Mesmo sendo uma causa sem dono e sem uma instituição estruturada, a história de Arturo, o urso mais triste do mundo, emocionou, pois era verdadeira.

Organizações como Change.Org, PETA, e até o Centro de Conservação de Ursos Polares, no Canadá, um dos países mais frios do planeta, chegou a manifestar interesse em aceitar o animal, mas o zoológico de Mendoza recusou a oferta e não entregou os documentos necessários para o transporte, por considerar que Arturo não sobreviveria à viagem.

Fim da história. Arturo continua vivendo na Argentina por determinação da presidência do país.

O que podemos aprender com história que emocionou alguns e mobilizou pessoas? Primeiro, ela é concreta, vimos vídeos e fotos, depoimentos de visitantes do zoológico e, por isso, tangível. Todos os elementos de storytelling estavam presentes: um personagem, o Arturo, um vilão, o zoológico, a rede social como a voz do narrador, heróis como ONGs diversas lutando e o objeto mágico que poderia teoricamente libertar o urso: a petição com um milhão de assinaturas.

No entanto, a própria instituição do governo de Mendoza, o zoológico, estava em condições precárias e não aproveitou a oportunidade para obter recursos e ajuda daqueles que se afeiçoaram a Arturo. E ela tinha tudo para fazer isso.

Acreditamos que essa seja uma das razões de muitas empresas do terceiro setor falharem na captura de seus recursos. Não aproveitam suas próprias histórias, não se apaixonam por elas e, por isso, não enxergam as oportunidades que muitas vezes estão na sua frente. Seria a falta de percepção de um propósito comum?

A causa, apesar de pequena, estava ao alcance de todos, e as pessoas nas redes sociais se mobilizaram para gerar ressonância sobre o assunto. E se é acessível e ressona, facilmente envolve.

Como não havia uma estrutura formal organizada, uma única ONG para dar continuidade, e o urso pertencia a uma instituição governamental da Argentina, que não liderou o movimento, a causa de Arturo não atingiu seus objetivos.

Outro exemplo é a Change.Org, uma das maiores plataformas de abaixo-assinados do mundo, que incentiva as pessoas em todos os lugares a conquistarem as transformações que desejam.

O que a Change.Org faz? Com o mote "O que você quer mudar?" tem mais de 87 milhões de usuários em 196 países, e permite a acessibilidade de qualquer pessoa a usar a rede para transformar as suas comunidades.

Diversas histórias são relatadas todos os dias, algumas com mais ressonância do que outras: há desde mães lutando contra o crime cometido com um de seus filhos até pessoas pressionando construtoras a não derrubarem uma árvore centenária ou cidadãos querendo justiça para políticos corruptos.

São milhares de histórias iniciadas por pessoas sendo que algumas dessas causas, bem narradas e estruturadas e com um propósito aparentemente verdadeiro, obtiveram vitória.

Com uma estrutura formal e ordenada, a instituição consegue reunir pessoas em torno de uma causa com acesso, em um formato simples usando a internet para conectar pessoas. Algumas dessas histórias têm os principais elementos do storytelling e cativam pela verdade humana presente. O resultado: seu desejo realizado.

Skippy chegou a Penang para trazer ao conhecimento das pessoas o problema sobre gatos e cães de rua na cidade.

A história de Skippy começa quando uma mulher degustava seu *chicken rice*, prato popular asiático, em um restaurante local, viu uma gatinha ainda filhote com uma perna deformada e um olhar muito simpático ao seu lado. Compadecida com a pequena criatura, teve a ideia de pedir um prato de comida a mais para alimentar o filhote.

Qual não foi sua surpresa que o dono do restaurante disse rudemente que, se fosse para alimentar gatos, ele não serviria a refeição.

E assim, ela que era cofundadora da LASSie — Langkawi Animal Shelter & Sanctuary Foundation —, uma ONG que recebe, reabilita e cuida de animais abandonados e maltratados. Teve a ideia de iniciar um projeto com a história de Skippy.

Skippy Comes to Penang

Esse exemplo que conhecemos na cidade de George Town, na Malásia, ilustra como é possível trabalhar uma causa com boas histórias e recursos limitados.

O projeto denominado "101 Lost Kittens" consiste em 12 murais e instalações de rua (*street art*) produzidas por artistas malasianos e tailandeses que foi iniciado com a A.S.A. (Artists for Stray Animals) e apoiado financeiramente pela LASSie.

Os visitantes são encorajados a encontrar Skippy pelas ruas da cidade. Assim, o projeto tem inspirado dezenas de pessoas a adotar e tratar bem os animais abandonados de George Town.

O projeto é simples, com recursos limitados, mas não menos eficiente. Um bom exemplo de *Storydoing*, pois, ao visitar a cidade, vivencia-se a história do gatinho pelas ruas de George Town, distrito da cidade de Penang e patrimônio histórico pela UNESCO. O projeto diverte, educa e conscientiza moradores a tratar melhor animais abandonados e adotá-los também.

Para turistas é uma experiência muito divertida, além de conhecer a cidade de um jeito diferente, há a oportunidade de tirar pelo menos 12 *fotos de oportunidade* em lugares estratégicos, colaborar com a causa comprando camisetas, chaveiros, bonés, ímãs de geladeira, tudo produzido por artistas locais e vendido por ambulantes que se instalam ao lado de cada mural. No caminho, algumas dicas e pistas para encontrar os murais, charmosos lugares para comer algo e cafés aconchegantes para uma parada e descanso.

Algumas lojas da cidade de Penang também apoiam a causa e têm diversos objetos para vender. Foi em uma dessas lojas que compramos o *storybook* de Skippy, que tem servido de inspiração para projetos de storytelling para ONGs e fonte para escrevermos este capítulo.

Na sequência, você pode conhecer uma parte dessa história e seus murais.

Love Me Like Your Fortune Cat

A história no mural acima revela que o gato da sorte, também conhecido como *Maneki Neko*, pode ajudar todos os seres do nosso planeta. O símbolo é um dos amuletos de boa sorte mais famosos no Japão, e também fora dele. Destinado a fomentar o comércio e promover a prosperidade nos lares, é comum encontrarmos estes simpáticos gatinhos nas entradas e prateleiras das lojas com uma pata levantada, atraindo os clientes.

Even If Handicapped, Still Love Me

Esse Maneki Neko está sentado em uma cadeira de rodas, uma alusão aos animais abandonados que são atropelados diariamente nas ruas de Penang. Skippy também tem uma perna deformada, e isso não é razão para não amarem a gatinha.

The Real Bruce Lee Would Never Do This

Esse mural é o que mais tinha fila para tirar fotos, pois usa o famoso Bruce Lee. A moral da história presente nessa arte é que "de cada cinco animais, dois sofrem violência, ou são abandonados e sofrem maus tratos. Portanto, nunca chute um gato, cachorro ou qualquer outro animal; é cruel e existe lei contra isso. O kung fu Bruce Lee certamente nunca faria isso."

Shade Me If You Love Me

Esse mural alerta que os animais também precisam de um abrigo para se proteger do frio, do calor e da chuva. Portanto proteja-os e, melhor ainda, adote um animal abandonado.

Please Care & Bathe Me

Esse mural lembra as pessoas que todos os animais precisam de um lar e de cuidados higiênicos para não pegarem doenças, e que também devem ser castrados para não se proliferarem.

Assim, cada mural continha partes da história, fazendo parte de uma grande experiência de vivência nas ruas da cidade.

Ah, Skippy tem mais de nove anos e vive muito feliz e confortável no hotel e restaurante Bon Ton, onde recebe visitantes todos os dias.

POTE DE OURO Conheça o amor entre duas embalagens de leite realizado pela Friends of the Earth, uma organização sem fins lucrativos que atua na Inglaterra, Escócia e mais 75 países para obter soluções para os problemas ambientais.

O objetivo é alertar as pessoas sobre a importância da reciclagem e convencê-las de que o final feliz depende delas. A propaganda faz parte de uma grande campanha sobre o excesso de lixo produzido em nosso planeta.

A empresa que criou e produziu o filme foi a Catsnake, que conseguiu transformar o assunto de reciclagem em uma história de amor. Eles capturaram a essência humana e a transformaram em propaganda, motivando as pessoas a comentarem a respeito do filme porque acreditaram na causa. O filme viralizou e teve mais de 1,5 milhão de *views* em 2011. Foi promovido pelas Nações Unidas e é usado em salas de aula no mundo todo para ensinar como se faz um bom storytelling para uma causa social.

Uma lição de storytelling para uma propaganda simples, mas efetiva que emociona e faz alguns de nossos alunos chorarem ao final, vai lá: http://www.foe.co.uk/.

MORAL DA HISTÓRIA

É possível fazer storytelling para o Terceiro Setor. Muitas vezes as oportunidades estão na nossa frente e não enxergamos.

Capítulo 6

SENHORAS E SENHORES, APRESENTAMOS O EXOTELLING

"Gosto de jogos de tiro. Os jogos independentes não me interessam. Preciso de adrenalina e ação. Mas quando li isso (um *review* sobre um jogo independente), eu tive que experimentar. Se você (um romancista) pode me convencer a ser uma princesa silenciosa com apenas cem palavras, imagine quantos milhões de pessoas poderia convencer com um livro. (...) Além disso, esse tipo de livro (de propaganda) é sempre muito entediante e seguro. Quero algo diferente, algo... único. Quero a sua voz."

— explicação do personagem ficcional Frank Underwood na terceira temporada do seriado House of Cards ao contratar um romancista para escrever a sua biografia e, assim, vender o seu programa político.

Falar de marketing tradicional causa uma reação imediata de aversão a boa parte das pessoas. As estratégias básicas de marketing e publicidade costumam ser vistas como coisas chatas, tanto por parte da audiência como pelos executivos.

A comunicação tradicional entre empresa e consumidores é vista como um pedágio, um preço a ser pago. É como se os anúncios antes de um filme no DVD fossem um mal necessário e inevitável. Nesse sentido, os piratas fazem um favor ao extrair essa parte do conteúdo. Ninguém quer saber de uma informação que só serve para vender o peixe do anunciante.

Quando as pessoas vão ao cinema, o que elas pagaram para ver foi o filme e não as propagandas que aparecem antes do início. Na melhor das hipóteses, as pessoas não se importam em ver os trailers dos próximos lançamentos, afinal, talvez interesse voltar ao cinema para assistir a esses conteúdos. Fora isso, toda mensagem é vista como desnecessária. Mesmo os avisos de segurança precisam ser expressos de forma lúdica para que não sejam ignorados. Queremos enredo e não propaganda.

Apesar de todo o mundo conhecer o termo "enredo" como a forma de se contar uma história, o que pouca gente sabe é que a palavra deriva de "rede". Sim, dessa rede de pescar ou descansar. Pode parecer estranha a relação, mas ao compararmos o processo de criação das redes com a forma de se contar histórias, o significado de enredo começa a ganhar forma.

Pense em alguém sentado em uma cadeira de balanço enquanto tricota um cachecol. Você deve estar visualizando uma pessoa com uma vareta em cada mão, fazendo os fios dançarem e se entrelaçarem. No enredo é a mesma coisa, só que em vez dos fios, o autor usa assuntos.

No segundo capítulo deste livro, quando refletimos sobre o *Aladdin* da Disney, chegamos à conclusão de que a história trata de um amor impossível, mas também de disputa de classes, e ainda aborda o valor da amizade, sem deixar de ser uma discussão entre o que é certo e errado na sociedade... e assim por diante. Cada assunto é como um novelo de lã que entrelaça o enredo.

A imagem de entrelaçar uma rede não é a única metáfora que Storytelling empresta da tecelagem. Existem as tramas e tramoias, que são estruturas narrativas importadas do corte e costura. Avaliamos que a boa história não pode dar um ponto sem nó. Falamos, inclusive, em tecer um texto.

Todas essas comparações foram usadas para ilustrar que o Storytelling é uma série de tramas que formam uma grande rede. Na prática, isso significa que, da mesma forma que uma malha de lã pode conter diversas cores, um enredo consegue lidar simultaneamente com uma série de assuntos e temáticas.

A audiência pode não se dar conta, mas ela está diante de todos esses temas. Neste capítulo, veremos como os grandes líderes são capazes de motivar e, ao mesmo tempo, treinar suas equipes. A essa aplicação de Storytelling voltado ao público interno demos o nome de *endotelling*.

Da mesma forma, é possível entreter a audiência enquanto se transmite as informações comerciais, o que explica a grande adoção do Storytelling por parte das empresas, em especial pelos departamentos de comunicação e marketing.

6.1. STORYTELLING NAS ATIVIDADES DE MARKETING

"Histórias fazem com que objetos se tornem mais significativos. São as histórias que nos fazem valorizar um brinquedo de infância como um tesouro pessoal e até mesmo como herança de família, que vai muito além do valor de mercado 'racional', da mesma forma como são as histórias que tornam algumas marcas como Harley-Davidson, ESPN, Apple em um fenômeno cultural."

— *introdução do experimento econômico e literário Significant Objects dos autores Rob Walker e Joshua Glenn.*

Por ser capaz de transmitir informações estratégicas ao mesmo tempo em que entretém a audiência, muitos autores comparam as práticas de Storytelling ao mito do Cavalo de Troia.

A metáfora faz sentido, mas profissionais de marketing e outros executivos são treinados a questionar qualquer informação. Afinal, em um ambiente de competição acirrada, as decisões são tomadas a partir de fatos e dados e uma atitude equivocada pode levar à demissão do executivo e até mesmo à falência da empresa.

Sempre que profissionais de marketing conhecem o conceito de Storytelling, algumas perguntas são imediatas: mas será que isso é realmente efetivo? Será que coisas tão sutis serão notadas pela pessoa comum da audiência? É possível medir os resultados e, ao mensurar, a prática confirma a teoria? A seguir vamos responder em profundidade cada uma das perguntas.

Será que essa estratégia é realmente efetiva?

Vivemos em uma sociedade capitalista e materialista, mas apesar de toda a força do consumo, temos uma necessidade humana que vai além da existência material. Precisamos de significado para nossas coisas e propósito para nossas ações.

Quem explica a lógica dessa questão é a pesquisadora finlandesa Sarah Elise da Hanken School of Economics, "nós não compramos uma roupa nova porque as que já temos viraram trapos, e nós não compramos a nova versão do iPhone 5S porque o aparelho celular antigo parou de funcionar. Nas áreas mais desenvolvidas do mundo nós compramos coisas por conta da forma como elas nos fazem sentir e por como elas nos fazem parecer aos olhos dos outros. Nós estamos em uma sociedade na qual a funcionalidade de um produto é considerada como pré-requisito, e nossas decisões de compra são baseadas em até que ponto acreditamos que um produto será capaz de nos proporcionar experiências positivas".

É possível medir os resultados e, ao mensurar, a prática confirma a teoria?

Essa foi a pergunta feita pelos dois estudiosos da frase que abre nosso tópico e que resultou em um projeto fabuloso sobre o poder das histórias na valorização de um produto.

Chamado de *Significant Objects*, o experimento envolveu economia e literatura. Os autores queriam testar a hipótese "histórias são uma força motriz de valor emocional tão poderosa que seu efeito em qualquer objeto pode ser medido objetivamente". Os autores optaram por histórias completamente ficcionais atreladas a produtos que seriam vendidos em uma loja real.

Os autores do experimento visitaram mercados de pulgas para adquirir 100 "tranqueiras" a um total de 128,74 dólares e depois convidaram 100 escritores para criar uma história para cada um dos objetos. Finalmente, os objetos foram revendidos no site eBay usando as histórias inventadas como descrição do item. O preço inicial do item foi idêntico ao adquirido. Ao final dos leilões virtuais, as vendas dos 100 itens somaram 3.612,51 dólares.

O experimento não deixa dúvidas da efetividade prática das histórias relacionadas a marcas e produtos. Como os autores resumem: "provamos ser possível transformar objetos insignificantes em qualitativamente significantes, a ponto de inflar o valor de troca em mais de 2.700%".

Mas o efeito oposto também é possível de ser obtido.

Um ótimo exemplo foi a ONG States United to Prevent Gun Violence que realizou uma ação para desestimular as vendas de armas com o simples fato de que os vendedores contaram as histórias dos equipamentos para os interessados na compra. Na mesma semana em que foi postado, o vídeo *Guns With History* foi visualizado mais de dois milhões de vezes e contou com o apoio de muitas pessoas, inclusive do ator Jim Carrey. Muitas pessoas deixaram de comprar armas após ouvir essas histórias. Foram sensibilizadas a ponto de desistirem de sua crença original que uma arma deve apenas proteger.

O que é melhor: usar o histórico da marca, a experiência positiva de consumidores com o produto ou inventar uma fábula capaz de associar os valores da marca?

Olhando os exemplos das histórias inventadas para o *Significant Objects* e das histórias reais das armas da ONG, constatamos que o marketing, ao decidir contar histórias sobre suas marcas, imediatamente retorna ao momento da fogueira primordial e ao dilema da escolha entre real ou ficcional.

Por definição, o histórico de uma marca é composto por milhares de histórias. Quando falamos de marcas centenárias, não foi por acaso que a empresa sobreviveu dezenas de anos. De cada crise superada, de cada inovação revolucionária, de cada caso de sucesso ou insucesso é possível extrair uma história. Ainda assim, muitas empresas erram ao tentar relatar seu histórico.

A dificuldade das empresas está em entender o triunfo da intimidade sobre a factualidade. Qualquer mensagem fica mais envolvente quando a preocupação com dados é trocada por um ponto de vista. Via de regra as empresas querem contar tudo o que aconteceu ao longo de sua trajetória e, assim, acabam produzindo uma narrativa pasteurizada. Uma cronologia, não uma história.

POTE DE OURO

As narrativas mais poderosas são sempre derivadas de um recorte bem definido. Em vez de contar toda a história de uma vez é mais interessante contar por partes, por episódios, por capítulos. Além disso, é sempre bom ter a história vista e narrada sob o olhar de um personagem.

Já que tanto a ficção quanto a "vida real" podem ser matéria-prima e conter produtos e marcas, o que explica a falta de grandes narrativas na comunicação de marketing? O medo de expor o lado humano. Acreditamos que a indústria do entretenimento pode ensinar muito às corporações.

Será que coisas tão sutis serão notadas pela pessoa comum da audiência?

Vivemos cercados por histórias. Seja uma novela, os "causos" no bar, os filmes e seriados, o fato é que não passamos um dia sequer sem nos envolvermos com as histórias dos outros. É só olhar o Facebook. Milhares de pessoas conectadas colocando informações — nem sempre relevantes — mas que despertam o lado *voyeur* em cada um de nós. Queremos saber mais sobre aquela amiga, sobre os namorados, olhamos se nossos pais estão postando muito ou pouco (isso tende a ser importante para aqueles que cuidam dos pais), sabemos de festas de aniversários a conquistas de nossos alunos.

Até por isso a sociedade atual é composta por indivíduos extremamente capacitados em ouvir e analisar histórias. Quantas vezes você já não se pegou tentando antecipar o que vai acontecer antes do fim de uma história? O problema não é a sutileza ou a complexidade dos temas trabalhados.

O que a maior parte das pessoas critica é a falta de histórias autênticas aprovadas pelos departamentos de marketing ou conteudistas de redes sociais.

Autenticidade é um derivativo do elemento fundamental de qualquer boa história: a coragem. Seja a coragem do herói para vencer a disputa contra o vilão, seja a coragem do editor que enfrenta as consequências de publicar um livro, apesar de polêmico. Coragem é se lançar na direção daquilo que é certo, mesmo sem garantias de êxito. É justamente a coragem que vai fazer as pessoas pararem o que estiverem fazendo para ouvir a história.

Existe outra questão que tem impedido as marcas de contar histórias que as diferenciem: o talento do autor. O saber e a habilidade de romancear. Com esse talento, Jorge Amado transformou uma notícia de jornal em um *best-seller* traduzido para mais de 70 línguas. O mesmo talento pode ser aplicado para transformar uma mensagem corporativa em uma campanha admirada mundialmente. E a marca em um ícone.

O talento dos grandes autores está centrado em uma sabedoria acumulada ao longo de anos de estudos e práticas, o que os leva a dominar o Storytelling a ponto de serem capazes de conduzir histórias como bem entenderem. Os grandes autores sabem a hora certa para introduzir uma nova personagem para fazer a história crescer e da mesma forma conhecem o ângulo ideal para inserir uma marca na trama, sem que ela seja interrompida.

Não é por acaso que os grandes *cases* de Storytelling do passado tenham sido feitos por autores e não publicitários. Júlio Verne, em 1873, com as empresas de logística inseridas em *Volta ao Mundo em 80 Dias*. Monteiro Lobato, em 1924, com a jornada heroica de Jeca Tatuzinho aliado ao produto farmacêutico Ankilostomina Fontoura na luta contra o amarelão. Mesmo na publicidade, um dos anúncios mais marcantes da história — 1984, da Apple — foi dirigido pelo aclamado cineasta Ridley Scott, pouco depois do sucesso de *Blade Runner*. No novo milênio tivemos os destaques de FedEx e Wilson no filme *Náufrago*, a *websérie* da BMW, *The Hire*, assinada por grandes nomes do cinema mundial e o filme *Uma Aventura Lego* que contou com o diretor e roteirista da animação *Tá Chovendo Hambúrguer*.

MORAL DA HISTÓRIA

O teste cego das cervejas comprova que elas podem ser iguais ao paladar, mas diferentes de gosto quando sabemos o rótulo. É o cérebro quem diz para a boca o gosto que tem. Com uma boa história por trás, o cérebro diz que a cerveja a ser provada é a melhor do mundo. As pessoas não compram apenas uma marca. Compram as boas histórias que fazem parte do entorno delas. A história influencia a experiência de consumo e, quando a história é boa, vai junto com a "etiqueta" do produto.

6.2. STORYTELLING EM TRADE MARKETING

O que essa história de Storytelling tem a ver com uma loja? Tudo! Também contamos histórias para encantar clientes e, claro, vender! E nenhum lugar no mundo é melhor para vender — e, por consequência, usar o Storytelling — do que o ponto de venda.

Vamos ensinar uma técnica capaz de melhorar a forma como contar sua história no ponto de venda. É uma técnica que exige imaginação. Conforme estiver lendo a explicação, tente imaginar como pode começar a colocar em prática essa semana.

Pois bem, a técnica mais importante é entender que a história é feita de detalhes, que somados formam um grande enredo. Por isso livros possuem tantas entrelinhas e o teatro brinca com a cenografia e os objetos de cena. É preciso saber mostrar os detalhes. Falando em teatro...

Imagine sua loja como um grande palco. Uma espécie de teatro em que a plateia não fica só sentada e participa da atuação. Pense que os vendedores são atores. Eles não estão lá para vender produtos. Eles estão lá para encantar uma plateia que acaba de entrar em um mundo novo — o mundo da sua loja! — e está sedenta por informação.

Tudo o que o consumidor busca é uma experiência memorável no formato de uma boa história. Então esses atores se encarregam de oferecer essas narrativas tão desejadas. As histórias não precisam ser sobre o produto, basta que o produto participe. Vamos supor que você venda roupas.

Você pode contar uma história sobre autoconfiança. Fale daquela vez em que foi fazer a primeira venda, detalhe como isso gerou insegurança, mas que estar bem--vestido o ajudou a ter a segurança que precisava. A moral dessa história é que as pessoas não compram produtos, elas compram expectativas de futuras histórias para protagonizarem.

Não é tão difícil assim, não é? Quanto mais detalhes — como o suor que escorria frio pela testa antes da primeira abordagem — melhor fica a história. Claro que aqui descrevemos uma versão simplificada de um processo maior. Storytelling não é só isso. Existem muitas outras técnicas e aprofundamentos. Mas pensar a loja como um teatro é um bom começo.

Como constituir essa narrativa interior, essa história que a gente conta?

Do mesmo jeito que montamos um quebra-cabeças. Imagine alguém viajando para algum lugar desconhecido e decidindo em qual restaurante jantar. A pessoa acabou de chegar e não conhece nenhuma das opções. Para a pessoa, nenhuma das marcas locais é uma referência. Nesse momento, marcas internacionais têm a vantagem da familiaridade. Por outro lado, quem viaja vive um momento de explorador e está aberto a experimentar novidades. Para que o viajante em questão decida por algo novo, cada informação vai chegar como uma pequena peça: a iluminação, o cheiro, a temperatura, a organização, os temas, os itens do cardápio, os preços... e, para cada restaurante, o viajante vai se esforçar para organizar essas pecinhas e montar uma imagem que faça sentido. A partir do momento em que conseguir imaginar o cenário do quebra-cabeças, ele vai encaixar as novas peças para que completem aquela imagem que montou em sua mente.

Muitas vezes esse quebra-cabeças começa muito antes de se chegar até a loja. Um anúncio na revista do avião pode servir como um punhado de pecinhas, por exemplo. Entre tantas lojas desconhecidas, existe uma que o viajante tem uma vaga ideia do que esperar.

O fator decisivo para completar o quebra-cabeças é a experiência de compra. Assim que terminar o processo, o consumidor vai considerar as peças que estiverem sobre a mesa como a imagem final, mesmo que não esteja completa. Se faltar peças, ele vai imaginar por conta própria. Se as fotos dos pratos forem bem produzidas e o ambiente mostrar sofisticação, o viajante deve concluir que o lugar não vai ser tão barato quanto uma lanchonete fast-food. Dali para frente, a marca deixa de ser uma imagem estática e se torna uma espécie de filme. A foto ganha movimento e vira vídeo. Tudo o que acontecer dali em diante será como um novo episódio dessa grande narrativa da marca.

Vale ressaltar que de nada adianta ter uma história fantástica se não souber contá-la com maestria e encanto. Por todos os cantos. É como o restaurante histórico que coloca uma página de texto mal escrito na abertura do cardápio e espera, com isso, fascinar com sua história. O mesmo vale para *trade marketing*. Não adianta colocar um texto ruim escondido na embalagem do produto no ponto de venda, remontando ao histórico da marca ou torcer para que um promotor mau humorado consiga fazer as vezes de um narrador. Ponto de venda é palco e a marca deve ser a grande dramaturga.

FORMAS DE USAR STORYTELLING NO VAREJO

O storytelling pode ser interpretado e aplicado de diversas maneiras. A seguir veremos as quatro principais:

A. Como um enigma a ser desvendado

Por meio de histórias no ponto de venda, uma marca pode despertar o interesse das pessoas, envolvê-las emocionalmente e, com isso, gerar vendas com alto valor agregado. Os *storytellers* e escritores americanos Maxwell e Dickman ilustram essa tese com o *case* da rede Anthropologie:

"Anthropologie gosta de se definir dizendo que é um mundo de beleza e moda, acessórios e itens para a casa. As coleções são compostas por peças inspiradoras, cuidadosamente editadas e trazidas até o consumidor de diversas partes do mundo".

Ao fornecer toda a estrutura dos elementos de uma história, eles fazem com que os clientes criem suas próprias versões. Com isso, a Anthropologie nunca anuncia. Eles não precisam. Seus consumidores orgulham-se das descobertas e as compartilham com seus amigos.

Uma loja de shopping nos Estados Unidos vende uma média anual de mil dólares por metro quadrado. O mesmo espaço em uma loja Anthropologie rende mais de 2.500 dólares durante o mesmo período. Eles conseguem fazer isso porque seus consumidores visitam frequentemente as lojas e permanecem durante mais tempo comparado a qualquer outra marca de roupas.

B. Como palco para vivenciar uma história

Promover vivência de marca está se tornando uma importante estratégia de comunicação. Cada vez mais é possível influenciar um grupo de pessoas dentro de um espaço físico. Os eventos têm sido trabalhados como plataformas de marca e tornam-se experiências sensoriais.

Uma história bem orquestrada consegue fazer com que as experiências de marca coincidam com a jornada do consumidor. Essas vivências ficam ainda mais memoráveis por meio de tematização e recursos lúdicos.

Foi exatamente isso que fez a loja STORY, nos Estados Unidos. O experimento deu tão certo que a cada mês eles trocam todos os produtos, e todo mês eles contam uma história diferente. Não é de se espantar, afinal, eles só fizeram o que todas as lojas deveriam fazer. Provocar a imaginação e proporcionar histórias que nos envolvam.

C. Como parte integrante de uma narrativa maior

Muitos varejistas estão experimentando a inserção de seu ambiente em conteúdos de outros autores. O caso mais famoso é a cafeteria Starbucks.

O autor e estrategista de marketing digital, David Meerman Scott argumenta: "Pense na Starbucks por um momento. O produto é bom? Sim, acho que o copo de café grande que compro lá, e que custa 3 dólares, tem um ótimo sabor. E a maioria dos profissionais de marketing, se tivesse a oportunidade de trabalhar para a Starbucks, focaria no próprio café — o produto. Mas será que isso é realmente o que as pessoas estão comprando na Starbucks ou será que a Starbucks ajuda a resolver outros problemas do consumidor? Talvez o que a Starbucks esteja realmente vendendo seja um lugar para você desfrutar por algum tempo. Ou, nesse caminho, não seria esse um lugar conveniente para as pessoas se encontrarem?"

Essa possibilidade de uso do espaço surgiu no começo da década de 1990, quando Howard Schultz o atual presidente da marca, viajou à Itália e ficou encantado com um modelo de ambiente de consumo mais intimista. Propôs reposicionar o negócio. Contudo, seria preciso explicar isso ao grande público, para que soubessem que essa possibilidade estava disponível. Foi então que usaram o seriado *Friends*. Apesar de não usar sua marca — o seriado criou a marca ficcional Central Perk — a narrativa conseguiu abrir espaço no mercado para um novo comportamento de consumo. Um local para se reunir com amigos, para fazer negócios ou uma pausa no fim de um dia estafante.

Outros exemplos de marcas varejistas que foram inseridas em outras narrativas incluem a rede Ikea, que fez parte da trama do filme *500 Dias com Ela* no momento em que o par romântico brinca de "marido e mulher" e a loja serve de cenário ideal. A rede Target também já investiu para "contracenar com o ator Morgan Freeman no filme *Um Astro em Minha Vida*. O Brasil também experimentou esse formato quando a rede de supermercados Extra participou da novela *Duas Caras*.

Nem toda história precisa de um refrigerante ou de um automóvel, mas qualquer história precisa se passar em algum lugar. A natureza cenográfica do segmento faz com que as marcas de varejo sejam fáceis de serem inseridas dentro de obras ficcionais. Surpreende que essa parceria entre autores e marcas de varejo não aconteça com mais frequência.

Um dos motivos que afasta os potenciais investidores é o fato de o formato estar associado a altos investimentos. Mas é possível utilizar formatos menores, ao fazer com que o varejo participe de histórias em quadrinhos e romances literários por exemplo. Com um valor de produção menor, fica mais viável a presença do pequeno varejista. Vale lembrar que alguns autores brasileiros já publicaram *best-sellers* com centenas de milhares de cópias vendidas. Esse tipo de estratégia, ao mesmo tempo que é uma forma avançada de inovar em ações mercadológicas, também se caracteriza por um apoio à produção cultural nacional.

D. Como uma jornada omnichannel

A maior parte dos modelos de *e-commerce* prioriza as mecânicas do catálogo de compras online, processos de pagamento e precificação, e também as questões de segurança. Esse processo de engenharia é fundamental, mas assim que estiver estabelecido é preciso olhar para a experiência emocional dos consumidores. A partir daí é necessário desenvolver ferramentas e tecnologias que integrem a estratégia de storytelling online com offline.

Nesse formato sugerimos criar uma coletânea de histórias online que valorize cada produto e se expanda no espaço físico. Com essas histórias cada produto ganhará vida durante a experiência de compra.

MORAL DA HISTÓRIA

Storytelling pode ajudar a desenvolver a personalidade e a performance da sua marca no ponto de venda. Tenha em mente que toda a equipe de campo deve ter treinamento e disposição para realizar nada menos do que um grande espetáculo. Quantas vezes forem necessárias.

6.3. STORYTELLING EM BRANDING

> "Uma marca tem tudo a ver com Storytelling, e quanto mais a fundo os fãs viajarem em seu mundo, mais eles vão se tornar parte da história."
>
> — *Chris Cancialosi, empreendedor e correspondente da Revista Forbes.*

Contar histórias está no DNA da humanidade, mas contar histórias para vender produtos ou potencializar marcas é uma atividade mais recente. Muita gente ainda questiona: "será mesmo que a marca tem que contar histórias para o consumidor?"

Para responder essa pergunta precisamos voltar no tempo. Após a Revolução Industrial o mundo foi inundado por produtos similares. Olhando de perto, nem todos eram iguais. Grandes marcas como Omo aparecem como forma de facilitar as escolhas. Pense no produto com aquele algo a mais, aquela "marca registrada" que só ele entregaria para seu consumidor. Essa marca destacava um produto entre tantos outros. De volta aos dias de hoje, o problema é que a maioria das marcas não consegue mais se diferenciar. A antiga similaridade entre produtos, antes apenas funcional, passou a ser a similaridade de posicionamento de marcas.

Vez ou outra uma marca até encontra a diferenciação, mas dura pouco. Não precisa pensar muito para lembrar de dezenas de casos de empresas que tentaram se aproximar de seus consumidores oferecendo mais design, qualidade e funcionalidade. Sucesso! Até que depois de algumas semanas chegaram marcas concorrentes com produtos quase idênticos, a menor preço, anunciando o fim da festa. A diferenciação virou um desafio diário para o profissional de marketing e comunicação.

Para escapar dessa corrida desenfreada, algumas marcas investem em algo externo ao produto. Algumas buscam estabelecer laços pessoais com seus consumidores. Essas conexões, quando genuínas, são capazes de inspirar confiança. E como as pessoas não confiam em qualquer um, marcas que formam laços se tornam especiais.

Isso pode ser feito contando boas histórias. E aí está o "pulo do gato", diferente de produtos, uma boa história não pode ser copiada.

Uma marca envolvente pode proporcionar inúmeros benefícios para um negócio. A primeira é que permite preços maiores pois o consumidor enxerga maior valor quando o produto ou serviço vem acompanhado de uma marca com uma boa história.

Já ouvimos que basta costurar um crocodilo e, pronto, uma camisa passa a valer cinco vezes mais. Só que não é um crocodilo qualquer. Tem que ser aquele que representa fortemente uma marca de esportes de elite. Nesses casos, muita gente chama a marca de "grife", mas não apenas os produtos de luxo estão sujeitos a esse poder de multiplicar a receita. Do leite em pó à companhia aérea, qualquer segmento pode ter uma marca que agrega valor ao envolver aspectos emocionais em seu posicionamento.

Marca é um conceito abstrato. Por motivos didáticos, vamos comparar as marcas à bandeira de um país. Ao avistar uma bandeira, em questão de segundos você vai formar uma opinião e gerar uma expectativa. Por exemplo, se você ganhar um chocolate e tiver a bandeira da Bélgica ou da Suíça, você tem uma expectativa positiva sobre a sua qualidade. Mas se ao invés disso estiver estampada a bandeira do Peru ou da Colômbia, talvez você tenha receios. Mas o fato é que, talvez, o chocolate do Peru ou da Colômbia sejam melhores — mais orgânicos e naturais — do que os Europeus. Só provando para saber.

Essa expectativa costuma vir de experiências anteriores. Sempre que provamos chocolates suíços ficamos satisfeitos, porque achamos que eles são especialistas no assunto. A expectativa também pode vir de experiências transmitidas via história e não vivência. Alguém que entende muito de chocolate garante que os melhores são os belgas.

Uma marca envolvente é capaz de atrair talentos. Da mesma forma que tantas pessoas querem viajar a Paris diante de promessas de uma cidade encantadora, muita gente escolhe onde trabalhar a partir das expectativas causadas pela marca. Temos um aluno que abriu mão de uma carreira sólida para trabalhar como vendedor na loja da Ferrari, simplesmente porque "é para a Ferrari, né!?". Outra aluna trabalha hoje na Lush porque adora a marca de cosméticos orgânicos e sustentáveis que não faz teste em animais. A marca envolvente não só atrai os melhores funcionários, como ainda faz com que sempre estejam motivados e orgulhosos em trabalhar com ela e para ela.

Em última instância, a marca é também um escudo em momentos de crise. Vamos supor que um atendente esteja em um dia ruim e acabe prestando um serviço lamentável. Se a marca da loja for ruim, o consumidor vai comentar algo como "essa loja, viu? Vou te contar. Serviço péssimo. Não volto mais." Agora, se a marca for envolvente, o mesmo consumidor vai dizer "adoro essa marca, mas na última compra tive um problema com a atendente, vocês deveriam contratar outra pessoa". Viu só? O problema não é mais da marca, agora é do colaborador que, nesse dia, não atendeu o cliente como deveria.

O resumo é que uma marca envolvente aumenta a elasticidade de preço, atrai os melhores talentos e protege a reputação do negócio em momentos de crise. Nosso cérebro assimila as informações de forma narrativa. Na mente do consumidor, as histórias facilitam a gestão das expectativas da marca.

Contar histórias no contexto das marcas pode gerar contos criativos, até por estarem livres das obrigações dos fatos e números. Aqui é onde temos espaço para deixar a imaginação fluir, respeitando uma *guideline* importante, o posicionamento das marcas.

A partir do momento que temos uma base de pensamento, as novas informações devem ser imputadas para reforçar aquela percepção inicial. Sempre que você simpatiza, admira ou até idolatra alguma marca, você assimila novas informações para que esse sentimento continue sendo verdadeiro, mesmo que tenha que relevar ou até encontrar desculpas para eventuais falhas.

O oposto também é verdadeiro. Sempre que for obrigado a consumir produtos ou serviços de marcas que não gosta, a intuição será procurar o defeito. Marcas fortes são os melhores amigos e marcas mais fracas são os vilões da história. Faça o teste: quais marcas você acha que foram injustiçadas e gostaria de ver vingada? Para quais você torce que sejam derrotadas e deixem o mercado? Elas te causaram alguns aborrecimentos para você chegar nesse ponto, certo? Nessa hora entra o Storytelling. Lembrando: seja verdadeiro e autêntico.

UMA MARCA PODE SER BOA PERSONAGEM?

Essa é a pergunta mais capciosa do livro. A resposta automática é que sim, afinal, já vimos dezenas de exemplos. Mas a pergunta não é sobre um personagem qualquer e sim um bom personagem. Capaz de cativar a audiência. Para isso, existe uma regra de ouro e imutável: Storytelling não é sobre marcas, produtos ou assuntos. Storytelling é sempre sobre pessoas e de pessoas para pessoas.

Uma marca até pode vir a ser uma boa personagem, mas é raro. Vez ou outra, o protagonista não é uma pessoa. A animação *Wall-E* tem como personagem principal um robô. Acontece que esse robô age como se fosse uma pessoa. O mesmo vale para a bola Wilson de *Náufrago*: ela não é uma bola de vôlei qualquer, ela é uma bola de vôlei com uma mão estampada. Assim, ela deixou de ser um produto qualquer e virou uma personagem muito interessante.

Para que uma marca possa atuar como personagem, ela precisa ser personificada. Do contrário, como marca ou produto, terá uma participação passiva ao ser inserida na história de outros personagens. A segunda opção é menos marcante.

O fato é que uma marca é uma identidade abstrata. Uma marca até pode ser representada por um ícone, pode até ir além e ter uma personalidade, mas o problema é que a marca em si não vai às compras. Não disputa por uma vaga de estacionamento. Não busca os filhos na escola. Assim, uma marca não vive a vida das pessoas e terá sérias dificuldades em se conectar com elas. Por isso, a forma mais eficaz é ir além da utilização do produto que a marca representa e criar uma projeção partindo da seguinte premissa "se essa marca fosse uma pessoa, como ela seria: homem ou mulher? Criança ou adulta? Social ou introspectiva?" E assim por diante, até que ela ganhe vida.

Ninguém é capaz de se colocar no lugar de uma marca, mas nos colocamos no lugar dos personagens o tempo todo.

O personagem deve representar a imagem ideal da marca, com sentimentos e experiências que podem ser compartilhadas com consumidores. Vale ressaltar que essa personagem é diferente do conceito de "persona", que veremos mais adiante. Uma personagem é particular, é individual e tem uma história de vida. Tem nome e sobrenome. Tem as chaves para uma casa que pode ser uma quitinete ou um triplex com vista para o mar. É o que chamamos de Herói da Marca.

Para criar esse personagem, a Storytellers desenvolveu a metodologia exclusiva do *Brand'Hero*, que trabalha com vinte características fundamentais da personalidade da personagem, além de um aprofundamento tridimensional em sua biografia. Para todo herói da marca criado sempre acompanhamos ao menos um conto de exemplo, em que o herói da marca atua como personagem principal, e, assim, mostra quem ele é na prática. Mas um herói da marca não para por aí.

O *herói da marca* vai além de um simples mascote e consegue realizar duas funções estratégicas simultaneamente. A primeira tarefa do Herói da Marca é tangibilizar o posicionamento da marca. É como se a fada madrinha do Pinóquio resolvesse dar vida à marca. Nesse modelo, o país Estados Unidos é transformado em Capitão América e o Fusca vira o Herbie. Assim, esse personagem demonstra todas as características da marca.

A personalidade do herói da marca é a expressão do seu posicionamento. Se a marca fosse essa pessoa, seria engraçada ou ranzinza? Amigável ou agressiva? Controladora ou caótica? Mística ou racional? Não existe uma resposta certa, até porque nós humanos não somos exatos. O que agrada um, irrita o outro. Ainda assim, existem formas muito precisas de controlar as variáveis.

A segunda tarefa do herói da marca é servir como um ídolo para o consumidor. Nosso Herói tem aquilo que o consumidor almeja. Assim o consumidor é capaz de aprender com o personagem e se espelhar nele.

Esse herói da marca será capaz de transmitir a mensagem corporativa de forma mais interessante. Ao longo da narrativa a nossa personagem enfrentará situações e dilemas capazes de revelar suas verdades mais profundas. E assim, ao acompanhar a saga do herói da marca, o consumidor atento compreenderá os valores, as crenças e os hábitos de consumo. Ao final da narrativa os leitores tendem a desenvolver um sentimento de amizade com o nosso herói. Desta forma, estarão muito mais inclinados a aceitar as sugestões e mimetizar seu estilo de vida. A história passa a fazer parte da cultura pessoal de cada leitor.

Com isso, a construção de marca vai além da abstração e gera um produto de entretenimento: uma boa história que a marca oferece a seus consumidores. Essa metodologia corresponde a uma das tecnologias de comunicação mais avançadas em todo o mundo e nasceu no Brasil.

Marca é um conceito abstrato, mas com boas histórias pode ganhar vida, força, vitalidade e até mesmo uma biografia completa.

6.4. STORYTELLING EM PUBLICIDADE E PROPAGANDA

"Quando os japoneses consertam objetos cerâmicos fragmentados, exaltam a alteração da peça, preenchendo as rachaduras com ouro. Acreditam que quando algo já sofreu danos ganha uma história e portanto torna-se mais bonito."

— *Barbara Bloom, artista conceitual, em discurso ao receber o Wynn Newhouse Award, uma premiação criada para pessoas com algum tipo de deficiência.*

Ah, nada melhor para a audiência do que um rápido comercial. A pausa é sinônimo de verdadeiro alívio.

Afinal, quem nunca aproveitou o intervalo do futebol ou da novela para ir ao banheiro ou fazer pipoca? Ou mesmo aproveitar para checar se tem alguma novidade nas redes sociais? O que ninguém vai fazer é dedicar tempo às propagandas. Não só na televisão. Quem assiste a vídeos no YouTube já está acostumado à contagem regressiva dos cinco segundos mais demorados do dia, aqueles que chegam a irritar, por estarem no caminho do vídeo desejado. Esse formato interruptivo tem os dias contados, nem que seja por força da ineficiência.

A partir do novo milênio, parece que nossas mentes foram revestidas por um polímero impermeável e nenhuma mensagem corporativa consegue aderência. São milhares de formas de evitar anúncios, seja por meio de serviços pagos como Netflix que garantem uma experiência livre de publicidade ou aplicativos como AdBlock que esconde todos os anúncios que apareceriam na tela. Mas a forma mais abrangente de todas é a desatenção. O consumidor aprendeu a ignorar solenemente qualquer informação que pareça ser de alguém "vendendo seu peixe".

Já vimos que Storytelling atua diretamente nessa questão da desatenção. O oxigênio de qualquer narrativa é atenção e sem ter atentos a história está morta. E diferente dos publicitários que se acostumaram a criar interrupções comerciais em um contexto onde isso era muito importante, os autores tiveram que aprender a atrair os olhos e ouvidos aos seus conteúdos.

Um dos maiores publicitários no Brasil, Francesc Petit, comentou em seu livro *Propaganda Ilimitada* que "os contadores de histórias sempre ficaram famosos. Fascina a pessoa que sabe contar coisas, fatos, lendas e anedotas com talento." Ele confessa que na publicidade esse talento fica mais voltado à venda da ideia para o cliente, "não que a campanha não tenha seus méritos, mas somente o contador de histórias faz como os mágicos, cria um clima ideal para fazer sua mágica e, finalmente, tira o pombo da cartola."

Pois é justamente dessa forma que uma história é capaz de vender: pouco a pouco, sem pressa, e com toda a atenção da audiência. Os publicitários aprenderam isso há tempos. Em 1985, Alvin Sanoff e Neil Postman, importantes teóricos da comunicação, afirmaram que "comerciais de cerveja não são sobre cerveja na realidade; eles são sobre conexão masculina, são sobre atitudes relacionadas a trabalho, eles são sobre atitudes com relação a mulheres."

Acontece que a nova comunicação é diferente daquela feita durante a Era Dourada da publicidade brasileira. Pense na seguinte situação: quando foi a última vez que você reservou tempo no fim de semana, pegou o carro, buscou alguém querido, batalhou uma vaga para estacionar no shopping, pagou por ingressos, desligou o celular e deu toda a sua atenção para ver... uma longa sessão ininterrupta de anúncios publicitários? Tirando o Festival de Cannes ou o filme *Lego*... a possibilidade é bem pequena.

Além disso, o cinema permitiu absorver em duas horas histórias que levariam semanas para serem lidas. Estamos mais críticos ao consumir Storytelling e queremos mais verossimilhança. Quantas vezes você não falou algo como: "ah, mas até parece que ele caiu de lá e não morreu?"

Com as mensagens comerciais é a mesma coisa: se a atuação ficar exagerada, se a presença da marca não estiver contextualizada, se a história não for intrigante, as pessoas simplesmente refutarão a mensagem.

As pessoas não são contra as mensagens corporativas, afinal, o consumo nos ajuda a pensar, refletir e escolher o que é mais pertinente para nós. As pessoas são contra a forma direta, barata e gratuita de como a comunicação comercial às vezes é apresentada.

Ainda assim, existe resistência com relação ao tema por parte de muitos publicitários. Storytelling é uma palavrinha que já foi pronunciada dentro de todas as grandes agências. Era de se esperar que o termo sofresse saturação e, de fato, alguns diretores de criação já nem querem ouvir mais falar do assunto.

Por isso, a aposta de algumas agências é em outras palavras como *big data* ou neurociência para substituir o Storytelling. Mas falar de novas tecnologias sem considerar Storytelling seria um erro, pelo menos na visão do vice-presidente de planejamento estratégico da Draftfcb, John Kenny. Ele publicou um artigo afirmando que **"os últimos estudos de comportamento econômico e neuromarketing indicam que nada é mais engajante, persuasivo e compartilhável do que uma singela história bem contada".**

Opiniões à parte, quando olhamos para os *cases* premiados em Cannes é evidente que algumas das maiores agências brasileiras passaram a apostar suas cartas em Storytelling. Ao olhar as premiações nos últimos anos de Almap BBDO e Africa — só para ficar na letra A —, clientes que sempre tiveram campanhas mais voltadas para a "sacada" criativa, a partir de 2012 passaram a receber um tratamento narrativo. Não por acaso, o desempenho brasileiro no Festival de Cannes em 2013 tenha sido tão bom.

A criatividade brasileira conseguiu destaque mesmo fora do Brasil e além das campanhas de propaganda.

A agência Pereira&O'Dell marcou presença no Emmy, premiação anual da Academia de Televisão, Artes e Ciências dos Estados Unidos, na qual são eleitas as séries, minisséries e telefilmes que mais se destacaram no ano. E, no Festival de Cannes, a agência ganhou dois Grand Prixs, nada mau para uma ousada estratégia para falar de um microprocessador.

O case de *Branded Content* e Storytelling em questão foi Beauty Inside, para Intel juntamente à Toshiba.

Segundo relatou Pereira, o prêmio foi consequência de entender algo ainda mais importante do que um troféu. "O mercado internacional e o brasileiro têm procurado novas formas de pensar a propaganda, mais como conteúdo do que como interrupção." O problema é que, apesar de muitos publicitários dizerem que "já fazem Storytelling", o dia a dia demonstra que poucos dominam esse modelo e pensam como Pereira. Ele sabe que o futuro da comunicação das marcas é por meio de conteúdo.

Quem trabalha com marcas vai precisar fazer um esforço para entender outros aspectos que envolvem o conceito. Não adianta mais dizer que já trabalha com Storytelling. Mais do que isso, é preciso aprender a contar melhor suas histórias.

A pergunta é: como as agências podem se aprofundar nas histórias e caprichar nas narrativas sem perder os prazos corporativos?

Afinal, livros de ficção demoram, no mínimo, um ano entre a primeira palavra ir para o papel e o livro estar nas estantes de vendas. Alguns filmes demoram mais de três anos, mesmo com equipes de centenas de pessoas.

A saída das agências é contar com especialistas em Storytelling para coletar relatos internos e histórias de consumidores e utilizar as informações para cultivar seus próprios universos imersivos. Todas as agências poderão se tornar uma Marvel ou Pixar. Assim, as agências vão emprestar seus personagens para permitir que as histórias coletadas pelas empresas brilhem mais.

Tecnicamente falando, a tendência não é simplesmente contar histórias. A tendência é industrializar o processo de ponta a ponta.

Algumas agências, como a R/GA, lançaram em 2013 setores especializados em criação de conteúdo e Storytelling. O plano da agência é ir além do Storytelling intuitivo e superficial para aprofundar estudos mais técnicos, inclusive com diferentes aplicações que não foram praticadas pela publicidade até o momento.

Eles sabem que não basta contar bem uma história, é preciso replicar a técnica para todos os *briefings*, de preferência de forma transmidiática. Ou seja, fazer na comunicação de marca o que seriados como *Game of Thrones* e *The Walking Dead* vêm fazendo no segmento do entretenimento e da cultura pop.

O curioso é que, apesar de a publicidade ter se apropriado do tema Storytelling há alguns anos, quem está requisitando um processo mais estruturado e replicável são grandes marcas. Boa parte das multinacionais tem feito alinhamento mundial envolvendo a diretriz para maior utilização de Storytelling.

Quando somos consultados para ajudar nesse desafio a primeira medida é testar a profundidade das histórias das marcas. Quando perguntas simples ficam sem resposta, então algo está errado.

PERGUNTAS PARA TESTAR A PROFUNDIDADE DAS HISTÓRIAS PUBLICITÁRIAS

As narrativas que marcam épocas são aquelas que ocultam boa parte do universo imersivo da história. É uma construção que exige muito trabalho a partir de um *know-how* muito raro. Via de regra, é isso que falta na comunicação, e começar o diagnóstico por aí pode garantir resultados imediatos:

Você consegue imaginar que a história de um filme publicitário possa ser adaptada para um longa-metragem ou mesmo um seriado com várias temporadas?

Qual é o sobrenome do protagonista da sua história? — se essa pergunta pode parecer estranha, para um roteirista ou escritor a resposta é imediata.

Raramente chegamos na terceira pergunta: qual é o vilão do filme publicitário? — tem que ser um personagem e não "a sujeira" ou o produto concorrente.

Sem saber as respostas anteriores, dificilmente será positiva a resposta para a pergunta mais importante: se você pagar para ler/ouvir/ver essa história, você recomendaria aos amigos ou pediria o dinheiro de volta?

Qualquer produto industrializado é um em milhões... até que algo aconteça nele ou com ele. É assim que ele deixa de ser um produto e passa a ser um importante elemento de uma história.

6.5. STORYTELLING EM RELAÇÕES PÚBLICAS

"Relações Públicas, a arte de harmonizar as expectativas entre uma organização e seus diversos públicos. Para isso trabalha com a técnica de segmentação da opinião pública. Não trabalha com mensagens massificadas. Alguns perguntarão "por quê?" Porque cada grupo cultural, cada faixa etária tem suas necessidades e suas expectativas. Portanto temos que dirigir nossas mensagens de forma e com conteúdo específicos, para cada público que queremos atingir."

— Carlos Eduardo Mestieri, Relações Públicas e empreendedor vanguardista no setor.

O profissional de relações públicas contemporâneo atua como um analista e articulador de cenários, que vive uma constante busca por oportunidades de melhoria do relacionamento da organização com cada um dos públicos de interesse. Para harmonizar essas relações, o profissional pode utilizar Storytelling para trabalhar a comunicação dirigida a cada um dos diversos públicos.

Uma vez que as redes sociais transformaram a forma das pessoas se relacionarem, o desempenho da atividade de relações públicas também mudou completamente. Além disso, uma das principais relações de qualquer organização é com a imprensa, que também tem revolucionado seu modelo nos últimos anos.

Vamos analisar algumas dessas aplicações.

6.5.1. ASSESSORIA DE IMPRENSA

"O que censuro aos jornais é fazer-nos prestar atenção todos os dias a coisas insignificantes, ao passo que nós lemos três ou quatro vezes na vida os livros em que há coisas essenciais."

— Marcel Proust, escritor, ensaísta e crítico literário francês.

Tudo está em movimento, mas a comunicação parece viver um grande momento de transformação e caos. Indissociável do processo de modernização da sociedade as funções do jornalismo têm sofrido modificações nos últimos anos, e com ele a assessoria de imprensa.

E é por isso que solicitamos que você esqueça os modelos tradicionais de jornalismo e assessoria de imprensa. Quebre o paradigma de tudo que aprendeu e trabalhou até agora, pois, daqui para frente, viveremos cada vez mais com audiências complexas e multifacetadas.

Estamos iniciando a era do hibridismo dos setores de comunicação e talvez não tenhamos um nome definitivo para dar a esse fenômeno agora.

E talvez seja por isso que Proust criticava o jornalismo da época, clamando por informações mais relevantes e profundas, como encontradas em um livro. As capas dos jornais franceses da época ilustravam situações cotidianas como a explosão do atelier de pintura de um artista, nem tão famoso, a morte de um ermitão desconhecido, o incêndio em um restaurante de Paris. A imprensa vivia uma crise... O tema parece atual?

Será que o jornalismo sempre esteve nesse estado de transformação desde o começo do século e sua evolução seja um novo modelo de negócios ainda desconhecido para nós?

O fato é que as mudanças não param de ocorrer e algumas marcas estão integrando estratégias de relações públicas para suas campanhas de comunicação.

Dan Gillmor, colunista altamente engajado em tecnologia e jornalismo e autor do livro *We The Media*, explica que o jornalismo está em transformação de uma estrutura de *mass media* para algo mais fundamental e democrático.

E por quê? Ele explica que o mais importante em qualquer tipo de jornalismo praticado é a história. Para ele "nós, humanos, sempre contamos histórias para os outros e cada nova era de progresso conduziu para uma expansão de Storytelling".

É assim que chegamos a essa nova era, onde a produção de histórias e conteúdos é muito acessível, muito mais barata e de alcance muitas vezes global. Nunca o ser humano pôde comunicar tanta informação e histórias para tantas pessoas.

Nesse contexto, novos formatos de empresas de comunicação estão surgindo e muitas outras serão criadas gerando grandes conglomerados de informação e entretenimento.

O modelo técnico e sisudo muitas vezes será o primeiro a ter que se reinventar. Se isso não acontecer poderá desaparecer rapidamente do mapa.

Também haverá um *gap* para um novo profissional que criará conteúdos relevantes para públicos distintos, assim como surge a figura do próprio cidadão criando seu conteúdo em diversas plataformas de mídia.

É deste modo que o papel da assessoria de imprensa também se transformará. Terá que se reinventar para se fundir ao novo modelo de negócios de comunicação.

Sabemos que essa área produz um tipo de conteúdo para as marcas e empresas que podem abrir portas, fechar portas e até ser ignorado, portanto é melhor se adaptar logo para se conectar mais rápido e com mais relevância.

Assim, refletimos na seguinte questão "seria a adoção do Storytelling uma estratégia para um modelo híbrido de comunicação incluindo relações públicas e, com ela, a assessoria de imprensa"?

Primeiramente, é bom lembrar qual o papel do assessor de imprensa. Para a Federação Nacional dos Jornalistas Profissionais, a função do assessor de imprensa é facilitar a relação entre cliente, empresa, pessoas, comunidades e instituições, assim como os formadores de opinião. Portanto, o assessor de imprensa deve orientar seu cliente ao que pode ser relevante aos veículos e gerar notícias.

Ele é um intermediador das relações de pessoas tendo como matéria-prima principal a informação que deverá se transformar em notícia.

A informação tem o nome de *press-release*, um texto jornalístico produzido pela área especializada com o objetivo de informar as redações, blogs e pessoas sobre o assunto de interesse de uma organização.

Já as funções da mensagem e conteúdo podem ser desde informar o público sobre um contexto, estimular participação de pessoas, registrar fatos importantes, valorizar integrantes e colaboradores, aumentar a base de audiência atenta até criar unicidade da mensagem e objetivos comuns, entre tantas possibilidades.

Ao final, uma assessoria de imprensa tem também a possibilidade de ajudar na criação ou manutenção de uma reputação.

Assim, para responder a reflexão, conversamos com empresas que atuam nesse setor, profissionais da área, e também jornalistas que recebem esses insumos de informação e conteúdo.

E não temos boas notícias. Por um lado os profissionais das redações e blogs alegam que são bombardeados por milhares de *releases* das redações, mas quase nada é aproveitado. Ninguém lê, e vai para o lixo eletrônico ou cesto de papel mesmo. Na maioria das vezes ele é de má qualidade, autoelogioso e tem objetivo promocional sem qualidade de informação. Nenhum conteúdo relevante, que desperte a atenção das pessoas.

Do outro lado, a assessoria de imprensa diz que alguns clientes não sabem o que querem e existe uma tendência a só tentar vender determinada marca ou pessoa, sem contar boas histórias. E ele sabe que "o que cola" e emplaca nas redações são as boas histórias.

O cliente alega que sabe usar, mas às vezes não tem tempo de integrar a mensagem para todos os setores. O ritmo é frenético e sempre de urgência. Contar histórias em *press-releases* não parece ser relevante para a maioria dos gerentes de produtos ainda. A ficha do produto está lá, o link da empresa também, as fotos e características todas reunidas em uma só página A4. Portanto, tudo pronto para que as redações abram espaço em seus jornais, revistas, TV e rádio. Certo?

Não. Na verdade, para os três lados, há muita conversa sobre o tema Storytelling na comunicação, mas estamos vivenciando uma curva de aprendizado de como implementar boas histórias para as marcas em todas as áreas.

Parece que o que falta é comunicação entre as áreas e um entendimento do contexto atual de como os setores devem trabalhar cada vez mais colaborativamente.

Vejamos uma experiência que tivemos.

 Em 2013 fomos contratados por uma grande empresa de relações públicas para realizar um *workshop* de Storytelling para um de seus principais clientes. A empresa global e tradicional no setor de relações públicas, com mais de 70 anos realizando serviços de comunicação corporativa para empresas e suas marcas, buscava um novo modelo para inovar em assessoria de comunicação no Brasil.

Preparamos cinco módulos conjuntos entre o cliente e a empresa para abordar o tema. Nesses encontros discutimos *cases* reais das marcas da empresa e como eles poderiam ser mais relevantes e interessantes para jornalistas, *bloggers* e redatores de negócios.

Resumimos aqui algumas premissas **que em vez de escrever press-releases os profissionais deviam escrever histórias** observando algumas diretrizes:

1. Toda marca tem uma história e toda história pode ser contada. Mas é preciso ter uma razão para ser contada.

2. Essas histórias precisam de um personagem principal, que pode ser representado pelo consumidor ou público-alvo principal.

3. Toda história inicia com um problema ou conflito a ser resolvido pela marca ou empresa.

4. Uma história envolvente pode inspirar potenciais clientes a agir, e se envolver profundamente com a marca.

5. Toda história envolvente pode gerar atenção da audiência desejada. Portanto toda informação e conteúdo relevante pode ser gancho para uma pauta.

6. Uma boa história tem a capacidade de se relacionar fortemente com a audiência, criando afinidade e relacionamento em longo prazo.

7. Toda boa história pode se transformar em uma comunicação forte e viral quando é engajadora.

8. Toda história pode estar presente nas múltiplas plataformas de comunicação, mas a linguagem de cada uma deve ser respeitada.

9. Tudo pode ser conteúdo para relações públicas, e, atrelado a boas histórias, ele ganha importância e possivelmente mais notoriedade.

10. Como em uma engrenagem, um novo modelo de comunicação está se formando. Fique atento. Cada empresa pode customizar e experimentar sua própria estratégia e potencializar o uso da assessoria de imprensa com publicidade, promoção e redes sociais.

Ao final reiteramos que, em vez de criar *press-releases* que quase sempre vão para o lixo, pensem em criar histórias interessantes que possam ser absorvidas pelas pessoas.

Algumas empresas já estão fazendo isso e alterando sua forma de se comunicar com a imprensa usando novos formatos.

Uma delas é a Microsoft. Sim, a tradicional empresa de software. A Microsoft Stories é uma plataforma de Storytelling que gera conexão de pessoas: colaboradores e clientes.

Usando como mote *"Get an inside look at the people, places and ideas that move u"* algo como "Dê uma olhada nas pessoas, lugares e ideias que movem você", o site é um *News Center* para a empresa e disponibiliza um grande universo de conteúdos, novidades, ideias e informações.

E por que a gigante Microsoft fez isso? Justamente para mudar e se adaptar às novas tendências. Humanizar mais a marca corporativa, aproximar-se dos formadores de opinião e, principalmente, ampliar a percepção de que a empresa não é apenas *a dona do Office e do Windows*.

Pelo contrário, ela tem mais de 120 mil pessoas trabalhando no mundo todo, inovando e fazendo projetos interessantes. Mas que poucos sabiam, pois eles não informavam, e, quando o faziam, era em um formato entediante.

Por isso, colocaram as pessoas e suas histórias em primeiro plano. Não mais as descrições tecnológicas e sisudas, uma grande ruptura de paradigma para a empresa com boas histórias e conteúdo de altíssima qualidade.

Os resultados são impressionantes: um dos artigos teve mais de 800 mil leitores em dois dias e inspirou mais de 15 matérias para a imprensa. E o mais interessante é a mudança positiva da percepção da marca que vem crescendo por causa dessa iniciativa.

E, finalizando, não poderíamos deixar de abordar um termo relativamente novo na área de relações públicas: o *brand journalism* ou jornalismo de marcas.

Do que se trata esse tal de **brand journalism**? Antes que algum jornalista sofra de arrepios e aversão (sim, o assunto é muito polêmico), vamos explicar o que entendemos que esse termo abrange.

Primeiramente, um fato importante. O termo surgiu em 2004 com Larry Light, então CMO do McDonald's. A ideia de Larry era oferecer novas perspectivas de abordagem de conteúdos informativos para todos os *stakeholders*. Ao adotar essa prática, ele pretendia construir uma nova forma de posicionar as marcas na mente do consumidor.

De lá para cá, o assunto cresceu e tomou forma, empresas como Coca Cola, Oracle e GE já estão praticando. Não se trata de vender algo da marca, mas, sim, oferecer subsídios para fortalecer a credibilidade. E como fazer isso? Para nós, a assessoria de imprensa pode ser favorecida se incorporarem práticas editoriais e histórias ao tratar das marcas.

O *brand journalism* é uma tendência crescente nos meios de comunicação, uma nova postura das empresas que precisam melhorar sua reputação ou percepção diante de distintos *stakeholders*. Afinal não é mais possível separar quem é leitor, consumidor, receptor, produtor e tantos outros papéis exercidos no consumo midiático.

Para alguns é conteúdo editorial, como Graham Philips, executivo da revista *Admap*, explica: "É um conteúdo editorial sobre as marcas, que elaboram narrativas usando técnicas jornalísticas. No processo deve manter-se um conteúdo não fictício e a honestidade dentro da dinâmica do *brand-consumer*."

Para outros é importante entender qual a diferença entre jornalismo de marca e o profissional. Carlos Castilho, do Portal Observatório da Imprensa, contemporiza que a diferença entre o jornalismo profissional e o de marca está cada vez menos no produto final e mais no tratamento da informação e da notícia. O jornalista começa a tomar consciência de que a notícia está deixando de ser uma *commodity* para se tornar um dos fatores de produção de conhecimento.

Vale lembrar que, independente da estratégia adotada pela assessoria de imprensa, os princípios éticos devem ser preservados.

6.5.2. STORYTELLING EM REDES SOCIAIS

> "Antigamente as pessoas eram o target. Hoje elas são a própria mídia."
>
> — *Fernando Palacios, em entrevista para a Revista Marketing*

A presença das marcas nas redes sociais ainda é um percurso a ser aprendido. A maioria delas não consegue desenvolver um relacionamento por muito tempo nas redes e se perde em um excesso de conteúdos não relevantes.

Acreditamos que é possível combater o excesso de informação com histórias, como melhorar o conteúdo publicado com técnicas narrativas. Por isso vamos contar sete dicas para melhorar as relações nas redes sociais:

1. Tenha sempre um personagem. O personagem é alguém para carregar a ação. Ele pode funcionar como narrador ou protagonista. Ele pode até mesmo atuar como os dois ao mesmo tempo. O importante é que ele tenha a consistência de alguém com vida própria. Por exemplo, a Ponto Frio criou o personagem Pinguino, que os mais íntimos chamam de Pin. É ele quem conversa nas redes como Facebook e Twitter e não a logomarca.

2. Pense o post como um episódio. Por mais curta que seja a postagem, organizar de forma ressonante é fundamental. A estrutura de "começo, meio e fim" funciona a partir de três frases. De preferência, faça com que "o fim" contenha a moral da história. E que a moral não seja uma pregação, mas um aprendizado pessoal do personagem. Os acertos virão com a prática.

3. Comece o post no meio da ação. Pule as explicações.

4. Deixe a linguagem padrão, com tom jurídico, de lado, e assuma a personalidade da marca. Se ela for engraçada e espontânea, deixe que ela expresse isso em vez de "fazer um texto para a massa da internet". O truque é ter alguém em mente na hora de escrever. Ao se conectar com uma pessoa específica, você acaba se conectando com milhões. A Prefeitura de Curitiba revolucionou a comunicação dos órgãos públicos ao criar um narrador mais espontâneo, que os mais íntimos chamam de Prefs.

5. Escolha o sentimento que quer provocar, e "cutuque"! O fundamento principal que garante o sucesso do Storytelling na humanidade é que se trata de uma forma de comunicação emocional. Por mais planejada que seja a história, ela só vai funcionar como narrativa se despertar emoções. A Prefs de Curitiba soube provocar curiosidade e comoção quando começou a "namorar" a prefeitura do Rio de Janeiro. A história foi acompanhada por milhares de pessoas e ao final serviu para divulgar uma campanha de doação de sangue. Além de recorde de arrecadação nos bancos de sangue, a Prefs de Curitiba aproveitou para soltar uma lista de presentes de casamento com muita coisa para melhorar a cidade.

Nos primeiros dias conseguiram levar sessões de cinema a 50 crianças carentes, 530 árvores foram plantadas em Manaus, 320 árvores no Paraná, um *tour* pela cidade de Curitiba foi feito para pessoas da melhor idade, picolés foram distribuídos para pessoas que trabalham ao sol, sessões de fotos foram feitas para aumentar a autoestima de mulheres que sofreram violência doméstica, mais de 200 livros foram doados às bibliotecas da cidade e muitas outras ações engajadoras movimentaram as redes sociais.

6. O diálogo é mais importante do que a perfeição. Responda os comentários em tempo real e, quando errar, peça desculpa. Com essa dinâmica, as crises são contornadas com a mesma velocidade em que apareceram.

7. Aos poucos, construa uma história de fundo que possa servir de contexto para várias tramas. Assim fica mais fácil encontrar inspiração diária e também segmentar mensagens dentro de uma única campanha. Essa história maior é quem alimenta a comunidade de fãs. Quem começou a fazer isso foi a Ponto Frio, com o Pinguino, como explicamos acima. Com o tempo e sua consolidação, inventou uma namorada com quem pudesse dialogar. Nada o impede de criar mais personagens — amigos e rivais — para deixar o enredo mais interessante.

MORAL DA HISTÓRIA

Fortalecer a história de uma marca junto aos diversos públicos é um processo trabalhoso. É como tonificar os músculos do corpo, só mostra resultados depois de muitas semanas de dedicação. No entanto, sua marca será energizada e ficará bem na foto. Vale a pena!

CAPÍTULO 7

EIS QUE SURGE O ENDOTELLING

"Mestre não é quem sempre ensina, mas quem de repente aprende."

— *João Guimarães Rosa.*

Várias vezes achamos que tudo que sabemos é o suficiente. Quantos de nós não temos que nos reinventar e aprender novas técnicas e saberes para recomeçar a vida profissional?

Se existe uma área que tem buscado se adaptar rapidamente é a da Comunicação Organizacional. A comunicação interna nas empresas tem muitas responsabilidades alocadas em seu núcleo e, muitas vezes, é justamente ela que pode resolver um problema de reputação da marca — começando pelos colaboradores — ou até na gestão de crise.

Acreditamos que ela merece muito mais relevância do que é dito nas mídias. O maior desafio é aliar essa vontade de mudar com a vida prática. Comunicação interna não é apenas cuidar do cartão de natal da empresa, entre outras atividades que sabemos que "sobram" para esse setor. Somente uma comunicação interna bem estruturada pode gerar valor para as pessoas e, pensando nisso, decidimos criar um capítulo sobre o assunto.

No início da Storytellers, a demanda para comunicação interna nas empresas não existia. A palavra Storytelling era muito nova e estranha. Passado algum tempo, e precisamente nos últimos dois anos, fomos procurados por dezenas de departamentos de comunicação interna de empresas de todos os portes. Alguns são denominados Recursos Humanos, Recursos de Pessoas, Comunicação de Colaboradores, Comunicação e Rituais Corporativos e outros nomes que empresas mais modernas dão aos setores que estão se reinventando e buscando o que há de mais importante: criar narrativas de valor entre seus colaboradores.

É verdade que as pessoas ficam entediadas nas muitas reuniões que acontecem nas empresas. Também é verdade que a maioria é chata mesmo, ainda que necessária. Mas melhorar a imagem corporativa, resolver problemas de crise e minimizar a desinformação é uma atividade diária desses departamentos que, cada vez mais, buscam se reinventar e criar inovação para melhorar a conversa com suas pessoas.

Muitas vezes o departamento de marketing não dava atenção para o consumidor interno porque ele não estava no público-alvo primário.

Viva! Isso está mudando e é disso que vamos falar agora. De mudança interna usando storytelling, de técnicas práticas e possíveis para você usar na sua empresa, seja nas apresentações de reuniões, no desenvolvimento de uma liderança, no *pitch* de um projeto importante que precisa engajar colaboradores de várias áreas.

Já pensou que interessante seria se em vez de ver um conteúdo empresarial vinculado a slides ou disseminado por infindáveis memorandos, a mesma mensagem pudesse ser apresentada em um formato mais leve e engajador?

E que tal um espetáculo de teatro em que as informações corporativas são ditas pelos atores profissionais e as principais lições são demonstradas por eles? A ideia é simples, mas quase não acontece porque a implementação ainda encontra barreiras para inovar em comunicação empresarial.

Uma pesquisa sobre o perfil do profissional de comunicação organizacional no Brasil, realizada em 2014 pela Aberje — Associação Brasileira de Comunicação Empresarial, em 2014, mostrou que 78% dos entrevistados acreditam no crescimento da comunicação empresarial nos próximos cinco anos.

Existe certa ironia no modelo que rege boa parte da comunicação organizacional. Imagine que dezenas de milhares de anos atrás, em uma hora dessas, os primeiros homens estavam caçando. Eles saíam em grupo e ficavam dois ou três dias na mata, fugindo de animais mais poderosos como leões e rinocerontes, e só voltavam para o conforto da caverna depois de abaterem algumas lebres e, quem sabe, com sorte, uma zebra.

O retorno era marcado por uma grande ceia e ao redor da fogueira estavam os tataravós dos tataravós de todos nós. Eles estavam exaustos e só pensavam em dormir. Ainda assim, não conseguiam pregar os olhos, porque algum deles contava os detalhes da caçada para as mulheres, crianças e idosos. A cada acontecimento relatado pelo narrador, todos ali eram levados de volta à adrenalina da caça e agora todos se uniram a mais uma vitória: vencer o cansaço para passar os ensinamentos adiante.

Milhares de anos se passaram e aqui estamos de volta aos dias de hoje, em que a civilização evoluiu: a medicina é mais avançada, a gastronomia é mais *gourmet*, a moradia é mais segura. No entanto, quando o assunto é comunicação organizacional, estamos reaprendendo com nossos antepassados como contar boas histórias e manter a tribo unida em um só propósito.

O brasileiro tem uma cultura corporativa mimética e esponjosa, especialista em absorver conceitos vindos de fora. Não é raro ver a comunicação interna sendo tratada pelo termo *endomarketing*. O curioso da história desse conceito é que a palavra endomarketing não é encontrada em nenhuma publicação fora do Brasil. Isso porque foi cunhada em 1990 no livro *Fundamentos do Endomarketing*, do consultor paulista Saul Bekin. Ele defendia que, mais do que comunicar internamente, é preciso "vender" sua cultura ao público interno. Só que em vez de falar em "venda interna", o autor optou por endomarketing. Funcionou.

A moral dessa história é que incorporamos com mais facilidade um novo pensamento caso o conceito esteja revestido com um certo "estrangeirismo".

Muitos preconceitos já estão instalados na mente de executivos e emergem assim que a frase "contar histórias" é ouvida. Uma das primeiras impressões é que se trata de uma atividade para se fazer com crianças e não com empregados, afinal, é universal a prática da contação de histórias para ajudar os pequenos a embarcarem em um sono profundo.

O profissional mais astuto vai perceber que, se a atividade de contar histórias é capaz de encantar um grupo superativo de crianças rebeldes contra a ideia de irem para o quarto, terá um efeito semelhante em colaboradores sempre muito ocupados com dezenas de tarefas simultâneas.

Quem tem a missão de ler um romance sabe que é preciso parar todas as tarefas e, se ele for bom, o leitor corre o risco de perder muitas horas de sono enquanto mente para si mesmo o mantra "só mais esse capítulo". A magia cativante das narrativas também acontece em outros locais. Todos desligam os aparelhos celulares antes de começar a sessão de cinema e amaldiçoado será aquele que resolver cochichar durante a exibição do filme. Mas por que nas empresas isso não ocorre? Porque elas não estão envolvidas. Quando adultos estão diante de uma boa história, assim como as crianças, eles também ficam hipnotizados e envolvidos.

E mesmo que a solução de um dos maiores problemas enfrentados pelos grandes executivos nos dias de hoje esteja ao alcance de todos os profissionais, mencionar algo como "em vez de apresentar slides, deveríamos contar uma história" é correr o risco de ser ignorado pelos colegas.

O profissional mais antenado não propõe "contar uma história", ele sabe que não vai funcionar dessa forma, então opta por dizer "vamos aplicar a metodologia de Storytelling". É a mesma ideia contada de forma diferente e isso tem tudo a ver com a lógica do Storytelling. Tudo o que poderia ser dito em slides, gráficos e tabelas, pode ser narrado em um enredo mais engajador e emocional, capaz de entreter enquanto transmite as informações necessárias.

E qualquer empresa pode aplicar o princípio do Storytelling para comunicar internamente de forma mais eficaz e emocional. Essa aplicação de técnicas e modelos avançados de Storytelling na comunicação interna é o que definimos aqui como *endotelling*.

O endotelling parte de um pressuposto muito simples: as histórias devem explicar como a corporação funciona e dar dicas para navegar melhor pela jornada corporativa. Basta encontrar esse tipo de aprendizado na mensagem a ser transmitida.

Para facilitar, elencamos as abordagens mais solicitadas por algumas dessas corporações:

- Melhorar apresentações — não se trata apenas de PPT, Key Note ou Prezi, que são formatos, mas sim a história a ser contada.

- Incrementar o *skill* de gestores para liderança.

- Capacitar colaboradores para *coaching* utilizando histórias e metáforas como ferramenta de transformação pessoal.

- Auxiliar na elaboração de novos formatos de contratação de colaboradores.

- Unificar a linguagem da empresa para melhoria da imagem corporativa.

- Resgatar a origem e memória da empresa e de seus fundadores.

- Aumentar o engajamento de equipes em projetos multifuncionais.

- Romper barreiras de diálogo interno entre áreas de conflito.

- Criar cultura e valores corporativos centrais e únicos para todos os colaboradores.

Antes de encerrarmos essa introdução sobre o tema, vamos dar quatro dicas **do que não é Storytelling** na comunicação organizacional:

1. **Não é fazer "contação de histórias"** com fábulas e lendas em eventos para entreter colaboradores. Não temos nada contra isso e gostamos da ideia de entreter pessoas, mas não confunda essa atividade com a estratégia de comunicação interna. Parece óbvio, mas conhecemos empresas que usam "contação" de histórias para "motivar" seus colaboradores sem vincular a estratégia da empresa.

2. **Não é dar boas-vindas** nos primeiros 10 minutos e estimular as pessoas a contarem suas histórias de vida.

3. **Não é contar sua própria história** em uma reunião para comover pessoas e mostrar o quão humano você pode ser.

4. **Não é reunir todas as histórias** dos colaboradores nos últimos anos e relatar cada uma delas em um livro de 50 anos da empresa ou em um vídeo exaustivo com mais de 10 minutos. Isso é histórico, não é Storytelling.

Storytelling é trabalho duro e muito intenso para empresas que decidem usar a metodologia. Existem alguns ingredientes que devem ser combinados para fazer o Storytelling tornar-se uma abordagem efetiva no ambiente corporativo.

Vamos iniciar com o Storytelling em Liderança e depois algumas técnicas para aplicar, contextualizando esses ingredientes. Ao final deste capítulo, há um pouco mais de técnicas para aplicar em apresentações, incluindo um modelo de *pitch*.

7.1. STORYTELLING EM LIDERANÇA

Conheça Nuvem Vermelha e sua tribo

Nuvem Vermelha é o nome de Makhpiyaluta, chefe Oglala Lakota da tribo Sioux, e que está associado à transição dos índios como guerreiros nômades das planícies para os povos subjugados em território americano.

Quando os militares dos Estados Unidos iniciaram a invasão em terras indígenas, Nuvem Vermelha lutou bravamente, como líder político de sua pátria, e teve vários êxitos na resistência contra o governo americano.

Nuvem Vermelha também foi um dos mais importantes líderes Lakota do século 20 e esteve em inúmeras lutas e campos de batalhas territoriais contra tribos vizinhas que tentavam invadir suas terras.

Seu superpoder? Habilidade de contar histórias de maneira viva e autêntica.

Até os dias de hoje, alguns índios nativos americanos se reúnem em conselhos para tomar decisões apenas contando histórias uns aos outros.

A questão pode ser declarar guerra ou não a uma tribo inimiga. Alguém vai contar a história de um aldeão atual que vai à guerra, é morto e deixará saudades.

Outro vai responder com a história do futuro remoto em que o filho do aldeão cresceu livre e forte graças à vitória conquistada pelo pai.

Um terceiro vai narrar sobre a nova geração da tribo inimiga que cresceu com sede de vingança. E assim por diante, até que uma história obtenha unanimidade e seja seguida à risca, tal qual um contrato jurídico.

Tribos serão leais, tribos vão falar a mesma língua, porque o líder sabe engajar com suas histórias. Até porque o líder foi a campo, esteve lá e lutou por essa tribo.

#walkthetalk #learningbydoing

Esse é um exemplo de liderança usando Storytelling para instruir comportamentos, normas culturais e valores centrais.

Grandes histórias criam uma imagem poderosa em nossas mentes, e grandes *storytellers* nos convidam a caminhar junto nessas jornadas.

O líder deve ser um catalisador de mudanças e usar as histórias com uma abordagem de ensinamento das boas práticas e daquilo que não deve mais ser feito. A efetividade delas dependerá do contexto, obviamente, mas também da autenticidade e transparência de como essas histórias serão disseminadas e sustentadas.

Nos últimos 10 anos, a necessidade de formar novos líderes vem aumentando. Existe a maturidade natural no ciclo de vida de uma geração de líderes dos anos 1990 a 2000 e também um contexto econômico mais amplo e complexo. Como o Storytelling pode ajudar esses líderes para que as estratégias virem resultados efetivos nesse novo cenário?

Então o que funciona quando unimos Liderança e Storytelling como modelo aplicável no dia a dia de um executivo?

- O bom *storyteller* deve ter um **contexto** específico para contar a história;
- O bom *storyteller* deve ter **credibilidade** e boa reputação em todos os níveis que atua;
- O bom *storyteller* fala de vida real, de **verdade humana**, demonstra sinceridade emocional sem ser piegas;
- O bom *storyteller* estuda a sua **audiência** antes para entender a linguagem mais adequada às pessoas.

Sobre Contexto

Qual o contexto da empresa? É uma empresa do setor automobilístico ou de serviços? Uma empresa jovem ou mais tradicional?

Quais são os desafios atuais? Que histórias você conhece que são similares ou metaforicamente apropriadas para o momento atual da empresa?

É mais fácil as pessoas entenderem a mensagem de um líder quando você apresenta uma história que faz parte do contexto delas. Isso gera mais empatia e auxilia as pessoas a reconhecerem valores reais e imediatos e adquirir novos comportamentos.

Dessa forma, ao fazer a conexão entre contexto estratégico e cultura de uma empresa, as histórias podem potencializar competências estratégicas e fortalecer a cultura da organização.

Sobre Credibilidade

Se você quer conhecer um líder de verdade, peça a uma pessoa para te contar a história de sua vida.

A credibilidade de um executivo é, antes de tudo, a principal característica para liderar. Ou seja, ele deve ter a confiança e respeito daqueles que trabalham com ele.

A boa reputação e a acessibilidade tornam as histórias críveis ao serem absorvidas, despertam a inspiração e geram poder de disseminação.

Histórias designadas para desenvolver líderes devem gerar relacionamentos baseados em aprendizado entre mentores e seus "mentoreados" e propiciam uma relação empática com as pessoas.

Aqui a lição é: faça o trabalho da melhor maneira possível, sem se preocupar com a opinião de outras pessoas. Seja resiliente para os momentos de derrota. Todos os bons líderes já erraram ou passaram por grandes dificuldades, muitas vezes seu sucesso advém dessa história de superação.

Experiências marcantes da vida ajudam outras pessoas a orientar-se, e a sua verdade se origina na própria história. Ninguém melhor do que você pode conhecê-la e contá-la para os outros.

Lições de liderança são aprendidas mais facilmente quando são dadas por pessoas confiáveis e respeitadas dentro das organizações. Líderes aprendem melhor com outros líderes.

E não se esqueça que o bom *Storyteller*, ao contar sua história, é fiel aos seus princípios.

Sobre Verdade Humana

Na Storytellers nos deparamos com um grande desafio sempre que temos que falar desse assunto junto a diretores e vice-presidentes. Ao usarmos o storytelling para *coaching* de líderes, o tema sempre gera desconfiança. Principalmente nas grandes organizações.

Quando explicamos a importância de conflito e dilemas, estamos retratando aquilo que é verdadeiro a todo ser humano, a prática, o dia a dia, o que ocorre normalmente a qualquer um.

A maioria dos executivos teme falar sobre os conflitos organizacionais, mas acreditamos que a chave da empatia está nessa fragilidade, nessa sinceridade emocional e é isso que nos conecta, pois nos espelhamos em situações semelhantes.

Uma história verdadeira é muito mais convincente se o líder a tiver vivenciado. Portanto, o desafio é usar o drama, o conflito, a dificuldade encontrada em suas próprias histórias a seu favor, para comunicar com eficiência e atenção.

Você pode questionar: mesmo que isso signifique a exposição de suas crenças, assunto que nem sempre é fácil de ser abordado nas organizações? Sim, acreditamos que cada vez mais a liderança caminha para relações com transparência para serem sustentáveis.

Por exemplo, um líder pode contar sobre uma dificuldade ao chegar à empresa e aderir a valores mais tradicionais. Outra história pode mostrar o líder tendo dificuldades com uma nova tarefa que exigia habilidades muito além das suas.

Uma terceira história pode ser sobre uma demissão de equipes vitais de um projeto para redirecionar o modelo da empresa para outro caminho.

Em cada história, o conflito ou drama concentra-se na necessidade da tomada de uma decisão difícil, de uma superação, uma escolha contrária à maioria ou outras situações similares.

O bom storyteller sabe que o fator humano e verdadeiro faz parte de uma boa história, e que não basta contá-la. Ele deve ser o exemplo vivo para o grupo que lidera. A emoção, apesar de não valorizada, existe e, por isso, caracteriza-se como uma poderosa forma de comunicar valores, lições aprendidas, decisões complexas e conceitos inovadores.

Sobre Audiência

Conhecer a audiência é vital para o *líder-storyteller*.

Primeiramente, evite histórias discrepantes com o contexto de sua audiência. Por isso contexto é fundamental.

E, se quiser entender sua equipe, leia mais ficções, o gênero ajuda a pensar em hipóteses com desfechos distintos.

Para que histórias tenham mais relevância e ressonância, o líder deve contar sobre sua experiência vivida em uma linguagem adequada a essas pessoas. Por exemplo, se o público for muito jovem, use sua história fazendo paralelos com o que a audiência assiste. Muitos desses líderes têm utilizado trechos e episódios de famosas séries da HBO e Netflix que demonstram muito bem situações de cunho político, social e cultural.

O desafio para o líder é contar essa história de modo que a audiência possa ver a si mesmo na situação, como em um espelho, refletindo sobre o que fariam se estivessem em uma situação similar.

Neste contexto, ao conhecer bem sua audiência, inclua exemplos e *cases* que gerem empatia para que o aprendizado tenha impacto e cause uma mudança de atitude.

As boas histórias são mais efetivas e têm alto valor de aprendizado quando você sabe para quem vai contá-las e adequar a narrativa ao contexto.

Para que você possa implementar o uso do storytelling para sua própria carreira como líder ou com colaboradores de uma empresa, inicie com os quatro passos acima e acompanhe como faz sentido usar esse modelo em negócios.

Já que estamos abordando sentido nos negócios, é importante lembrar David Ulrich, uma das maiores autoridades em liderança e recursos humanos no mundo. Em seu último livro, *Sustentabilidade da Liderança*, junto com Norm Smallwood, ele aborda as sete principais disciplinas para transformar intenções em ações eficientes. Entre elas está a que consideramos uma das mais importantes: a **simplicidade**. Nesse capítulo, ele defende que as histórias geram muito mais empatia que dados e que líderes devem criar narrativas.

A simplicidade de uma história pessoal é tão poderosa que pode delinear um futuro que ele explica no exemplo do famoso discurso de Martin Luther King, que ilustramos logo mais abaixo.

Assim, líderes devem ser criadores de sentido e uma boa estratégia deve contar histórias em vez de apenas dados e números.

Por isso, uma estratégia sustentável cria uma narrativa que permeia seu propósito. Não é por acaso que, se duas pessoas se apresentam em uma reunião, uma com milhares de dados e informações e outra contando uma história simples, mas relevante ao contexto, a segunda é mais persuasiva e possivelmente mais bem-sucedida.

Um líder pode criar uma necessidade de mudança que conta uma história para descrever a defasagem entre os estados das coisas atuais e uma visão de futuro.

Então vamos ao exemplo de Martin Luther King, no discurso "Eu Tenho um Sonho".

Essa poderosa narrativa gera ansiedade por uma mudança, pois "se não agirmos agora o futuro será ruim". Ela dá a sensação de possibilidade, de concretude e de como o futuro pode ser melhor a partir da mudança de atitude:

> *Eu tenho um sonho de que, um dia, esta nação se erguerá e viverá o verdadeiro significado de seus princípios: estas verdades serão claras para todos: todos os homens são criados iguais.*
>
> *Eu tenho um sonho de que, um dia, nas rubras colinas da Geórgia, os filhos de antigos escravos e os filhos de antigos senhores de escravos poderão sentar-se juntos à mesa da fraternidade.*

Eu tenho um sonho de que, um dia, até mesmo o estado do Mississi-pi, um estado sufocado pelo calor da injustiça, sufocado com o calor da opressão, será transformado em um oásis de liberdade e justiça.

Eu tenho um sonho de que meus quatro filhinhos, um dia, viverão em uma nação onde não serão julgados pela cor de sua pele e sim pelo conteúdo de seu caráter.

Eu tenho um sonho hoje.

Eu tenho um sonho de que, um dia, no estado do Alabama, com seus racistas perversos, com um governador cujos lábios proferem palavras de intervenção e negação; um dia, lá no Alabama, meninos negros e meninas negras poderão dar as mãos a meninos brancos e meninas brancas como irmãs e irmãos. Eu tenho um sonho hoje.

E quando isso acontecer, quando deixarmos a liberdade ecoar, quando a deixarmos ressoar em cada vila e vilarejo, em cada Estado e cada cidade, poderemos trazer para mais perto o dia que todos os filhos de Deus, negros e brancos, judeus e gentios, protestantes e católicos, poderão se dar as mãos e cantar, nas palavras da velha canção negra, livres, enfim! Livres, enfim! Louvado seja Deus Todo-Poderoso. Estamos livres, enfim!

Trechos do discurso oficial de Martin Luther King,
em 28 de agosto de 1963.

Quão transformador é esse discurso? Ele induz ações, inspira atitudes e provêm detalhes significativos de um futuro melhor.

Muitos bons discursos já foram utilizados para mudar países e suas pessoas, mas para saber contar histórias como essa, é preciso conhecê-las a fundo.

Então vamos para algumas das técnicas que podem ser aplicadas no seu dia a dia.

7.2. TÉCNICAS PARA APLICAR

"Não existe fim. O fim, na verdade, é apenas o lugar onde interrompemos a história."

> — *Frank Herbert, foi um escritor de ficção científica e jornalista americano de grande sucesso de crítica. Ele é mais conhecido pela obra Duna e os cinco livros subsequentes da série.*

Há várias maneiras de aprender a aplicar as técnicas de storytelling, mas apenas duas funcionam: treinar, treinar, praticar, praticar. É sério, tenha em mente que tudo na vida precisa de muitas horas de vivência e prática para você se tornar um *expert* no assunto desejado.

Vamos iniciar com duas técnicas: **Topografia de Interesse** e **História de Origem**. Ambas as técnicas podem ser usadas para algumas das narrativas abaixo:

- descrever o que deu certo e foi bem-sucedido no passado, com reflexão no presente;

- descrever o que deu errado e fornecer subsídios para que a empresa não cometa mais os mesmos erros e aprimore novas práticas;

- transmitir valores corporativos e propósito;

- estimular colaboração em projetos e times multifuncionais;

- compartilhar conhecimento para evocar inovação.

7.2.1. DA TOPOGRAFIA DE INTERESSE

Dentro da empresa, a memória costuma imperar como fonte de Storytelling. Nesse caso, tudo vai partir da memória pessoal. Agora, quando a gente analisa a memória corporativa, sabemos que é um pouco mais complicado, porque estamos falando de várias pessoas.

A memória corporativa compõe também os registros dessa empresa, as notícias, desde o primeiro porteiro contratado à Dona Vera, do café.

Assim, é preciso levantar o maior número de informações possíveis para poder chegar à memória coletiva. No meio dessa escavação de dados e informações lembramo-nos de uma frase de Hitchcock: "O cinema é a vida sem as partes chatas". Sim, é pura verdade, em nossas diversas histórias de exploração de dados e informações, nos deparamos com um monte de partes chatas.

Para resolver essa questão criamos a metodologia da **Topografia de Interesse**: o que você faz para contar, o que contar, e como contar. Você reúne os assuntos mais significativos que aconteceram ano a ano, depois faz um eixo Y no tempo e coloca tudo o que aconteceu, e então define um grau de importância.

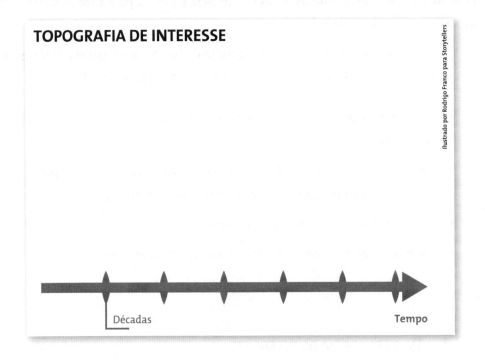

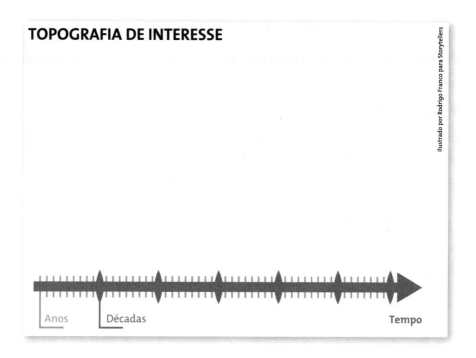

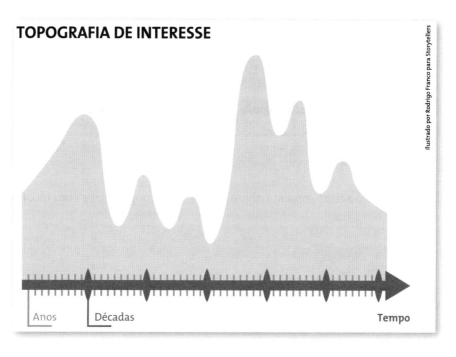

Do ponto de vista de Storytelling, o que é importante?

Primeiro, tudo o que gerou **transformação** tem um nível de importância maior do que o que não gerou.

Para isso, você deve passar uma linha, que denominamos *linha da neblina*, o que está abaixo desse pico não importa para o momento. A *linha da neblina* é regida pela transformação máxima, ou seja, o que transformou de forma impactante e irreversível fica para cima, o que não transformou, fica para baixo.

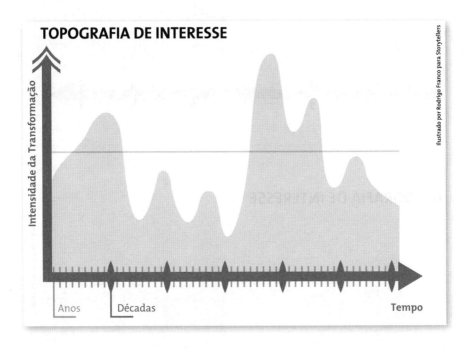

No final, quando tiver somente alguns picos, é só conectar uns com os outros.

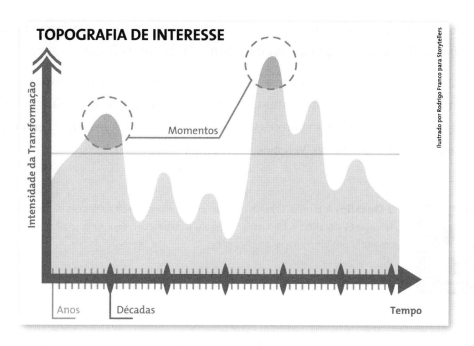

Se o tempo estiver curto para passar pelo processo inteiro, é possível buscar um atalho: encontrar as **Histórias de Origem** com os *"Ahá Moments!"* (o entendimento do porque as coisas são assim no presente).

7.2.2. As histórias de origem

Existe um tipo de história que é fundamental para qualquer companhia, que narra como tudo começou. São narrativas que contam como as marcas surgiram e se tornaram aquilo que são hoje. São afirmações da empresa sobre ela mesma. O objetivo é encontrar o DNA da marca e, para isso, explicar detalhes sobre a fundação do negócio, desde a escolha do nome, até as características que ajudaram a compor a personalidade que a empresa ou marca possui hoje. Por isso é fundamental o vínculo com os dados e fatos.

Jornalistas, acadêmicos e mesmo os consumidores podem ficar curiosos depois de conhecerem a história e, com isso, despertarem um desejo de saber mais. Para evitar frustrações, é bom que eles encontrem nessa investigação pessoal informações que estejam de acordo com o que ficaram sabendo no conto. Assim, esse tipo de texto tende a se aproximar mais do documentário do que da ficção.

Seja como for, esse texto tende a ser único, no sentido de que não deve ser feita outra versão de como a marca surgiu... nem mesmo daqui a 10 anos. Nem mesmo se as marcas passarem por um processo de reposicionamento. **A origem da empresa e suas marcas são uma só**. Veremos um exemplo a seguir.

O Desafio: A família Okubo chegou ao Brasil em 1925 e, depois de uma história repleta de altos e baixos, conseguiu estabelecer aqui uma joalheria, que se expandiu em cinco lojas de shopping.

No entanto, embora seja uma família tradicional japonesa e tenha a tendência de repassar histórias de sua origem, a agência Storytellers se incumbiu de, finalmente, juntar todos os fatos e organizá-los em uma ordem cronológica.

O problema maior era justamente esse, o de compilar todos os fatos para contar a história completa, e com vários pontos de vista diferentes — problema que foi resolvido com um *book* feito pela Storytellers. O objetivo do *book* era ajudar a **eternizar a história da marca e, consequentemente, da família Okubo.**

A Solução: para o resgate da memória dessa família, realizamos entrevistas pessoais com membros da família Okubo, desde "seu Júlio" até seus netos, bem como funcionários com mais de 20 anos de empresa na Júlio Okubo.

Foram necessárias mais de 70 horas de entrevistas, 160 horas de transcrições e relatórios, em um total de 14 entrevistados.

Além das entrevistas, também foram feitas pesquisas exploratórias, buscas de documentos, visitas às lojas, análises de materiais produzidos pela empresa e análise da comunicação da marca Júlio Okubo.

Um grupo de formadores de opinião se reuniu para discutir o significado da marca para eles. Tínhamos artista plástico, fotógrafo, designers e empresários.

Um movimento interno para modernizar a logomarca foi realizado com sucesso. A loja do shopping Iguatemi foi reformada, reforçando os valores de confiança e credibilidade da marca com símbolos e elementos orientais que reforçam a alta qualidade de suas joias.

O resultado foi um *storybook* com mais de 50 páginas, revisado múltiplas vezes e alterado de acordo com o desejo dos familiares, contendo todo o material coletado, além de uma introdução composta de quatro histórias que formam um storytelling da marca por meio de narrativas repletas de analogias e metáforas. Por fim, contos que refletem e fazem a história dessa família.

Um dos contos foi transformado em um livreto distribuído para seus clientes atuais e potenciais contando a origem da empresa OKUBO. Mais do que isso, todo o material tornou-se um material para transmitir os valores da família e da empresa para colaboradores, fornecedores e consumidores.

Vamos a um dos contos:

O Mundo é uma Pérola

Por Fernando Palacios, sócio-fundador da Storytellers

Tudo começa com um grão quase imperceptível aos olhos, com o tempo camadas são somadas e, ao final, somos agraciados com uma gema inescapável ao olhar. Assim é essa saga familiar: uma história real que cruzou o mundo, atravessou gerações e acabou transformando a elite brasileira.

Trata-se de uma narrativa complexa, do tipo que não dá para começar do começo. São diversos os pontos de origem. Poderia partir dos 250 anos da Casa dos Samurais Okubo ou então da aventura marítima que durou meses. Mas prefiro o início mais singelo: uma garota sentada na praia, desenhando círculos na areia e tentando enxergar além do horizonte o outro lado do mundo. Seu nome era Haruno e ela sempre dizia ao seu melhor amigo, Kokichi, que realizariam grandes sonhos.

O tempo passou. Aos 24 anos, a jovem Haruno admirava um jardim de glicínias, quando recebeu a ilustre visita de Tamigoro, um amigo mais do que especial. Ele

(continua)

(continuação)

chegou ao mesmo tempo hesitante e entusiasmado, escondendo as mãos atrás do corpo. Ela sorriu. Ele chegou mais próximo e estendeu o braço esquerdo com uma carta. Ela abriu e leu:

"Haruno, as coisas mais valiosas não são grandes."

"São as coisas pequenas como os detalhes que marcam as nossas vidas."

Quando ela terminou a leitura, ele estendeu o braço direito e revelou uma caixa de presentes. *"Para abrir, temos que falar com seu pai."* Dentro havia um anel de ouro com uma pérola incrustada. A jovem guardou o bilhete no coração e enfeitou o dedo com o anel.

Após sete anos de casamento, nasceu o primeiro filho homem, Yoshimi Okubo. O Japão passava por um momento turbulento: mudanças culturais, políticas e econômicas aliadas à questão da superpopulação, que era um problema de difícil solução e que levaram muitos a emigrar.

Haruno e Tamigoro estavam em um dilema. Por um lado, a situação era difícil, mas por outro o Japão estava em um momento de grande nacionalismo. O marido questionou: *"será que deveríamos dar as costas para nossa terra natal justo agora?"*

Haruno respondeu: *"para fazer o que é melhor para os outros, às vezes é preciso primeiro fazer o que é melhor para a gente."* Desde a era Meiji, os descendentes de samurais não sabiam até que ponto seria seguro permanecer por lá. Esse cenário não era ideal para o filho recém-nascido.

A família Okubo decidiu que a melhor opção para seus filhos seria mudar de país e até mesmo de vida. No dia 25 de janeiro de 1926 embarcaram no Manila Maru com a família Nagata. O destino foi o porto de Santos, no Brasil.

Foram quase dois meses de viagem e a partir da chegada a vida seria diferente. O primeiro passo foi adotar novos nomes: ela não seria mais Haruno e sim Rosa, e seu filho passaria a se chamar Júlio.

Foram para a região de Bauru, onde encontraram uma situação bastante precária, com o ranço do escravagismo. Haruno Rosa Okubo assume a liderança e implementa sistemas mais modernos, tanto para a qualidade de vida, quanto para os resultados da produção. Foram oito anos de trabalho no campo para conseguirem economizar o suficiente para tentar a vida na capital.

No primeiro momento a cidade de São Paulo não foi amigável com a família. Após oito anos de economia, os Okubo decidem investir em pequenos negócios, mas nada dá certo e perdem tudo que conseguiram em pouco tempo. Mais um dilema para a família. Deveriam voltar para a vida anterior do campo ou continuar lutando na capital? Resolveram seguir caminhos distintos. Haruno Rosa Okubo ficou com as quatro filhas, enquanto Tamigoro Paulo Okubo voltou ao interior com o único filho.

Em um primeiro momento ela ficou insegura, sozinha, com quatro filhas para criar, com o peso de um fracasso financeiro. Mas ela não esmaeceu. Juntou as forças e passou a revender quimonos, enquanto ganhava tempo para planejar uma saída.

Foram apenas alguns meses para que ela soubesse muito bem o que fazer. Haruno Rosa Okubo enviou uma carta para o Japão. A carta foi destinada a Kokichi Miki-moto, um conhecido de infância e pioneiro no cultivo de pérolas. Ela explicou que havia vendido o anel de pérolas que trouxe consigo do Japão para juntar o capital inicial de um novo negócio: uma joalheria que iniciaria o comércio de pérolas no Brasil. Foi assim que ela se tornou a primeira mulher proprietária de um ateliê de joias finas. O sucesso foi instantâneo.

Quatro anos depois, Haruno Rosa Okubo estava de volta aos correios. Dessa vez, ela remeteu uma carta para o interior do Estado.

Júlio estava morando com o pai em uma granja em Itaquaquecetuba. Lá ele aprendeu o contato com a terra, a importância do trabalho manual e o conceito *Wabi-sabi*:

"nada dura, nada é completo, nada é perfeito."

Enquanto refletia sobre esse pensamento, Júlio soube que havia recebido uma carta. Era sua mãe pedindo para que viesse à capital. Assim que Júlio voltou ao bairro da Liberdade, ele sentiu que agora já era outra pessoa. Tudo ali continuava parecido, mas ele era outra pessoa. Ao comparar percebeu que a diferença era a maturidade. Aos 14 anos, já era adulto.

Instruído pela mãe, foi buscar emprego no centro da cidade para que aprendesse o ofício da ourivesaria. Ele conseguiu uma vaga de aprendiz na oficina do maior ourives da época, o Sr. Oscar Rizzi.

Certa vez o jovem Júlio comentou com o mestre sobre o conceito *wabi-sabi* e concluiu: *"se nada pode ser perfeito, como vou saber se a joia ficou boa?"* O sábio Oscar Rizzi respondeu *"Faça o melhor. Se aquilo que você fizer for o melhor em sua opinião, então a consciência sabe que é o melhor. Faça aquilo que você acha que é o melhor para você e provavelmente será melhor para os outros."* Depois disso, o jovem Júlio Okubo passou dois anos trabalhando no ofício sem medir esforços para fazer com que cada peça ficasse melhor do que a anterior.

Depois de acumular mais de dez mil horas de experiência, Júlio Okubo poderia ser considerado um artífice formado e atingiu a etapa de seguir seu próprio caminho.

(continua)

> *(continuação)*
>
> O ateliê de Rosa Haruno Okubo estava indo muito bem, mas apenas revendia peças trazidas do Japão. Com a Primeira Guerra Mundial esse comércio foi se tornando cada vez mais complicado. Foi então que Júlio Okubo entrou no negócio. Quando a pérola começou a ficar escassa, Júlio deu a segurança de que seria possível trabalhar com outras gemas.
>
> As duas décadas que se seguiram foram de pleno sucesso. Nesse período Júlio conheceu Stella Akachi e se casaram em 1952. Em 1963, o casal Júlio e Stella decide investir em um local maior. Mãe e filho seguiram por caminhos diferentes: ela continuou no ateliê de origem, ao passo que o casal abriu a Júlio Okubo Joias na Avenida Brigadeiro Luiz Antônio, 3279.
>
> O que pouca gente sabe é que foi Júlio Okubo quem fez o primeiro furo em uma pérola no Brasil. Até hoje, com nove décadas completadas, ele ainda emprega sua precisão cirúrgica para furar pérolas especiais das peças mais exclusivas da joalheria.
>
> Sempre que vestir uma pérola, lembre-se que sua beleza só existe porque uma ostra decidiu fazer o que era melhor para ela: revestir aquele grão intruso.

Essa **história de origem** pode ser contada em um romance, em um conto literário para a imprensa ou até mesmo em um resumo com 140 caracteres.

Quer alguns outros exemplos e de outras marcas?

- **Origem da IKEA:** Ingvar Kampard não conseguia encaixar uma mesa no porta-malas do carro e, irritado, resolveu arrancar as pernas. Da mesa.

- **Origem da GoPro:** Nick Woodman foi surfar e ficou frustrado por não conseguir tirar fotos de si mesmo. #precursordoselfie

- **Origem do WhatsApp:** Jan Koum não tinha dinheiro para pagar a ligação internacional para Ucrânia para falar com seu pai. Zap daqui Zap de lá e problema resolvido.

- **Origem da RedBull:** Dietrich Mateschitz experimentou uma bebida local na Tailândia que diziam ajudar com os problemas de *jetlag*. Ajudou a criar um império.

- **Origem da Airbnb:** Brian Chesky alugou seu colchão de ar e viu que isso não era muito lucrativo, mas a ideia poderia ser.
- **Origem do Telégrafo:** Samuel Morse encontrou sua mulher morta porque a carta não chegou a tempo. #fato

Usamos esse processo em narrativas para projetos complexos, aqueles que precisam de entendimento e coesão de todos os participantes. Dessa forma, identificamos como foram concebidos, os acertos e erros, a performance, os conflitos, principais decisões, resultados e lições aprendidas. Ao final é um modelo de fácil aplicação e prático que pode ser disseminado por toda a empresa.

MORAL DA HISTÓRIA

O storyteller é um arqueólogo de informações. Ele vai cavar e escavar até encontrar os pequenos dados que, por outros, passariam batidos, mas que em suas mãos valerão ouro.

7.3. STORYTELLING EM APRESENTAÇÕES: TRÊS TÉCNICAS PARA APLICAR

"Once upon a time, in a faraway kingdom..."

"Era uma vez, em um reino muito distante, um vendedor que viajava pelo interior vendendo seu produto para todos os seus habitantes..."

Todos adoravam seu produto, com exceção do rei que queria fazer algo com esse produto.

Um dia, o rei disse "esse produto está arruinando meu reino e eu quero destruí--lo. Se alguém tem alguma razão para esse produto não ser destruído, traga-o aqui para que explique."

Longe do rei, ouviu-se uma voz ao fundo "eu acho que esse produto é muito bom e posso provar isso", disse o corajoso vendedor. "Então venha amanhã de manhã até o meu Palácio e prove para mim porque você acha isso", disse o rei.

Assim, o vendedor foi para sua casa e preparou vários slides, PowerPoint por PowerPoint com milhares de pesquisas e estatísticas que comprovavam a aceitação do produto, a projeção de vendas para os próximos 50 anos, entre outros gráficos.

De manhã, o vendedor voltou ao palácio para encontrar o rei e fazer sua apresentação.

"Mostre-me porque razão não devo destruir seu pobre produto", disse o rei.

O vendedor abriu confiantemente seu notebook e iniciou a apresentação de seus slides. Começou falando do histórico da empresa, depois demonstrou as tendências com gráficos de vendas, apresentou pesquisas de satisfação de seus consumidores que moravam ao redor do reino, analisou as vendas vila por vila...

Enquanto apresentava, o rei começou a se mover impacientemente em seu trono.

Quando a tabela de Excel sobre retorno de investimento nos últimos 10 anos apareceu no slide 57, o rei finalmente gritou "cortem a cabeça dele! Originalmente, eu apenas queria matar o produto, mas essa apresentação é um crime!"

Não importa o quanto sua ideia é brilhante. Não importa quão profundamente você conheça o projeto em seus mínimos detalhes. Se ela não for bem apresentada, você perde seu público e a ideia perde o seu brilho. Uma apresentação deve ser interessante. Tão interessante quanto uma história. E ao final ela pode ser.

POTE DE OURO Ansiedade, desconforto, arrepio, medo. É o que acontece com a maioria das pessoas quando se está frente a frente com vários espectadores ao mesmo tempo. Não importa se eles são colegas, funcionários ou executivos. A reação é a mesma. E se, de repente, a audiência começar a dispersar, acabou. A ansiedade, o desconforto, o arrepio e o medo somam-se a uma frustração pessoal e desespero para que aquele momento acabe o mais rápido possível.

Para se livrar logo do problema a maioria das pessoas já decide o formato da preparação dos slides, localiza 10 planilhas de Excel para demonstrar os números, resume as pesquisas necessárias e com isso já tem, em média, 100 slides. *Boring!*

Antes de definir qualquer formato, a dica *master* é: *inicie elaborando um roteiro do assunto*. Um roteiro que torne as mensagens cativantes, relevantes e com mais vida podem fazer o receio de falar em público desaparecer, acabando com as dores de cabeça pela tensão em apresentar algo.

GANCHO **Como faz para começar?**

Para o desenvolvimento de um bom roteiro, recomenda-se, antes de tudo, conhecer bem o tema que virá a ser falado, sobre o que é o assunto, qual a ideia central que se procura passar para a audiência.

Após ter isso definido, eis algumas sugestões para construir uma apresentação:

- "Valorizar" a dificuldade, a questão e o problema central, começando com um problema.

- Saber o ponto central do discurso de maneira sucinta.

- Transformar a apresentação em um quebra-cabeça: falar dos erros antes dos acertos, antecipar a informação relevante, mas deixar que a audiência chegue ao resultado e resposta, participando da conversa.

- Evitar o uso de linguagem técnica, substituindo-o por exemplos, analogias e metáforas. A comunicação ficará mais fluida.

- Evitar forçar a emoção, buscando-a de forma orgânica, dentro do contexto dos atores da empresa.

Uma apresentação bem estruturada costuma atingir seus objetivos, por isso pense nas informações que sua audiência precisa ter:

Escrevendo a espinha dorsal de um roteiro

- Identifique-se.
- Revele no início sua maior necessidade de comunicação, por que está apresentando esse assunto no momento?
- Detalhe o projeto em que trabalha atualmente.
- Demonstre qual atitude/ação se espera da audiência, priorizando uma frase imperativa objetiva.
- Relate qual a solução pretendida neste projeto/assunto.
- Use hipóteses e inferências sobre qual a pior coisa que aconteceria se o projeto não saísse do papel.
- Cite os motivos pelos quais o projeto ainda não foi feito ou o assunto não foi resolvido.
- Mostre quais são os possíveis obstáculos.
- Teorize sobre quais as soluções para estes obstáculos.
- Solicite ajuda das pessoas para aumentar o número de soluções possíveis para o problema.
- Forneça informações para que o público tome a atitude que você espera.

Pronto! Você já tem uma **espinha dorsal** para seu **roteiro**. Agora, com o roteiro pronto, a próxima etapa é a escolha do formato de apresentação.

O mais pertinente sempre dependerá do público, do apresentador e do contexto. Dentre eles está, por exemplo, o Formato 10-20-30, de Guy Kawasaki, feito em 10 slides, 20 minutos e fonte com tamanho 30. Poucas palavras e muita relevância na história a ser contada.

Algumas empresas têm usado o Formato Ted Talk, para apresentação de projetos para seus *stakeholders*. Aqui o apresentador fala entre 15 a 20 minutos.

Outro exemplo é o Formato Lessig de Apresentações, em que um discurso rápido com muitos slides oferece uma *Big Idea* — ou seja, a ideia central. Ele não se aprofunda nas questões, utiliza um apelo emocional e muitas imagens para causar impacto.

E se você achou que 15 minutos é pouco para uma apresentação na empresa, existem ainda 2 formatos para comunicar com velocidade. São eles o Formato Pecha Kucha, com 20 slides, em que são gastos apenas 20 segundos em cada, totalizando uma apresentação de 6 minutos e 40 segundos, e o Formato Ignite, com 20 slides em que são gastos apenas 15 segundos em cada, totalizando uma exposição de 5 minutos.

Ao final, a escolha de um formato depende do seu contexto. Lembre-se da audiência para qual apresentará, use a verdade humana em suas histórias. Honre suas crenças e valores ao contar sua história. A boa história captura a audiência, independente do formato.

Vamos ver agora as técnicas de roteiro para apresentações.

7.3.1. TÉCNICA DE ROTEIRO USANDO AS PALAVRAS MÁGICAS 'ERA UMA VEZ'

Uma forma que a Storytellers criou para uso de seus clientes, palestras e apresentações é o modelo de usar Palavras Mágicas, ou seja, a construção de uma composição básica que auxilia na criação de uma história. Criamos nossa própria estrutura de palavras mágicas derivando do Modelo Pixar. E quais são algumas dessas palavras mágicas?

Era uma vez _____. Todo dia _____. Até que, em uma bela manhã de quarta-feira _____. Com isso _____. Só que ninguém contava com _____. Eis que ou _____ ou _____. E então _____. Dali para a frente _____.

Obviamente você pode criar mais algumas palavras e dependendo do contexto gerar um modelo único para sua empresa de acordo com a cultura organizacional.

314 GUIA COMPLETO DO STORYTELLING

Vamos ver como poderíamos aplicar esse modelo em uma apresentação de um executivo da área de tecnologia da informação que teve que resolver um grave problema na empresa.

Vinícius era seu nome, atuava na área de segurança de dados, onde trabalhava há 12 anos. Sua carreira inteira foi construída na mesma empresa. A empresa multinacional sólida, tradicional e líder no setor de tecnologia da informação ia muito bem.

Em uma cinzenta madrugada de quarta-feira, Vinícius recebeu a notícia repentina via celular que a empresa havia perdido milhões, da noite para o dia, na Bolsa de Valores.

Ao chegar à empresa, soube que o principal motivo tinha sido o roubo de informações de mais de 300 mil clientes por *hackers* ainda não identificados. A empresa, com sede no Brasil e filiais estratégicas no Japão, Europa e Estados Unidos, sofreu a invasão de *hackers* que roubaram dados pessoais de 300 mil clientes e a notícia vazou rapidamente pelas redes sociais fazendo com que as ações despencassem antes de amanhecer no Brasil.

Não só a empresa teria um imenso prejuízo como muitos de seus colaboradores e pares perderiam o emprego se o caso não fosse solucionado rapidamente. Ele era o principal responsável justamente pela área de segurança da informação com especialização em *cybercrime*.

Vinícius rapidamente embarcou em uma jornada contra o tempo para resolver o caso, atuar o mais rápido possível e evitar o pior. Imediatamente, convocou seu time e conectou seus mais importantes parceiros para encontrar soluções efetivas.

Porém, Vinícius **não contava com os muitos obstáculos pelo caminho.** Primeiramente, seus dois técnicos mais importantes estavam ausentes. Elisa estava de férias sem comunicação em um retiro espiritual no Nepal e Carlos foi afastado por dengue naquela semana.

Ele teria que achar uma solução com os demais colaboradores da equipe e parceiros. Uma das soluções encontradas pela equipe era a parceria tecnológica com seu maior concorrente, que detinha uma *expertise* poderosa em *cybercrime*. Mas isso também poderia representar um risco de imagem e, talvez, de negócios. Era uma decisão ousada, difícil e solitária.

Vinícius ligou para o CIO de seu principal concorrente e explicou a situação, expôs o problema e situou que isso poderia acontecer com ele a qualquer momento.

Após 2 horas de conversa entre ambos e acertos burocráticos necessários para uma eventual fusão, o celular de Vinícius tocou. Era o seu chefe, o presidente da empresa pedindo uma reunião imediata para saber qual solução estava sendo tomada. E agora, o que fazer?

O dilema tomou conta de Vinícius. Do 4º andar até o 13º, onde ficava o presidente, não dispenderia mais do que 3 minutos para subir. **Ou ele voltava atrás ou continuaria seguindo sua dura jornada procurando outra solução.** Deveria ou não informar todos os fatos para o seu líder?

Decidido, Vinícius entrou na sala do Presidente, expôs os fatos e contou que havia tomado e executado uma ação de emergência com riscos.

Uma decisão que poderia dar muita dor de cabeça ou salvar a empresa de ir à falência.

A parceria com o concorrente deu certo. **E então,** as empresas, juntas, tornaram-se um *case* de sucesso em segurança da informação. **Dali para frente**, novos resultados apareceram, nunca mais dados pessoais de clientes foram roubados, a empresa recuperou os dados, parte do dinheiro e, principalmente, sua reputação. Ninguém foi demitido.

Viram como a história fica mais fácil para ser contada? Ela tem começo, meio, fim, conflitos e dilemas, assim como solução. A história está formada e só bastaram algumas palavras mágicas para entrelaçar os fatos.

7.3.2. Técnica de roteiro usando Elevator Pitch ou cena de elevador

Há alguns anos, em Hollywood, roteiristas ansiosos em aprovar suas ideias de filmes, seguiam seus diretores favoritos e contavam suas histórias para convencê-

-los a produzir suas ideias. Para isso, precisavam ser muito rápidos e subiam nos elevadores — às vezes disfarçados outras vezes não — para tentar convencê-los em apenas 3 a 5 minutos a, pelo menos, continuar uma conversa.

A Cena de Elevador, hoje já bem difundida entre empreendedores e investidores, tornou-se a principal técnica de apresentação para conseguir atenção rápida.

A técnica se baseia na ideia de um elevador onde se está cara a cara com o investidor potencial e o tempo para causar uma boa impressão é bem curto. O objetivo é descrever uma situação ou solução tão interessante que o ouvinte queira mais informações quando o elevador parar em seu destino.

A tática também tem sido aplicada a processos de seleção de candidatos, projetos, verbas de comunicação e escolha de líderes de setores.

Para cumprir esse objetivo, selecionamos uma das estruturas básicas que usamos para curadoria de projetos:

PARA QUEM: público-alvo, a audiência da qual pretende-se chamar a atenção.

QUE: uma necessidade, um problema a ser resolvido ou uma oportunidade para a audiência ou outras pessoas.

O: um produto ou serviço que resolverá o problema ou necessidade com a implementação desse projeto.

COMO: uma categoria de produto ou serviço similar ou existente. Projetos existentes podem ser citados.

DIFERENTEMENTE DE: citar categorias e empresas concorrentes que atuam hoje resolvendo esse problema ou necessidade.

NOSSO SERVIÇO / PRODUTO COM ESSE PROJETO: citar as principais diferenças e relevância do projeto.

RAZÃO POR QUÊ: citar porque alguém deve acreditar nesse projeto. Aqui coloque a principal justificativa que garante seu diferencial para resolver um problema ou necessidade.

Normalmente o *elevator pitch* demanda 3 minutos. Por isso, seja sucinto, elabore um *gancho* para iniciar a conversa, evite usar a linguagem técnica, não esqueça o discurso, treine antes, se possível, e conte essa história com naturalidade, como se estivesse narrando para um amigo seu.

Antes de usar o *pitch*, responda a estas três perguntas-chave que Daniel Pink faz em seu livro *Saber Vender é da Natureza Humana*:

1. O que você quer que eles saibam?
2. O que você quer que eles sintam?
3. O que você quer que eles façam?

Se você tiver confiança em responder essas três perguntas, seu *pitch* será facilmente compreendido pela audiência.

7.3.3. Técnica de roteiro: como contar sua história em oito slides

A primeira vez que fomos desafiados a criar um roteiro para apresentações internas usando storytelling, transformamos mais de 1.200 slides em divertidos esquetes de teatro. O sucesso foi tanto, que aprimoramos nossas técnicas e estudamos outros modelos.

Em 2010, vimos muitos modelos de narrativas, mas um deles chamou mais nossa atenção e era de um livro que usamos em muitas aulas e palestras. Trata-se do livro de 2005, *7-Slide Solution: Telling Your Business Story In 7 Slides or Less* no qual o autor, Paul Kelly, traduz informações em um roteiro profissional de apresentações de apenas sete slides.

Ao prototipar algumas vezes o modelo, vimos que ainda faltava uma etapa, e alguns detalhes significativos para o contexto de endotelling. Assim, complementamos o modelo de Paul Kelly com mais um slide e redesenhamos algumas etapas.

Para dar mais subsídios ao leitor, criamos um gráfico do processo:

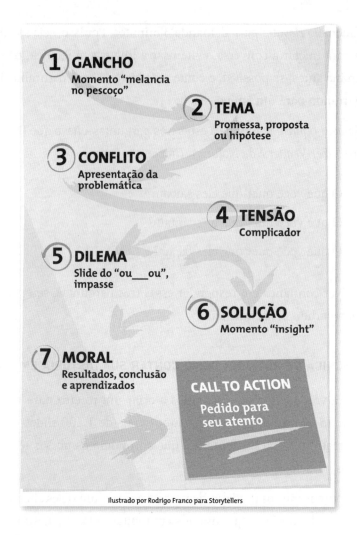

Ilustrado por Rodrigo Franco para Storytellers

Como traduzimos o processo passo a passo:

Passo 1: O Gancho

É o momento similar a uma manchete de jornal. Pense na confissão de um segredo, reflexão filosófica ou citação importante. É a introdução ao tema cujo objetivo é gerar curiosidade e, como bônus, introduzir o tema.

Atenção: **gancho** não é colocar o nome do projeto ou a explicação direta do assunto tema.

Passo 2: O Tema

A ideia é propor a questão ou provocação. Uma boa dica é usar as palavras "Será que...?" Pode ser um dilema em forma de pergunta também.

Não é o nome do projeto ou sua explicação direta, e sim, uma proposta de questão ou provocação cujo objetivo é lançar o assunto.

Passo 3: O Obstáculo ou Conflito

A escolha de um bom obstáculo é uma indicação para se apresentar o **conflito**, cujo objetivo é trazer apenas um problema à tona de cada vez. Isso ajuda a valorizar a resposta.

Se estiver em formato de cena, ou seja, de uma situação que se desenrola com a história, isso ajuda na compreensão da audiência. Tente usar um exemplo que comprove o obstáculo.

Uma dica: escolha um bom obstáculo e você não precisa incluir muitos problemas ou argumentos. Isso é mais desafiador para a plateia também.

Passo 4: A Tensão

Aqui temos mais um obstáculo, mas ele é intensificador do problema na história.

Ele auxilia a revelar mais e mais obstáculos, piorando o contexto da história. Dica: use expressões como nas **palavras mágicas,** como "Para piorar..." ou "Só que não contava com...", isso facilita a elaboração do roteiro.

Passo 5: O Dilema

O objetivo agora é gerar na história um momento crítico e anti-intuitivo de impasse e decisão. Use duas escolhas equilibradas para enriquecer a história, ou seja, ambas devem ser positivas ou negativas. Se puder contemple os riscos ou "preços a serem pagos" em cada uma das opções.

Passo 6: A Solução

Agora é hora de tomar a decisão para a **solução**. Se a saída for criativa e inesperada, a história se fortalece. Uma escolha de solução que não estava no **dilema** pode ser uma saída válida e terceira opção, gerando o sentimento de surpresa na audiência.

Passo 7: A Moral da História

É a hora de mostrar os resultados da decisão, sendo ela bem mais interessante se houver uma lição aprendida. Pensar em ditados populares pode funcionar bem, pois são de conhecimento de muitas pessoas. Não se esqueça, reflita nessa fase quais foram os resultados da escolha e o que podemos aprender com isso. O que você quer que as pessoas entendam?

Passo 8: O Call To Action ou Dali para Frente ou Outros 7

Agora vem o momento que complementamos o modelo de Paul.

Você pode precisar de mais slides para continuar sua história e contar outra etapa. Ou encerrar o assunto, mas deixar um espaço para uma nova conversa com Dali para Frente. Ou ainda chamar as pessoas da audiência para uma ação com *Call to Action*.

DALI PARA FRENTE

O objetivo é encerrar o assunto e deixar espaço para uma conversa.

E uma dica, finais de história como "foram felizes para sempre" não deixa espaço para novas conversas, portanto tenha atenção ao finalizar.

CALL TO ACTION

O objetivo é chamar para uma ação ou atitude de forma clara e assertiva. Dica: essa é hora que a ONG pode pedir o investimento necessário para conseguir salvar vidas ou o executivo pode solicitar a verba para um projeto importante.

Outros 7 Slides

Nesse caso você pode inserir um novo assunto, mas dê preferência a dar uma continuidade natural ao tema anterior.

Dica: esse processo pode ser repetido inúmeras vezes desde que o contexto seja adequado e você tenha tempo suficiente para a conversa. Não exagere, pois apresentações com mais de 45 minutos costumam perder a atenção da audiência.

Estamos finalizando o Capítulo 7 sobre endotelling. Vimos que líderes contam boas histórias e conectam as pessoas ao seu redor. É como uma ignição para gerar transformações.

Também apresentamos algumas técnicas aplicáveis para apresentações e roteiros, pois sabemos que a maioria das empresas, com seus distintos departamentos, precisam se comunicar cada vez mais e melhor. No entanto, sabemos que, na maioria das vezes, isso não ocorre.

Por isso insistimos que é possível instrumentalizar as empresas com um modelo de Storytelling que transforme a linguagem técnica em uma linguagem mais humana, palatável e apropriada a cada audiência, do chão de fábrica ao Conselho.

Neste contexto, após definir a estrutura de roteiro e formas, finalizamos relembrando os elementos de uma apresentação com Storytelling.

São eles: **roteiro, audiência, narrador, emoção, conflito, moral da história e protagonista.**

O **roteiro** é a organização da narrativa, a estrutura do conteúdo onde tudo que é relevante permanece e tudo que é desnecessário é eliminado. Uma orientação é estabelecer nele um propósito para a apresentação, manter-se fiel a ele e usar o fluxo dos slides como um mapa a ser seguido.

322 GUIA COMPLETO DO STORYTELLING

Toda narrativa é contada para alguém e, por isso, existe uma relação direta com a **audiência**. Uma apresentação com mesmo tema deve ser diferente se os públicos são diferentes. Portanto, saber quem são as pessoas, pensar em recompensas por prestarem atenção, conduzir as expectativas por meio da narrativa são formas de tornar o discurso mais adequado para seu público.

O **narrador** é quem narra a história. Ele faz parte de qualquer narrativa e é fundamental que ele conheça o assunto e domine as informações com precisão tornando, assim, a apresentação mais envolvente.

A **emoção** ajuda no engajamento da audiência e, para que a audiência sinta, o narrador também deve sentir. Para gerar emoção, pode-se usar drama, mistério, humor, aquilo que for mais natural para o espectador e fizer mais sentido no contexto.

Uma apresentação corporativa não envolve apenas fatos e dados, ela deve gerar conexão e fazer sentido para todos que estão participando. Números e dados devem ser apresentados em forma de narrativas, mesmo que presentes em seus slides.

O **conflito** é o que vai prender atenção e manter a narrativa dinâmica. Toda história depende de uma tensão e, para a construção de uma tensão estimulante, deve-se refletir sobre qual problema o apresentador pretende resolver, verificar o que não está sendo feito agora e deverá ser feito no futuro e também pensar no que pode acontecer se nenhuma mudança ocorrer. Toda história depende de um tipo de conflito, às vezes ele é um desafio do setor, uma meta distante, um problema entre áreas.

A **moral da história** é o "algo a dizer", o ponto central da mensagem para mostrar como a audiência pode se beneficiar com a informação, o lugar para onde a narrativa caminhou durante a apresentação.

Um **protagonista** que gere empatia e conduza a narrativa é o último elemento do Storytelling. É quem vai servir de exemplo. Lembrando, o herói da apresentação não é o apresentador, e sim, o público. O apresentador é apenas um orientador do herói.

Uma última dica: comece com o fim em mente. E, se tudo que foi apresentado for aplicado, você pode conduzir suas palavras da melhor forma possível. Se você estava ansioso ou desconfortável para apresentar, isso vai ajudar muito. Boa apresentação e sucesso na liderança de seus colaboradores e times!

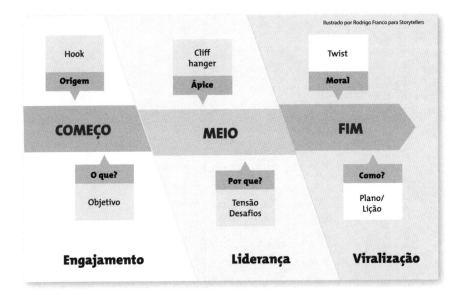

Toda essa informação não veio de um insight. A Storytellers também teve que aprender a fazer histórias. E a *duras penas*.

O primeiro projeto da empresa foi uma peça de teatro completa para ser feita com o prazo de um mês. Foi um grande desafio para quem pensava ter tido experiências o suficiente com roteiros para eventos e filmes publicitários. Ou dizia para o cliente que não conseguiria fazer ou ficaria sem dormir até aprender.

Ao somar um quarto do hotel, uma cama e um travesseiro nunca experimentados e quinze livros lidos em uma semana, o resultado foi um roteiro pronto, responsável pelo nascimento de um novo formato de fazer comunicação interna.

CAPÍTULO 8

OS SETE NÍVEIS DE EVOLUÇÃO DE STORYTELLING

"Porque, se formos destruídos, o conhecimento estará morto... Nós não somos nada além de capas para livros... tantas páginas para uma pessoa..."

— Ray Bradbury, um dos autores mais influentes da ficção científica mundial, em trecho de seu livro Fahrenheit 451.

É verdade que o Storytelling surgiu nas cavernas, mas não quer dizer que não tenha evoluído ao longo do tempo. As narrativas foram se adaptando aos novos formatos: depois da oralidade vieram os registros precisos dos textos em tábuas de argila, a dramaticidade com as encenações teatrais, a disseminação pela imprensa, a velocidade do movimento do cinema, a interatividade dos *games* e tudo isso junto com a internet.

Na prática, isso quer dizer que o Storytelling Corporativo deve se espelhar no Storytelling do Entretenimento, a indústria que sempre acelerou essa evolução e a mais especializada, já que seu negócio está diretamente atrelado à venda de histórias.

As histórias foram ficando cada vez mais sofisticadas e complexas. A arte foi codificada em técnica e agora podemos colocá-la em prática em nossas atuações pessoais e profissionais.

Neste capítulo vamos conhecer as possibilidades de sofisticação de uma história ao longo dos Sete Níveis de Evolução de Storytelling.

O presente capítulo progride como uma escadaria que começa no primeiro degrau, com um formato mais simples, e cresce até o último degrau, com o nível mais sofisticado.

Assim, ficará mais fácil escolher qual degrau deve ser usado para solucionar os seus desafios.

8.1. EVOLUÇÃO NÍVEL 1: FRAGMENTOS

Palavra-chave: ferramenta

Todos nós tentamos contar histórias praticamente todos os dias, mesmo nas conversas mais corriqueiras: seja na mesa do bar com os amigos, na mesa do almoço familiar no domingo ou mesmo ao redor do café instalado em algum local da empresa.

Isso não significa que somos todos exímios contadores de histórias. Da mesma forma que nem todo mundo que chuta uma bola é um jogador de futebol profissional, nem todo mundo que escreve um e-mail é um escritor e nem todo mundo que conta histórias é um Storyteller. Mesmo entre os profissionais existe uma grande diferença entre jogar no time da terceira divisão e ser convocado para defender a seleção nacional.

É preciso entender que existem centenas de técnicas e milhares de referências para serem dominadas e aplicadas. O que a maior parte das pessoas faz é brincar com a bola. Em Storytelling chamamos isso de "usar fragmentos".

Essa é a visão mais tática, em que técnicas de story ou telling podem ser usadas como ferramentas. Por isso é natural que, ao começar a estudar sobre o assunto, muita gente entenda esse pedaço e pense "ahh! Storytelling é uma ferramenta de comunicação…". Hora de relembrar o conceito. Storytelling para nós, autores, é muito mais do que uma ferramenta, é uma metodologia, mas também pode ser aplicada como técnica em ações mais táticas.

Esse é o primeiro degrau e a forma menos sofisticada de uso do Storytelling e, como o nome indica, surge em pequenas aparições como "alguém da minha família era feirante e já contava história para vender o seu peixe". Pois é, não deixa de ser uma utilização de Storytelling, mas é uma forma mais rudimentar.

Fragmentos de Storytelling serão aplicados sempre que, para mostrar um ponto, alguém usar uma metáfora, evocar um personagem, ou narrar uma situação. Aliás, todas as técnicas e dicas do livro, se usadas isoladamente, serão consideradas como fragmentos.

Apesar de ser a forma mais comum, aprender a utilizar cada uma das ferramentas pode fazer muita diferença. Entre as solicitações mais comuns que os autores deste livro recebem está o treinamento de diretores, vice-presidentes e até CEOs na utilização das ferramentas de Storytelling. Os resultados são rápidos e muito visíveis. Em pouco tempo, um discurso duro passa a ficar eloquente e, com um pouco mais de tempo, emocionante e, finalmente, inspirador.

8.2. EVOLUÇÃO NÍVEL 2: ANEDOTAS E CAUSOS

Palavras-chaves: narrador e atento implícito

No segundo nível, os fragmentos acabam se unindo para compor uma pequena história. Esses causos são feitos para ilustrar um conteúdo maior. É o caso deste livro. Apesar de contarmos diversas histórias, não se trata de uma narrativa que vai do começo ao fim. Temos uma mensagem não narrativa que é muito maior do que o story e o telling.

Uma pergunta pertinente seria "se existem níveis de evolução de Storytelling, por que vocês não fizeram esse livro no formato mais sofisticado?" Porque Storytelling não substitui o trabalho tradicional e acadêmico de pesquisa.

Após termos feito pesquisas e observações de práticas no mercado, coletamos material suficiente para contar muitas histórias e com diversas facetas de aplicação do Storytelling.

Para ter a sua atenção, buscamos um recorte de *cases* para cada área de aplicação. Quais seriam as maiores necessidades de aprendizagem das pessoas? E quais técnicas autorais poderíamos compartilhar em um livro como esse?

Assim, o primeiro livro sobre o assunto foi desdobrado em muitas partes e em outros livros. No futuro este livro pode ser transformado em narrativa e, mesmo sendo técnico, ele pode ser contado como uma história.

Para esse contexto, escolhemos o ato de contar casos vividos por nós e por outras pessoas além de muitos estudos técnicos. E para ficar mais dinâmico utilizamos a técnica de "causos" ilustrativos usando o segundo degrau do nível de sofisticação.

Alguns autores ganharam notoriedade mundial apenas usando essa técnica. Malcom Gladwell, jornalista britânico, é um ótimo exemplo. Muitos de seus livros são *best-sellers* internacionais baseados em estudos que não foram conduzidos por ele. Ele contou a história de pesquisas acadêmicas usando a forma narrativa e, com isso, conseguiu dar popularidade a temas que eram restritos à esfera acadêmica. Ele não mexeu na história — story, apenas na forma de contar — telling.

Participamos de um *case* com esse formato: a empresa sabia o que dizer, mas não sabia como. O projeto envolvia cientistas doutores com PhD e ótimas ideias, mas que ficavam perdidos na hora de explicar o projeto que estavam desenvolvendo. Em parte, porque os projetos eram conceituais e abordavam temas como "a molécula do futuro".

O problema estava centrado no fato de que eles não sabiam contar suas próprias histórias e muito menos as histórias dos projetos em que estavam envolvidos. A pressão aumentou quando foram convocados para apresentar aos investidores da empresa os resultados pretendidos com a tal da molécula. A apresentação não poderia durar mais do que 10 minutos. Eles precisavam de 30 minutos só para começar a explicar as questões químicas mais elementares.

Os cientistas acreditavam no projeto e que o futuro seria transformado pela molécula que estava sendo desenvolvida. Mas se os executivos do alto escalão não concordassem com eles, o projeto seria descontinuado. Um cenário capaz de tirar o sono de qualquer pesquisador. Foi aí que os cientistas nos chamaram.

Nossa primeira dica foi: esqueçam a linguagem técnica, os jargões e todos esses slides com desenhos de estruturas químicas. Os executivos não falam essa língua e dificilmente aprovam aquilo que não entendem. Os cientistas ficaram apreensivos, primeiro porque essa linguagem técnica era mais confortável para eles, segundo porque os executivos falam a linguagem dos números e eles não tinham números para mostrar.

Nossa segunda dica foi que existe uma linguagem mais universal do que os números: as narrativas. Da criança ao maior especialista, todos entendem uma boa história. Os cientistas ficaram ainda mais apreensivos, dizendo: "não somos criativos".

Nossa terceira dica foi que não é preciso ser criativo para contar uma história, tanto que o autor chinês de ficção científica mais consagrado da atualidade é um engenheiro que trabalhou durante anos em uma usina nuclear.

A parte mais importante de qualquer história é encontrar o elemento humano. Mergulhamos em um *workshop* em busca de como explicar a molécula utilizando--nos de uma história. O resultado, ao final, ficou tão claro e intuitivo, que fez parecer que não havia outra forma de explicar a mesma ideia.

Nossa história avançou no tempo e começou na véspera do dia dos namorados de 2045. O primeiro minuto era focado em como estava a vida de uma família típica nessa época.

Algumas coisas eram muito diferentes e refletiam os estudos desse grupo de cientistas, outras continuavam as mesmas de 30 anos antes, como o dilema amoroso da nossa protagonista. Era a data mais solitária para se estar solteira, uma vez que suas irmãs estavam namorando. Assim, ela resolveu que devia ver o lado bom dessa fase. Sua vida profissional ia muito bem e tiraria essa noite para se cuidar e passear um pouco.

Sem pretendentes e sem suas irmãs, ela foi até um shopping center dar uma volta. Foi quando ficou sabendo de um lançamento revolucionário na área de tratamento de queda de cabelo, um problema genético que teve a vida toda. Assim, acabou se presenteando no dia dos namorados comprando o tal do produto revolucionário. O produto, no dia seguinte, mudaria sua vida para sempre.

O último minuto serviu para descrever todos os impactos causados pelo produto que continha a molécula futurista.

Em vez de falar de "molécula do futuro", os cientistas falaram de "uma pessoa no futuro que teve seu mundo transformado por uma molécula". Isso garantiu que o projeto fosse compreendido e aprovado pelos investidores.

Ainda sobraram 30 segundos para falar de algumas projeções e expectativas financeiras, mas quando chegou essa parte os próprios executivos disseram que não precisava, a história já tinha deixado claro todo o potencial e enxergavam o retorno sobre o investimento.

> "Quem conta segredos ou histórias deve pensar em quem está ouvindo ou lendo, já que uma história tem tantas versões quanto tiver de leitores. Cada um extrai aquilo que quer ou pode, adaptando à sua capacidade de avaliação. Alguns apreendem apenas uma parte e rejeitam o restante, outros olham sob uma ótica de conceitos preestabelecidos, parte enxerga com encantamento. Uma história deve ter pontos de contato

com seu leitor para que ele possa se sentir familiarizado com ela. Só assim ele poderá aceitar o maravilhamento."

— *John Steinbeck, escritor premiado com Nobel de Literatura; entre seus livros mais conhecidos está* **As Vinhas da Ira**.

Todo projeto pode ser explicado por meio de uma história, basta lembrar que do outro lado existe um ser humano como você. É preciso apenas encontrar qual elemento humano é pertinente ao tema do projeto e lhe conecta melhor à audiência.

8.3. EVOLUÇÃO NÍVEL 3: AÇÃO DE STORYTELLING

Palavra-chave: contextualização

Vimos que, no nível anterior, as explicações eram pontuadas por histórias ilustrativas. A partir do Nível 3 temos uma mudança estrutural. O produto final será uma narrativa completa com todas as mensagens que estarão embutidas dentro de um grande enredo com começo, meio e fim.

A partir de agora não basta uma simples "historinha". A história deve ser vista como uma proposta temática, capaz de articular as mensagens que o autor deseja transmitir.

Em uma *Ação de Storytelling*, em vez de explicar alguma coisa o autor recorre a personagens que vivem situações que demonstrem a principal mensagem. Por isso existe a necessidade de um grupo de personagens, cada qual com seu papel na narrativa.

Um dos exemplos mais antigos de ação de Storytelling aconteceu no Brasil, em 1924. O escritor Monteiro Lobato viajou para os Estados Unidos e ficou encantado com o progresso do país. Ao voltar para o Brasil, sentiu um incômodo com a postura preguiçosa de alguns brasileiros. Para expressar esse incômodo, o autor escreveu a história de Jeca Tatuzinho. O tema da história parte da premissa "será que a preguiça do brasileiro é culpa da cultura ou da saúde?" A história segue a jornada do personagem que começa sem vontade de trabalhar e, após curar a doença do amarelão, passa a progredir na vida e termina como um grande fazendeiro.

Essa ação de Storytelling de Monteiro Lobato foi patrocinada pelo laboratório Fontoura e é considerada a maior ação publicitária da história brasileira. Com uma tiragem de mais de 100 milhões de exemplares desde seu lançamento, foi distribuída em postos de saúde e auxílio do controle da doença do amarelão.

Os autores do livro decidiram aplicar esse nível de Storytelling em um curso ministrado na Escola Superior de Propaganda e Marketing.

O curso era focado em ensinar como fazer uma apresentação corporativa contando histórias. Os autores montaram um roteiro teatral em que o personagem principal passaria por dificuldades financeiras e até emocionais, até que aprendesse a fazer uma apresentação corporativa com excelência. O curso foi dividido em capítulos, cada qual com uma lição fundamental.

Em vez de palestrarem sobre um assunto, os dois dramatizaram o curso. Enquanto um vivia a jornada e a curva de aprendizado, ao outro atuava como um personagem no papel de mentor.

Cada vez que o personagem enfrentava um desafio, aprendia uma lição, e depois era a vez dos alunos colocarem em prática o que foi aprendido.

No lugar de conteúdos técnicos, cada slide representava um quadrinho de narrativa estilo mangá. O curso foi intitulado de "O Fim do Slidecídio", já que o personagem começava cometendo o "homicídio dos slides" e terminava pronto para contar grandes histórias.

Tudo em Storytelling tem um preço, nesse caso foi o tempo necessário de ensaios para realizar o curso. Afinal, mais do que ensinar como professor, era preciso dramatizar.

Por outro lado, o conteúdo resultante do curso está pronto para se tornar um livro muito interessante com ótimas técnicas de apresentação. Aguarde!

Se a narrativa não falar por si própria, algo está faltando para se tornar uma *ação de Storytelling*. Não seria legal trocar o texto técnico do *release* para a imprensa por um conto literário para o jornalista e seus leitores? No lugar de uma campanha de vendas, que tal uma novela de incentivo? Por que não trocar as "apresentações de sempre" por um "espetáculo como nunca"?

MORAL DA HISTÓRIA

Uma ação de storytelling engloba toda a mensagem a ser transmitida. O autor já não pensa em voz alta ou fala diretamente com a audiência. Em vez disso, são os personagens que falam e vivenciam o que o autor quer ensinar. Vale lembrar: quanto melhor for a história, melhor será a ação.

8.4. EVOLUÇÃO NÍVEL 4: STORYTELLING NÃO LINEAR

Palavra-chave: participação

É possível ir além da simples ação e criar uma narrativa com poder maior de engajamento. Nesse caso entra em cena a estratégia da não linearidade, nosso 4º degrau. Mais do que começo, meio e fim, a história passa a ter diversos meios e até possibilidades de finais diferentes.

É o que acontece com muitos *games* e até mesmo no chamado "livro aventura" que possui uma estrutura de leitura que se bifurca a cada dilema. Lembra-se, por exemplo, deste tipo de texto: "se você quer que o personagem saia pela porta vá para a página 80 se você quer que ele entre pela janela vá para a página 72".

Claro que esse formato é mais trabalhoso do que uma simples história linear, mas também garante resultados mais envolventes. Vamos ilustrar o funcionamento dessa estratégia a partir de um *case* pioneiro no Brasil.

Problema: uma empresa com verba muito inferior aos concorrentes estava sofrendo para manter a audiência sintonizada com suas marcas. Já que não tinha verba para anunciar, pensou que seria estratégico investir suas fichas no site. Mas o que fazer para garantir os resultados?

Solução: a proposta foi transformar o site tradicional empresarial em uma aventura interativa. O projeto foi criado em parceria com a agência Lew'Lara e chamado de "Mistério das Cidades Perdidas".

O usuário entrava no site e encontrava o jogo, escolhia um personagem e começava a história. A partir do gênero de fantasia, criamos um mundo de imaginação em que o personagem estava em visita ao Museu dos Mistérios.

A partir de um certo momento, ele podia optar por caminhos distintos clicando no lado direito ou esquerdo da tela. Dependendo das decisões, a história mudava completamente.

Por exemplo, o usuário podia optar entre embarcar no submarino amarelo ou fugir pelo encanamento. O primeiro caminho levava à Cidade Perdida de Atlântida, já o segundo passava a um *minigame* que, se vencido, acabava na Cidade Perdida de El Dorado. Em cada cidade havia um aliado diferente e novas escolhas a serem tomadas.

No total, havia 84 ramificações e possibilidades de histórias diferentes. A cada partida o jogador encontrava além de caminhos e cenários diferentes, finais alternativos. Alguns finais eram tristes mesmo entre os finais felizes, mas cada qual era feliz à sua maneira.

É como chegar ao final de filme ou livro e cogitar como seria se o personagem tivesse ido por outro caminho. Nesse caso era possível, o que tornava impossível jogar apenas uma vez. A diversão era justamente explorar novas possibilidades e finais.

Resultados: O primeiro reconhecimento foi criativo, já que o *case* foi finalista do Festival de Cannes, a maior premiação publicitária em todo o mundo.

O site atraiu mais de 3 milhões de usuários em menos de um ano e continuou atraindo centenas de milhares de usuários espontaneamente.

Os resultados continuaram surpreendendo a ponto de o maior concorrente copiar a estratégia e lançar seu próprio jogo três anos depois.

O que mais chamou a atenção do mercado não foi só o número de visitas espontâneas, mas, acima de tudo, o engajamento. O tempo médio de interação na página subiu de 30 segundos para 23 minutos e 34 segundos.

Esse aumento se deu pelo fato de a história ser não linear, e fez com que o usuário terminasse e decidisse começar de novo e de novo e de novo... cada vez seguindo por um caminho para ver o que mudava.

Considerando que o investimento inicial foi grande para uma marca de médio porte, o conteúdo foi tão interessante que gerou resultados positivos sem precisar de nenhuma alteração durante 5 anos.

Esse *case* pioneiro, realizado em 2008, ficou restrito ao site. Nos dias de hoje certamente teria sido expandido para outras plataformas, inclusive aplicativos (apps). Aliás, essa expansão é o tema do próximo Nível de Evolução.

Por que tanto trabalho para atrair a audiência até o seu conteúdo se ele fica plugado por alguns segundos e depois troca de página ou canal? Por que oferecer uma só história quando você pode "agarrá-lo" de uma vez?

O processo de Storytelling demanda uma grande mudança de pensamento. De meta. De perspectiva. Saímos do simples ato de "como vender um produto" para "como honrar um herói capaz de cativar a audiência". Isso faz toda a diferença, principalmente quando se fala com quem não entende nada de propaganda. A mudança de pensamento rende mudança de resultados.

8.5. EVOLUÇÃO NÍVEL 5: TRANSMÍDIA STORYTELLING

Palavra-chave: segmentação

Quando a não linearidade passa a transbordar de uma mídia para outra temos o que se chama de campanha transmídia. Além de estranho, o termo também é impreciso. Pode dar a ideia de replicar uma história em diferentes mídias. Mas não é isso.

Vale recorrer ao Sistema Solar como metáfora. Imagine a história com o Sol e cada planeta do sistema como uma mídia. Todos os planetas se relacionam com a mesma fonte luz, mas cada qual na sua órbita e com seu ponto de vista.

Talvez fosse o caso de chamar de algum outro nome como: Deep Mídia Storytelling. Seja como for, o pensamento por trás da terminologia trata de uma prática muito nova em conjunto com outra mais remota: o encontro entre a comunicação que nasceu nas cavernas com a tecnologia típica das ficções científicas.

Quando isso acontece a história passa a ser narrada de forma complementar em diversos formatos — *webséries*, quadrinhos, textos literários, games, encenações — cada qual adaptado de acordo com a audiência para quem é direcionada.

Para entender essa estratégia, nada melhor do que contar uma história. Ou melhor, um "causo corporativo" apresentado de forma detalhada.

 A Storytellers foi fundada em 2006 como o primeiro escritório brasileiro dedicado ao Storytelling. Para instrumentalizar a empresa, o fundador mergulhou na pesquisa acadêmica e passou um ano lendo toda a bibliografia sobre o assunto. Defendeu seu trabalho acadêmico na Universidade de São Paulo no fim de 2007 e foi o primeiro no Brasil a estudar o tema.

Pouco tempo depois a teoria foi testada na prática e foi assim que nasceu o espetáculo teatral *As Filhas do Dodô*, que deu início a um projeto inédito no Brasil. Por uma questão de acordo de confidencialidade, as marcas envolvidas não serão reveladas.

Situação: uma grande empresa brasileira, entre as cinco maiores do seu segmento, decidiu que era o momento de se profissionalizar. A história é conhecida no meio empresarial brasileiro: décadas atrás os imigrantes vieram, trouxeram técnicas e sonhos, fundaram pequenos negócios que prosperaram.

Tão logo a segunda geração assumiu, foi às compras e grandes grupos se formaram. A empresa em questão chegou a controlar 44 marcas concorrentes entre si. Muitas das marcas estavam sobrepostas e os investimentos em comunicação e marketing deixaram de ser efetivos para a empresa.

O departamento de marketing decidiu investir em branding e realizou um projeto com acesso a poucas pessoas dentro da empresa. Foram centenas de pesquisas por todo o Brasil, além de outras centenas de reuniões internas entre marketing e seus fornecedores. Depois de um ano, chegou a hora de comunicar as mudanças a todos os colaboradores da empresa.

O departamento de marketing deveria priorizar suas estratégias de fortalecimento em apenas algumas marcas. A notícia seria dolorosa para muita gente com apego emocional às marcas que seriam descontinuadas inclusive para o presidente da empresa que havia criado algumas delas.

Para complicar, tudo o que o marketing tinha à disposição para revelar à alta gestão os resultados da pesquisa eram 1.248 slides de Power Point. O conteúdo era repleto de explicações técnicas de branding e tabelas comparativas. Eles sabiam que a chance de uma rejeição ao projeto de gestão de marcas seria grande.

Foi diante desse cenário que a agência de publicidade recorreu à Storytellers. Eles solicitaram uma forma diferente de apresentar a proposta de reposicionamento das marcas.

Objetivo: a missão inicial era informar os resultados do trabalho de reposicionamento de marca aos vinte executivos da alta gestão da companhia a partir dos 1.248 slides que explicavam o processo de construção das chamadas "marcas fortes".

O maior desafio era o tempo disponível: os executivos teriam apenas um dia para entender o reposicionamento, concordar com as conclusões e passar a atuar de acordo com as novas diretrizes a partir da semana seguinte.

Desafios: Para dificultar o cenário, as mudanças eram grandes e desconfortáveis. A notícia principal era que, das 44 marcas, apenas 4 teriam investimento em marketing. As demais seriam descontinuadas ou utilizadas apenas em mercados regionais.

Além disso, as quatro marcas que permaneceram no portfólio de investimento foram alteradas de forma drástica. Por exemplo, uma marca com características populares, que sempre apoiou eventos de rua, passaria a ser premium e concorrer contra marcas importadas. Essa mudança não seria de fácil assimilação.

Estratégia: a estratégia era fazer a dramatização do conteúdo das marcas. Muitos formatos poderiam ter sido empregados. Poderíamos ter feito um filme, um romance literário, uma história em quadrinhos ou até mesmo um jogo para a intranet.

Considerando que o cliente iria se reunir presencialmente, a proposta foi realizar um espetáculo teatral. De todas as formas possíveis para transmitir a mensagem, a contextualização dramatizada em esquetes teatrais era a mais assertiva.

O espetáculo teatral demanda maior investimento por atento. Mesmo o cinema de Hollywood, que custa milhões, ao ser dividido pelo número de espectadores, tem esse índice mais reduzido. Assim, a história cinematográfica, por ser mais genérica, pode agradar um número maior de pessoas. Já o teatro pode ser mais específico para os interesses da plateia a ser contemplada.

Diferente do cinema, cada plateia vai assistir uma performance única. Além disso, o teatro é uma experiência imersiva que permite usar o ambiente como nem mesmo o cinema 4D mais avançado do mundo é capaz. Afinal, só o teatro permite o contato do olho do ator no olho de quem está atento.

Por ser ao vivo, os atores conseguem se conectar com as pessoas da plateia, brincar com elas, chamar a atenção de alguém desligado. O cinema pode ter produções multimilionárias, mas não consegue essa intimidade e aproximação olho no olho.

POTE DE OURO

Um dos objetivos de qualquer experiência narrativa é promover a imersão de quem estiver atento. Nesse sentido, o teatro é o gourmet dos formatos: é restrito, ao vivo e mexe com os cinco sentidos. Finalmente, o cinema não tem a presença física do ator e aqui está a grande chave. Um bom ator encanta cada pessoa na plateia: o poder do olho no olho faz com que ela se perca no riso ou nas lágrimas. A dramaturgia permite a aproximação, a participação da plateia e o improviso.

Contudo, muitas empresas já haviam contratado uma peça pré-fabricada. O "pulo do gato" foi a customização: o espetáculo inteiro foi construído sob medida, com personagens, tramas e cenários desenvolvidos a partir da folha em branco. Tudo foi confeccionado para que o espetáculo traduzisse em ação dramática os 1.248 slides do projeto de branding. A ideia era proporcionar aos executivos uma vivência inédita e, até por isso, marcante.

A proposta foi uma inovação disruptiva. Mesmo fora do Brasil essa prática de aliar Transmídia a Endotelling ainda é recente.

Execução: muitos alunos e jornalistas, ao conhecer o *case*, perguntam por que não existem mais exemplos de espetáculos sob medida como esse. A resposta está na complexidade e risco. Criar um roteiro teatral é um processo que pode levar mais de um ano. A empresa normalmente não tem esse tempo e o setor teatral não tem como prática o **know-how** de customizar textos. Mas, nesse caso, o cliente decidiu inovar e correr o risco, e a Stoytellers conseguiu desenvolver a narrativa customizada em forma de esquete de teatro. A execução foi algo fora de série.

Quando o *briefing* foi passado aos Storytellers, havia somente quatro semanas até o evento. A primeira semana foi dedicada ao planejamento de Storytelling, que na linguagem técnica é chamada de "escaleta", um termo que vem do italiano e significa "esqueleto". Essa estruturação permite enxergar a história como um todo e o que cada cena pretende transmitir.

Os sete níveis de evolução de storytelling 341

1	2	3	4
Cenário: Cozinha D. Benta — 8h30	**Cenário:** Mercado chique — 10h	**Cenário:** Cozinha Brandini — 11h30	**Cenário:** Cozinha Sol — 13h
• Diálogo avisos gerais • Narrador • D. Benta prepara café da manhã pro marido. • Recebe ligação do pai, que diz ter uma surpresa para as filhas e pede para ela organizar o encontro. • D. Benta liga para Sol (que está dormindo), conta que o pai vem e pede para ela buscá-lo no aeroporto e avisar a Petybon.	• Narrador • Petybon está com Herbert e recebe ligação da Sol, que conta a novidade do jantar e sua divisão das tarefas: ela pega o marido no aeroporto e D. Benta faz o jantar. • Petybon não concorda e decide falar com D. Benta. Elas discutem e D. Benta aceita o fato de Petybon ser anfitriã do jantar desde que prepare uma receita especial da família que só ela sabe fazer: o Bolo Maravilha da Vovó. • Petybon inicia com Herbet um diálogo sobre branding enquanto faz as compras.	• Narrador • Prepara a encomenda de 2ª-feira enquanto canta sua canção favorita. • Vê que acabaram ingredientes do estoque e diz que vai passar mais tarde no mercado. • Recebe ligação da D. Benta sobre a chegada do pai. • Filho entra gritando na cozinha, dizendo que passou na faculdade; ela chora de emoção. • Ele diz que vai dar dois presentes para o pai neste Dia dos Pais: uma partida de futebol no campinho, e sua boa e nova notícia. Ela pede a ele que amplie o passeio, porque ela terá que encontrar seu pai mais tarde junto com as irmãs.	• Narrador • Está chegando do Parque com marido Roger, que está cansado. • Orgulhosamente ela "tica" o *task list*. • Decidem fazer almoço rápido – tira prato do congelador e esquenta no micro-ondas. • Roger abre notebook na cozinha e escolhe uma sobremesa de preparo rápido na internet. Sol opta pelo flan, mas não do sabor que ela sempre pede. Marido estranha. • Enquanto preparam, falam sobre a apresentação que eles devem fazer no dia seguinte.
Narrador chama Povoa – Intro	Narrador chama Troiano – Branding	Narrador chama Break – Brandini	Narrador chama Palestra – Neumann

Trecho inicial da escaleta.

A segunda semana foi dedicada ao desenvolvimento das personagens do enredo. Foram elaboradas cinco personagens principais, cada qual traduzindo o posicionamento de uma das marcas.

Exemplo da visão inicial de uma das personagens.

Para que o Storytelling funcionasse, não bastava que as personagens fossem convincentes, elas deveriam estar ligadas entre si, dentro de um contexto de uma história com todos os elementos da vida real.

O projeto de reestruturação de marca optou por quatro marcas, então personificamos cada uma delas, logo tivemos quatro mulheres. Além disso, a empresa é familiar e assim montamos uma família. As quatro mulheres se tornaram quatro irmãs; filhas do mesmo pai e da mesma mãe. A mãe representava a fábrica e o pai, a marca da empresa.

Como a fábrica fica em Fortaleza e o marketing em São Paulo, fizemos com que os pais morassem em Fortaleza e as filhas em São Paulo.

A história começa em um dia dos pais, no domingo logo cedo, com o pai ligando para a filha mais velha e dizendo que já comprou a passagem para ir jantar com elas. Depois a história se desenrola, com a audiência descobrindo aos poucos como cada filha vive esse dia especial em sua vida.

Visão geral das personagens.

Cada marca tinha sua própria personalidade, dezenas de características peculiares e posicionamento arquetípico próprio.

Um personagem não nasce pronto, é preciso investir na sua construção. O processo pode ser facilitado quando se tem a visão do todo.

Papéis colados na parede para formar um grande painel de insights, foi uma ferramenta simples, porém eficaz, nessa etapa.

Até o final da semana, cada personagem ganhou uma biografia própria nos mínimos detalhes, como o endereço de residência e um signo do zodíaco. Abaixo, o exemplo de uma das personagens:

Isabella "Belinha" Toledo

Tem 28 anos e é a mais nova das quatro irmãs: Graça (39), Dulce (37) e Solange (32). Essa paulistana iniciou a carreira cedo — começou a trabalhar logo no primeiro mês do curso de publicidade.

Especializou-se na direção de arte — a saber: é a companheira de um redator em uma dupla de criação. Enquanto o redator especializa-se nos textos de um anúncio de revista/jornal/televisão/rádio/internet, o diretor de arte ocupa-se de toda a parte visual da ideia, ou seja, das imagens, fotos e ilustrações.

Hoje, Isabella, que é carinhosamente chamada de Belinha tanto no círculo familiar como no profissional, é uma das melhores do país. Tem algumas posses, ou não tão poucas assim, que conseguiu conquistar com seu trabalho, como o *loft* no Jardins e sua Pajero TR-4.

Sua principal característica é a autenticidade. Por isso às vezes passa por arrogante, mas não é. Apenas gosta de falar o que pensa. Mesmo assim, tem muito charme e poder de cativar rapidamente.

Gosta de vestir-se bem, com roupas de grife. Não pela marca, mas porque valoriza qualidade do que insere no seu closet, priorizando sempre o corte e a durabilidade que um bom produto oferece. Usa na maioria das vezes Osklen, Diesel, Zoomp, sempre com o complemento de um acessório vistoso, como um brinco ou colar, marcas conhecidas de sua personalidade.

Por ser a caçula das quatro, teve menos pressão em todos os sentidos, tanto na hora de escolher sua profissão como em suas atitudes, como, por exemplo, quando decidiu convidar Herbert para morar com ela. Isso tudo é demais para suas irmãs, mas para ela é "muito natural". Já Herbert, que tornou-se seu "namorido", acha que esta mulher inteligente e sedutora tem muito futuro com ele. Ela, por sua vez, nem pensa nisso — ou, pelo menos, não toca muito nesse assunto. Mas ficará surpresa — e muito feliz — quando souber que ele já planeja, em segredo, pedi-la em casamento.

Isabella é antenada em tudo o que é moderno. Curiosa, gosta de viajar (quando dá tempo) para descobrir novas culturas, línguas, experiências e sabores. Sofisticada, aprecia boa comida, boa bebida e boa companhia. Frequentemente reúne-se com os amigos em sua casa para oferecer um jantar ou um almoço. Para ela, ser a anfitriã e cozinhar para seus convidados um prato novo (de preferência exótico) é um prazer, assim como também é, de vez em quando, convidá-los para conhecer um novo restaurante.

OS SETE NÍVEIS DE EVOLUÇÃO DE STORYTELLING **345**

> Sua cozinha, no estilo americano (integrado com a sala), segue a mesma filosofia de um *bon vivant* da gastronomia: tem equipamentos especiais, como fogão de aço escovado, que ela acha o máximo. Usa pratos quadrados, jogo americano.
>
> Por causa de sua rotina, incorporou termos em inglês ao seu vocabulário. Já os termos em francês que solta de vez em quando nasceram do amor à gastronomia.
>
> É *cult* e gosta dos cinemas de rua, ir a uma exposição, ouvir um concerto, seja no Ibira ou no Municipal.
>
> Em uma entrevista que deu a uma revista especializada de sua área disse o seguinte sobre sua personalidade e seu modo de ver a vida: "O segredo é fazer tudo com prazer. Porque se você for parar para pensar, é só por isso que a nossa vida tem sentido. E é por isso que eu me dou o direito de curtir o melhor da minha vida. E não precisa ser com muito, não. Às vezes uma pitadinha de algum ingrediente diferente é tudo o que preciso para deixar qualquer coisa mais especial. É o que basta para fazer toda a diferença."

Foi assim que conseguimos obter a voz das personagens. É a voz que soa verdadeira. Muitas vezes, projetos de marca criam personas com frases típicas, mas elas sempre soam como se fosse um estranho falando. Ao criar um personagem, ele é capaz de falar o mesmo conteúdo em um formato mais verossímil, interessante e relacionável.

O *feedback* do cliente foi "ah, agora sim entendi quem é a marca, ela é como a minha sobrinha mimadinha... e a outra marca é como a Tia Maroca..." A marca deixou de ser abstrata e ganhou vida. Isso é a voz.

A terceira semana foi usada para o desenvolvimento da narrativa. Era preciso definir o formato para a inserção do espetáculo dentro da Convenção. Existiam duas possibilidades: uma peça com duração de uma hora para abrir o evento ou 10 esquetes de 6 minutos entre os blocos de conteúdo.

Achamos que seria mais estratégico não só expressar o posicionamento das marcas, como também realizar as pontes entre os blocos de conteúdo. Para isso, cada tema ganhou um personagem secundário. Por exemplo, antes da palestra "aspectos jurídicos da marca" a esquete contou com a participação de um personagem secundário, marido de uma das filhas, que era advogado e ajudou a introduzir o tema.

Mas não bastava apenas representar o conteúdo, era preciso despertar curiosidade e manter acesa a atenção da plateia. Isso foi feito pela dinâmica de diálogos, que expressava a dinâmica dramática entre as personagens.

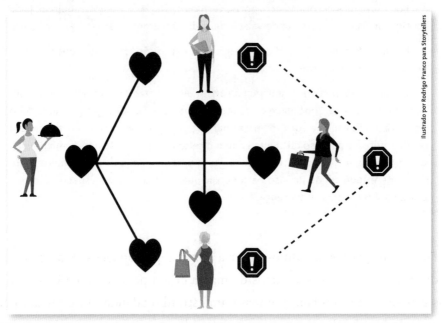

Para garantir a atenção da plateia o tempo todo, foi criada uma dinâmica social dramática, em que uma personagem entrava em conflito com as demais.

A quarta e última semana foi dedicada aos ensaios e montagem da estrutura. Nova semana, novo desafio. Imagine decorar um livro em menos de um mês. Esse é o desafio de cada um dos atores. Agora imagine que, além de decorar o livro, o texto muda a cada leitura.

Por outro lado, o texto havia sido escrito em um prazo recorde e com muitas possibilidades de melhoria. Por isso o desafio dessa etapa foi aprimorar o roteiro de forma cirúrgica, reduzindo as alterações ao mínimo. Isso não significou que o roteiro não mudaria mais. Pelo contrário.

Na prática teatral, o texto não é seguido *ipsis litteris*. Basta ir a uma peça que está em cartaz mais de uma vez para constatar que cada espetáculo é diferente, com nuances, improvisos e trocas de palavras. A dica é destacar as falas fundamentais ao entendimento da mensagem corporativa e, nas demais, manter em mente que o mais importante não é seguir o texto inteiro e, sim, dar vida à história.

O ESPETÁCULO GANHOU VIDA

No grande dia, o texto de abertura do evento foi lido pelo gerente nacional de vendas:

Bom-dia a todos!

Quem é mais antigo aqui conhece o nosso lema: "quem cedo madruga a nossa marca ajuda!" (rápida risada) Não é isso? Pois então eu quero ver um 'bom dia' bem animado de cada um de vocês... Um, dois, três e... Bom dia! (espera a resposta da plateia e, se não for convincente, pede para repetir).

Ótimo, assim que eu gosto, muita energia e disposição não só para vender, mas também para aprender. Mas antes de iniciar o nosso segundo dia de treinamento, vale a pena fazer uma rápida introdução.

Nosso tema principal de hoje é apresentar os novos posicionamentos de cada uma das marcas da nossa empresa... Esse foi um trabalho que levou meses de muita pesquisa e mão na massa.

Só que diferente de um seminário tradicional — daqueles que costumam ser conduzidos só com apresentações de Power Point — nesse evento utilizaremos uma técnica didática diferenciada...

Para proporcionar uma dinâmica mais interessante para vocês, contratamos uma agência especializada em desenvolver histórias e demos a ela a missão de criar uma forma mais envolvente para introduzir e ilustrar cada um dos assuntos que serão tratados.

Então, olha só, eles fizeram uma série de apresentações performáticas que, durante o dia de hoje, irão compor uma história. A ideia é que esse enredo transmita diversas mensagens de uma forma mais demonstrativa que argumentativa. Vai funcionar mais ou menos assim: mais do que explicar os novos posicionamentos de cada uma das marcas, mostraremos na prática.

Só para adiantar um pouco o assunto, um novo posicionamento não acontece do dia para a noite, a gente precisa de um período de transição. Só depois desse período de trabalho é que o novo posicionamento estará consolidado. A partir desse momento, cada marca estará posicionada para um determinado perfil de consumidora.

(continua)

> *(continuação)*
>
> O que vamos fazer neste evento é dar vida a cada uma delas — dessas consumidoras modelo de cada marca — dentro de um contexto de uma história que tem todos os elementos da vida real. A história é protagonizada por quatro irmãs, filhas de um mesmo pai, mas cada qual com sua personalidade. Vocês vão vivenciar uma imersão sensorial na medida em que acompanharão um pouco das conquistas, dos dilemas e das situações cotidianas de cada uma delas. E assim, pouco a pouco, vocês vão conhecer quem são essas consumidoras, o que elas fazem, do que elas gostam e como se comportam.
>
> Então preparem-se para dar esse mergulho, fiquem muito atentos a cada detalhe e, principalmente, deixem-se levar pela magia da história.

QUEM FOI ENVOLVIDO

Conforme a execução avançou e o cliente ganhou confiança, o evento cresceu. Inicialmente seriam apenas 20 executivos da alta gestão e acabou sendo realizado para 200 profissionais, incluindo fornecedores.

Tudo começou com a agência de publicidade que fez a ponte, mas depois preferiu sabiamente não intervir no processo. O departamento de marketing da companhia assumiu o papel de interlocução e ficou plenamente comprometido. O departamento de eventos também se engajou.

Da parte dos Storytellers, um produtor foi acionado, que por sua vez coordenou a agência de *casting* e a empresa de cenografia. Dois salões de convenção de um hotel foram contratados para a "construção" do palco de teatro.

APRENDIZADOS

Qualquer experiência inovadora rende muitos aprendizados. Existem muitos elementos para balancear em uma equação delicada como essa e qualquer parte que não esteja alinhada pode destruir tudo.

O prazo de um mês é arriscado. Quanto mais tempo de preparo, melhor. Mas o mínimo ideal é contar com, pelo menos, três meses de preparação.

Essa é uma proposta criativa, e pessoas que representam o cliente acabam revelando uma veia artística e um desejo de participar do processo. Se ele não participar como criador, tende a participar como alterador. Sempre é bom ter o roteiro escrito a muitas mãos, mas todas cientes de suas responsabilidades.

Os atores são artistas e sujeitos a alterações de humor. Contar com um diretor experiente e colaborativo foi fundamental para o sucesso.

O desenvolvimento de um espetáculo teatral vai muito além de textos e ensaios. A produção cênica envolve uma série de quesitos próprios que podem passar despercebidos mesmo aos olhos de produtores de evento experientes. Corporativo e artístico devem andar juntos.

Não houve tempo para desenvolver um contrato junto aos envolvidos e essa falta causou consequências negativas posteriormente. Por exemplo, não foi possível disponibilizar um vídeo *case* no Youtube.

O maior aprendizado foi em termos de gestão de expectativas. Tudo começou com uma ideia e, dias depois, já havia um diretor instruindo a melhor forma para que os atores seguissem dezenas de páginas de roteiro. Enquanto isso, o cliente, que já estava pressionado pelo contexto do projeto anterior, agora estava diante de algo novo e que foi crescendo e ficou muito maior do que o previsto.

Uma boa comparação seria com alguém que compra um apartamento na planta e começa a contar as horas até receber as chaves, até que não aguenta mais a espera e decide intervir: será que vale a pena parar a obra na metade para subir de andaime e visitar pilhas de concreto? Ainda mais quando já havia aprovado o projeto e até mesmo contratado um decorador? Se o cliente insistir em visitar a edificação da obra, não vai ver nada além de colunas que não podem ser alteradas, já que são estruturais. Mas se esperar um pouco mais, verá tudo pronto, cada coisa em seu lugar, como o projeto previa, sem ter que alterar o cronograma da obra.

Se o cliente fizer questão absoluta de visitar a obra, então é melhor que ele coloque os equipamentos de segurança e a mão na massa.

RESULTADOS

O resultado foi avaliado de diversas formas, com métricas tradicionais e outras inortodoxas.

O fato de a audiência ter crescido de 20 pessoas para mais de 200 fez com que este fosse o grande alinhamento da marca.

O feedback dos participantes foi muito revelador. O presidente da companhia figura entre os 50 homens mais ricos do país e já participou de muitos eventos pelo mundo e, ao final, afirmou que esse foi o melhor de sua vida, porque viu a história de sua vida refletida.

Pouco depois, o dono de uma das maiores agências de publicidade do Brasil fez questão de testemunhar que o espetáculo teatral sob medida foi a experiência corporativa mais interessante que havia participado na vida.

Os 200 participantes preencheram um questionário ao final do evento, comprovando a compreensão e aceitação acima de 90% do novo posicionamento das marcas.

Com o engajamento gerado pela experiência inicial, o departamento de marketing resolveu disseminar a história para os demais empregados da companhia e assim surgiu mais uma inovação disruptiva do *case*: um projeto de comunicação interna transmidiática. A peça foi adaptada para um longa-metragem exibido em sessões itinerantes por todo o Brasil. A história contada nessa versão era complementar à peça. Além disso, dezenas de outras peças de comunicação foram criadas, desde folhetos com dicas das personagens, até um programa jornalístico com entrevistas das personagens que foi utilizado para treinamento de novos funcionários.

Seqüência	Início	Deixa	Fim	Deixa	Duração
Vinheta					12:00:10 AM
Locução 01					12:01:20 AM
Trecho	12:01:48 AM	eu liguei porque hoje acordei com uma saudade enorme	12:02:17 AM	até porque estou preparando uma surpresa pra vocês	12:00:29 AM
Locução 02	*		*		12:00:28 AM

Trecho	12:04:25 AM	cada uma tem um jeito de viver, é verdade	12:04:49 AM	pra mim, é o mais importante: as quatro juntas	12:00:24 AM
Locução 03	*		*		12:00:28 AM
Trecho	12:07:07 AM	querida, você sempre dá um jeito de fazer 8 mil coisas	12:07:45 AM	sabe como é que é	12:00:38 AM
Locução 04	*		*		12:00:19 AM
Trecho	12:10:48 AM	você tá no empório?!	12:11:09 AM	eu compraria um molho semi-pronto e problema resolvido	12:00:21 AM
Locução 05	*		*		12:00:15 AM
Trecho	12:09:58 AM	ai, que ótimo, já tava mais do que na hora	12:10:41 AM	muita energia boa fluindo	12:00:43 AM
Locução 06	*		*		12:00:15 AM
Trecho	12:11:27 AM	ai, lindo, você me desculpa?	12:11:33 AM	estar me entretendo por aqui	12:00:06 AM
Locução 07	*		*		12:00:10 AM
Trecho	12:11:56 AM	sobre isso que eu queria conversar com você	12:12:23 AM	não pode ser na casa da irmã mais nova?	12:00:27 AM
Locução 08	*		*		12:00:07 AM
Trecho	12:13:13 AM	considere isso um presente de irmã mais velha	12:13:18 AM	uma irmã mais velha que aceita receitas e ideias novas	12:00:05 AM
Locução 09	*		*		12:00:19 AM
Trecho	12:14:14 AM	é o seguinte, lindo	12:14:25 AM	aglomerado de expectativas	12:00:11 AM
Locução 10	*		*		12:00:28 AM
Trecho	12:15:45 AM	não é todo mundo que pode comprar um vinho	12:15:55 AM	vamos lá escolher o nosso. Vamos.	12:00:10 AM
Locução 11	*		*		12:00:24 AM
Trecho	12:16:30 AM	rápido como um raio	12:16:45 AM	imensidão	12:00:15 AM

Trecho da decupagem da adaptação da peça ao formato de cinema.

Quando todos os funcionários já estavam engajados com a história, as "novas" marcas passaram a ser chamadas internamente a partir dos nomes das personagens que as representavam, como uma espécie de codinome que diferenciava a marca antiga da marca reposicionada. Toda vez que surgia uma dúvida, os envolvidos recorriam às personagens para saber como a marca deveria se posicionar: "não, a Belinha não gostaria desse tipo de linguagem em uma promoção".

Outro resultado interessante foi a apropriação das personagens por outras áreas. A comunicação interna, o RH e até a agência de publicidade passaram a adotar as personagens em seus esforços de comunicação.

Ao conversar com os envolvidos, muitos atribuíram o sucesso à tangibilidade do trabalho de *branding*. O que antes era visto como *target*, passou a ser reconhecido em familiares e amigos. Todo o mundo conhecia pessoas que lembravam as personagens e assim ficou mais fácil pensar as marcas na vida diária dos consumidores.

O maior resultado foi a continuidade. O que era para ser uma ação de um dia se tornou uma plataforma de comunicação interna utilizada por mais dois anos. Dois novos espetáculos foram realizados, expandindo as histórias das antigas personagens e gerando desdobramentos complementares. O projeto só foi interrompido quando houve uma mudança na diretoria da empresa.

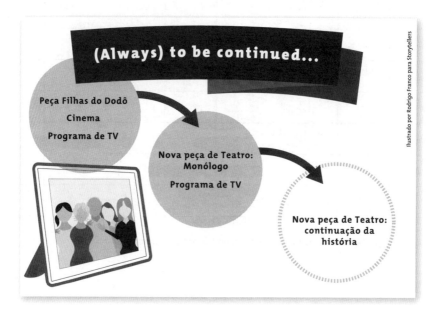

8.6. EVOLUÇÃO NÍVEL 6: GESTÃO DE STORYTELLING

Palavra-chave: continuidade

Os níveis do Storytelling aumentam a cada degrau, agora vamos para o sexto. Quanto mais evoluído e mais sofisticado o nível, mais trabalhoso para executar.

A cada degrau escalado, o Storytelling vai deixando de ser um projeto pontual tornando-se um processo contínuo.

O projeto a seguir está em desenvolvimento constante há mais de dois anos e para proteger as estratégias corporativas do cliente envolvido, omitiremos a marca e descaracterizaremos algumas informações não vitais à compreensão do *case*.

O segmento farmacêutico é muito peculiar. Diferente dos demais, as marcas não podem divulgar seus produtos diretamente para o consumidor. Ao invés disso, precisam comunicar-se com médicos.

No entanto, o médico é um dos profissionais mais treinado e especializado, dificilmente um laboratório tem uma informação que ele ainda não saiba. Por outro lado, o médico não é especialista em comunicação e, por isso, mesmo que ele saiba o que falar para o paciente, nem sempre ele consegue se expressar em uma linguagem mais comum e não científica. Isso é ainda mais evidente em algumas doenças assintomáticas e aqui estava a oportunidade.

Nossa estratégia foi contar ao médico histórias que ele deveria recontar para seus pacientes. Todas as histórias deveriam ser feitas de modo a conscientizar o paciente dos riscos que ele correria caso não levasse a sério o tratamento. Além disso, as histórias eram perfeitas para falar dos diferenciais de um remédio que era mais caro e mais potente por ter mais tecnologia do que seus concorrentes.

Para compor essas histórias, criamos vários personagens que representavam metaforicamente diversos personas de pacientes: aquele que não quer aceitar a sua condição de enfermidade, o que já faz um tratamento há anos e ficou mais resistente a mudanças, o que acha que todas as substâncias são idênticas e prefere a mais barata e assim por diante.

A cada mês a empresa leva aos médicos uma história nova, protagonizada por algum dos personagens acima com uma moral da história que ajuda a reverter preconceitos e facilitar a assimilação ao tratamento dos pacientes.

A partir da devolutiva da equipe de representantes, analisamos as dificuldades mais atuais e criamos a história para o mês seguinte. Esse é um processo que tende a ter continuidade, já que os resultados podem ser monitorados mensalmente.

O que diferencia esse nível de evolução do anterior é a possibilidade de trabalhar em conjunto endotelling e exotelling em um processo crescente e de fácil monitoramento de resultados. Com a estratégia correta, é possível evoluir desse processo para o nível final.

MORAL DA HISTÓRIA

Tudo começou como uma pequena história para a equipe de comunicação. Você pegou os melhores momentos da história da empresa para trabalhar a motivação dos colaboradores, aproveitou para ligar a história a uma metáfora mais profunda partindo da simbologia e acabou relacionando os personagens aos arquétipos. A partir dos arquétipos você construiu toda uma mitologia, dessa mitologia destrinchou um plano transmídia e, a partir desse plano, desenvolveu novas histórias. Quando você viu, o Storytelling já estava em movimento espiral. A cada ciclo a história estava mais madura e a audiência mais cativada.

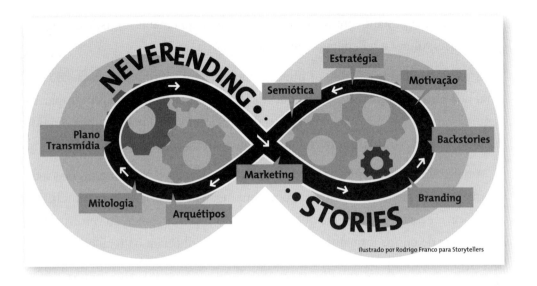

8.7. EVOLUÇÃO NÍVEL 7: INOVAÇÃO EM STORYTELLING

"Meu negócio é criar um mundo atrás do outro."
— *André Vianco, um dos escritores brasileiros mais vendidos no novo milênio.*

Palavra-chave: patrimônio

No começo do capítulo dissemos que Storytelling no ambiente corporativo sempre deveria se espelhar no Storytelling do entretenimento, que é a indústria que vive de histórias.

A indústria do entretenimento passou por grandes revoluções recentes, que as corporações podem estudar e aproveitar como exemplo.

Para emplacar um filme na década de 1970, tudo o que o roteirista precisava fazer era ter uma boa história, porque sem uma boa história não tinha um filme. Considerada a época áurea do cinema de Hollywood, esse método gerou grandes filmes, que não tinham continuação. A audiência ia ao cinema, assistia ao filme e nunca mais voltava a ter contato com aquela história.

A partir da década de 1980 os filmes começam a ter continuações. Mais do que uma boa história, o roteirista tinha que apresentar um bom personagem, capaz de segurar várias boas histórias. Foi o caso de Indiana Jones, Rocky Balboa, Freddy Krueger, Daniel San e tantos outros nomes que entraram para a cultura pop.

A partir do novo milênio, o foco do roteirista não é mais o personagem, mas toda a riqueza de elementos da história. Com a internet é necessário trabalhar múltiplas plataformas e foi nesse momento que o cinema encontrou o segredo que profissionais storytellers de outros formatos, como literatura, já conheciam há séculos.

O SEGREDO DE TODO GRANDE STORYTELLER

O que os grandes nomes da literatura possuem em comum com os gênios do cinema? De que forma George Lucas é parecido com Ernest Hemingway? Em que aspectos as histórias mais comerciais são semelhantes às histórias artísticas? De que forma Maurício de Souza é parecido com Machado de Assis?

Pois existe um segredo que une todos os Storytellers que alcançaram o sucesso, seja ele comercial ou de consagração artística. Qualquer ganhador de Prêmio Nobel da Literatura possui esse segredo em comum com qualquer autor *best-seller* internacional.

Este segredo possui tantos nomes quanto existem autores para nomeá-lo. Mas o princípio é o mesmo e um só. É aquilo que separa os grandes autores daqueles que serão ignorados pela História. Vamos começar chamando esse segredo de "um patrimônio especial".

Um dos autores que acumulou um dos maiores "patrimônios especiais" foi o grande escritor J.R.R. Tolkien. Considerado um dos maiores autores de fantasia da humanidade, ele dá indícios de seu patrimônio a partir das línguas funcionais que criou para suas histórias.

Ele explica o processo de criação em uma carta que enviou em 1951 para seu editor Milton Waldman: "Essa coisa sempre esteve comigo (...) não me lembro de uma época em que não estivesse construindo. Muitas crianças criam — ou, pelo menos, começam a criar — línguas imaginárias. Eu fiz isso desde quando comecei a escrever. Mas eu nunca parei, e é claro, como linguista profissional, eu apurei meu gosto, melhorei em teoria e me aperfeiçoei em técnica."

Essas línguas são parte do patrimônio criativo do autor.

O próprio Tolkien explica o valor e a importância desse patrimônio, "dessas línguas são extraídos os nomes que aparecem em minhas lendas. Isso dá a um personagem uma coesão, uma consistência de estilo e uma ilusão de historicidade, que acredito faltar em histórias comparáveis."

O pensamento de Tolkien é que o processo de criação, mesmo que literário, deveria ser colaborativo, "eu contaria alguns dos principais contos em sua totalidade, e deixaria outros apenas rascunhados. Os ciclos de cada uma das histórias deveriam estar ligados a uma Unidade Majestosa (Majestic Whole), e ainda assim deixar espaço para outras mentes e mãos..."

Isso que Tolkien chama de Unidade Majestosa é o grande segredo dos storytellers. Os gregos já tinham um nome para isso, eles chamavam de diegese. Como não queremos falar grego com nossos leitores, vamos usar traduções de outros autores. Ganhadores do Nobel da Literatura, como Ernest Hemingway e Orhan Pamuk, chamaram esse patrimônio especial de Mundo da História.

Alguns acadêmicos também cunharam suas nomenclaturas. O historiador e professor Johan Huizinga chamou de Círculo Mágico. O professor Edward Castronova chamou de Membrana Plasmática dos Mundos Sintéticos. Recentemente, o autor Jonathan Gray chamou de nave-mãe em seu livro *Show Sold Separately: Promos, Spoilers, and Other Media Paratexts*.

Outros chamaram de Sonho Vívido, Realidade Paralela, Universo Imersivo. Enfim, o grande segredo de todo Storyteller é a criação de uma mitologia própria. O mundo dos negócios também nomeou esse patrimônio especial:

Franquia de entretenimento

A maior evolução do mercado americano é entender um conceito fundamental. Em vez de olhar um filme como uma obra final, ele avalia como parte de um conjunto maior. Os autores chamam esse conceito de Universo Ficcional e os produtores chamam de Franquia de Entretenimento. No momento em que *Se Eu Fosse Você* vai para a TV fechada, ele amplia o seu universo e, assim, aumenta o valor da franquia.

Do ponto de vista da audiência, faz muito mais sentido. Assistir a uma continuação exige muito menos esforço por parte da audiência: ela já conhece os personagens, já está a par da trama e, via de regra, está curiosa para saber o que acontece a seguir.

Muitos desdobramentos são possíveis ao entender o conceito de universo ficcional contemplado na franquia de entretenimento: desde as adaptações para outras mídias, a realização de continuações e, acima de tudo, os produtos derivados. Uma franquia bem construída pode ser licenciada para produtos de consumo, brinquedos e até parques de diversões.

Assim, alguém que esteve atento à história se torna fã e passa a procurar mais informações no website e talvez até participe de alguma experiência relacionada àquela história. O que surpreende os autores do livro é o fato de que nenhuma agência de publicidade tenha ao menos tentado criar sua própria franquia. Quer um exemplo?

Por que nenhuma empresa farmacêutica criou o *Breaking Bad*? Por que nenhuma incorporadora imobiliária criou o *The Walking Dead*? Por que nenhuma empresa de cosméticos criou o *Game of Thrones*? Por que nenhuma empresa de consultoria estratégica criou o *House of Cards*? Por que não foi nenhuma empresa de tecnologia que criou o *Star Wars*? Enfim, exceto por uma empresa de bem de consumo, todas as outras no mundo ainda estão muito atrasadas com relação à indústria do entretenimento.

FRANQUIA DE ENTRETENIMENTO COMO UM PATRIMÔNIO ATIVO EMPRESARIAL

Agora é a vez de o segmento corporativo tirar o atraso e inovar. A ideia da Inovação em Storytelling é acabar com o desperdício criativo e ao mesmo tempo preparar os fundamentos para que as empresas possam contar histórias melhores.

O grande problema é que a cada propaganda não existe a preocupação com a história e poucas vezes a audiência fica sabendo de algum detalhe como o nome dos personagens. Ainda mais rara é a preocupação em criar uma história maior do que a situação feita para vender o produto anunciado.

Além da falta de profundidade que gera histórias sem interesse, esse modelo provoca um grande desperdício criativo. A cada anúncio é preciso criar uma ideia, elencar novos atores e recomeçar do zero.

Por isso a Franquia de Entretenimento das Marcas pode ser a solução para alguns dos maiores problemas dos departamentos de marketing da atualidade. As Franquias de Entretenimento têm esse poder de se estender em sua ausência, já que, mesmo depois de terminada a narrativa, continuamos pensando nos personagens e nas situações vividas. Se em vez de anúncios soltos as empresas pensassem em termos de novelas ou seriados, a cada campanha haveria o lançamento de um novo episódio da saga.

Essa alternativa pode fazer com que os anúncios fiquem mais interessantes, e continuemos a repeti-los mentalmente, comparando-os com outras histórias que já vimos, falando deles para nossos amigos. Talvez rindo das piadas deles, usando--os para entender outros assuntos, criando memes, imaginando derivações e novas histórias. Quem sabe buscando mais informações e, finalmente, espelhando-os às nossas realidades específicas.

Na prática, o que as empresas e seus fornecedores devem fazer é investir na construção da história — o Story do Storytelling — que deve ser estruturada de forma estratégica e completa até se tornar tão plena quanto as mitologias presentes na indústria do entretenimento.

Só com uma franquia de entretenimento bem consolidada é possível otimizar a forma de valorizar as mensagens corporativas — internas e externas — em uma história.

Quanto mais se investe na franquia, maior é a sua capacidade de garantir um realismo maximalista que envolva a audiência. Para isso, a empresa deve criar uma realidade alternativa composta por um emaranhado de assuntos que se unem em um mesmo universo: lugares, personagens, artefatos, tramas. É a marca criando o seu próprio seriado de sucesso.

Assim será possível criar histórias tão boas que o consumidor não vai se importar em pagar pelo anúncio.

A única empresa de fora do entretenimento que chegou nesse Nível de Evolução foi a Lego. Inicialmente ela fez como muitas outras e licenciou conteúdos de franquias de outros criadores. Até que resolveu investir no filme *Uma Aventura Lego*.

Com esse lançamento, a marca criou um universo imersivo que representa sua própria franquia de entretenimento. A partir daí, deixou de ser uma simples fabricante de brinquedos e virou um estúdio criativo.

Com essa estratégia a Lego passou a ser uma produtora de conteúdos e em vez de divulgar sua marca e seus produtos diretamente, contextualiza-os no enredo e divulga-os por meio de suas histórias.

Uma Aventura Lego não apenas ajudou a garantir o melhor ano da história da empresa, como ainda funcionou como produto de entretenimento. O investimento estimado em 60 milhões de dólares obteve uma renda que ultrapassou 500 milhões de dólares em todo o mundo. E é bem provável que boa parte das pessoas que foram aos cinemas voltarão para ver as continuações. É o consumidor pagando para ver um anúncio da marca, ou melhor, uma história de entretenimento com a marca.

Para inovar na forma de contar histórias corporativas é preciso criar um universo ficcional proprietário que possa ser considerado uma franquia de entretenimento.

As marcas podem consolidar uma coletânea de personagens cheios de vida com lugares peculiares e cenários instigantes. Para facilitar, dividimos o modelo em fases:

Fase A: Fundação

Com base nas informações da empresa, como propósito, valores, perfis e desejos de consumidores, o primeiro passo é constituir uma quantidade de personagens simbólicos. Por exemplo, se a marca fosse uma pessoa, como ela seria? Homem ou mulher? Jovem ou madura? Calma ou impaciente? Quais seriam seus vícios e defeitos? Quais seriam seus dons e talentos? Esse processo deve ser aprofundado e repetido para todos os personagens principais.

Ao final é preciso ter uma história de vida para cada personagem: de onde vieram, por que são desse jeito, por que agem assim, por que fazem as coisas que fazem, como são as inter-relações com os demais personagens.

Fase B: Entrelaces

Criar os elementos complementares do Universo: antagonistas, personagens coadjuvantes, artefatos e missões. Nessa etapa deve ficar claro como é a participação da marca e como se dá a sua presença nessa história.

Fase C: Plano transmídia

A partir do universo constituído é possível extrair as narrativas. Quanto mais madura for a franquia de entretenimento, maior será sua capacidade de expansão para vários perfis de pessoas.

Você pode não gostar de histórias de zumbis, mas tem gente que adora. Você pode adorar romances, mas tem gente que detesta. Quando contamos histórias é "impossível agradar a gregos e troianos". Ou melhor, até é possível, mas não de uma só vez. É preciso uma narrativa para agradar aos gregos e outra para os troianos.

Por isso gostamos de usar a metáfora do Sistema Solar. É preciso imaginar que o universo ficcional da franquia seja o Sol que ilumina os planetas, que atuam como mídias: cada planeta tem sua própria órbita, mas todos compartilham a mesma fonte.

Assim, uma só história pode cativar diversos perfis de pessoas. Dentro de uma história de zumbis o autor pode recortar apenas a trama amorosa para um determinado público. Ao focar no romance, ele diminui a resistência e aumenta a aceitação da mensagem.

Nessa etapa desenvolve-se a Bíblia Transmídia, um documento estratégico que define e explica como a história será contada em cada ponto de contato.

Fase D: Storybook

Além da estratégia transmidiática é preciso documentar também todos os elementos do universo da história. Se esse conhecimento for disponibilizado em forma de enciclopédia, ele será difícil de ser memorizado nos mínimos detalhes. Com o *storybook* é diferente.

O *storybook* deve se parecer menos com um documento corporativo e mais com livros de universos ficcionais como aqueles da Marvel, Pixar, Disney, da indústria do entretenimento. Trata-se de uma tecnologia disruptiva apresentada em primeira mão para os clientes storytellers.

O *storybook* faz as vezes de um diário de personagem que não conhece nada sobre a história e vai anotando suas descobertas. O leitor consegue entender a história no mesmo ritmo do narrador e, assim, todos os colaboradores e parceiros podem navegar no mesmo contexto, na mesma direção.

Ao mesmo tempo ele serve como um documento que narra o enredo de cada personagem, levando em conta cada um dos recortes narrativos, em um formato rápido e prazeroso para ser lido.

Fase E: Recortes narrativos

Hora de definir quais são as audiências prioritárias para o momento da empresa e analisar seus hábitos. Com esse conhecimento podemos designar mídias e veículos — incluindo embalagens e materiais promocionais — para narrar partes da história.

Fase F: *Telling* do storytelling

Momento de escrever os roteiros, scripts e os demais textos de acordo com o plano transmidiático. Após a aprovação do cliente, os textos são produzidos em seus formatos finais: livros são editados e impressos; roteiros são filmados; quadrinhos são desenhados; espetáculos são encenados.

Mas existem formas especiais de contar as histórias. Não basta apenas relatar a história, é preciso criar uma experiência para a audiência.

Já percebeu que toda história que você gosta é como um jogo entre o autor e a audiência? Se for uma história de crime, a audiência tenta desvendar o que aconteceu. Se for uma história de amor, a audiência tenta apostar sobre o futuro do casal. Se for uma história de suspense, a audiência tenta antecipar se algum personagem vai sobreviver. Esse tipo de narrativa permite a imersão da audiência no mundo da história.

Ressaltamos que quanto mais madura for a franquia de entretenimento, melhor será a qualidade imersiva das narrativas recortadas.

Fase G: Análise dos resultados e novos ciclos

A vantagem desse modelo é que, ao final, não é preciso recomeçar do zero. Em vez disso, retornamos ao universo da franquia proprietária da marca e fazemos os ajustes. A cada nova campanha a história amadurece e a franquia cresce.

Para tirar a abstração técnica, vale ilustrar o processo com um exemplo.

Problema: um dos maiores fabricantes mundiais de biscoitos é proprietário de uma marca que passou por dificuldades de comunicação. A percepção do consumidor era que o produto não tinha nenhuma diferença em relação ao principal concorrente. Do ponto de vista de atributos de produto essa percepção era equivocada. A empresa investiu a maior parte da verba no desenvolvimento de um produto superior e sobrou pouco para a construção da marca. No entanto, depois do lançamento foi difícil reverter essa percepção, e essa imagem cristalizou-se na mente do consumidor.

Diagnóstico: ao analisar a comunicação da marca, a maior falha estava no fato de a empresa ter criado mascotes como personagens. Eram 16 animais que habitavam as embalagens e que pouco comunicavam sobre o produto ou si próprios. Eles serviam apenas como uma estampa, uma ilustração sem sentido e contexto.

Estratégia: em vez de criar personagens, optamos por enriquecer cada mascote já existente. Foram meses de trabalho para explicar quem eram e como se comportavam. Ao final, tínhamos uma história de origem para cada personagem com enredos tão instigantes que poderiam ser transformados em roteiros para grandes animações 3D.

Resultados: como se trata de um processo contínuo, o retorno sobre o investimento varia de acordo com cada ciclo. Ainda assim, existem algumas vantagens que são cumulativas como melhoria de imagem de marca, percepção de maior valor agregado e possibilidade de franquia que veremos em seguida.

Franquia imersiva: atualmente, o universo autoral dessa marca já compreende mais de 20 personagens desenvolvidos, que vivem mais de uma centena de aventuras.

A cada ciclo da história novos personagens podem entrar, valorizando mais a franquia.

A partir dessa franquia é possível extrair elementos e histórias para qualquer comunicação da marca, seja para publicidade, assessoria de imprensa, redes sociais e até mesmo para o próprio colaborador.

Endotelling: a primeira audiência para se contar histórias sempre deve ser a de colaboradores da empresa. Nada mais justo, afinal, se as próprias pessoas que atuam com a marca não se tornam fãs da história, algo está errado. Contudo, se a audiência interna gosta da história, é mais fácil comunicar. Não é preciso explicar tudo a cada comunicado interno, basta lançar mão dos personagens que já são conhecidos por todos e tem sua própria forma de falar com as pessoas.

Branded content: a partir do Universo da Marca é possível circular a notícia de que se está investindo em inovação e dar motivos para alavancar o *sell-in*, além de outras táticas de *trade*.

O Universo da Marca permite planejar qual mídia irá narrar cada parte da história. Personagens podem ser escolhidos de acordo com a identificação com o target e o episódio a ser contado pode refletir o momento do ciclo de vida da marca.

O processo de criação das narrativas permite a criação de novos conteúdos para a marca, como registros de making-of para alimentar as redes sociais.

Distribuição: na estratégia transida temos que ter uma narrativa principal, como um grande planeta ao redor do qual os demais vão orbitar. Essa narrativa principal deve ter altíssimo grau de entretenimento. É preciso gerar uma experiência positiva para o consumidor, para fazer com que ele recomende a história e busque as outras narrativas. Quando isso é feito com maestria, a empresa garante uma teia de conteúdos capaz de prender a atenção da audiência por muito tempo e garantir relações com a marca cada vez mais imersivas.

Trade: os pontos de venda podem ser transformados em verdadeiras experiências de marca! Podemos fazer com que o ponto de venda seja capaz de simular parte da história em encenações. Podemos, por exemplo, ter vendedores que contam parte dessas histórias contextualizadas no ciclo da marca. Ou, talvez, transformar uma loja de roupas e artigos para prática de montanhismo no cenário de uma grande aventura a ser contada por um *expert* no assunto.

Fidelização: ao longo da narrativa utilizamos mecanismos de gamificação para aumentar o engajamento da audiência. O consumidor atento adquire *badges* ao longo de cada narrativa e, assim, pode adquirir itens exclusivos, vencer desafios avançados e destravar novas etapas da história.

Sustentabilidade financeira: diante do valor de entretenimento de uma franquia é possível cobrar pelo acesso às narrativas. A princípio pode ser algo promocional, como um brinde para compra de um determinado produto, mas com o tempo as narrativas podem ser vendidas separadamente. É o caso do filme da Lego e até mesmo da série de revistas em quadrinhos do personagem Variguinho.

Licenciamento: a cada ciclo da história a franquia tende a ser valorizada. A partir de um determinado ponto será possível licenciar os personagens para outras marcas e até mesmo outras empresas. A Lego tem feito isso com os personagens do seu filme.

Storytelling deixa de ser custo para divulgar a marca e passar a ser um patrimônio valioso para a empresa.

Se a comunicação interna fosse divertida, os ex-funcionários se voluntariam a pagar pela continuidade de acesso ao mural, ao jornal e à intranet. Se as propagandas fossem legais, as empresas apoiariam a pirataria. Se as empresas soubessem contar histórias tão boas quanto as da indústria do entretenimento, não seria preciso escrever este livro.

Dificilmente algo com a qualidade de Hollywood poderá ser feito por uma marca, a começar pelo nível de investimento. Um estúdio estadunidense investe cerca de 100 milhões de dólares para realizar um filme e poucas foram as marcas que realizaram esse desembolso. O que também não quer dizer que não aconteça, a Lego lançou o seu próprio longa-metragem, e foi muito bem-sucedida.

Não foi a única, outras empresas como FedEx, Google e Facebook também fizeram seus filmes e todos colheram ótimos resultados, mesmo que essa informação não seja confirmada pelas empresas.

O ponto central é que não é impossível, mas ainda é raro. Precisamos de mais storytellers para inovar em comunicação e mais clientes dispostos a ousar. E quanto mais as marcas e profissionais da área trabalharem juntos, com transparência e qualidade, o Storytelling deixará de ser custo e representará um patrimônio ativo para as empresas.

Capítulo 9
ESTOJO DE TÉCNICAS

O presente capítulo é um guia para ajudar a consolidar as principais técnicas aprendidas ao longo do livro e também indicar caminhos seguros para iluminar a busca de se tornar um *storyteller*.

9.1. COMO SE TORNAR UM STORYTELLER

"Aprender a fazer filmes é muito fácil. Aprender sobre o que são os filmes é o que é difícil. O que você deve fazer é focar em aprender ao máximo sobre a vida, e vários aspectos sobre ela. Depois você apenas aprende as técnicas para fazer um filme e essa parte você tem como adquirir rapidamente. Possuir um conhecimento muito bom de literatura, história, psicologia, ciências — é muito importante, mas muito mesmo, para realmente conseguir contar histórias."

— *George Lucas, roteirista, produtor e cineasta, durante entrevista em 1999.*

Milhares de autores forneceram dicas para jovens *storytellers* nos últimos séculos, mas escolhemos o texto de George Lucas por tocar uma questão fundamental e ainda assim pouco explorada.

Toda história é composta de um enredo. Todo enredo é como uma rede, um tecido composto de muitos pontos resultantes do encontro de linhas que se entrelaçam. A diferença da tecelagem é que em vez de algodão ou lã, as linhas são feitas das coisas que compõem a vida.

> Toda narrativa envolve interdisciplinaridade, uma série de conhecimentos, portanto se você atua, estuda e conhece as áreas abaixo, já tem um começo em mãos:
>
> - **Publicidade:** bons conceitos e ideias para uma história;
> - **Filosofia:** a discussão dialética para estabelecer os eixos da história;
> - **Sociologia:** dinâmica dramática entre os personagens;
> - **História:** pesquisa de contexto e repertório capaz de inspirar cenas e passagens;
> - **Geografia:** contextualização física do universo;
> - **Psicologia:** mundos particulares dos personagens: medos, desejos, traumas e motivações;
> - **Moda:** o mundo exterior dos personagens fashionistas e seus bastidores;
> - **Engenharia e matemática:** estruturação da narrativa;
> - **Direito:** prosa persuasiva e diálogos, além de personagens fora do padrão;
> - **Jornalismo:** edição de texto e aproximação da realidade;
> - **Design e arquitetura:** representações visuais da narrativa;
> - **Artes musicais:** a trilha dos ambientes e sonoridade dos diálogos.

O grande mestre de fantasia J.R.R. Tolkien explicava como esses diferentes elementos se davam em sua obra, a partir do interesse dos fãs, "enquanto alguns de vocês pedem por mapas, outros desejam indicações geológicas em vez de lugares; muitos querem a gramática élfica e fonologias; alguns querem as métricas e as entonações das linguagens... músicos querem afinações e notas musicais; arqueólogos querem saber das cerâmicas e da metalurgia; historiadores querem mais detalhes sobre a estrutura sociopolítica de Gondor...".

Por isso um dos segredos nos projetos da Storytellers é sempre compor equipes plurais e complementares.

Se quiser saber mais sobre essa interdisciplinaridade narrativa, recorra ao Capítulo 6 do livro. Se quiser saber do oposto, ou seja, como o Storytelling pode ajudar na sua profissão, recorra ao Capítulo 4.

Caso essa necessidade de envolver diferentes conhecimentos intimide, não se preocupe. A ideia não é esperar o domínio completo para começar a contar histórias. Ao contrário, estamos dizendo que você é capaz de começar com qualquer habilidade ou instrumento que possua. As demais virão com o tempo e com a prática.

Quando explicou a criação de seu universo inventado, J.R.R. Tolkien disse que "é claro que algo tão grandioso não foi desenvolvido de uma só vez. As meras histórias eram o objeto. Elas surgiram em minha mente como obras 'dadas'. Conforme elas vieram, separadamente, começaram a surgir as conexões. (…) O Hobbit, que tem uma vida muito mais essencial, foi concebido de forma independente: quando comecei a escrever eu não sabia que ele pertencia a algo maior. Contudo, a narrativa provocou o complemento da unidade majestosa."

PONTO DE PARTIDA

Se você ainda estiver se perguntando por onde começar, a resposta é simples. Qualquer autor, que escreve desde biografias até aquele da mais pura fantasia, sabe que a matéria-prima das histórias é uma só.

Um dos mais aclamados escritores de ficção científica, Ray Bradbury, comenta na introdução à coletânea de seus contos que todas as histórias do livro possuem uma raiz na realidade.

De uma forma ou de outra, algo que ele viveu ou ouviu o inspirou a sentar e escrever. Por exemplo, certo dia ele encontrou um amigo para jantar e aproveitou a noite quente e estrelada de Los Angeles para voltar caminhando. No percurso foi parado por um carro policial, que o questionou sobre andar pelas ruas durante a noite. Irritado por ser questionado por realizar uma das atividades mais naturais de um humano — colocar um pé na frente do outro — ele chegou em casa e escreveu o conto *O Pedestre*, que conta a história de alguém em um futuro próximo que é preso pelo simples fato de caminhar pelas ruas. Na semana seguinte, esse personagem fictício encontrou outro em uma esquina de sua imaginação e assim surgiu outro conto, *O Bombeiro*. Pouco tempo depois essa história cresceu e se tornou um dos maiores romances de ficção científica do século, *Fahrenheit 451*.

A mesma coisa vale para a obra de fantasia *Game of Thrones*. A saga começou a surgir na mente do autor George R.R. Martin durante uma viagem à Escócia. Ao visitar a Muralha de Adriano, o autor pensou nos romanos que caminharam centenas de quilômetros até o topo do mundo e quando faltava muito pouco para conquistar todo o norte encontraram um povo tão bárbaro que optaram por erguer uma muralha gigante. A partir daí ficou pensando em que tipo de povo poderia existir lá que assustou até um dos povos mais conquistadores da história. Foi assim que surgiu a ideia da Muralha de Westeros e uma coisa puxou a outra.

Até mesmo a saga de *Harry Potter* passou por um processo parecido. Apesar de não ter nascido de um insight direto no mundo real, o personagem surgiu para J.K. Rowling em um dia em que ela viajava e teve que aguardar durante mais de quatro horas pela chegada do seu trem. Sem ter o que fazer, ficou pensando nesse garoto de óculos quebrados e uma cicatriz na testa.

Histórias imortais responsáveis por franquias bilionárias surgiram de um simples passeio. Aliás, é nesse contexto de "vida real" que estão escondidas as maiores oportunidades para as marcas participarem de grandes histórias e não parecerem apenas um penduricalho na narrativa. Ao sair para a vida, repare na forma como as marcas se destacam no cotidiano. Quem sabe, além de uma grande história, você ainda descubra um grande patrocinador.

Então, vá lá e viva. Depois sente e escreva. Finalmente, compartilhe. Não é por acaso que Gabriel García Márquez intitulou sua autobiografia de *Vivir para Contarla*.

MORAL DA HISTÓRIA

Deixe de desculpas e comece a praticar, ouse começar uma história. Você já tem algum diferencial contra a maioria dos outros autores. Mas também tem desvantagens, então, quanto antes começar a se aprimorar, mais rápido vai superar. Apenas comece. Só cuidado para não cometer os erros a seguir.

9.2. COMO NÃO SE TORNAR... OS 7 PECADOS CAPITAIS DO STORYTELLING

> "Quando um editor recusa o livro de um autor, não o faz com intenção de ofender o autor, pelo contrário. O intuito do editor é zelar pelo autor e evitar que um livro ruim desmorone a carreira que ele construiu ou que poderia vir a construir"
> — *André Conti, jornalista e editor de obras aclamadas na literatura contemporânea brasileira.*

A estrutura de uma narrativa pode ser sólida como uma grande muralha, mas alguns tipos de erros agem como uma rachadura em uma represa e, por menor que possa parecer, é capaz de fazer com que tudo venha a ruir.

A seguir veremos os erros mais cruciais do Storytelling, cada qual relacionado a um pecado capital. Para facilitar a vida do *storyteller*, indicaremos como evitar ou solucionar cada um deles com uma das técnicas ensinadas no livro.

1. Gula

Em vez de morder mais do que pode mastigar, o erro aqui é tentar contar mais do que pode narrar. Em outras palavras: confundir história com histórico. Vamos comparar dois exemplos.

Muitas empresas, quando fazem aniversário, produzem um vídeo mostrando ano a ano tudo o que aconteceu no seu histórico... Os prêmios que ganhou, as mudanças de sede, as aquisições. E a maior parte dessas informações não só não possuem valor dramático, como também não têm nada de realmente informativo. A audiência quer saber de sua origem, mas não quer saber desses detalhes. Ainda faltam 97 anos e 9 minutos para o término e a maior parte das pessoas já abandonou o vídeo. Isso é o equivalente à gula no Storytelling. É querer colocar tudo no prato, não deixar nada de fora.

Quem acertou foi a marca Johny Walker. A empresa escapou do erro de contar ano a ano o seu histórico. Um narrador caminha por uma paisagem escocesa enquanto conta para a câmera como o fundador iniciou a empresa. Assim que a origem é explicada, só os momentos mais importantes na saga empresarial são narrados. A empresa soube tirar a parte chata e contar só a parte fundamental.

> **Gula**: comer somente por prazer, em quantidade superior àquela necessária para o funcionamento do corpo.
>
> Em Storytelling: confundir história com histórico e querer colocar uma quantidade superior de informações àquela necessária para o funcionamento da narrativa.
>
> **Cura**: não quer cometer esse erro? Use a dieta da Topografia de Interesse descrita no Capítulo 7.

2. Avareza

Quando o patrocinador quer que sua marca apareça mais do que os personagens e a trama, temos um caso típico de avareza. É natural que o investidor queira algum retorno, mas a sua presença na narrativa não pode ficar em primeiro plano enquanto o enredo fica no plano de fundo. Talvez esse pecado capital seja o que mais afasta os autores e artistas do mundo corporativo. Normalmente temos a impressão de que basta uma marca entrar em cena para estragar a história. Mas isso só acontece quando existe avareza.

Marcas e produtos podem muito bem conviver lado a lado com personagens e suas tramas. O problema não é escrever sob encomenda ou inserir marcas na narrativa. O problema é fazer isso apenas por dinheiro e não pela história. A técnica é fazer com que a história cresça sempre que tiver que comportar a presença de uma marca. Para isso, é fundamental que a própria marca tenha uma história dentro do enredo. Uma estratégia é trocar o produto por um personagem que personifica os valores da marca.

Se você não escreve a história, apenas encomenda, existem alguns truques caso queira testar se uma situação apresentada para a marca é digna de valor literário. Pergunte ao autor coisas simples como: "em qual dia da semana a jornada começa?" ou então "qual é o nome completo dos pais da personagem?"

As perguntas podem parecer desnecessárias, mas o conteúdo delas revela mais do que a aparência. Se o autor engasgar com perguntas tão simples é porque ele não domina a sua criação. A história certamente estará superficial. A audiência vai perceber isso. Por outro lado, se ele souber responder, vai aproveitar para explicar mais profundamente as raízes históricas, a ascendência (logo, traços físicos esperados) e assim por diante, mostrando que, escondida nas entrelinhas, existe uma análise lógica, extensa e profunda.

Essa mesma lógica serve para autores que queiram transmitir uma ideologia. Nesse caso, a ideologia faz o papel da marca. É preciso que a história seja interessante o suficiente para que a narrativa não vire uma panfletagem. Veja o caso de Tolstói que, para transmitir sua ideologia política, escreveu *Guerra e Paz*, nada menos do que a maior obra literária da história.

> **Avareza:** apego ao dinheiro de forma exagerada, desejo de adquirir bens materiais e acumular riquezas.
>
> Em Storytelling: contar uma historinha qualquer para vender uma marca ou empresa patrocinadora.
>
> **Cura:** não quer cometer esse erro? Evolua a sua história conforme o Capítulo 8.

3. Ira

Quando o cientista Dr. Banner, do filme *O Incrível Hulk*, fica irritado, seus músculos crescem, sua pele fica verde e ele não responde mais pelos próprios atos. Todos temos esses momentos de irracionalidade. Muitos *storytellers* sofrem com um problema parecido quando se sentem inspirados ou pressionados. Resolvem contar a primeira história que vem à cabeça. Isso pode ser ótimo para escrever um conto ou entreter uma pequena plateia, mas quando se trata de longos projetos, como escrever um romance ou compor um universo ficcional, isso é perigoso.

O *storyteller* experiente sabe que começar a contar uma história sem ter a menor ideia de onde se vai chegar representa um grande perigo. Usando a metáfora de que um autor é também o guia para seu mundo imaginário, podemos dizer que ele conduz várias pessoas, como a audiência e os patrocinadores. Se ele não sabe para onde está indo, corre o risco de andar em círculos até se ver em um beco sem saída. Ele desperdiçou tempo e dinheiro de todos os envolvidos. A técnica é ter, ao menos, um norte: um bom conceito para trabalhar, ter em mente um final para a história, personagens complexos e instigantes e, de preferência, uma moral para essa história.

> **Ira:** agir de forma irracional, respondendo aos instintos mais primitivos.
>
> Em Storytelling: compor e contar a história sem nenhum tipo de mapa, bússola ou planejamento.
>
> **Cura:** não quer cometer esse erro? Conheça os conceitos e elementos que compõem uma história no Capítulo 2 para ter maior consciência sobre o processo e tenha sempre um objetivo em mente, conforme mostra o tópico ***Plot Toolkit***.

4. Preguiça

Quantas vezes você sonhou em virar as costas para o trabalho, fechar os olhos, dormir e ao acordar encontrar tudo resolvido? Storytelling passa por algo parecido, quando alguém quer sua história contada, mas quer que outros coloquem no papel. Não se deve subestimar o papel da fonte. Muitos biografados cometem o erro de mal conversar com o biografista e esperar que ele "faça a lição de casa" sem perceber que ninguém sabe mais de suas histórias do que ele próprio.

Um outro tipo de preguiça acaba acontecendo no mundo corporativo. Algumas empresas querem contar histórias reais de suas marcas e delegam a tarefa de narrar para consumidores ou colaboradores sem treino em Storytelling. Também não se deve subestimar o papel do narrador. O shopping Parque Dom Pedro, em Campinas, resolveu bem a questão quando completou 10 anos. Em vez de pedir para que compradores e colaboradores contassem histórias sobre a década vivida em conjunto, contrataram um escritor para passar um mês dentro do estabelecimento coletando e selecionando as melhores histórias.

> **Preguiça:** negligência ou falta de vontade para o trabalho ou atividades importantes.
>
> **Em Storytelling:** delegar a tarefa de narrar para os consumidores ou colaboradores sem se envolver no processo.
>
> **Cura:** envolva-se de corpo e alma na história e monte um time de *storytellers* profissionais sempre que for preciso.

5. Soberba

Todo escritor sonha com sua obra em destaque nas vitrines das livrarias. Todo cineasta sonha com seu filme em cartaz no cinema mais perto de você. Todo dramaturgo sonha com seu espetáculo viajando o mundo. Mas não existem atalhos. Quem pensa na campanha de marketing antes de desenvolver a história comete o pecado da soberba.

O mesmo vale para empresas que pensam no plano de mídia sem nem saber qual história irão contar. Da mesma forma não adianta querer planejar a estratégia transmídia antes de fazer o Storytelling. Só uma boa história é capaz de atrair a atenção das pessoas e fazer quem se atentou recomendar aos amigos e familiares. Fenômenos como *Harry Potter* e *50 Tons de Cinza* provam isso. As autoras eram desconhecidas, suas obras não receberam nenhum tipo de campanha de marketing e mesmo assim suas histórias tomaram o mundo.

Soberba: manifestação de orgulho e arrogância.

Em Storytelling: pensar no plano de mídia de divulgação antes mesmo de pensar na história a ser contada.

Cura: não quer cometer esse erro? Entenda a lógica de Storytelling no mundo dos negócios no Capítulo 5.

6. Vaidade

Na literatura é natural um escritor se preocupar tanto com o texto que esquece que sua função é contar uma história. Na publicidade algo muito similar acontece, quando os publicitários e executivos dedicam mais tempo e recursos na produção do filme publicitário do que no seu roteiro. Investir mais energia em *telling* do que em *story* é o pecado da vaidade.

Uma história fabulosa impressa em uma folha de papel e espalhada em mesas de almoço ou postes da cidade é muito mais relevante e eficiente do que um anúncio que custou uma fortuna. É suficiente, inclusive, para libertar um rei sequestrado e, ainda assim, é ignorado logo após a contagem de cinco segundos.

> **Vaidade:** colocar o aspecto físico acima do caráter para conquistar a admiração dos outros.
>
> Em Storytelling: preocupar-se mais com o *telling* do que com o *story*.
>
> **Cura:** não quer cometer esse erro? Entenda como equilibrar *story* e *telling* para fazer o verdadeiro Storytelling no Capítulo 2.

7. Luxúria

Somos programados para buscar a realização de necessidades e, com isso, obter prazer. Para boa parte dos autores, a necessidade maior é a do aplauso. O desejo por fama e reconhecimento faz com que alguns autores recorram a atalhos de fórmulas fáceis que atuam diretamente na luxúria do leitor. Apelam para dispositivos narrativos que causam sustos ou risos fáceis. Assim, autor e audiência cometem o pecado da luxúria.

Storytelling de verdade sempre entrega algo além do mero entretenimento. Por isso, peca o autor que deixa perguntas pairarem no ar, prometendo uma continuação, mas sem saber a resposta. Pecam também aqueles que usam personagens estereotipados para arrancar uma gargalhada que só faz reforçar um preconceito social. Quem conta histórias assume uma grande responsabilidade e isso nos leva a um item extra.

> **Luxúria:** apego e valorização extrema dos prazeres.
>
> Em Storytelling: querer aplausos e, para isso, apelar para fórmulas fáceis sem nenhum valor nutricional narrativo.
>
> **Cura:** não quer cometer esse erro? Veja no Capítulo 4 quais os caminhos mais indicados para cada tipo de *Storyteller*.

EXTRA: Mentira

Não é considerado pecado capital, mas, do ponto de Storytelling, pode ser fatal. O que separa a mentira da ficção é simples: o mentiroso oculta seu fingimento enquanto o autor o expõe e compartilha a sua imaginação com a audiência.

Quando não há possibilidade de decodificação destes elementos imaginados, não há um fingimento lúdico partilhado e sim uma enganação, uma fraude. Não temos nada contra ficção, mas odiamos ser enganados. Se usar o fingimento em sua história, deixe que sua audiência saiba desse recurso e dê um propósito para ele. Para mais informações recorra ao primeiro capítulo, no tópico "Ética em Storytelling".

Existem muitas curvas perigosas no caminho. Não é preciso falar tudo de uma vez, mesmo na hora de contar os 100 anos da empresa. Contar uma "historinha" não garante Storytelling com S maiúsculo. Ideologias e produtos em primeiro plano e o enredo em segundo sempre provoca bocejos. Saber posicionar o papel do herói da história é o que separa a narrativa de ser arrogante ou inspiradora. A representação do mentor é a bifurcação entre o caminho da lição e o da pregação. Onde colocar o seu peixe é o que separa a persuasão do cinismo. Toda atenção é pouca na hora de selecionar a história e a forma de contá-la.

A boa notícia é que, diferente da prática esportiva, a prática de Storytelling apenas melhora com o passar dos anos. Nunca se fica velho demais para contar histórias. Pelo contrário. Quanto mais estudar e colocar em prática, melhor será a habilidade do *storyteller*.

Estojo de Técnicas **381**

Ilustrado por Rodrigo Franco para Storytellers

Os **7** pecados capitais do Storytelling

IRA
Agir de forma irracional.

Em Storytelling:
contar a histórias sem plano.

Cura:
tenha sempre um objetivo
PLOT TOOLKIT do **capítulo 9**.

AVAREZA
Apego ao dinheiro.

Em Storytelling:
contar uma historinha
qualquer só para vender.

Cura:
evolua a sua história no **capítulo 8**.

GULA
Comer somente por prazer.

Em Storytelling:
quantidade de informações
além do necessário para a narrativa.

Cura:
TOPOGRAFIA DE INTERESSE
no **capítulo 7**.

PREGUIÇA
Falta de vontade para
o trabalho.

Em Storytelling:
delegar a tarefa de narrar.

Cura:
assuma a rédea da
história no **capítulo 6**.

SOBERBA
Manifestação de arrogância.

Em Storytelling:
pensar na divulgação
antes da história.

Cura:
entenda a lógica de Storytelling
no **capítulo 5**.

LUXÚRIA
Apego aos prazeres.

Em Storytelling:
fórmulas fáceis
sem valor narrativo.

Cura:
veja caminhos para cada tipo
de Storyteller no **capítulo 4**.

VAIDADE
Valorizar o físico
em demasia.

Em Storytelling:
preocupar-se mais com
narrativa do que com história.

Cura:
equilibre Story e
Telling no **capítulo 2**.

MENTIRA
Faltar com a verdade.

Em Storytelling:
confundir conceitos
de ficção e mentira.

Cura:
tenha honestidade e sinceridade
mostradas no **capítulo 1**.

EXTRA

9.3. POR ONDE COMEÇAR UMA HISTÓRIA: *PLOT TOOLKIT*

"As páginas ainda estão em branco, mas há um certo sentimento maravilhoso de que as palavras estão ali, escritas em uma tinta invisível e clamando para se tornarem visíveis."

— *Vladimir Nabokov, um dos maiores autores da literatura russa conhecido também por seu romance Lolita.*

Toda história vai dizer alguma coisa, mesmo que o autor não tenha isso em mente. De todas as possibilidades que um personagem pode optar diante dos dilemas da história, o autor vai escolher alguma. Essa escolha vai resultar em consequências, de onde é possível extrair uma lição, que chamamos de *moral da história*.

Por isso, quando um autor parte com o objetivo em mente, sua mensagem fica mais clara e a jornada do personagem fica mais rica. O processo de escrita também é acelerado, afinal, o objetivo é como uma bússola, que não indica o caminho certo, mas impede que o aventureiro se perca.

Isso é especialmente verdadeiro quando um autor escreve uma história sob encomenda para uma empresa. Ele já sabe criar uma história, mas na hora de criar em nome de uma marca tudo parece muito mais difícil. Às vezes o autor não tem conhecimentos de marketing ou *branding*, outras vezes não fica claro no briefing o que a empresa busca com aquela história. Para isso formulamos o **Plot Toolkit**.

PLOT TOOLKIT: 15 COISAS QUE O STORYTELLING PODE FAZER POR UMA EMPRESA OU PARA GUIAR UM AUTOR A TRABALHAR PARA UMA EMPRESA

Um executivo pode "comprar" o tempo dos funcionários e colocá-los todos em um treinamento de três dias. Quem sabe, uma convenção motivacional. Mas se eles não prestarem atenção, o tempo e o dinheiro serão desperdiçados. Diferente do tempo, atenção não se compra. É preciso conquistar a atenção e, nos dias de hoje, isso está cada vez mais difícil.

Por outro lado, também não adianta entreter a troco de nada. É verdade que as histórias encantam e fascinam, mas não é por isso que as empresas e seus executivos devem sair por aí contando histórias indiscriminadamente. É como o filme publicitário engraçado, que todo mundo comenta e compartilha, mas ao ser perguntado sobre qual marca estava sendo anunciada, ninguém se recorda. Entretenimento só vai funcionar se andar lado a lado com uma estratégia bem definida.

Não importa qual seja a história corporativa, a empresa ou o projeto que tenha sido desenvolvido, o primeiro passo é sempre o mesmo. Metaforicamente falando, o primeiro passo é para trás. É preciso enxergar o cenário completo e entender o propósito. Pergunte-se antes de iniciar uma narrativa: o que você quer com essa história? Qual é o resultado que você espera atingir após contá-la? Qual é o problema que você busca solucionar com essa obra?

Os autores do livro montaram o *Plot Toolkit*, que é um modelo composto pelas 15 funções em que Storytelling pode atuar por uma empresa, por uma marca e até por uma pessoa. Para cada função, existe uma técnica de atuação.

1. Sensibilizar e conscientizar com apresentações

Storytelling pode sensibilizar uma audiência por um tema, para fazer uma venda, apresentar uma dissertação acadêmica, conseguir mais capitalização para uma ONG e sensibilizar as pessoas com relação a uma causa.

Você pode popularizar uma marca, aumentar o conhecimento dela e fazer com que todo mundo saiba sobre ela. É possível aumentar o poder de liderar, inspirar, motivar ou engajar uma equipe usando Storytelling. Na dúvida, recorra ao Capítulo 7.

2. Eternizar memória

> *"A maior parte dos dias do ano são pouco marcantes. Eles começam e terminam sem nenhuma memória duradoura. A maior parte dos dias não têm impacto no curso de uma vida."*
>
> — *Narrador do filme comédia romântica* **500 Dias Com Ela.**

384 Guia Completo do Storytelling

Muitas vezes o objetivo é criar recordações para a marca. Evitar que a sua origem se perca em um arquivo morto.

Você pode fazer da memória da empresa um legado. Mas tem que contar direitinho. Aqui muita gente se enrola e confunde história com histórico e comete o Pecado Capital da Gula.

A hora que você deixa de fazer um histórico e conta uma história de verdade você eterniza uma memória de uma empresa ou de uma pessoa. A técnica da Topografia de Interesse ajuda muito nesse processo. Você pode encontrar os detalhes no Capítulo 7.

3. Fortalecer o senso de identidade

Você consegue fazer um senso de pertencimento e identificação e até orgulho. Isso acontecia nas tribos e pode acontecer tanto com os colaboradores quanto com os consumidores.

Do ponto de vista corporativo, você pode fazer os *stakeholders* se transformarem em verdadeiros embaixadores de uma marca contando as histórias certas, capazes de inspirar e engajar. Steve Jobs era mestre nisso.

Se quiser saber mais sobre esse processo identitário das narrativas, consulte o Capítulo 2.

4. Gerar crença para uma marca ou *Brand belief*

Indra Nooyi é presidente da PepsiCo desde 2007 e sua atuação é admirável. Costumeiramente, se comunica com seus colaboradores de forma transparente e direta. Conta suas histórias e relativiza o quanto é desafiador para uma mulher conciliar vida pessoal e profissional, demonstra que é possível chegar em posições como a dela, mas que é preciso abrir mão de algo. Seus diálogos costumam inspirar outras mulheres da empresa (e fora dela) a crer que sempre é possível ter uma carreira e uma vida familiar, ainda que existam percalços.

Temos diversos exemplos de líderes que geram crença para suas marcas e conquistam fãs: Steve Jobs, Chieko Aoki, a empresária brasileira presidente da Rede

Blue Tree Hotels, Luiz Seabra, fundador da Natura, que sempre deixa claro seu propósito de vida.

O que eles têm em comum? Seu poder de liderar com carisma. Suas histórias poderosas que geram credibilidade, um propósito claro e autenticidade.

5. (Re)Posicionar uma marca/empresa

Você pode posicionar ou reposicionar uma marca contando uma história e encontrar qual é o lugar certo para ela atuar no mercado. Você pode até fazer uma marca tradicionalmente vendida só para homens virar uma marca a ser usada também por mulheres apenas contando uma boa história. A marca de desodorante masculino Axe fez isso.

Para saber mais sobre isso, recorra ao tópico "Storytelling em Branding" no Capítulo 6.

6. Preparar mercado para nova marca/empresa

Você pode preparar o terreno para um lançamento de sucesso, antes mesmo de gastar um centavo com o produto. Para isso, basta entender que toda história tem potencial de se tornar uma franquia de entretenimento. Para entender como isso funciona, recorra ao tópico "Evolução nível 7: Inovação em storytelling" no Capítulo 8.

7. Posicionar-se no "Oceano Azul"

A estratégia do *oceano azul* é exposta no livro de mesmo nome pelos autores W. Chan Kim e Renée Mauborgne, de 2005, demonstrando como é possível criar mercados e tornar seus concorrentes irrelevantes. Ou seja, na batalha sangrenta de mercados, onde muitos atuam, as estratégias convencionais não funcionam mais. É preciso criar um espaço de oceano azul por meio de estratégias diferenciadas.

E é possível criar um espaço exclusivo de mercado contando uma história gerando diferenciação percebida e, a partir dela, o seu próprio oceano azul. Casos como o presunto Pata Negra na Espanha e o café Kopi Luwak na Indonésia demonstram como uma história bem contada permite que *commodities* sejam vendidos como produtos de alto valor agregado e, consequentemente, com melhor lucratividade.

A técnica para fazer isso está no momento de contar a história do processo de produção por exemplo, demonstrando essa especialidade que só essa marca pode ter. E lembrando que deve ser algo único, de preferência com rituais específicos. Saiba mais sobre essa técnica no Capítulo 6.

8. Facilitar o processo de fusão entre duas organizações

Os colaboradores de uma empresa estavam reunidos em uma convenção com tacos de baseball para destruir a mascote da concorrente. No ano seguinte, estavam trabalhando para aquele que haviam destruído. Esse processo de adaptação nunca é fácil. Storytelling pode ajudar.

Entender a história de origem da empresa aquisitora ajudará os novos colaboradores a se sentirem mais familiarizados.

O segredo é encontrar na história os pontos de contato e sinérgicos entre as duas companhias. A partir disso é possível aplicar a técnica de trabalhar a mudança de ponto de vista, dizendo que "antes você via o mundo assim e agora o mundo continua igual, é só o seu olhar que muda".

Muitos autores usam essa estratégia em que a audiência começa odiando um personagem e até o final da história ele já se tornou o favorito. É o caso de personagens como Sawyer no seriado *Lost* e Jaime Lannister de *Game of Thrones*. O primeiro era alvo de centenas de cartas com críticas até que os autores resolveram contar a história de sua infância e, pronto, passou a ser queridinho da audiência. O segundo era detestado até que sofreu um ataque, ficou debilitado e passou a atuar de forma diferente. Saber manusear os acontecimentos das histórias é a chave para controlar a percepção sobre elas.

Para saber mais sobre esse processo de Storytelling aplicado dentro das organizações recorra ao Capítulo 7.

9. Contornar uma crise

Comentamos no segundo capítulo que Storytelling demanda um propósito messiânico de suas histórias, o que significa que elas devem sempre ser abordadas como experimentos de sobrevivência. Na esfera corporativa, isso facilita colocar uma crise dentro de uma perspectiva mais positiva, ao mostrar que a mudança é necessária.

A técnica é introduzir as informações mais críticas aos poucos, no desenrolar da narrativa. Comece diminuindo a ansiedade natural da audiência com a demonstração de que mudanças no comportamento ajudarão na adaptação durante o período conturbado. Em seguida, descreva os principais impactos esperados pelas transformações.

Entenda mais sobre esse processo nos tópicos "Dizer quem somos" e "Dizer quem não somos, mas poderíamos ser" no Capítulo 3.

10. Facilitar a criatividade

Imaginar um enredo ajuda a sair da página em branco. Pensar em personagens, artefatos e lugares ficcionais pode ajudar a preencher lacunas criativas.

Uma técnica infalível é recorrer a um personagem para simular o comportamento de um *target* e, a partir disso, antecipar seu comportamento.

Vamos supor um *briefing* fictício sobre o lançamento de uma bebida energética *premium*, cujo diferencial é ser verde. Quando se trabalha com eventos, tem uma hora que qualquer evento é mais um evento. Começa a ficar difícil para a criação encontrar algo que a entusiasme. Quando isso acontece, os eventos passam a ter detalhes bem pensados, mas sem nada de muito especial. É aí que uma história pode fazer toda a diferença.

"Mas esse não é um evento qualquer... é a festa de aniversário do Sir John Preston, o sul-africano que domina o comércio de esmeraldas e que resolveu fazer uma grande festa de aniversário no Brasil, em homenagem a um grande amigo brasileiro. Aí vai contratar o que há de bom e do melhor no mundo para fazer disso um acontecimento inesquecível... ele vai chegar no ponto de desenvolver a melhor bebida energética de todos os tempos!" Pronto, daí em diante criar se torna uma grande diversão... e apresentar ao cliente também.

Se você quiser um processo para impulsionar a criatividade recorra ao tópico "Evolução Nível 4: storytelling não linear" no capítulo anterior.

11. Obter fatia do coração *[share of heart]*

O mundo corporativo adora pensar tudo em termos de fatias: *Share of Mind*, *Share of Heart*, *Share of Wallet* e até *Share of Stomach*. Na prática, isso significa que marcas de um mesmo segmento disputam uma fatia da mente do consumidor, marcas de segmentos diferentes disputam o coração e a carteira. E para a empresa fabricante de cerveja, os salgadinhos são competidores, ainda que possam ser complementares para o consumidor.

No caso do *Share of Heart*, a concorrência é pelos sentimentos do consumidor. Grandes marcas buscam se tornar *lovemarks*, aquelas que os consumidores mais amam. Uma marca de cosméticos compete no mesmo coração contra aparelhos eletrônicos, serviços bancários e até mesmo com marcas pessoais de celebridades.

Não basta ocupar o campo da consideração ou ser lembrada pelo consumidor, é preciso ir além. Ao ser lembrada, a marca tem que despertar sentimentos positivos. Isso não é fácil. Parte disso acontece na interação cotidiana entre marca e usuário. A qualidade superior vai ajudar nesse processo, mas outra etapa tem a ver com percepção. Nesse momento podemos usar a técnica narrativa para simular experiências imaginárias (e possíveis) para construir a percepção desejada.

Marcas como Coca Cola, Apple e Natura ocupam espaços importantes no coração de muitas pessoas, pois constroem sentimentos positivos com as histórias que contam.

Se quiser saber mais, consulte o tópico "Gerar uma cultura de fãs" no Capítulo 3.

12. Obter fatia da carteira [share of wallet]

Vender mais é quase sempre o objetivo inicial de uma empresa. "Inicial" porque por trás da ideia de "vender mais" sempre existe "algo a mais". Às vezes algum problema que impeça essa venda "a mais", em outros casos existem novas oportunidades a serem exploradas.

Mesmo que cada caso seja específico, existem várias técnicas para se contar uma história de forma a estimular vendas.

Poderíamos falar de *50 Tons de Cinza* e como esse livro promoveu a venda de uma série de produtos no mundo inteiro, desde itens eróticos com aumento de 35% na compra de chicotes e algemas até aqueles como a Audi que quebrou consecutivos recordes históricos de vendas desde o lançamento do livro.

Se você não leu o livro não entende por que a Audi vendeu muito mais, mas a explicação é simples: o carro era o presente do galã da história para suas conquistas amorosas. Muitos milionários por todo o mundo começaram a imitar a prática. O hotel que figura no livro também está com lotação máxima nos próximos anos.

Para saber mais sobre como vender contando histórias, recorra ao tópico "Storytelling²" no Capítulo 2.

13. Formar uma nova cultura ou novo comportamento de consumo

Este tópico também poderia ser chamado de "vender para as mesmas pessoas mais vezes". Criar um hábito de consumo ou aumentar a frequência de compra, mas neste livro o foco não é falar das tradicionais estratégias de negócios e sim de uma nova alternativa para elas.

Se quiser saber mais sobre como o Storytelling pode formar comportamentos, recorra aos tópicos "Instruir sobre como o mundo funciona" e "Influenciar comportamentos de consumo" no Capítulo 3.

14. Valorizar uma ideia ou objeto

Também conhecido como "vender mais caro", trata-se de uma das especialidades do Storytelling. Para entender melhor, percorra o Capítulo 6 "Senhoras e Senhores, apresentamos o exotelling".

15. Obter fatia de atenção *[share of eyeballs and ears]*

De todos os *shares*, a fatia mais preocupante é aquela em que todas as marcas de todos os segmentos disputam ao mesmo tempo: o que se pode chamar de "*share* de ouvidos e olhos", ou *share* de atenção.

A semelhança entre quem ouve uma história, vê um filme e lê um livro é o fato de estarem todos compenetrados no enredo. Assim, quando se trata de histórias, ouvintes, audiência e leitores são todos atentos.

E lembre-se, atenção é o recurso mais importante nos dias de hoje como explicamos no Capítulo 1. Se tiver dúvida volte ao tópico "Economia da Atenção" para obter novas conclusões.

MORAL DA HISTÓRIA

Aqui estão os 15 principais motivos que levam alguém a contar uma história. Mas se o que você procura não estiver entre eles, recorra ao Capítulo 3 que detalha todos os benefícios de se contar uma história.

ESTOJO DE TÉCNICAS **391**

Sensibilizar, conscientizar com apresentações	Eternizar memória	Fortalecer senso de identidade	Gerar crença - Brand Belief
			(Re)Posicionar uma marca/ empresa
		Preparar mercado para nova marca/ empresa	Posicionar-se no "Oceano Azul"
Facilitar o processo de fusão entre duas organizações	Contornar uma crise	Facilitar a criatividade	Obter fatia do coração - share of heart
Obter fatia da carteira - share of wallet	Formar uma nova cultura ou novo comportamento de consumo	Valorizar uma ideia ou objeto	Obter share de atenção

PLOT TOOLKIT Storytellers

9.4. CONSULTANDO A BOLA DE CRISTAL: O FUTURO DO STORYTELLING

Narrativas podem nos dizer qualquer coisa apenas mostrando, de forma muito emocional e cativante, deixando para a audiência tirar suas próprias conclusões.

Storytelling cria tensão e contrapontos capazes de explorar cada canto de uma mensagem, fazendo com que ela fique muito mais fácil de ser consumida. Storytelling é capaz de transformar uma mensagem chata em uma história deliciosa. Só que existe um detalhe importante: histórias competem entre si. Nesse cenário, agências que gostam de prêmios até podem ir para o Festival de Cannes, mas eles não vão à caça de leões.

Existe um problema com Storytelling: as narrativas que marcam épocas são aquelas que ocultam boa parte do universo imersivo da história. É uma construção que exige muito trabalho a partir de um *know-how* muito raro. Ou seja, leva tempo. O autor precisa ver a história pelo ângulo mais atraente e narrar da forma mais sedutora. Só que tempo é um recurso escasso no mundo dos negócios.

Então uma questão é "como as agências podem se aprofundar nas histórias e caprichar nas narrativas sem perder os prazos corporativos?". Afinal, livros de ficção demoram, no mínimo, um ano entre a primeira palavra ir para o papel e o livro estar nas prateleiras. Tem filme que demora mais de três anos, mesmo com equipes de centenas de pessoas.

Uma "bola de cristal" comprada por um dos autores em um mercado antigo do Catar garante que:

Storytelling vai se tornar *skill* individual indispensável

Muitas empresas já estão inclusive pedindo no CV e outras estão indo além e pedindo para que os candidatos gravem vídeos curtos em que contam a sua vida.

Empresas criando departamentos de Storytelling e promovendo Rituais Corporativos

Essa é uma transformação que já está em movimento. As grandes empresas estão contratando especialistas em Storytelling para coletar relatos internos e histórias de consumidores, de modo a servir de matéria-prima para os fornecedores de comunicação e, ao mesmo tempo, consolidar algo muito importante na cultura interna.

Empresas construindo suas mitologias proprietárias

Mais do que uma história, os grandes *cases* de Storytelling criaram um verdadeiro mundo por trás de suas narrativas. Por outro lado, capitalizaram sobre o investimento de tempo e *know-how* especializado por meio da apropriação do conteúdo, chegando a licenciar seus personagens para outras marcas.

Um bom exemplo é a Hotwheels, que criou um interessantíssimo universo ficcional voltado ao público infantil e adolescente com vários desdobramentos, desde videogame até aplicativos, animação e quadrinhos, e que se expande ano a ano.

James Waugh é um dos principais executivos da maior empresa de jogos do mundo, a Blizzard, e explica a importância de se investir na construção da franquia de entretenimento: "Acredito que universos imersivos criados na indústria dos *games* serão o futuro da propriedade intelectual. A partir do Universo Imersivo é possível expandir os personagens e suas histórias presentes nos mundos para diversas mídias. O processo de estabelecer um 'mundo da história' dá um terreno muito mais fértil para que os designers criem conteúdos realmente interessantes. Ao mesmo tempo, proporciona aos fãs oportunidades de aprofundar a experiência de acordo com seus interesses e seguindo uma ordem e uma lógica estabelecidas por eles mesmos."

Empresas tornando-se editoras e produtoras

O foco de divulgação será do conteúdo que engloba a marca e não da marca em si. Nesse momento os comunicadores terão um papel fundamental de *ghostwriters* da mitologia empresarial.

Agências e assessorias se tornando mais autorais, seja em estilo, seja em universo proprietário.

Será natural que os principais fornecedores de comunicação cultivem seus próprios universos imersivos. Todas as agências se tornarão uma Marvel ou Pixar. E emprestarão suas personagens para permitir que as histórias coletadas pelas empresas brilhem mais, tanto quanto o prêmio Palma de Ouro.

Autores cada vez mais englobando suas obras dentro de grandes universos e...

A "Teoria da Pixar", a "Mente do Tarantino" e tantas outras confabulações de que autores estejam unificando seus universos não é mera coincidência. Do ponto de vista de Storytelling, grandes universos só trazem vantagens.

Seja cineasta ou romancista, a partir do momento em que um universo dá certo, ele cria familiaridade para o atento e garante o consumo das continuações futuras. Aliás, isso permite até mesmo menos adaptações e mais transmidiações. Mas isso é assunto para um próximo livro.

...permitindo que marcas façam parte dele.

Já pensou que legal se os sabres de luz do *Star Wars* fossem produtos da Philips? Ou que interessante se a Iniciativa Dharma fosse a linha de produtos próprios das Lojas Americanas? Ou que estratégico seria se James Bond falhasse em uma missão porque estava de ressaca ao tomar seu drink preferido com uma vodca que não fosse a Absolut?

Minha bola de cristal diz que essas e tantas outras oportunidades não serão mais desperdiçadas no futuro.

E, assim, uma nova era no conteúdo vai reinar

Tudo isso permitirá a criação de um terceiro mundo, que será uma colisão entre as artes e o marketing. Acabar com o intervalo comercial, ou, pelo menos, diminuir a interrupção, aumentando conexões. Em troca, as empresas financiam as narrativas. É o futuro da TV sem comercial e do cinema sem cobrança de ingresso.

Talvez seja ingenuidade nossa acreditar nas visões da bola de cristal de que é possível construir uma TV sem intervalos comerciais, criar uma livraria para distribuir obras gratuitas, projetar teatros e cinemas sem bilheteria, idealizar escolas em que livros teóricos darão lugar a *games*, revistas em quadrinhos, filmes, romances e animações. Bom, se a bola de cristal não funcionar, vamos ter que pedir uma ajuda ao gênio da lâmpada. Afinal, esse é um desejo que vale a pena.

MORAL DA HISTÓRIA

"Palavra puxa palavra, uma ideia traz outra, e assim se faz um livro, um governo ou uma revolução; alguns dizem mesmo que assim é que a natureza compôs suas espécies."

— Machado de Assis

Capítulo 10

THE END?

"A transformação é um caminho sem volta e extremamente compensador, pois amadurece e nos dá humildade para aprender mais. Talvez mais simples do que esperávamos, ao terminar este livro, saímos transformados e melhores."

— Storytellers, Fernando Palacios e Martha Terenzzo, ao finalizar o último capítulo, em uma ensolarada tarde de domingo.

Estamos chegando ao final do livro. Cada página foi escrita a partir de suor, risadas e até lágrimas; sim, para nós também é muito difícil escrever. Agora essas páginas são suas também, por favor, cuide bem delas e, se gostar, recomende aos seus amigos.

A essa altura você deve ter compreendido a importância do Storytelling aplicado a tantas áreas. Não foi à toa que chamamos de Inovação em Storytelling. Procuramos abordar diversas formas de aplicação da metodologia. Temas relevantes e atuais foram analisados e não poderiam deixar de estar aqui.

Economia da Atenção, o conceito de Atento, Ética, Ciência e *Storydoing* ganharam destaque bem no comecinho do livro.

Também buscamos mostrar os benefícios da aplicabilidade na prática corporativa, pois boa parte dos livros que lemos tratava o assunto separadamente. Ou era Storytelling aplicado à publicidade ou apresentações ou memória corporativa ou liderança. Dessa forma incluímos exemplos de aplicação de Storytelling no jornalismo, no turismo, no design, nas ciências, na educação, na religião, no entretenimento.

É verdade que cada vez que relíamos nossos capítulos saindo, nos defrontávamos com um problema: a quantidade de páginas do livro que crescia assustadoramente.

Nossa preocupação sempre foi aprofundar as questões, mas também dar exemplos para que o livro ficasse mais prático. Após muita discussão entre nós autores e milhares de cafés consumidos, decidimos cortar uma parte inteira sobre marcas e Storytelling (confessamos que isso gerou lágrimas, pois nos apegamos às escritas).

Quando achamos que estava quase tudo pronto sentimos falta de exemplos de multinacionais, do *Business to Business*, *Startups* e Terceiro Setor. Afinal, muitos de nossos clientes e alunos estão nesses setores.

Os conceitos de *exotelling* e *endotelling* criados pelos autores já existiam, mas estavam em nossos arquivos para outro livro. Mas, em um domingo à noite, olhando o LinkedIn, sentimos que era prioritário falarmos de *endotelling*. Muitas pessoas nos procuraram para saber mais a respeito desse assunto.

E, ao falar de *endotelling*, tínhamos que incluir *exotelling*. Sem a pretensão de ser muito acadêmico, e sim mais prático, incluímos os dois. Neles analisamos o Storytelling aplicado às áreas de trade marketing, assessoria de imprensa, publicidade e propaganda.

Nosso maior obstáculo? O tempo e a grande quantidade de conteúdo gerado. Assim, fizemos um grande recorte de assuntos e ficamos com o Storytelling em Liderança e Técnicas para Aplicar, incluindo dicas de apresentações até *pitch*, resultado de consultas a alguns clientes e amigos para ver o que era mais relevante para eles.

Com tantas aplicações de Storytelling disponíveis, elaboramos um sumário, no Capítulo 8, sobre os níveis de evolução do método partindo de Fragmentos e Causos até Gestão e Inovação. Isso facilitará o uso do livro para consultas mais técnicas.

Ao final você vai encontrar dicas importantes: **o como fazer** e **o como aplicar**. Alguns deles são: Como se tornar um *Storyteller*, Os 7 pecados Capitais do Storytelling, O Futuro do Storytelling e mais ferramentas práticas que chamamos de *estojo de storytelling*. Como uma caixa de ferramentas ou de pincéis, cada leitor poderá construir seu próprio universo. Seja na sua própria empresa, na corporação que atua ou colabora, na sua jornada pessoal ou para fins mais acadêmicos.

Caso você tenha pensado a respeito do porquê sua empresa, marca ou área não adotou a metodologia de Storytelling até agora, lembre-se, o tema está sendo cada vez mais ampliado, faculdades brasileiras começaram a abrir programas específicos sobre o tema e inclui-lo em seus conteúdos programáticos.

Embora seja verdade que as empresas pequenas nem sempre tenham acesso ao *know-how* e recursos suficientes também é fato que as multinacionais gigantes são tão complexas e enormes que muitas nem ousam implantar algo mais criativo. Já as agências não têm o prazo e, na maioria dos casos, nem a metodologia para aplicar em outros setores que não seja a publicidade e a propaganda.

No entanto, a busca pelo assunto dentro das corporações tem sido crescente e está em plena evolução. Ou seja, tenha paciência, persistência e, se quiser, não hesite em falar conosco para compartilharmos ideias. Esperamos que este livro ajude a mudar pelo menos parte desse cenário.

No papel de educadores estudiosos, os professores sabem o valor dos bons conteúdos, já que conhecem o trabalho intelectual envolvido no processo. Você já deve ter feito *posts*, dissertação, monografia, artigo, ou qualquer tipo de apresentação... sabe como dá trabalho, não é?

Nesse sentido, os livros e cursos ajudam bastante, no mínimo para inspirar e, com alguma dedicação, para revelar novos conhecimentos.

Portanto, se for repassar ou reutilizar algum trecho, só pedimos que os devidos créditos sejam dados aos professores e ao curso que ministramos (talvez você tenha feito um dos cursos conosco). Os professores agradecem o reconhecimento e o prestígio.

Os professores também ministram os conteúdos autorais em outras cidades e países. Muitas vezes os alunos também replicam esse material e o único pedido dos professores é que a fonte seja indicada.

Ninguém pode se consagrar um pianista, um escultor ou um *Storyteller* apenas lendo um livro ou participando de um curso. As habilidades artísticas e técnicas só se desenvolvem na prática da arte. Então esse não é o fim e sim o começo de uma longa jornada. ***The end?*** Não, não. ***To be continued...***

10.1. REPERTÓRIO

"A leitura me faz querer escrever e a escrita me faz querer ler.
E tanto a escrita quanto a leitura me fazem feliz por ser parte
dessa grande aventura que chamamos de vida."

— *Katherine Paterson, premiada escritora de literatura infantil*
dos Estados Unidos, tem como uma de suas principais obras
Ponte para Terabítia.

O cineasta Quentin Tarantino nunca estudou cinema, ele aprendeu sua técnica durante os anos em que trabalhou em uma videolocadora e passava o dia assistindo aos filmes do catálogo.

Uma das novelas de maior sucesso de toda a história brasileira foi *Irmãos Coragem*. A novela teve mais audiência do que a final da Copa do Mundo em que o Brasil conquistou a seu terceiro título. De onde veio tanta inspiração?

Tarcísio Meira e Glória Menezes contam que "Janete Clair escreveu a novela sozinha, sem o auxílio de qualquer outro colaborador. A autora afirmou ter se inspirado no romance *Os Irmãos Karamazov*, de Fiodor Dostoiévski, para dar vida aos irmãos. Baseou-se ainda no livro *As Três Faces de Eva*, de Corbett H. Thipen e Hervey M. Checkley para compor a tripla personalidade de Lara. E recorreu à peça *Mãe Coragem e Seus Filhos*, de Bertold Brecht para construir o papel de Sinhana".

Uma novela poderia cessar uma guerra? Fazia 4 anos que muçulmanos da Bósnia-Herzegovina lutavam pela independência contra os sérvios. Quase 200 mil pessoas haviam morrido e 2,5 milhões não tinham mais casa. Em uma semana de 1995, porém, a guerra da ex-Iugoslávia parou de repente. O motivo não era um acordo de paz mediado pela ONU nem a rendição de um dos lados, mas a novela *Escrava Isaura*, da Rede Globo, baseada no livro de Bernardo Guimarães. Apesar dos horrores do conflito, os dois lados pararam para ver os últimos capítulos da novela.

O oxigênio de qualquer história é a atenção. Mais do que uma forma de prender a atenção, Storytelling depende da atenção. Uma história morre no exato momento em que ninguém está interessado em ouvi-la ou contá-la. Ou seja, uma história só sobrevive se for intrigante. Por outro lado, uma história é como uma esponja, capaz de absorver qualquer tipo de conhecimento.

As primeiras receitas da humanidade foram encontradas dentro de histórias. Nos dias de hoje, já sabemos que se aprende muito mais sobre negócios assistindo a seriados como *House of Cards*, *Game of Thrones* ou *Breaking Bad* do que recorrendo a livros técnicos.

Ironicamente, alguns dos conhecimentos específicos de Storytelling deste livro foram aprendidos justamente nos livros técnicos. E, assim, mixamos também muita cultura pop, seriados, memes e referências de um mundo que pode ser chamado de *geek*, *nerd* ou obsessivo.

Aliás, os autores confessam diante de você, leitor: somos absolutamente apaixonados por livros, cadernos, canetas, informações. Em nossas veias correm letras e mais letras. Além de café, é claro!

Nos últimos oito anos lemos mais de 800 livros, milhares de artigos, assistimos todas as grandes séries de sucesso (e insucesso), coletamos *cases*, trabalhamos com muitas empresas e discutimos muito entre nós, autores, para selecionar as principais referências que fazem parte desse repertório. Mas alertamos que ela ainda não está completa.

Em alguns momentos nossa desculpa interna era "temos que comprar mais **esse livro** para escrever o nosso", "isso é trabalho", "é repertório", "é referência"... Ah, tudo verdade, mas a desculpa era muito boa e a gente se divertiu muito com tanto conhecimento sendo adquirido. Quase falimos financeiramente, a Amazon, a Livraria Cultura e a Livraria da Vila tornaram-se uma extensão de nossas casas.

Por isso, queremos compartilhar pelo menos alguns repertórios que seguimos e são recomendados pelo time da Storytellers. Segmentamos primeiramente os sites e blogs e depois uma Prescrição Narrativa.

Ah e não deu para colocar todos, ok?

- AdNews: www.adnews.com.br
- Alta Books: www.altabooks.com.br/
- B9: www.b9.com.br
- Bluebus: www.bluebus.com.br
- Box1824: box1824.com.br
- Caldinas: www.caldinas.com.br
- Catraca Livre: www.catracalivre.com.br
- Comunicadores: comunicadores.info
- Design Echos: www.designechos.com.br
- Dobra: dobra.com.br
- Era Transmidia: www.eratransmidia.com
- ESPM CIC: www2.espm.br/cic
- Facebook.com/grupodestory
- Geminis: www.geminis.ufscar.br
- História & Roteiro: historiaeroteiro.tumblr.com
- Homo Literatus: homoliteratus.com
- HSM: hsmeducacaoexecutiva.com.br
- Hypeness: www.hypeness.com.br
- Ideia de Marketing: www.ideiademarketing.com.br/
- Jovem Nerd: jovemnerd.com.br
- Meditations in an emergency: sher-meditationsinanemergency.blogspot.com/
- Meio&Mensagem: www.meioemensagem.com.br
- Mundo do Marketing: www.mundodomarketing.com.br/

- Mundo Nerd: portalmundonerd.com.br

- No mundo dos livros: www.nomundodoslivros.com

- Obvious: obviousmag.org

- Omelete: omelete.uol.com.br

- Plano feminino: www.planofeminino.com.br

- PPGCOM ESPM: http://www2.espm.br/cursos/espm-sao-paulo/mestrado-
  -em-comunicacao-e-praticas-de-consumo

- Projeto Draft: www.projetodraft.com

- Propmark: www.propmark.uol.com.br

- Proxxima: www.proxxima.com.br

- Revista TPM: revistatpm.uol.com.br

- RPGVale: www.rpgvale.com.br

- Storytellers [Fernando Palacios, Martha Terenzzo, Kareen Terenzzo, Ale-
  xandre Santos, Fernanda Werson e todos nossos colaboradores]: www.
  storytellers.com.br

- TED: www.ted.com

- Updateordie: www.updateordie.com

Prescrição Narrativa

A prescrição narrativa tem alguns bons exemplos de Storytelling para consumir
e fortificar a visão de como fazer boas histórias.

Seriados

- *Mad Men,* uma aula sobre comportamento e consumo no *boom* da sociedade
  de consumo americana. Vale para aprender sobre técnicas de dramatização
  e entender conceitos da publicidade.

- *House of Cards*, adaptação de um livro britânico ensina tanto sobre política quanto sobre a estrutura de uma boa narrativa. Destaque para a inteligência na quebra da quarta parede, inserções de *product placement* e técnicas de *twist*.

- *Dr. House*, a modernização de um dos maiores personagens de todos os tempos, que exemplifica com perfeição o papel do anti-herói.

- *Homeland*, adaptação de um seriado israelense, trata sobre terrorismo, mas em um nível mais profundo trata da temática da confiança. Vale a pena assistir com a seguinte pergunta na cabeça "em quem eu devo acreditar?"

- *Game of Thrones*, adaptação de uma saga literária capaz de brincar com o julgamento da audiência e surpreender mesmo os *storytellers* mais avançados.

- *Breaking Bad*, avaliado pelo site *Internet Data-base* como o seriado mais bem avaliado de todos os tempos, retrata a jornada de um professor de química que decide usar seus talentos a favor do crime. Mas existe uma forte razão humana para isso.

- *Vikings*, conta a história do personagem mais lendário da cultura nórdica, que aterrorizou ingleses e franceses. Herói ou vilão? Cabe à audiência julgar.

- *Hannibal*, uma expansão muito competente do universo da história do *Silêncio dos Inocentes* e, portanto, um grande *case* de transmídia.

- *Marvel's Daredevil*, outro exemplo transmidiático, dessa vez do Universo Marvel. Tem muitos elogios da crítica e grandes ambições para extensão do universo do Demolidor.

- *Os Simpsons*, programa com maior longevidade na história da TV nos Estados Unidos, satiriza a sociedade em que vivemos.

- *Black Mirror*, uma crítica social à tecnologia pontuada por meio de situações intrigantes de um futuro próximo. Dilemas humanos e situação política fazem parte desse *plot*.

- *A Ponte*, seriado norueguês que já foi adaptado na Inglaterra e nos Estados Unidos.

THE END? **405**

- *Scandal*, série com bons momentos de *twist, cliffhanger* e uma estrutura simples para quem está começando a interpretar roteiros.

- *Sherlock*, a adaptação da BBC, muito elogiada pela capacidade de se ater aos livros mesmo que traga a narrativa para os dias de hoje. O cerebral detetive utiliza uma narrativa muito inteligente para gerar expectativa. Bons exemplos de *cliffhanger*.

- *The Hand of God*, série original da Amazon que promete uma abordagem interessante sobre crença e justiça.

Filmes

- A filmografia estrelada por Tom Hanks e/ou a dirigida por Steven Spielberg, para estudar como as marcas são integradas à trama. Ambos aprenderam desde cedo na carreira que essa união entre Marketing e Entretenimento é benéfica para os dois lados e só precisa ser feita com rigor. Assista ao filme *Náufrago*, que pode ser considerado como um anúncio publicitário de 2 horas e 24 minutos das marcas FedEx e Wilson.

- *Tubarão*, de Steven Spielberg, que, apesar do nome, é sobre um homem tentando vencer seus medos e consertar sua vida.

- *Casablanca, Um Bonde Chamado Desejo, Os Sete Samurais, Os Pássaros, Morangos Silvestres, Chinatown, Cría Cuervos, Z*, de Costa Gravas, enfim, todos os clássicos são importantes e aqui alguns desses que marcaram nossas vidas. Afinal, nenhum atinge esse patamar por acaso.

- *Tropa de Elite, Dois Coelhos, Lavoura Arcaica, Bicho de Sete Cabeças, Saneamento Básico, O Homem que Copiava, O Auto da Compadecida, Cidade de Deus* e tantas outras pérolas do cinema nacional.

- *Brilho Eterno de Uma Mente Sem Lembranças, Star Wars, O Fabuloso Destino de Amélie Poulain, Um Sonho de Liberdade, O Segredo dos Seus Olhos, 500 Dias com Ela* somados a todos os estrelados por Bill Murray, são filmes que caem nas graças do público e têm muito a ensinar sobre diversas formas de expressar emoção.

- *O Reino Proibido*, quando o cinema de Hollywood encontra a sabedoria milenar chinesa.

- *Malévola*, da Disney. Uma narrativa que reconta a história da Bela Adormecida sob o ponto de vista da vilã, agora mais humanizada.

- *Endiabrado*, pode parecer uma história banal, mas trata do *remake* de um grande clássico, que, por sua vez, é a adaptação da grande obra *Fausto*, de Goethe, que dramatiza um apócrifo de mais de mil anos!

- *Divertida Mente*, da Pixar, uma história que mostra que até as emoções podem ter sentimentos.

- *Aladdin*, da Disney, uma das melhores histórias para se entender do que se trata Storytelling com S capitular.

Livros

- *A Epopeia de Gilgamesh*, uma das primeiras obras literárias da humanidade.

- *As Mil e Uma Noites*, traduzido pelo Prof. Mamede Mustafa Jarouche. O clássico dos clássicos, direto da fonte.

- Todas os épicos ajudam a entender quem somos e como contamos nossas histórias. Desde *Ramayana*, na Índia, passando por *Ilíada* e *Odisseia*, na Grécia e chegando em *Lusíadas*, de Camões.

- *A Morte e a Morte de Quincas Berros D'água* e todos os livros de Jorge Amado, assim como os grandes autores clássicos brasileiros como Machado de Assis, Guimarães Rosa, Nelson Rodrigues, Carlos Drummond de Andrade, Monteiro Lobato e tantos outros valem ser revisitados e relidos sob essa nova ótica.

- Também vale ressaltar a importância dos novos autores brasileiros como João Paulo Cuenca, Luiz Ruffato, Paulo Scott, Carol Bensimon, o mestre

João Anzanello Carrascoza e dezenas de outros que estão sendo consagrados dentro e fora do Brasil.

- Existe uma disputa entre o *campo acadêmico* e a *literatura comercial* e, por isso, outros grandes escritores brasileiros podem não ter o reconhecimento dos prêmios, mas caíram nas graças do público por conseguirem contar boas histórias para suas audiências, como *André Vianco, Raphael Draccon, Carolina Munhóz, Affonso Solano, Eduardo Spohr* e muitos outros que cativaram centenas de milhares de fãs.

- Ainda para expandir horizontes regionais, não deixar de conhecer os grandes autores sul-americanos como Gabriel García Márquez, Jorge Luis Borges, Mario Vargas Llosa, Eduardo Galeano, Julio Cortázar, Jorge Majfud, Roberto Bolaño, Isabel Allende e todos aqueles que ajudam a definir a tinta latina que diferencia a nossa literatura.

- Se não souber por onde começar, a dica é *Cem Anos de Solidão*, de Gabriel García Márquez, que influenciou a criação de um gênero literário na medida em que o autor resolveu *acreditar na história que tinha para contar.*

- Os grandes clássicos da literatura mundial garantem aprendizados a cada leitura, a começar por Liev Tolstói, Fiódor Dostoiévski e os companheiros russos; Victor Hugo, Ítalo Calvino, Thomas Mann, Cervantes, George Orwell, Boccaccio e os companheiros europeus; Jack London, Ernest Hemingway, Herman Melville, Mark Twain, Fitzgerald e outros estadunidenses.

- Se não souber por qual clássico começar, sugerimos *Horizonte Perdido*, de James Hilton. É a história que popularizou o mito de Shangri-La.

- *Senhor dos Anéis, Harry Potter, Crônicas de Gelo e Fogo, Trilogia Fundação, A Crônica do Regicida* e todas as sagas que compõem grandes universos ficcionais.

- *Alice no País das Maravilhas*, de Lewis Carroll, uma história fabulosa e muito bem contada. Alguns teóricos afirmam que ao lado de *O Mágico de Oz*, são as únicas histórias que se safaram com o final "e foi tudo um grande sonho".

- *Contos Marcianos*, de Ray Bradbury, uma viagem a Marte, com direito a medos e maravilhamentos. Aliás, leia tudo que puder de Bradbury, a estética da escrita é encantadora e transcende a outros mundos.

- *Firmin*, de Sam Savage, a história de um rato devorador de livros. A ótica de um rato na biblioteca e seu gosto por clássicos da literatura.

- *Os Homens Que Não Amavam As Mulheres*, de Stieg Larsson, uma obra literária tida por grandes editores como o exemplo ideal para novos escritores por seu equilíbrio entre técnicas narrativas que garantem uma audiência massiva ao mesmo tempo que transmite mensagens profundas e importantes sobre a sociedade.

- *Garota Exemplar*, de Gillian Flynn, para entender como brincar com a percepção e a lealdade do leitor.

- *The Three Body Problem*, de Liu Cixin, para ler o Oriente, uma ficção científica passada na China.

- *Visita Cruel do Tempo*, de Jennifer Egan, para entender a fragmentação narrativa na pós-modernidade.

- *O Pintassilgo*, de Donna Tartt, uma aula de arte e outra de Storytelling.

- *Desonra*, de J.M. Coetzee, prêmio Nobel da Literatura que dá um soco no estômago usando a estrutura narrativa mais clássica.

Quadrinhos

- *As Intrépidas Aventuras de um Jovem Executivo*, a dissertação acadêmica de Daniel Pink que foi transformada em mangá (estilo japonês de fazer quadrinhos).

- *Watchman*, um dos exemplos mais precisos de como extrair ao máximo o potencial do formato HQ.

- *The Walking Dead*, há mais de dez anos contando uma história coerente.

- *Saga*, uma metalinguagem entre a criação de uma ideia em uma aventura de ficção.

- *Daytripper*, uma reflexão filosófica em quadrinhos, pelas mentes e mãos de Gabriel Bá e Fabio Moon.

Games

- *Knights of Pen and Paper*, jogo independente feito por uma equipe de brasileiros que está dando o que falar pelos amantes de RPG em todo o mundo.
- *Evoland*, jogo para Android que mostra como um tutorial deve ser feito.
- *World of Warcraft*, o maior enredo transmidiático de que se tem notícia, com mais de 10 milhões de assinantes e lançado em 2004.
- *Tell Tale Games,* produtora de grande destaque por fazer jogos que obrigam o jogador a tomar decisões morais afetando a trama.

Podcasts

- *Serial*, uma história real que ganhou ares épicos ao resgatar o conceito de radionovela.
- *The Moth*, sobre histórias de pessoas comuns, mas com algo interessante para compartilhar.

Músicas

"Sabe o que eu mais gosto nas músicas antigas? Elas contam grandes histórias"

— *Ray Charles, cantor e pianista de música soul, blues e jazz.*

- Uma série de músicos colocou a história acima dos demais elementos em suas músicas e valem a pena serem estudados sob a ótica do Storytelling, tais como: *Bob Dylan, Legião Urbana, Woodie Gunthrie, Vinicius de Moraes, Chico Buarque de Holanda.*

- Ouça músicas e ritmos de nosso país como Maracatu, Frevo, Samba de Roda, Xaxado, Baião, Carimbó, preste atenção nas letras, no enredo, no ritmo, que despertam sensações distintas de um Brasil tão rico em cultura.

MORAL DA HISTÓRIA

Conhecer outros repertórios, misturar-se a outras tribos e ler histórias diferentes das que costuma ler vai inspirar a sua história e, quem sabe, despertar para uma nova jornada. Mas não deixe de tomar um café, ele ajuda a pensar melhor.

AGRADECIMENTOS

"Certas pessoas veem coisas e se perguntam: 'Por quê'? Outras sonham com coisas que jamais existiram e se perguntam: 'Por que não'?"

— *Bernard Shaw, dramaturgo romancista, ensaísta irlandês, recebeu um Prêmio Nobel de Literatura em 1925 por Pygmalion.*

Primeiramente, temos que agradecer a você que leu o livro. Se não leu ainda, mas veio apenas dar uma olhadinha no final do livro, agradecemos muito se você levar o livro. Escritores de livros técnicos como o nosso, vocês sabem, não ficam ricos. Tampouco famosos. Por isso, agradecemos mais uma vez pela sua atenção.

Aos nossos queridos e amados familiares e amigos, agradecemos pela paciência e compreensão. Esperamos que nossas ausências em almoços e encontros de famílias sejam recompensadas com o livro.

Aos clientes que inspiraram, apostaram e permitiram inovações nas empresas no Brasil, abrindo portas para a Storytellers e o Storytelling no Brasil. Nossa imensa gratidão por acreditar na inovação!

Gratitude a todos os Storytellers que caminharam conosco e que de uma forma ou outra contribuíram com pesquisas e textos sobre temas relativos a comunicação: Alê Santos, Pedro Kastelic, Ian Perlungieri, Fernanda Werson, Fernanda Ishimoto, Rachel Dutra, Pedro Tancini, Gisele Goldman.

Ao querido Guto Grieco, Gestor do Centro de Inovação e Criatividade da ESPM, muito obrigada pelo apoio em nossos cursos.

REFERÊNCIAS BIBLIOGRÁFICAS

"Se vi mais longe foi por estar de pé sobre ombros de gigantes".
— *Carta de Isaac Newton para Robert Hooke, 5 de Fevereiro de 1676.*

ADLER, Richard P. e FIRESTONE, Charles M. **A Conquista da Atenção: A Publicidade e as Novas Formas de Comunicação.** São Paulo: Nobel, 2002.

BABOULENE, David. **The Story Book: A Writer's Guide to Story Development, Problem Solving And Marketing.** Grã-Bretanha: Dream Engine Media Ltd., 2010.

BAKHTIN, Mikhail [traduzido por McGEE, Vern W.]. **Speech Genres and Other Late Essays.** University of Texas Press, 2010.

BARTHES, Roland. **O Prazer do Texto.** São Paulo: Perspectiva, 1987.

BENJAMIM, Walter. **O Narrador.** Rio de Janeiro: Abril Cultural, 1982.

BOYD, Brian. **On The Origin Of Stories.** Harvard University , 2010.

CARVALHO, Mário de. **Quem Disser o Contrário É Porque Tem Razão – Letras Sem Tretas Guia Prático de Escrita de Ficção.** Lisboa: Porto Editora, 2014.

CLARKE, Cheryl A. **Storytelling For Grantseekers: The Guide to Creative Nonprofit Fundraising.** São Francisco: Jossey-Bass A Wiley Imprint, 2009.

414 Guia Completo do Storytelling

DAVENPORT, Thomas H.; BECK, John C. **A Economia da Atenção: Compreendendo O Novo Diferencial de Valor dos Negócios.** Rio de Janeiro: Editora Campus, 2001.

DONATON, Scott. **Madison & Vine: Why The Entertainment & Advertising Industries Must Converge to Survive.** McGraw-Hill, 2005.

FIELD, Syd. **Screenplay: The Foundations Of Screenwriting.** Nova Iorque: Delta Book, 1979.

FORMAN, Janis. **Storytelling In Business.** Califórnia: Stanford University Press, 2013.

GOTTSCHALL, Jonathan. **The Storytelling Animal: How Stories Make Us Human.** Estados Unidos: First Mariner Book, 2013.

GRANDO, Nei (ORG.); TERENZZO, Martha. et al. **Empreendedorismo Inovador: Como Criar Startups de Tecnologia no Brasil.** São Paulo: Évora, 2012.

GUBER, Peter. **Tell To Win: Connect, Persuade, And Triumph With The Hidden Power Of Story.** Nova Iorque: Crown Business, 2011.

IGLESIAS, Karl. **The 101 Habits of Highly Successful Screenwriters: Inside Secrets from Hollywood´s Top Writers.** Estados Unidos da América: Adams Media, 2001.

KELLY, Paul. **The Seven Slide Solution: Telling Your Business Story Effectively In Seven Slides Or Less.** Estados Unidos da América: Silvermine Press, 2005.

REFERÊNCIAS BIBLIOGRÁFICAS **415**

MATTHEWS, Ryan; WACKER, Watts. **What's Your Story? Storytelling to Move Markets, Audiences, People, and Brands.** New Jersey: Pearson Education, 2008.

MAXWELL, Richard; DICKMAN, Robert. **The Elements of Persuasion: Use Storytelling to Pitch Better, Sell Faster & Win More Business.** Nova Iorque: Collin´s, 2007.

MONTAGUE, Ty. **True Story.** Boston: Harvard Business School Publishing, 2013.

MORGAN, Nick. **How to Tell Great Business Stories.** New Word City, 2014.

PALACIOS, Fernando R. **A Contextualização Criativa de Histórias Como Fator de Sucesso no Planejamento De Campanhas de Comunicação.** Universidade de São Paulo, 2007.

PINK, Daniel H. **A Whole New Mind: Why Right-Brainers Will Rule.** Nova Iorque: Penguin Group, 2006.

RAMACHANDRAN, V. S. **The Tell-Tale Brain: A Neuroscientist´s Quest for What Make Us Human.** Kindle Edition. Amazon Digital Services, Inc., 2015.

ROSE, Frank. **The Art of Immersion: How The Digital Generation Is Remaking Hollywood, Madison Avenue, And The Way We Tell Stories.** Estados Unidos da América: W.W.Norton &Company Ltd., 2012.

STORYBOOK. **Skyippy Comes to Penang.** Sponsors: LASSie, China House, Temple Tree, A.S.A., Bon Ton-Restaurant & Resort, Langkawi. George Town: 2013.

TERENZZO, Martha. **Comunicação, Consumo e Juventude.** Deutschland: Novas Edições Acadêmicas, 2014.

VANDERMEER, Jeff. **Wonderbook: The Illustred Guide to Creating Imaginative Ficction.** Nova Iorque: Abrams, 2013.

VOGLER, Christopher. **The Writer´s Journey: Mythic Structure for Writers.** Michigan: McNaughton&Gunn, Inc., 2007.

WOLF, Michael. **The Entertainment Economy: How Mega-Media Forces Are Transforming Our Lives.** Random House LLC. 2010.

ÍNDICE

A

Acessibilidade 294

Aladdin 64, 88–93, 97, 126, 254, 406

Albert Einstein 30, 178

Apple 255, 259, 388

assessoria de imprensa 365, 398

Assessoria de imprensa 277–283

Atento 14, 135, 327, 358, 397

Autenticidade 18, 29, 37, 214, 235, 259, 293

B

B2B 39, 55, 216, 227, 243

B2C 39, 217, 236, 243

Bíblia 185–186, 362

Big Data 273

Branded Content 206–207, 216, 222, 274, 365

Branding 153, 266, 338, 340, 352, 382

Brand Journalism 228–229, 283

Business Model Generation 5

C

Case 21, 105, 143, 161, 274

Ciência 10, 169–178, 229

Cliffhanger 88, 405

Comunicação 4

Corporativa 71, 81, 281

Interna 213, 231, 287–291, 350

meios de xvii, 8, 15, 283

Conhecimento 2, 59, 119–120, 175

científico 175

Gestão de 170, 213, 230

418 Guia Completo do Storytelling

Consumo

    comportamento de, 121, 264, 389

    Cultural 206

    Midiático 17, 283

    sociedade de 8, 403

Conteúdo Autoral xix, 216, 230–233

Credibilidade 141, 283, 293, 294–295, 305

Criatividade 66, 178, 195, 274, 387–388

Cultura pop xxiii, 95, 177, 217, 221

D

Design 164, 266, 370

Dialética 75, 370

Disney 88–95, 165, 214

E

Economia 190, 218, 256

    da Atenção 6–11, 211

Educação 183–187, 397

Empreendedorismo 35, 234, 238

Endomarketing 289

Endotelling 254, 290, 340, 354, 365, 398

Engajamento 155, 174, 213, 322, 334, 366

Ética 16, 21, 33

Exotelling xxvii, 253, 390

F

Facebook 9, 141, 149, 150, 181, 188, 258

Futebol 15, 120, 190, 191, 194

G

Games 72, 94, 179, 325, 334, 337, 393

Gancho 281, 317, 318

geek 179, 401

Globalização xviii, 7, 151

Google 20, 150, 164, 199, 236

H

Hard power 151–152

Harry Potter 91, 101, 118, 183, 192, 372

história em quadrinhos 51, 135, 200, 201, 204, 339

Hollywood 151, 163, 195, 197, 202, 315, 339, 355

I

Inovação 4, 52, 225, 299, 355

Internet 8, 140, 199, 245, 325

J

John Medina 10, 13

Jornalismo 136–145, 199, 278, 283, 370

L

Lead 139, 140

Linguagem 2, 8, 28, 41, 100, 293

M

Mad Men 8, 120, 123, 403

Marketing 23, 207, 216, 239, 255, 260

Mass media 278

mídias sociais 141, 147, 149, 163. *Consulte também* redes sociais

Mil e Uma Noites, As 64, 81, 95, 121, 182

N

Neandertais 41, 111

nerd 177, 224, 401

Neurociência xix, 9, 176, 273

New Journalism 140–145

Novela 12, 50, 124, 194, 196, 197, 400

O

Obama 145–152

P

Philip Kotler 181

Pitch 227, 288, 292, 315–317, 398

Plot 37, 65, 226, 376, 382

420 Guia Completo do Storytelling

Política 120, 145, 150, 404

posicionamento mercadológico 218, 223

Product Placement 196, 207, 208, 216, 404

Publicidade 15, 34, 138, 259, 271, 365

R

redes sociais 27, 36, 67, 142, 258, 277, 284

Religião 171, 185–190

S

Shangri-La 107, 407

Soft Power 151–152

Spoilers 104, 107

Startups 7, 18, 25, 216, 233

Star Wars 94, 193, 358, 394, 405

Stefan Sagmeister 164–167

Storybook 247, 305, 362

Storydoing 33–40, 246, 397

Sustentabilidade 5, 206, 297, 366

T

Tecnologia 7, 75, 171, 265, 273, 314

TED 131, 312

Terceiro Setor 216, 241–251

Topografia de Interesse 299–303

Trade 260, 365, 398

Transmídia 337, 362, 378

Turismo 152–164, 202, 397

Twist 404, 405

U

Universo Ficcional 32, 358, 361, 376, 393

V

Verdade Humana 77, 215, 235, 293, 295

Y

YouTube 95, 157, 162, 174, 181, 182, 199, 349